興亜院と戦時中国調査

興亜院と戦時中国調査

付 刊行物所在目録

本庄比佐子
内山雅生 編
久保　亨

岩波書店

目　次

はじめに ……………………………………………編　者 ……… 1

第一部　興亜院と中国占領地行政 ……………………………… 21

第1章　中国占領地行政機構としての興亜院
……………………………………柴田善雅 ……… 22
1. 第三委員会による関内占領地政策調整　23
2. 興亜院本院　25
3. 興亜院連絡委員会　30
4. 興亜院連絡部　34
5. 大東亜省設置による承継　40
おわりに　42

第2章　興亜院の成立と在「満洲」日本人社会
……………………………………松重充浩 ……… 47
1. 満鉄と興亜院　49
2. その他在満日本人社会と興亜院　51
おわりに　54

第3章　興亜院の文化事業 …………………陳　正卿 ……… 58
──興亜錬成所と華中での活動──
はじめに　58
1. 興亜錬成所の華中における活動　58
2. 華中興亜錬成所の設立　66
3. 興亜錬成所及びその活動に対する批判　69

第二部　興亜院による中国調査 ………………………………… 73

第1章　興亜院の中国実態調査 ……………久保　亨 ……… 74
1. 中国調査の機構と課題　75
2. 興亜技術委員会　78
3. 華北工業立地条件調査報告　88

4. 華中方面の重要国防資源調査　98
　　おわりに　100

第2章　華南における調査 ……………………本庄比佐子 …… 104
　　1. 華南における現地機関概観　105
　　2. 厦門連絡部の調査　108
　　3. 広東派遣員事務所の調査　117
　　おわりに　123

第3章　中国工業調査 …………………………金丸裕一 ……… 128
　　　　──電力産業史の事例から──
　　1. 興亜院設置前後の華中電力産業と調査活動　130
　　2. 日中戦争期における調査活動の分析　138
　　おわりに──アジア太平洋戦争時期の調査から　145

第4章　重要国防資源調査 ………………………奥村　哲 ……… 153
　　1. 調査の企画と具体化　153
　　2. 鉱産物資源調査　157
　　3. 農・畜産物資源調査　161
　　4. 『武漢地区重要国防資源畜産物調査報告書』　162
　　5. 『中支那重要国防資源食糧作物調査報告書』　166
　　6. 『中支那重要国防資源生糸調査報告』　169
　　おわりに　172

第5章　華北連絡部の資源調査と華北農村
　　　　…………………………………………内山雅生 ……… 176
　　1. 華北連絡部の棉花生産に関する調査　178
　　2. 他の資源調査から見る興亜院調査の実態　190
　　おわりに　195

第6章　興亜院調査から見た華中の米事情
　　　　…………………………………………弁納才一 ……… 198
　　1. 米の生産と流通　199
　　2. 米の出回り状況　202
　　3. 日本側の米買付と対策　208
　　おわりに　216

第7章　社会調査 ………………………………房　建　昌 ……… 221
　　　　──日系宗教団体の上海布教──
　1. 前　史　226
　2. 三　教(神道・仏教・キリスト教)　228
　3. 上海朝鮮人キリスト教　232
　4. 中支宗教大同連盟　233
　おわりに　235

第三部　興亜院調査報告所在目録 …………………………… 237
　凡　例　238
　目録目次　241
　目録本文　243
　目録索引　339

　あとがき ………………………………………………………… 375
　索　引 …………………………………………………………… 377

は　じ　め　に

　　　　　　　　　　　　　　　編　　　者

　一

　明治以降1945年の敗戦に至る，いわゆる戦前戦中期に日本の政府・民間諸機関は中国への経済的・政治的・軍事的進出，侵略のために必要とされた各種の調査を中国各地で行った．日清修好条規締結(1871年)から4年後の1875年には早くも勧業寮が中国の物産調査のために職員を派遣し，1879年には参謀本部が12名の将校を派遣して中国の兵制・軍備・地理などの調査にあたらせている．日清戦争の結果領有した台湾では「新領土」の統治に資すべく，台湾総督府がまず旧慣調査に着手した．日露戦争に勝利した日本は実質上政府の会社と言うべき南満洲鉄道株式会社(満鉄)を設立して調査部を設け，中国東北部の経済開発のための調査や旧慣をはじめ各般の調査を行ったことは，よく知られているところである．満鉄はその後，東北部から華北，華中へと調査活動の範囲を拡げ，日中戦争中には，この時期に設立された東亜研究所や国策会社である北支那開発株式会社・中支那振興株式会社とともに，華北・華中の占領地における農村実態調査，物資動員のための資源調査などに従事した．

　こうした調査の成果をまとめた調査報告書あるいは調査資料は，日本の中国認識を跡づけるための資料であるばかりでなく，政治・経済・地理など多方面にわたって当時の中国の社会状況を知り得る資料である．ただ，戦後，調査の本来の意図ゆえに研究資料としての利用には否定的な状況があり，それは，例えば，1939-44年に行われた華北農村慣行調査をめぐる議論に示されているところである．すなわち，かつての調査参加者が彼ら自身の意図は「純学問的」であったとしたのに対し，日本占領軍の権力を背景にした調査が真実を捉え得

るかとの批判がなされたのである．

　ところで，1970年代以降，顕在化した文革の実情とその後の"社会主義の変容"，すなわち改革開放政策の全面的展開という中国事情を前に，日本では，戦後の中国近現代史研究のあり方が問われ，その中で，戦前の中国研究の再検討も始まり，調査機関についても関係者へのインタビューや回顧録が出版されるようになった．また，近現代中国社会の歴史的連続性を解明しようとする研究状況が生まれ，戦前戦中期の調査資料についても，調査の背景，資料の性格を踏まえて批判的に利用するならば有用であると認識されるに至っている．特に，農村調査資料に関しては，当該農村の再調査が可能になり，旧調査資料と併せての研究成果がアメリカや日本で出ている．

　このような研究状況のなか，1989年にわれわれのプロジェクトは発足した．膨大な量の戦前戦中期の調査資料のうち利用されているのは満鉄の資料を中心とした一部であり，多岐にわたる内容をもつ各種の調査資料がもっと多角的にかつ有効に利用されてもよいのではないか，との考えに基づいていた．そこで，調査資料の有効活用のために必要とされる，各資料の内容，性格と利用価値など，及び資料の所在を明らかにした解題つき総合目録の作成を目指したのである．その際，研究対象としては華北・華中・華南の中国本部についての調査資料に限ることとした．というのは，東北部については，中兼和津次『旧満洲農村社会経済構造の分析』[1]が満洲国政府諸機関及び満鉄の実施した農村・農業実態調査の資料の解題を行っていた．また，アジア経済研究所図書資料部編『旧植民地関係機関刊行物総合目録』のシリーズ「南満洲鉄道株式会社編」「満洲国・関東州編」「台湾編」[2]が，所在目録として活用されていた．これらの目録には，旧植民地に関する調査資料だけでなく，その諸機関による中国本部の調査資料も含まれているが，中心は，言うまでもなく，旧植民地統治のための当該地域に関する調査資料である．中国本部に関しては多くの機関が調査を行ってはいても，まとまったものはなかったので，華北・華中・華南における有用な調査資料を研究対象としたのである．

　当初は，メンバーがそれぞれの研究においていかに利用しているか，資料研

究における問題点などについて議論を重ねた．そこに参加したメンバーと研究会における報告は以下の通りである(下記の文部省報告書に含まれるものは除く)．

　　草野靖「中国前近代社会経済史の研究と近代の経済調査」／曽田三郎「外交史料館所蔵の中国地方議会史料について」／奥村哲「無錫農村に関する四つの調査」／吉田法一「戦前期日本人の中国認識(1)――長野朗氏の三著作について」／久保亨「支那問題研究所の活動――戦時華北工業の実態調査を中心に」／夏井春喜「日本に収蔵されている土地関係文書の簡単な紹介とデータベース化について」／高橋孝助「近代初期の上海における日本人の営為――幾つかの報告書・案内書に見る」／内山雅生「アメリカにおける〈中国研究の新たな潮流〉と戦前期中国実態調査資料」／今井駿「神田正雄『四川省綜覧』『湖南省綜覧』『広西省綜覧』について」／西村成雄「上田雅郎『昭和五年天津情報』にみる中原大戦と張学良」／足立啓二「中国近代史認識の枠組みをめぐって」

　1995年に至って，文部省科学研究費補助金による「戦前期中国実態調査資料の総合的研究」(研究代表者：本庄)および三菱財団学術研究助成による「戦前期中国調査資料の研究」(研究代表者：本庄)の申請が採用されたことにより，研究会と併せて各地の機関，図書館に散在する資料の所在調査を行うことができた．収集した資料のうち29点について解題を作成してサンプルとし，それまでの研究と併せて文部省助成金の成果報告書にまとめた．その内容は以下の通りである．

　　曽田三郎「日清戦争直後の新開港・開市場を中心とする中国市場調査」／本庄比佐子「三五公司の福建調査について」／夏井春喜「一九三〇年代の蘇州農村――租桟関係簿冊と『申報』記事に見られる恐慌」／奥村哲「満鉄の華中農村調査をめぐって」／内山雅生「日本占領下の華北農村における綿花栽培と'棉産改進会'」／久保亨「『華北調査研究機関業績綜合調査』に関する覚書」／川井伸一「中国会社法の歴史的検討――序論」／坂野良吉「中国政治をめぐる情報の質と政策決定との間――田中義一・蒋介石'会談'を例として」／三谷孝「戦前期日本の中国秘密結社についての調査」／解題

　ところで，資料の所在調査を行った山口大学東亜経済研究所では，第一次大戦に参戦した日本が山東に派遣した青島守備軍が戦中から直後の時期に山東各地で行った調査書が多数あることに注目した．この例が示すように，戦前戦中期に中国で調査を行った機関は実に多数にのぼり，先に触れた以外にも，早く

には農商務省，関東都督府があり，中国各地の日本人商業会議所と大阪など日本の商工会議所，台湾銀行や日本銀行，東亜同文会，そして本書のテーマである興亜院，などなどに及ぶ．だが，これら諸機関とその中国における調査活動について我々の知識は不十分であり，それなくして我々が当初考えた解題つき目録の作成も容易ではないことを認識するに至った．そこで，調査機関についての知見を深めるべく，次の3氏をゲストに招き，井村哲郎「戦前期中国に関する日本の調査機関」，松重充浩「外務省外交史料館所蔵の興亜院関係史料について」，小池聖一「外務省文書・外務省記録の生成と『写』の態様」という，報告を聴くことができた．こうして，中国本部において最も集中的に調査が行われた日中戦争時期に限定してみると，先にも触れた諸機関のうち，満鉄については井村哲郎『満鉄調査部』[3]がまとめているが，東亜研究所については関係者の回想と記録があるのみで，興亜院やその他の民間機関の調査活動については研究が進んでいない，ということが明らかになった．とりわけ，日本の占領地行政全般を統括すべく設置された機関であった興亜院については，その成立事情に関する研究があるのみである．

　以上のような経緯で，これまで研究の十分されていない興亜院を取り上げることになった次第である．1999年度に日中友好会館の日中平和友好交流計画歴史研究支援事業による助成申請(研究代表者：内山)が採用となり，興亜院の調査・研究組織および調査内容についての分析を進め，その間には柴田善雅氏から，興亜院と大蔵省との関係および同省にある関連資料について報告を伺った．一方，興亜院の調査報告書の所在調査をしてその目録作成作業も行ってきた．この研究の中間報告として，2000年11月に東洋文庫においてシンポジウムを開催した．それには中国から房建昌(中国社会科学院中国辺疆史地研究中心)，陳正卿(上海市档案館)の両氏を招いて報告をお願いした．本書に見られるような，中国に残された興亜院の資料を使って従来ほとんどなされていない問題について実証的な研究報告をされたことは，我々にとって大きな収穫となった．

(本庄比佐子)

二

　興亜院は数ある中国調査機関の中でも，際だって特異な風貌を呈している．まず第一に，それは総理大臣を総裁とし省庁並の権限を持つ純然たる国家機構であった．民間の各種調査機関や政府の外郭団体的な地位にあった東亜研究所などとは，この点が全く異なっている．第二に，それは日中戦争の開始以降，中国占領地行政を推進するために設置された侵略戦争遂行のための機構であった．中国東北地域の鉄道経営と経済開発を軸とした国策会社だった満鉄に比べても，日中戦争とのかかわりは格段に深い．後に詳しく述べるように，興亜院の実際の活動面でも支那派遣軍が重要な役割を果たしていた．第三に，以上のような条件の下，短期間しか存在しなかったにもかかわらず，興亜院は膨大な人員を動員し多方面にわたる活動を展開した．その活動の一端が戦時中国の実態調査である．

　しかし，興亜院については，まだよく知られていないことが多い．我々が本書に結実した共同研究を組織した理由もそこにあった．なぜ不明な点が多いのか．それは存在期間が4年にも満たないほど短かったこと，各省庁の出向者を集め急遽設置されたものであったため寄合い所帯という性格を脱却できなかったこと，戦後に業務を継承する官庁が存在しなかったこと，以上のような事情により史料が散逸したこと，そして戦時機構だったため資料の意図的な隠滅工作さえ行われたと見られること，など，研究の進展を阻む要因が幾重にも重なっていたためである．

　とはいえ，興亜院に関する史料が全く残されていないわけではなく，同院の調査報告書類は各地の大学図書館などに所蔵されており，外務省外交史料館・国立公文書館・防衛庁戦史室・財務省財政資料室・農林水産省農林水産政策研究所などに若干の文書史料も保管されている．そうした史料に基づき，興亜院の成立過程については馬場明が詳細な研究をまとめ[4]，その成立後の活動については華北経済開発を中心に中村隆英が考察した[5]．また興亜院の存在に言及

した他の主だった業績について触れておくと，技術者の関わりという側面について大淀昇一の研究があり[6]，その「統合国策機関」という特質については古川隆久の研究が触れている[7]．さらに本書第一部に収録された柴田善雅論文は，行政機構としての興亜院の実態を丹念に解明した．こうした先行研究を手がかりに，興亜院とは何であったのか，基本的な問題の所在について，整理しておくことにしたい．

興亜院の成立過程　成立の発端は，1938年1月，内閣の下に秘密に設けられていた第三委員会幹事会で提案された「東亜事務局」設立構想にさかのぼる．その構想によれば，内閣に設置される「東亜事務局」は，中国に於ける経済計画の立案実施，各省庁の対中国政策の調整，中国に設立された国策会社の監督などに加え，「満洲」関係の行政実務全般の処理，中国及び「満州」関係の文化事業の実務なども全て統轄的に担当する相当大規模な行政機構になるはずであった[8]．内閣の第三委員会は，事実上，企画院の機構の一部として動いた，とされる組織である．その企画院は，前年10月に内閣直属の総合的な行政機構として発足したばかりの新官庁であり，統制経済をはじめとする戦時期の政策立案全般に関し，大きな権限を付与されていた．そして「支那事変ニ関連シ支那ニ於ケル経済ニ関スル重要事項」の審議を担当した第三委員会（創立当初の委員長は企画院次長青木一男，幹事には外務・大蔵・陸軍・海軍各省と企画院の関係課長らが就いた）は，その後，中国占領地の経済運営に関する実質的な政策決定機関としての役割を果たしていく[9]．このような事情からすれば，第三委員会幹事会が「東亜事務局」設立構想に込めた狙いは，中国・「満州」に対する自らの経済政策をいっそう円滑に実施することにあったと考えられる．一方，近衛文麿首相とその周囲を中心に，中国政策に関して強い権限を持つ官庁を設置することによって軍の暴走を抑えようという企図も存在したと指摘されている[10]．

　その後，内閣法制局を中心に政策の調整が進められ，1938年3月初めには，対支局と対支審議会を設ける法制局案がまとまった[11]．同案は対支局として

政務・経済・文化の三部からなる相当の規模を備えた機関を構想しており，その後実際に成立する興亜院と興亜委員会という体制の基本骨格が示された案になっている．

しかし，先の企画院案，並びにそれを基礎にまとめられた法制局案に対しては，対外政策を担当する外務省から強い異論が出された．外務省は，新機構設立がむしろ軍の影響力拡大と外務省の権限縮小につながることを恐れ，また交戦状態に入っていたとはいえあくまで外国の一つである中国と，日本が植民地にしていた満洲とは，根本的に区別して扱うべきだとの判断に立って，権限を経済関係の事項だけに限定した「支那経済開発事務局」を外務省の下に設置するという対案までまとめ，企画院案や法制局案に反対している[12]．こうして政府部内の意見調整に手間取り，企画院の提案はすぐには具体化されなかった．

その後，徐州や武漢での戦闘後も中国の激しい抵抗が続き，日本が戦争早期終結の見通しを失っていく中で，1938年夏から秋にかけ，改めて対華政策を総合的に扱う新官庁の設置が問題になった．この段階で新官庁創設を改めて強く主張したのが陸軍であった．9月に陸軍省が提唱した「対支院」設立構想によれば，同院は占領地域につくられた対日協力政権（傀儡政権）への対応，経済金融，国策会社の監督，文化工作，その他対華政策に関する一切の事務を包括するものであり，北京，上海，南京，青島などには現地機関を置き，当面は経済関係事務に当たらせる，などとなっている．中国侵略の推進拡大に向け陸海軍以外の省庁の協力も得ながら，なおかつ軍部が外務省の拘束を受けずに対華政策を推進していくためには，こうした機構の創設がもっとも有効だと陸軍首脳は判断したのである[13]．当然，外務省側は「対支院」設立構想に猛反対し，宇垣一成外務大臣が抗議の辞職をする事態にまで発展した．しかし「非常時」を旗印に，省庁並の権限を備えた新機構を設置しようという「対支院」構想に対しては，先に企画院案をまとめた第三委員会の少壮官僚たちからの賛同を含め様々な立場から支持が寄せられ，ついに外務省も一歩退かざるを得なかった．なおそうした支持勢力の一つに日本技術協会など技術者たちの団体も入っていたことから，彼らの意向を反映し新官庁には技術部を設置することになってい

る(14).

　最終的には1938年11月18日の閣議で官制案などが決定され，枢密院の同意を得た後(15)，12月16日に正式に官制が公布された(16)．こうして興亜院という名称の下，上記の陸軍案を基礎にした新たな対華行政機関が正式に発足した．これにあわせて，興亜院につながる「東亜事務局」設立案を提起した内閣第三委員会は発展的に解消されている(17)．なお11月18日の閣議決定の際，興亜院に対する軍の優位を規定した極秘の付帯閣議了解事項も通過した．「軍事及警備ニ関シ支那側関係機関ニ対シテ為ス指導ハ，陸海軍最高指揮官其ノ任務及協定ニ基キテ之ヲ為スモノトス．興亜院ノ指導ハ右ノ範囲外ニ於ケル政務ニ関スルモノトス．……興亜院連絡部ノ次長以下ノ職員ニハ，必要アルトキハ，現地陸海軍ノ司令部等ニ属スル適任者タル武官ヲシテモ之ヲ兼務セシムルコトヲ得」(18)．これによって，軍の暴走を抑えようとしたという近衛首相らの企図(前述)は，ほとんどその意味を失ったと言うべきであろう．

興亜院の機構　東京の本院のほか，北京・上海など中国各地に連絡部が4つと出張所が1つ設けられ，それぞれに政務・経済・文化を扱う部局が設置された(次頁図参照)．実際にそれぞれの部局の活動を担ったのは，本書所収の柴田論文が具体的に明らかにしているとおり，大部分，陸海軍や大蔵省・外務省など他省庁からの出向者であった(19)．

　政務関係の部局，本院で言えば政務部，華北・華中の両連絡部の場合で言えば政務局が担当した業務は，「興亜院事務分掌規定」(1938.12.16施行)によれば，「対支政策樹立，各部事務ノ連絡調整，支那新政権ニ対スル政治的協力，支那ニ於ケル政治，経済及文化ニ関スル調査，情報蒐集及啓発宣伝」(同上第二〜五条)であった(20)．「傀儡政権」，もしくは「偽政府」と呼ばれた対日協力政権関係の工作の中枢を担ったわけであり，当然ながらここには軍の特務機関関係者が多く配置された．ただし後述するように，政治工作については従来の軍特務機関の活動と重複することが多く，興亜院としての独自の活動はあまり見られなかった．

興亜院機構図

```
本院──総裁（首相兼任），副総裁 4 名（陸・海・外・蔵相兼任）
      総務長官  総裁官房
                政務部──第一課/第二課/第三課
                経済部──第一課/第二課/第三課/第四課
                文化部──第一課/第二課/第三課
                技術部*
      連絡委員会〈各省庁〉
      興亜委員会〈各省庁＋有識者〉
      興亜技術委員会**
   華北連絡部──連絡部長官  長官官房
                            政務局
                            経済第一局
                            経済第二局
                            文化局
   華北連絡部青島出張所──出張所長  官房
                                    政務班
                                    経済第一班
                                    経済第二班
                                    文化班
   蒙疆連絡部──連絡部長官  総務課
                            調査課
                            政務課
                            経済課
                            文化課
   華中連絡部──連絡部長官  長官官房
                            政務局
                            文化局
                            経済第一局
                            経済第二局
                            経済第三局
      華中連絡部南京派遣員事務所
      華中連絡部漢口派遣員事務所
      華中連絡部広東派遣員事務所
   厦門連絡部──連絡部長官  政務部──第一班/第二班/第三班/第四班
                            経済部──第一班/第二班/第三班/第四班
```

注： *技術部には技術部長と技師数人だけが配置された．
　　**興亜技術委員会については本文参照．
出所：興亜院政務部『興亜院執務提要』1940 年，37-39 頁及び 42-46 頁．

表1　興亜院の職員定員概要

	書記官等*	調査官	事務官	技師等**	属	技手等***	計
本　院	9	18	18	11	67	18	141
華北連絡部	14	64	45	32	106	37	298
同青島出張所	1	8	5	6	12	5	37
蒙疆連絡部	3	15	9	4	33	9	73
華中連絡部	11	45	31	16	78	18	199
厦門連絡部	1	6	4	7	21	7	46

注：*秘書官を含む．**電信官，通訳官，理事官等を含む．***電信官補，通訳生等を含む．
なお本院には政務・経済・文化・技術各部部長が，また華北・華中両連絡部には連絡部次長が置かれた．なお本書27頁表1の数値は他の資料に基づく職員実数．
出所：興亜院政務部『興亜院執務提要』1940年，37頁及び40-42頁．

表2　興亜院各連絡部・出張所の所在地と担任区域

	所在地	担任区域	備考(初代長官・所長とその前任職)
華北連絡部	北　京	中華民国臨時政府の管轄地域	陸軍中将喜多誠一，元天津特務機関長
蒙疆連絡部	張家口	蒙疆連合委員会の管轄地域	陸軍少将酒井隆，元済南特務機関長
華中連絡部	上　海	中華民国維新政府の管轄地域	海軍中将津田静枝
厦門連絡部	厦　門	厦門島及びその付近	海軍少将水戸春造
青島出張所	青　島	青島特別市公署の管轄地域	海軍大佐柴田弥一郎

出所：興亜院政務部『興亜院執務提要』1940年，41頁．備考は各種関係史料による．

　また経済関係の部局，本院で言えば経済部，華北連絡部の場合で言えば経済第一局と第二局，華中連絡部の場合は第三局まで設けられていたが，それらの部局が担当した業務は，「支那ノ経済開発計画，支那新政権ニ対スル経済産業的協力ノ実施準備，北支那開発株式会社並中支那振興株式会社ノ監督，在支企業ノ統制，支那ニ於ケル拓殖事業，日支間及支那ニ於ケル交通及通信，支那ニ於ケル金融，財政，幣制及税務，対支貿易」(同上第六～十条)であった．内閣の第三委員会幹事会がまとめた当初案の核心部分がここに生かされており，大蔵省などからの出向者が大きな役割を果たした．初代経済部第一課長には大蔵官僚であった毛里英於菟が就任している．

　また文化関係の部局，本院で言えば文化部，華北・華中の両連絡部の場合で言えば文化局が担当した業務は，「支那新政権ニ対スル文化的協力ノ実施準備，民生，衛生，防疫，医療，救恤，思想，教育，宗教，学術」(同上第十一～十四条)であった．実質的には，以前から対支文化事業を進めていた外務省からの

出向者が，興亜院の名の下で従来の諸事業を継続したという面が強かった．

　先にも述べたとおり，興亜院の場合，中国各地に設置された連絡部と出張所が非常に重要な位置に置かれていた．東京の本院の職員定員が約150人だったのに対し，華北連絡部は約300人，華中連絡部は約200人の定員を擁している（表1）．これが他の省庁の機構と比べ，顕著な特徴となっている．実はそれぞれの担当地域は，支那派遣軍の配備状況並びに対日協力政権の設立状況と対応していた（表2）．

興亜院の実際の活動　興亜院の初代総務長官には柳川平助陸軍中将が就任し，以下，政務部長に鈴木貞一陸軍少将，経済部長に日高信六郎総領事が就き，文化部長は柳川平助長官の事務取扱いという陣容であった．また華北・蒙疆の両連絡部長官には陸軍軍人が，華北連絡部青島出張所長と華中・厦門の両連絡部長官には海軍軍人が任命されている．設立の経緯を如実に反映し，軍が興亜院の中枢を支配した[21]．

　政務関係についていえば，何と言っても大きな影響を及ぼした事情は，元来，興亜院設置後には撤廃されるはずだった軍の特務機関が各地で活動を継続したことである．特務機関の撤廃が形式的には実施された華北の場合ですら，従来の特務機関の活動を引き継ぐ新たな部署が軍内に設けられ，実質的には，そこを中心に北支那方面軍の各種政治工作が続けられた．かくして「政務に関しては，興亜院〔本院—引用者注〕および連絡部は，極めて小部分を実施したにすぎず，対華政策の重要な実質面は，ほとんどなお現地軍の管掌するところであった」と評される[22]．軍の暴走を抑える役割など全く期待できなかった．

　ただし調査活動の立案調整などを中心に，興亜院の政務関係部局がそれなりの役割を発揮した分野もあった．

　興亜院は中国占領地経済の運営について多くの政策を決定し実施した．その点に関して，興亜院業務の重点がもっぱら経済関係に置かれ，経済関係各省の意見が強く反映されて日本側の利益だけを追求するようになり，「国営会社ヲ中心トスル本邦経済界ノ対支搾取機関」になった結果，中国側は興亜院にきわ

めて悪い印象を持ったとの指摘がある[23]．そのような状況が生まれていたことは否定できない．ただしこうした評価は外務省サイドからのものであり，本当に「日本側の利益だけを追求」したことが経済面に於ける失政の主な要因だったのか否か，もう少し慎重に考える必要がある[24]．たとえば実際に興亜院が大きなかかわりを持った華北経済開発の場合，物資の需給状況を無視した貿易為替統制，鉄道港湾などの輸送力の不足，通貨戦の大きな負担，等々があいまって，日本の占領地経済政策自体が総破綻に追い込まれていたことに，注意を払うべきである[25]．

文化関係では，外務省が従来から進めていた対支文化事業の継続が主な活動内容になったとはいえ，日中戦争の展開にともない新しい活動も展開された．本書の陳正卿論文が取りあげている興亜錬成所の活動もその一つである[26]．

中国占領地行政を円滑に進めるためには，中国の実状をよく調査し，それに応じた政策を立案することが求められた．それに向け，日本の技術力を総動員する機構として院内に設けられたのが，興亜技術員会である．同委員会には学界・経済界の有力者が集められ，鉄道建設・電気事業等の設備規格統一，木材の利用法，家畜防疫，マラリア予防など占領地支配のための答申をまとめる一方，農林水産資源・水利関係30点，運輸通信関係19点，衛生事情13点，鉱産資源関係5点，都市計画3点などの『調査資料』を刊行した．占領地の農林水産業関係を中心にした資源開発と運輸通信手段・衛生施設などの産業基盤整備に，活動の重点を置いていたことが知られる．

なお付言しておくと華北連絡部と華中連絡部の活動内容にはずいぶん大きな差異があった．これにはそれぞれの地域における軍との関係，すなわち華北連絡部は北支那方面軍との，また華中連絡部は中支那方面軍(1939.9以降，支那派遣軍)との関係が反映されている．しかし実はその背後には，華北と華中の歴史的社会経済的な相違が横たわっていたのであり，それは，後述するとおり，調査活動の内容の相違にも大きな影響を及ぼしていた．

興亜院の中国実態調査　興亜院の中国調査は，本院政務部第三課，華北連絡部

政務局第三班，蒙疆連絡部調査課，華中連絡部経済第一局，厦門連絡部経済部第四班などがそれぞれに調査活動を組織する形で展開された．報告書類の刊行点数は，判明しただけでも本院 392 点，華北連絡部 405 点，同青島出張所 111 点，蒙疆連絡部 94 点，華中連絡部 772 点，同広東派遣員事務所 19 点，厦門連絡部 86 点などとなっており，その他も含め総計 1,944 点に達する．そのテーマは調査活動開始の当初から「日満支経済ブロック建設ニ関スル諸調査，……特ニ国防資源ノ調査」，長江流域における「我方ノ商権確立，外国勢力ノ駆逐，及対蒋圧迫等ノ見地ヨリ……流通関係ノ調査」，戦争の長期化に伴う「不足重要国防自給ニ必要ナル調査」など占領地行政の要請に直接応える内容に定められており，その後，日本の戦時体制強化が焦眉の課題とされるにつれ，「高度国防国家」建設に必要な資源の開発とその需給関係に一段と絞り込まれていった．そのほか短期間に膨大な調査を実施したこと，多数の専門的研究者，調査マンが動員されたこと，実地に役立つという実用性が求められたため，それなりにリアルな認識が示されていたこと，などにも，興亜院の中国調査の特質を見いだすことができる．詳細は本書第二部第 1 章の拙稿を参照されたい．

（久保　亨）

三

　本書は，「第一部　興亜院と中国占領地行政」，「第二部　興亜院による中国調査」，および「第三部　興亜院調査報告所在目録」の三部から構成されている．

第一部　興亜院と中国占領地行政
第 1 章　柴田善雅「中国占領地行政機構としての興亜院」
　本章は興亜院について，行政機構としての確立を跡付けたものである．
　興亜院には，総裁として総理大臣が兼務し，副総裁として外務大臣，大蔵大臣，陸軍大臣，海軍大臣が兼務し，その下に総務長官が配置された．本院には

総裁官房のほか政務部，経済部，文化部，さらに技術部が置かれた．しかし興亜院は，関内占領地行政に対処するために急設された経過からか，主要な職員はいずれも他省庁からの出向組から構成されていた寄り合い所帯であった．

また興亜院は，軍の強力な介入権限を確保しながら，各省庁の所管業務の調整機構の側面を保持していたため，対中国占領地行政を国内で指示する組織として，大規模に編成された．短期間で対満事務局を上回る規模の組織に肥大化したことは，日本政府が対中国占領地行政の重要性をいかに認識していたか物語るものである．

第2章　松重充浩「興亜院の成立と在『満洲』日本人社会」

本章は，満鉄の調査マンをはじめとする「満洲国」(以下,「　」省略)日本人社会の興亜院認識について取り扱ったものである．特に興亜院の成立をめぐって，在満日本人を中心とする世論が興亜院そのものをどのように認識していたのか，『満洲日日新聞』などの論文や記事を分析しながら考察した．さらに彼らの認識から，興亜院による調査・研究がそれ以前の対中国調査・研究のいかなる内容を継承し，いかなる内容を新たに加えるものだったのかという点についても論及を試みた．

第3章　陳正卿「興亜院の文化事業——興亜錬成所と華中での活動——」

本章は，華中興亜錬成所の設立を中心として興亜院の文化政策を検討したものである．日本政府は「興亜体制」強化の方針の下，在華政府機関及び国策会社などの幹部職員に「大陸経営」能力をつけさせるため，興亜錬成所を設立した．錬成所はのちに，日本軍占領地域の日本人居留民を訓練する機関ともなった．錬成所はさらに課程を修了した人々を中心とした興亜会を組織した．上海には興亜会華中・南支部(支部長：駐上海公使)が置かれ，「大東亜建設」のための国策の遂行を図り，同時に日本人居留民に対して「皇民精神」の強化を働きかけた．

第二部　興亜院による中国調査

第1章　久保亨「興亜院の中国実態調査」

　本章は，興亜院の実態調査の特徴をまとめたものであり，いわば興亜院による中国調査の全般的特徴を興亜院の成立過程，興亜院の機構，興亜院の実際の活動，興亜院の中国実態調査の特徴などについて紹介したものである．

　興亜院の中国調査は，本院政務部第三課，華北連絡部政務局第三班，蒙疆連絡部調査課，華中連絡部経済第一局，厦門連絡部経済部第四班などがそれぞれに組織した．国防資源の調査，流通関係の調査など占領地行政の要請に直接応える内容だったこと，多数の専門的研究者，調査マンが動員されたことなど，興亜院調査の特質を具体的に説明した．

第2章　本庄比佐子「華南における調査」

　本章は，厦門連絡部と広東派遣員事務所を中心に，華南における興亜院調査を検討したものである．まず華南における現地機関を概観した後，厦門連絡部の調査の特徴をまとめた．厦門連絡部は厦門島を中心に金門島，南澳島など福建省沿岸地域を管轄し，これらの地域の農林業，水産業，鉱業などについて現地調査を行った．これらの調査に主に従事したのは，興亜院の技師・技手及び厦門特別市政府職員の他，台北帝大教授，台湾総督府技師であり，また台湾に本社を置く福大公司が広東を含め多くの文献調査を行っている．これは，厦門占領直後より海軍及び領事館とともに台湾総督府が占領地行政に参画したことによるものである．さらに広東派遣員事務所の調査の実態と特徴をまとめた．

第3章　金丸裕一「中国工業調査――電力産業史の事例から――」

　本章は，中国工業調査の実情とその社会的背景を検討したものである．その特徴の第一は，戦時の混乱の中から中国側が調査・蒐集したデータを「保護」するための仕事を進めたのが中支建設資料整備事務所であり，ここは主として翻訳作業を『編訳彙報』や『編訳簡報』に公表しながら，情勢分析を行っていた．第二に，興亜院華中連絡部の『調査報告』シリーズや『華中調査資料』な

どに調査活動の成果は垣間見られるが，専任の調査官は45名，技師も12名に過ぎず，満鉄調査部などに比べて格段に貧弱である．第三に，中支調査機関連合会が『興亜華中資料』シリーズ等を通じて残留させた史料に「興亜院」のあり方そのものを示唆する内容が含まれている．

第4章　奥村哲「重要国防資源調査」

本章は，「中支那重要国防資源調査」を中心に「支那重要国防資源調査」をとりあげたものである．「重要国防資源」とは，衣食の生活必需物資や鉱産物，そして輸出品を中心とする農・畜産物を指す．本章では，「調査の企画と具体化」を説明した後に，鉱物資源調査，農畜産物資源調査，そして具体的に『中支那重要国防資源　棉花，麻調査報告』，『武漢地区重要国防資源畜産物調査』，『中支那重要国防資源食糧作物調査報告書』，『中支那重要国防資源生糸調査報告』等を検討し，本調査の目的は，日本経済を維持しつつ侵略を継続する，物的基礎を得ることであったと結論した．

第5章　内山雅生「華北連絡部の資源調査と華北農村」

本章は，興亜院華北連絡部によって実施された資源調査の内容を『調査月報』に転載された棉花関係の報告書と，転載されなかった馬，綿羊，木材に関する調査を紹介し，興亜院の調査・研究が華北農村研究にとっていかなる意味を持ち得るのか検討した．

調査資源対象の拡大ということを興亜院の構成との関わりから検討すると，興亜院の調査研究は，一方で重要農産物の強権的収奪という課題を控え，他方に占領地における民心把握という難題を抱えていたという，いわば興亜院調査の持つ矛盾と無関係ではなかった．

しかし，調査の実態は関連機関からの「出向組」による調査員の「寄り合い所帯」の様相を呈していた．また国防重要資源調査といっても当初は調査対象をより広く設定していたが，戦時状勢により日本本土の資源保有状況との関連から対象が限定されていった．

第6章　弁納才一「興亜院調査から見た華中の米事情」

　本章は，興亜院が華中の東部地域における米に対していかなる調査を実施し，米事情をいかに認識していたか検討したものである．米は，「現地自活主義」実現を目指す中国占領日本軍にとって重要な軍需用農産物であり，かつ占領地区農民の生活安定による「民心把握」をはかるためにも欠かせないものだった．興亜院による華中の米に関わる調査は，米の増産のために，その余地と可能性の高い地域が選定され，その実態の把握の必要からいくつかの調査が実施された．また，江北（江蘇省北部地域及び安徽省北部）が米の生産地ないし滞留地となっており，また，浙東（浙江省東部地域）が米の流出先ないし密輸先となっていた．

第7章　房建昌「社会調査——日系宗教団体の上海布教——」

　本章は，興亜院華中連絡部の『日本側宗教ニ依ル文化工作状況』と『中支ニ於ケル宗教事情』という二冊の報告書から，戦時期に日本が上海で進めていた宗教文化事業について，歴史的な経緯を踏まえつつその全容を明らかにした．日本本国の神道，仏教，キリスト教の各宗派がそれぞれ中国で布教活動を開始しているが，特に大きな影響力を持ったのが真宗大谷派の東本願寺である．日本の侵略戦争が始まり上海在住日本人の数が激増するにつれ，各教団の活動も一層活発化した．1939年には，それら宗教団体の活動を軍の統制下に置き協調を図っていく狙いから，中支宗教大同連盟が設立されている．

第三部　興亜院調査報告所在目録

　本目録は，興亜院発行の2,000点近い報告書について，書名，発行機関名，頁数，シリーズ名，シリーズ番号，所在機関等のデータを一覧にまとめ，利用者の便宜を図ったものである．日本での所在機関としては，東洋文庫を中心に，国立国会図書館，東京大学東洋文化研究所，農林水産省農林水産政策研究所，アジア経済研究所，東京大学経済学部図書館，京都大学経済学部図書室，京都大学農学部図書室，京都大学人文科学研究所，山口大学東亜経済研究所等，中

国では上海図書館，中国社会科学院近代史研究所などを調査した．本目録はその調査結果をまとめたものである．

なお最後に「索引」を付した．

(内山雅生)

（1）　中兼和津次『旧満洲農村社会経済構造の分析』アジア政経学会，1981 年．
（2）　アジア経済研究所図書資料部編『旧植民地関係機関刊行物総合目録：南満州鉄道株式会社編』アジア経済研究所，1979 年．同『旧植民地関係機関刊行物総合目録：満州国・関東州編』，1975 年．同『旧植民地関係機関刊行物総合目録：台湾編』，1973 年．
（3）　井村哲郎『満鉄調査部――関係者の証言』アジア経済研究所，1996 年．
（4）　外務省百年史編纂委員会『外務省の百年』下巻，原書房，1969 年，第三章三．なお馬場は「興亜院設置問題」『外務省調査月報』第 7 巻第 7・8 号，1966 年（後に同著『日中関係と外政機構の研究』原書房，1983 年，第九章に収録）も執筆しているが，主旨がほぼ重複しているため，以下，参照しやすいと思われる『外務省の百年』から引用する．
（5）　中村隆英『戦時日本の華北経済支配』山川出版社，1983 年．
（6）　大淀昇一『宮本武之輔と科学技術行政』東海大学出版会，1989 年．
（7）　古川隆久『昭和戦中期の統合国策機関』吉川弘文館，1992 年．
（8）　前掲『外務省の百年』下巻，339-341 頁．
（9）　中村前掲書，135-136 頁．
（10）　前掲『外務省の百年』下巻，342-349 頁．
（11）　同上，352-354 頁．
（12）　同上，341-342 頁．
（13）　同上，367-368 頁．
（14）　技術者団体の働きかけは 1938 年初めから始まっており，すでに 3 月の法制局案の中に「中央及現地ニ技術者ノ委員会ヲ設置スルコト」との記述が見られる．「対支局(仮称)要綱」「対支局ノ構成」「対支審議会官制」の三点の文書に添えられた説明文書．国立公文書館 1-2 A-040-00，資-00356-100，「対支局設置に関する件」．技術者団体の動きについては大淀前掲書と本書第二部第 1 章の拙稿参照．
（15）　枢密院の審議でも，興亜院の権限や現地に設ける連絡部の役割について疑義が出され，異例の長時間に及ぶ審議の末，「実際ノ運営ニ関シ極メテ細心ノ注意ヲ払」うことを政府に要望する，との条件付で原案が承認された．興亜院官制外七件 1938.11.29 及び 1938.12.1, 国立公文書館 1-2 A-015-07, 枢 B-00023-100, 枢密院委

員会録．興亜院1938.12.3, 同1-2 A-015-07, 枢C-00048-100, 枢密院審査報告．
(16) 前掲『外務省の百年』下巻, 378-379頁．
(17) 古川前掲書, 83頁．
(18) 前掲, 国立公文書館「対支局設置に関する件」．
(19) 本書第一部第1章柴田善雅論文参照．
(20) 『興亜院執務提要』1940年, 38-39頁．
(21) 興亜院に対する外務省の反感には相当強いものがあった．たとえば発足早々の興亜院と外務省の事務分界に関する協議を担当した宮崎書記官は「興亜院ハ何ト言フモ主トシテ陸軍軍人ノ指導スル官府……軍人式ニ人文科学上ノ研究ヲ何年何月迄ニ完成スヘシト言フカ如ク命令又ハ強要スルコト有ラン」と記している．宮崎書記官報告書, 昭和13年12月31日(外交史料館H-7-2-0, 4-8, 参考資料関係雑件, 興亜院関係, 360頁)．
(22) 前掲『外務省の百年』下巻383頁．なお柴田論文の評価はやや異なっている．
(23) 同上384頁, また馬場前掲書358・360頁．
(24) 興亜院の業績に対する総括的な評価をまとめた外務省の文書は, ①「設置ノ趣旨実現シ居ラサルコト」, ②「対支事務ノ重複不統一ヲ来シ居ルコト」, ③「中正ナル対支政策実施ノ妨害ヲ為シ居ルコト」, ④「官庁トシテノ統一性ヲ欠キ居ルコト」, ⑤「支那側官民ニ悪印象ヲ与ヘ居ルコト」の五点を列挙し, 全般的非難を加えている．「興亜院業務実施ノ状況」亜一, 昭和17年8月11日(外交史料館M-1-1-0, 7, 大東亜省設置関係一件)．馬場明は, こうした評価をそのまま肯定的に引用した．しかしこれは外務省の立場が色濃く反映した評価であったことにも注意しておく必要がある．
(25) 中村前掲書, とくにその第三章　経済開発の構想と現実．
(26) 本書第一部第3章の陳正卿論文参照．

第一部　興亜院と中国占領地行政

第1章　中国占領地行政機構としての興亜院

柴　田　善　雅

1937年7月7日の日中戦争突入後，華北戦線が拡大し，8月26日に北支那方面軍編成となり，さらに華中における10月30日の中支那方面軍編成により，占領地域は拡大した．その後1939年9月4日支那派遣軍編成で中支那方面軍は吸収された．1937年12月4日に華北において臨時政府が設置された(行政委員長：王克敏)．これより先に蒙疆地域は関東軍に占領され，その後1937年12月28日駐蒙兵団の編成を経て，1938年7月4日に駐蒙軍の占領下に置かれた．この蒙疆において1937年9月4日に察哈爾省に察哈爾自治政府，同月27日に察哈爾省の一部と綏遠省に蒙古連盟自治政府が，10月15日に山西省北部に晋北自治政府がそれぞれ設置され，これらは1937年11月22日に蒙疆連合委員会(張家口，総務委員長：徳王)の設置を経て，1939年9月に蒙古連合自治政府(主席：徳王)となった．また華中において1938年3月28日に維新政府(南京，行政院長：梁鴻志)が設置された．そのほか日本占領地各地に省政府以下の協力政権の体制が出現した．さらに1940年3月30日汪精衛政権出現後に維新政府は吸収され，臨時政府は華北政務委員会に改称された[1]．これらの占領地対日協力政権を通じて占領地政策の実現が図られたが，これらの協力政権に対しては，占領当初においては当該地の陸軍もしくは海軍の特務機関が指導する体制となっていた．広大な地域にわたる占領地政策を占領地相互のみならず日本国内の政策との整合性を図る政策調整が必要となった．その中国関内の占領地政策を主管する行政機関の設置が検討された．他方，外交は本来外務省の主管事項であり，占領地政策を主管する官庁の出現を外務省が好むものではなく，関内占領政策のみを担当する省庁，すなわち興亜院の設置に反対した．この新設行政機関設立に関しての争いは，対満事務局設置にかかわる拓務省所

管の関東庁の反対運動とも近似するものである．同様の事態として対満事務局設置に際して拓務省が所管権限を損なわれるとして激しく反対したことが知られている．外務省もそれに乗る形で反対する側についた．しかしそのまま押し切られ，1934年12月26日に対満事務局（「対満事務局官制」1934年12月26日勅令による設置，総裁は陸軍大臣）が設置された[2]．

　1938年12月16日に設置された興亜院の設立過程についてはこれまで外務省資料を用いた研究がある[3]．それについての論評は本書「はじめに」で行われている．興亜院の果たした行政機構的側面についての評価は外務省寄りのきわめて低いものとなっている．他方，その所管した占領地行政にかかわる政策形成とその内容については，まとまった形では示されていない．中国における研究としては，華中連絡部と蒙疆連絡部の機構と調査活動を紹介するものがある[4]．本章では興亜院の行政機構としての役割を，中国占領地政策の調整を担当した第三委員会からの連続性として捉えるとともに，興亜院の本院と占領地における出先の連絡部の両者からなる組織として興亜院の機構を位置づける．また興亜院が行った行政的意思決定について，興亜院会議と興亜院連絡委員会，さらにはそれ以外の意思決定のあり方の全般について検討を加えることにより，中国占領地行政機構としての興亜院の性格を明らかにする．それにより興亜院の中国占領地における政策調整官庁としての機能が確認できる．さらに1941年12月開戦後の状況を踏まえた大東亜省設置により興亜院が吸収されるが，大東亜省との行政的連続性から組織的連関をも視野に入れる．ただし大東亜省設立に関する検討が外務省資料に基づき行われているため，ここでは省略しよう[5]．

1. 第三委員会による関内占領地政策調整

　日中戦争による関内占領地の拡大で，対中国政策を各省庁間で調整する必要が発生した．1937年10月25日に企画庁（1937年5月14日設置）に換え企画院が設置され，より強力な政策の総合調整機関が設置された．企画院設置を中心に

して対中国政策機関設置構想が提案されたが(6)，それが興亜院として実現するまで，省庁間の調整に時間がかかった．対中国占領地政策を担当する行政機構として，1937年11月6日に内閣に第三委員会が1937年10月26日閣議決定に基づき設置された．この設置と委員は官報に掲載されずに，秘密裏に組織された．設置の目的は「支那事変ニ関連シ，支那ニ於ケル経済ニ関スル重要諸事項ヲ審議セシムル為」とされた．そして「対支経済ニ関スル事項ヲ調査，立案シ内閣総理大臣ニ上申スル」ほか，「対支経済ニ関シ各庁事務ノ連絡調整ヲ図ルコト」を所掌事務とした．主管は企画院，委員長は初代の企画院次長青木一男(1937年10月25日～39年1月11日)，委員は企画院調査官，対満事務局次長，外務省東亜局長，大蔵省理財局長，陸軍少将，海軍少将である(7)．

　第三委員会は中国占領地経済政策を検討したが，個別省庁のように，その意思決定に基づきそのまま政策が施行される行政機関ではなかった．その検討結果は重要案件について改めて閣議請議し，閣議における政府意思決定として，その方針が打ち出された．第三委員会は関内占領地にかかわる複数省庁にまたがる経済案件を処理調整する場でもある．確認しうる案件としては，1937年11月18日「北支棉花輸入及買付応急方策要綱」から1938年12月15日「蒙疆洋灰鉱業股份有限公司設立要綱」まで，合計47件の決定を見た．この決定案件は総理大臣上申となり，そのうち8件が閣議請議となり，いずれも閣議決定となった．そのほかの上申案件は10件を除き，29件が閣議供覧となった．これにより政府の方針として採用され承認を受けた案件は，37件となっている(8)．この第三委員会は決定をみた会合35回の開催により，占領当初の多岐にわたる経済方策をとりまとめ，興亜院設置の1938年12月16日に廃止された．廃止の際に，第三委員会懸案事項として，未了のまま残された案件が13件あり，それらは第三委員会幹事会において審議中，審議済み，幹事会と企画院で審議中もしくは幹事会決定までたどり着き第三委員会決定を待つ段階の案件であった．これら未決案件の「北支那交通会社設立要綱」等13件の処理は，興亜院に引き継がれた(9)．

2. 興亜院本院

　1938年12月16日の「興亜院官制」により設置された興亜院には，総裁として総理大臣が，また副総裁として外務大臣，大蔵大臣，陸軍大臣，海軍大臣がそれぞれ兼務した．これは五相会議の構成メンバーと同じである．その下に総務長官が配置された．興亜院の初代総務長官は1938年12月16日～40年12月23日まで陸軍予備役少将柳川平助が在任し，その後，同心得として陸軍中将鈴木貞一が1941年4月7日まで，同心得として陸軍中将及川源七(前興亜院華中連絡部次長)が興亜院廃止の1942年11月1日まで兼務した[10]．

　興亜院本院の組織は総裁官房のほか政務部，経済部，文化部が置かれ，さらに別に技術部を置くことができるものとされた．そして対中国政策に関わる他省庁の所管事項を調整するものとなった．政務部には政務部長が置かれ，初代部長には陸軍少将鈴木貞一(1938年12月16日～41年4月7日)，第2代部長には陸軍中将及川源七(1942年11月1日まで)が就いた．その下に政務部第一課，同第二課，同第三課が置かれた．政務部第一課長には海軍大佐，政務部第二課長には陸軍大佐，政務部第三課長には外務省からの出向者が当てられた．興亜院の政治関係案件については，政務部長鈴木貞一が強力な影響力を有した．政務部は対日協力政権に対する交渉政策を所管したため，外務省を押しのける影響力を確保した．経済部には経済部長がおかれ，初代部長に前上海総領事の日高信六郎(1938年12月16日～40年4月6日)，以後，経済部長心得に毛里英於菟(1940年1月14日まで，経済部第一課長)，部長に柳井恒夫(1940年12月12日まで)，ついで宇佐美珍彦(1942年11月1日まで)があたり，毛里以外はいずれも外務省出身者であった．その下に，経済部第一課，同第二課，同第三課，同第四課が置かれ，後に同第五課も置かれ，所管業務が増大していた．文化部には文化部長が置かれ，当初は部長事務取扱として総務長官柳川平助が兼務し(1938年12月16日～39年1月10日)，その後，文化部長松村諲(1942年11月1日まで，千葉医科大学教授)が在任した．その下に文化部第一課，同第二課，同第三課が置かれ

た．その後1942年には文化部第一課，同第二課の2課に再編された．技術部には技術部長が置かれ，初代部長は宮本武之輔(1938年12月16日〜41年4月7日，内務省土木技術者兼東京大学教授)，第2代は本多静雄(1941年5月3日〜42年1月31日)，第3代は三浦七郎(1942年11月1日まで)である．技術部には興亜院廃止まで課が置かれなかった．

興亜院本院の当初の事務分掌規定によれば[11]，政務部第一課は対中国政策樹立と各部の連絡調整，連絡委員会及び興亜委員会に関する事務，同第二課は新政権に対する政治的協力，各庁対中国行政事務の統一に関する事務，同第三課は中国における政治経済及び文化に関する調査，情報収集及び啓発宣伝に関する事務，経済部第一課は中国の経済開発計画，新政権に対する経済産業的協力の実施準備，各課連絡調整，同第二課は北支那開発株式会社並びに中支那振興株式会社の監督，拓殖事業に関する事務，同第三課は日本中国間及び関内占領地における交通通信に関する事務，同第四課は中国における金融，財政，幣制及び税務，対中国貿易に関する事務，文化部第一課は新政権に対する文化的協力実施準備，民生に関する事務，同第二課は衛生，防疫，医療，救恤に関する事務，同第三課は思想，教育，宗教，学術に関する事務，技術部は官房及び各部に属する事務中技術事項に関する事務をそれぞれ所管した．

当然ながら経済部各課の所管は出向者の出身省と連動している．例えば1939年7月では経済部第一課長毛里英於菟(1938年12月〜41年5月)と同第四課長久保文蔵(1938年12月〜42年2月)は大蔵省出身で，久保は毛里が企画院に転出後の1941年5月以降，第一課長を兼務した．このため専売を除く関内占領地の大蔵省所管業務を経済部第四課長が一手に引受ける体制となった．この時期の大蔵省に関わる中国占領地の所管行政としては占領地通貨政策が極めて大きな課題であり，通貨金融政策を所管する第四課長が第一課長を兼務する形が続いた．同第二課長菅波称事は商工省出身，同第三課長中村純一は逓信省出身で，経済部各課は他の経済省庁からの出向者が寄り合い所帯を形作っていた．

その後5課編成となった後の1942年7月では，経済部第四課長兼第一課長に大蔵省為替局総務課長を経た野田卯一(1942年2月〜42年10月)が送り込まれ

表1　興亜院職員数　　　　　　　（単位：人）

	当初官制定員	1939年7月	1940年2月	1942年7月
興亜院本院計	130	148(13)	86(29)	97(24)
総裁官房	…	28	9	10
政務部	…	30	18	19
経済部	…	38	27	36
文化部	…	21	12	9
技術部	…	26	15	18
興亜院連絡部計	621	323(23)	201(27)	244(21)
華北連絡部	299	162(13)	102(16)	122(14)
うち青島出張所	…	29(5)	17(6)	19(4)
蒙疆連絡部	74	15(1)	9(2)	13(3)
華中連絡部	201	117(8)	74(8)	93(3)
厦門連絡部	47	34(1)	16(1)	16(1)

注：総裁官房に総裁・副総裁計5名を含まず，本院合計に含む．
　（ ）は省庁から派遣の定員外兼務事務官の外書．
　1940年2月と1942年7月は属官・技手・通訳生を含まず．
出所：内閣印刷局『職員録』1937年7月1日現在，1940年2月1日現在，1942年7月1日現在，「興亜院官制」1938年12月16日公布，「興亜院連絡部ニ属セシムベキ興亜院職員ノ定員ニ関スル件」1939年3月10日．

ており，やはり占領地通貨金融政策に熟達した人材を送り込んで担当させていた．同第二課長長谷川輝彦も商工省出身で関内占領地商工行政を担当したが，配下には大蔵省から蒙疆連絡部経済課に送り込まれ1940年10月に興亜院経済部第二課に戻った大平正芳がおり，現地に詳しい人材として動員されたようである．また経済部第二課には専売局からの出向者も配置されており，専売行政も担当していたとみられる．同第三課長は磯野直行で逓信省出身者であり，配下に航空局(逓信省外局として1937年4月1日設置)と海務院(逓信省外局，1941年12月19日設立)からの出向者を抱えていた．増設された同第五課の課長安孫子藤吉(1941年1月〜42年11月1日)は農林省出身で，配下には農林省から出向していた華中連絡部から本院に戻った伊東正義がいた．旧第二課の商工，農林関係の業務を農林系の第五課と商工系の第二課に分離したといえよう．

　当初の「興亜院官制」によると，官制上は興亜院本院では総務長官以下130名の専任職員を配置するものとした．1939年7月1日現在の職員数を見ると，

総務長官以下総勢148名である(表1). その内訳は総裁官房(総務長官と秘書官を含む)28名, 政務部30名, 経済部38名, その他となっている. これには属官・技手67名を含む. このほか派遣元の兼務事務官13名(外務省1名, 大蔵省1名, ほか陸海軍両省)がいた. これに対して対中国政策で競合する外務省東亜局職員は局長以下兼務と属官を含み41名であり, 興亜院本院の総裁官房職員を除外しても, 興亜院本院の職員のほうが遥かに陣容が厚いといえた. 興亜院は, その設立当初から, 大規模な組織として編成されていたことがわかる. ただし永続的な組織とは位置付けられていないため, 事務官より上位の定員は各省庁からの出向者によって占められ, その中で軍人は10名であり, 政務部に5名, 経済部に4名が張り付けられていた[12]. 文官の人事としては, 新設官庁に対する既設官庁による影響力行使のため, 人材派遣の競争が繰り広げられたはずである. 最初に派遣先のポストを固めれば, 以後の派遣元による介入は容易に行われる.

その後さらに興亜院本院の組織は肥大し, 1942年7月で政務部19名, 経済部36名, 総勢97名となった. これには属官と技手を含まない. この職員数は同時点の外務省東亜局の同38名を大きく上回っていた[13]. この定員規模を見る限り, 外務省が興亜院設置に反対して対中国外交一元化を主張したとしても, これだけの規模の多岐にわたる関内占領地行政を外務省に抱え込むことが可能であったかは疑問である. また少なからぬ陸軍・海軍現役武官の外務省の局長・課長あるいはそれと同等の職位への就任を外務省がすんなり受け入れたとも思えず, 興亜院と同等の機能を持つ占領地行政機構を外局であっても外務省本体に取り込む際に, 大きな軋轢が発生したはずである.

こうして設置された興亜院は軍の強力な介入権限を確保しながら, 各省庁の所管業務の調整機構として, 対中国占領地行政を国内で指示する組織として, 大規模に編成されていった. 設置後短期間で外務省本省の東アジア担当部局を上回る規模の組織に拡大していったのは, 対中国占領地行政の重要性を日本政府がいかに認識していたかを雄弁に告げるものであろう. 満洲占領政策については, 満洲国政府機構の日本人との混合人事による整備をみて, 対満事務局に

よる指示・調整策で円滑に行政が施行される体制が築かれた．そのため設置当初の対満事務局の官制上の定員は総裁から通訳生まで入れて，僅かに21名のみであった．他方，関内占領地は交戦中であり，安定的な占領地政権への行政命令・指示体系は容易に構築できるものではなく，そのため興亜院とその出先機関が直面しなければならない所掌業務は流動的かつ多岐にわたり発生するものであり，それに対応するため組織拡大は免れなかった．

以上の興亜院の業務は占領地行政であるが，占領地における行政方針の決定と複数省庁にわたる事案の調整がその主たる業務となる．興亜院は，先述した第三委員会の未決定の積み残し案件13件をそのまま検討課題として承継した．興亜院の意思決定として，興亜院設置の翌日の1938年12月17日に陸軍大臣板垣征四郎の提案により五相会議とは別に，対中国占領地政策を総合的に協議，立案する機関として興亜院会議が設置された．興亜院会議は総裁，4名の副総裁に総務長官を加えた6名で構成された[14]．「興亜院官制」で興亜院会議は規定されていない．興亜院会議の行った意思決定の全貌は明らかになっていないが，経済案件のみを綴った「興亜院重要決定事項」が残っている．それによると，第三委員会からの持ち越し案件の一つである「華興商業銀行設立要綱」が，1938年12月29日興亜院会議によって決定されている．こうして興亜院会議という機構による経済案件の意思決定が初めて行われて以降，1942年8月7日「軍票新規発行廃止措置ニ関スル件」に至るまで，累計46件の意思決定が同会議によって行われた．重要性の低い案件については，後述のように1940年5月以降では連絡委員会決定・諒解で処理されるが，そのほか1939年で総裁決裁1件，総務長官決裁13件，経済部長決定3件がある．興亜院連絡委員会は後述のように1939年末までほとんど機能していなかった．そのため1939年までは，興亜院会議決定による意思決定が中心である(表2)．経済案件に限定しても1938年12月〜1939年12月の興亜院会議決定日は合計36日となるので，少なくとも経済案件に関して36回以上は興亜院会議は開催されている[15]．

以上の興亜院会議の開催と決定案件は経済案件に限定されているが，そのほ

表2 興亜院重要決定事項分類　　　　　　　　（単位：件）

	1938年	1939年	1940年	1941年	1942年	累計
興亜院会議決定	1	12	16	12	5	46
興亜院連絡委員会決定・諒解	—	—	—	23	32	55
興亜院連絡委員会幹事会決定	—	—	7	—	—	7
興亜院関係庁会議決定	—	—	—	1	—	1
興亜院関係他庁決定・申合	—	—	—	1	2	3
香港経済委員会決定・諒解	—	—	—	—	5	5
総裁決裁	—	1	—	—	—	1
総務長官決裁	—	13	1	2	1	17
経済部決定	—	3	3	1	—	7
政務部長決裁	—	—	2	—	1	3
合計	1	29	29	40	46	145

出所：「興亜院重要決定事項(1)」(旧大蔵省資料Z 530-5),「興亜院重要決定事項(2)」(旧大蔵省資料Z 530-6).

か経済関係以外の興亜院会議決定も行われている．例えば文化部関係として1940年3月29日興亜院会議決定「興亜院気象事業処理要領」があり[16]，これにより中国占領地における日本の気象機関は興亜院に移管され興亜院気象機関となるものとされた．政務部関係の重要案件としては，例えば汪精衛政権との条約締結方針について，1940年6月12日興亜院会議で「条約体系概案」ほか関連案件が決定されていた[17]．そのほか1942年8月12日興亜院会議決定・閣議決定「在支帝国行政機関ノ整理，統合ニ関スル件」では[18]，陸軍，海軍及び外務省以外の関内の行政機関は廃止して，興亜院現地機関(または外務省現地機関)に継承させるものとした．1943年3月の大蔵省の財務官事務所廃止はこの方針に沿ったものである．こうした経済案件以外でかなりの件数の政務・文化・技術関係の興亜院会議決定がなされたはずであるが，今のところその意思決定の全貌を明らかにすることはできない．

3. 興亜院連絡委員会

関内占領地政策を調整し施行することを本務とする行政組織の興亜院は，そ

の意思決定を各省庁と調整するため，「興亜院官制」で重要事項に関し関係各庁間の事務連絡処理を目的として興亜院に連絡委員会を置くとされた（第5条）．制度上は興亜院設置と同日の1938年12月16日に設立された．会長は総務長官とし，委員は関係各庁から若干名を選任し，また連絡委員会に幹事を置くものとした（第5条第2項）．興亜院連絡委員会の委員長は規程により興亜院総務長官があたり，委員には興亜院政務部長，外務省東亜局長，大蔵省理財局長，陸軍少将，海軍少将が当てられた．したがって委員構成上，総務長官・政務部長を含み4名の軍人が委員となっており，両軍の介入権限が強力に確保されていた．この連絡委員会には幹事が置かれ，その構成は，興亜院部長鈴木貞一，興亜院調査官海軍大佐，外務書記官，大蔵書記官，陸軍航空兵大佐，海軍大佐であり，同様に両軍の影響力が確保された．経済官庁としては大蔵省のみが委員を出し，介入権限を持った．この委員の構成からして，例えば経済政策では興亜院連絡委員会の決定として意思決定する場合には，他省庁に比べ大蔵省の強力な発言力が確保されていた．大蔵省以外の経済官庁の提起する占領地行政権限がらみの要調整案件の処理については，本院の経済部の関係課から大蔵省への折衝で承諾を得ることになったはずである．こうして興亜院連絡委員会で個別案件が審議調整された．しかし設立当初，興亜院連絡委員会は意思決定機関としては機能していなかったようである．

　他方，興亜院連絡委員会とは別に1939年7月5日「興亜委員会官制」が公布された．興亜委員会は，興亜院の権限に属する事務中重要事項を調査審議する（第1条）という組織であり，その事項に関し興亜院総裁に建議することができるものとされた（第1条第2項）．またその委員は50名以内とし（第2条），委員長は興亜院総裁を当てるものとされた（第2条第2項）．これにより同日に興亜委員会が設置された．興亜委員会委員は委員長興亜院総裁以外に，企画院次長，対満事務局次長，興亜院総務長官，同各連絡部長官，外務次官，大蔵次官，陸軍次官及び海軍次官の計11名の各主要省庁を束ねる官僚と連絡部の長官のほか，元官僚，実業界出身者等37名が任命された[19]．この委員構成では，各連絡部長官の任地が関内占領地にあるため，頻繁な出席は困難で，頻繁な開催

を前提としてはいなかったようである．興亜委員会の建議では陸軍・海軍の主導する行政が後退する可能性があり得るため，これに競合する形で1940年1月に興亜院連絡委員会は実質的な活動を開始する．興亜委員会が設置されたことに対抗し，陸軍・海軍の主導で各省庁間の意思決定の権限を興亜院連絡委員会が掌握することにしたためと思われる．

興亜院連絡委員会の意思決定への関わりとしては，興亜院連絡委員会決定より先に，興亜院連絡委員会幹事会決定が行われる．確認できる最初の案件としては，1940年1月13日「南京下流揚子江開放ニ関スル制限又ハ条件」がある．その後も1940年12月11日「民国30年度華北政務委員会予算編成ニ関スル件」まで7件の決定を見た．その後1941年5月17日「北支対独貿易統制ニ関スル件」において，初めて興亜院連絡委員会諒解として興亜院連絡委員会の意思決定が確認しうる[20]．こうしてようやく興亜院連絡委員会は興亜院の意思決定機構として機能した．1941年には23件が決定され，興亜院会議決定件数を上回り，さらに1942年に32件となり，興亜院の主要な意思決定機構として機能していたことが確認できる．興亜院連絡委員会の確認できる意思決定は1942年10月28日諒解「中支那貿易為替管理実施ニ関スル具体的措置ノ件」まで続いた[21]．

興亜院連絡委員会の意思決定に関わる委員の出身省庁が限定されているため，1942年7月の構成委員をみると興亜院連絡委員会の委員に内閣委員が追加されている．内閣委員として貴族院議員4名，衆議院議員10名，その他有識者4名が名を連ねていたが[22]，会長及び当初5名の委員の発言力は強力であったはずである．そのほか1939年9月13日「興亜技術委員会官制」により興亜技術委員会が，また1941年5月1日に興亜錬成所が設置されているが，本章は興亜院の行政機構としての政策調整と意思決定に注目するため解説を省略する．

そのほか興亜院関係庁会議という意思決定の場が設定された．これは，1939年7月20日，興亜院総務長官「興亜院所管ノ事務ニシテ他ノ官庁ニ関係ヲ有スルモノノ合同審議ニ関スル件」により，「興亜院他庁関係事務連絡処理要領」として他省庁に示されたものである[23]．それによると他の官庁に関係のある

案件については，合同審議する場として「興亜院他庁連絡会議」で審議するものとし，その「連絡会議」は興亜院政務部長が主宰し，その事項中，対中国政策にかかわるものについては興亜院連絡委員会に付議するものとした．この「連絡会議」の具体的事例として1941年1月27日「調整料徴収ニ関スル件」，同年5月19日「支那ニ於ケル特殊会社ニ対スル調整料減免ニ関スル件」があり，興亜院関係庁会議決定となった[24]．地域的な案件として，1941年12月の開戦による香港占領以降，12月25日設置の香港軍政庁を経て，1942年1月20日に香港総督部が設置されており，この香港占領地における経済政策について日本と摺り合わせる必要があるため，1942年7月頃に香港経済委員会が設置され，その決定案件のうち，興亜院で追認した案件が1942年7月11日から10月3日まで5件ある[25]．その件数からみて，香港経済委員会の総ての案件を再度興亜院の審議で了承するわけではなかったようである．

　こうして興亜院本院が陸海軍両省のみならずその他の各省庁からの出向者により構成され，本院内部で職務上の権限調整が行われる体制が築かれたのみならず，関連する省庁間の権限調整を行う興亜院会議と興亜院連絡委員会で審議決定する手続きをとる形式により，寄り合い所帯の興亜院の意思決定が行われた．興亜院は両軍・文官の行政官庁相互のセクショナリズムによる軋轢を包含しながらも，当面する関内占領地行政に対処し得る行政形態を備えることができた．しかも占領地行政業務の拡大の中でその組織を肥大化させていった．こうした業務の拡大は後述する各地連絡部機構への多数の人員の動員と並行する．重慶に立てこもる国民政府や共産党辺区政府の存在のため，関内の満洲国化が当面不可能な状況では，広大な占領地の軍事的維持の中で，流動的な占領地における対日協力政権の育成と安定的な占領体制構築，現地調弁による占領地支配の樹立，さらには対占領地貿易と占領地通貨制度構築等といった，極めて多くの業務が不可避になった．そのため現実の占領政策においては政治案件よりは多くの経済案件を抱え込むことになる．興亜院の占領地行政機構としての急速な肥大化は，占領地における多岐にわたる上記のような行政需要が発生したことと対応している．

4. 興亜院連絡部

　興亜院本院設置の 1938 年 12 月 16 日官制と同時に「興亜院連絡部官制」が公布された．興亜院連絡部は中国占領地における興亜院の事務の連絡を掌ると規定され，連絡部を置く地点，名称及び担当地域は総理大臣が定めるとされた．その職員として連絡部長官，連絡部次長，以下事務官を置くとされたが，興亜院本院と同時の連絡部定員に係る官制公布は見送られ，連絡部の実質的な設置は遅れた．1939 年 3 月 9 日勅令「興亜院連絡部ニ属セシムベキ興亜院職員ノ定員ニ関スル件」により興亜院華北連絡部・蒙彊連絡部・華中連絡部・厦門連絡部の定員が規定され，同日に設置された．各連絡部に連絡部長官，連絡部次長，書記官，調査官，事務官，技師以下の専任職員の配置が決定された．また連絡部の設置については，「興亜院連絡部及興亜院連絡部出張所ヲ置ク地並各連絡部及連絡部出張所ノ名称及担当区域ニ関スル件」により，華北連絡部，華北連絡部青島出張所，蒙彊連絡部，華中連絡部，厦門連絡部が設置された．これらの興亜院連絡部の分課規定については，官制では規定されず，興亜院総裁の認可を受けて，連絡部長官が定めるものとした．そのため華北連絡部と華中連絡部の局長の職名は「興亜院連絡部官制」によるものではない．

　1939 年 3 月 10 日に各連絡部が設置された．また同日の華北連絡部の設置に伴い北支那方面軍特務部(1937 年 9 月 4 日設置)が，蒙彊連絡部の設置に伴い張家口特務機関(1934 年 8 月 1 日設置)が，華中連絡部の設置に伴い海軍臨時特務部(1937 年 12 月 9 日設置)と陸軍中支特務部(1938 年 2 月 18 日設置)がそれぞれ廃止となり，それまで各特務部・特務機関が担当してきた占領地行政が各連絡部に吸収された[26]．

　一方，関内占領地には外務省の在外公館がそのまま存続しており，外務省と並行した二元的占領地行政の発生となった．興亜院設置時の関内所在公館は，北京，天津，張家口，厚和(日本占領により綏遠を改称)，青島，済南，南京，上海，漢口，広東，厦門に設置されていた[27]．さらに大蔵省財務官事務所を

追加すれば三元占領地行政といえた．

1 華北連絡部

　華北占領政策の調整を行い，併せて臨時政府に行政的な指導を行う組織として，当初編成された北支那方面軍特務部による執行を経て，興亜院本院の設置後，1939年3月10日に興亜院華北連絡部が設置された．華北連絡部には軍人の長官が配置された．華北連絡部長官は初代が陸軍中将喜多誠一(1940年3月9日まで，前北支那方面軍特務部長)，第2代が陸軍中将森岡皐(1941年3月1日まで)，第3代心得が陸軍少将塩沢清宜(1942年11月1日まで，そのまま大東亜省駐北京公使となる，前興亜院華北連絡部次長)であった．華北連絡部では長官の下に華北連絡部次長が置かれ，やはり陸軍軍人が担当した．その下に長官官房と政務局，経済第一局，同第二局，文化局が設置された．概ね興亜院本院の行政区分に対応した出先機関として編成された．華北連絡部の事務分掌では，人事や会計を担当する長官官房のほか，政務局は対華北政策樹立，対華中南蒙疆，臨時政府に対する政治的協力，人事及び予算，特務機関その他現地機関との連絡，新民会その他団体との連絡，情報宣伝調査に関する事項，文化局は防疫，医療，思想，教育，宗教，学芸に関する事項，経済第一局は金融財政，貿易，鉄道自動車，海運，土木港湾，航空気象，通信，北支那開発株式会社の監督に関する事項，経済第二局は農政，畜産，馬政，商工，鉱山，農産，林政，特許，貿易，軍管理工場，物資に関する事項を所管した[28]．

　華北連絡部の定員は1939年3月10日勅令によると，青島出張所を除き，長官以下，属官，技手等まで含み299名の定員枠が設定されており，大規模な人員を擁するものと予定されていたことがわかる．華北連絡部の定員枠は華中連絡部を上回り，興亜院連絡部における最大の組織であった．

　しかし官制上の定員を充足することはなく，実際にはそれを大きく下回り，例えば書記官の定員14名は実際には8名，調査官42名は25名，事務官67名は27名等であり，総数6割に満たない程度に止まった．他方，外務省の北京大使館事務所についていえば，そのまま存続していた在中国大使館の1939年7

月時点の総人員は29名(大使を除く,内11名は上海等に駐在)であり,そのため北京大使館事務所の人員に比べ,華北連絡部は格段に大規模な組織であった.このうち属官・技手以下を除く71名のうち,軍人は12名を占め[29],興亜院本院とほぼ同様に,華北においては北支那方面軍の影響力が強かった.その後,占領地行政が相対的に安定すると文官の人員は増大を続け,1942年7月で,属官・技手以下を除外した122名となったが,華北の日本軍が政治・経済政策に介入する必要が薄れたため,そのうち軍人は僅か5名に減少していた[30].これは他の連絡部でも同様であった.他方,興亜院華北連絡部及び大使館とは別に,占領地行政を担当する大蔵省駐支財務官事務所(在北京)が1938年1月7日に再開され,中華民国駐在財務官湯本武雄(1938年6月〜1940年5月)は,兼務で1939年5月まで北支那方面軍特務部付として北支那方面軍の通貨政策に介入し,華北における日本の通貨金融政策の監督を行っており,通貨金融・華北投資等の分野の業務については,大蔵省財務官事務所の介入権限が興亜院設置前から成立していた[31].これは大蔵省が,興亜院華北連絡部の組織を通じて,あるいは大蔵省から華北連絡部に出向させた職員を通じて,介入権限の確保を行っていたのみならず,財務官事務所を通じた介入権限も確保していたことを意味し,二元的な行政体制であったが,旧来の組織の復活であり,また占領地通貨金融政策や対占領地投資政策等の重要事項を抱えているため,認められていたようである.

　興亜院本院と同様に,華北連絡部の主要職員も各省本省からの出向者であった.華北連絡部の局長人事をみると,政務局長は華北連絡部次長の兼任で,根本博,1939年8月1日より森岡皐(華北連絡部長官の兼任),1940年4月11日より塩沢清宣が担当した.文化局長は坂本龍起(外務省出身),その後,三輪真吉(鉄道省出身),ついで別所孝太郎(文部省出身)が担当した.経済第一局長は大蔵省からの出向者が続き,竹内新平(前大蔵省主税局経理課長),1940年12月より高瀬武寧が担当し,高瀬はこれより前の1940年5月より大蔵省財務官事務所に派遣されていた.経済第二局長は湯河元威(前農林省文書課長,その後北支那方面軍特務部付等を歴任),1940年6月より第一局長竹内の兼務,同

年10月より菅波称事(前興亜院経済部第二課長)であった．この人事をみる限り大蔵省の華北連絡部の経済政策への介入権限の強さが確認できる．また書記官として華北連絡部長官の下に文官が7名配属されていたが(32)，例えばその中の一人愛知揆一は，華北連絡部経済第一局に1939年4月〜1940年7月の間に大蔵省から出向していた．彼らが恒常的に北京の大蔵省財務官事務所と協議して占領地通貨金融政策を立案執行する体制が取られていたため，興亜院華北連絡部と北京の財務官事務所との間で意見の激しい対立が発生することはほとんどなかったと見られる．大蔵省のみならず，他省庁も連絡部に出向させており，新設機関への既設省庁からの人材の送り込み競争は，中国占領地出先機関でも現れていた．

　1941年12月の開戦で，華北の租界に所在した欧米系企業資産は日本軍により接収され，敵産として処理されることとなったが，その処理にあたっては，華北連絡部に中央特別資産調整委員会を設置し，そこが敵産処理の事務にあたった．華中連絡部には同様の組織は設置されなかったようである(33)．1939年3月10日，青島に華北連絡部の青島出張所が置かれた．同所は初代所長が海軍大佐(のち少将)柴田弥一郎(1940年8月8日まで)，第2代が海軍大佐多田武雄(1941年8月20日まで)，第3代が海軍少将緒方真紀(1942年11月1日まで)である．この青島出張所には1939年7月時点で29名が配されていた．

2　蒙疆連絡部

　蒙疆における占領地政策の調整と対日協力政権を指導するため，1939年3月10日に，興亜院蒙疆連絡部が張家口に設置された．蒙疆連絡部には蒙疆連絡部長官がおかれた．その初代長官は陸軍少将酒井隆(1940年3月9日まで，前張家口特務機関長)，第2代長官は陸軍少将竹下義晴(1941年12月8日まで)，第3代長官は陸軍少将岩崎民男(1942年11月1日まで，そのまま大東亜省駐蒙公使となる)である．その下に1939年7月で書記官なし(官制上の定員3名)，調査官2名(陸軍軍人)(官制上の定員11名)，事務官3名(同13名)，属官等を含みわずかに15名という規模で(34)，官制上の定員74名を大きく下回っていた．蒙疆

連絡部には当初，総務課，政務課，経済課及び文化課が設置された．総務課は庶務人事と調査を，政務課は政務と連絡調整を，経済課一班は金融，財政，交通，通信，土木を，二班は農林，商工，鉱山，特殊会社を，文化課は民生，衛生，思想，教育を所掌した[35]．その後1940年に調査課が総務課から分立した．この経済課には大蔵省から1939年5月～40年10月に大平正芳が出向していた．

その後人員が増強されたとはいえ，1942年7月で書記官1名(文官)，調査官5名(内軍人1名)，事務官2名等，属官以下を含まず合計13名という規模で[36]，やはり官制上の定員を大きく下回っていた．これは蒙疆の占領政策の規模が小さいということもあるが，蒙疆とほかの関内占領地との大きな違いとして，蒙疆政権においては，満洲国と同様，日本人を含む混合人事制度が導入されたという事情がある．したがって蒙疆政権の行政の前面で，日本から送り込まれた日本人官吏が業務についており，そのため蒙疆連絡部が蒙疆政権を指導するという側面において業務が軽減されていたといえよう．

3 華中連絡部

興亜院華中連絡部は華中における占領地政策の調整と維新政府の指導，さらには省・市政府の指導を行うために1939年3月10日に上海に設置された．その後，1940年3月の汪精衛「国民政府」成立以降は，同政府との政策調整が重要な業務となった．初代長官は津田静枝(海軍予備役中将，1941年5月7日まで)，第2代も海軍中将太田泰治(1942年11月1日まで)であり，その下に華中連絡部次長が置かれ，次長はいずれも陸軍少将であった．

華中連絡部には1939年7月で書記官4名(官制上の定員11人)，調査官21名(うち軍人18名，官制上の定員30名)，事務官20名(官制上の定員46名)，属官以下を含み合計117名(官制上の定員201名)が配されていた[37]．調査官に占める軍人が多いのは，海軍と陸軍の特務機関を吸収して設置され両軍から人員が送り込まれたためである．華北連絡部と同様に，長官の下に興亜院本院に対応する局で編成されていたが，政務局，経済第一局，同第二局，同第三局，

文化局が置かれていた．華中連絡部の事務分掌では，長官官房と文化局は華北連絡部とほとんど差異がない．華中連絡部では経済関係を3局に分けており，その経済第一局は経済開発，陸上交通，一般産業，公共事業，敵産に関する事項，経済第二局は水運，通商貿易，中支那振興株式会社に関する事項，経済第三局は金融，税制関係の事項を所管した[38]．華中連絡部の局長人事を見ると，政務局長は華中連絡部次長の兼務で，楠本実隆，1940年4月10日より心得で及川源七，1941年4月7日より井上靖，同年6月7日より落合甚九郎が担当した．文化局長は当初，森喬(前外務省電信課長)，その後，伊東隆治(外務省出身)が担当した．経済第一局長は陸軍軍人が続き，当初，洪思翊，その後，島田清憲が担当し，経済第二局長は海軍軍人が続き，当初，大野竹二(1939年9月まで)，その後，土井元夫が担当した．経済第三局長は大蔵省からの出向者が就任し，当初，安藤明道(前長崎税関長)，1941年1月より伴野清(前広島税務監督局長)であった．1941年11月5日に経済第三局は財務局と改称し，同月より財務局長は大蔵省財務官小原直樹(1941年7月16日～43年3月24日在任)の兼務となった．その後の人員補強で，1942年7月で書記官8名，調査官40名，事務官25名へと増大していた[39]．そのほか華中連絡部は南京と漢口に駐在事務所を置き，奥地における連絡体制を強化していた．華北と同様に大蔵省駐支財務官事務所(上海)が開設されており，大蔵省財務官が財政金融案件を所掌した．

4　厦門連絡部

華南占領地は沿岸部が中心であり，広東のほか福建省の厦門その他の地域を海軍陸戦隊が主に占領した．華南の占領地政策の調整と地方政権を指導するため，1939年3月10日，興亜院厦門連絡部が厦門に設置された．厦門連絡部初代長官は，海軍少将水戸春造(1940年7月1日まで)，第2代太田泰治(1941年5月7日まで)，第3代海軍中将福田良三(1942年8月1日まで)，第4代原田清一(1942年11月1日まで)である．長官の下に書記官1名(官制上の定員1名)，調査官4名(うち海軍軍人3名，官制上の定員4名)，事務官4名(官制上の定員

6名)等合計34名(同47名)が配され[40], 他地域の連絡部よりは定員の充足率が高かった. これは当初より小規模な官制上の定員が設定されたためである. 海軍の占領地であるため, 調査官の配置では海軍軍人の影響力は強いものであった. 厦門連絡部には政務部と経済部が置かれた[41]. その後書記官2名, 調査官4名, 事務官4名へといくらか増強された[42]. ただし海軍が占領した海南島では1939年6月以降, 海軍軍政が敷かれた地域と, 半ば海軍軍政に近い瓊崖政府地域に分かれ, いずれも海軍海南島特務部の監督下に置かれた. 占領政策の調整として興亜院厦門連絡部による軍票や物資等の所管権限の調整はありえたはずであるが, 経済案件を見る限りでは確認できない.

5. 大東亜省設置による承継

1942年11月1月に大東亜省が設置され, 興亜院は吸収されたが, 併せて対満事務局と拓務省も吸収された. そのほか外務省東亜局も吸収された. これにより外務省は中国占領地における独自の在外公館を失った. 大東亜省には大臣官房のほか, 総務局, 満洲事務局, 支那事務局, 南方事務局が置かれた. そのうち中国関内占領地行政は, 興亜院の所掌事務を承継した支那事務局が主に担当し, 総務局でも関わった. 対満事務局の所掌事務は満洲事務局に, 拓務省の南洋庁所管部署と外務省の東南アジア担当部署が南方事務局に移管された. こうして満洲国・中国関内占領地から東南アジア占領地・介入地を所管地域とする大規模な省庁が出現した.

初代大東亜省大臣は青木一男(元大蔵省理財局長, 企画院総裁), 大東亜次官は山本熊一(前外務次官)が就任した. 興亜院では陸軍出身の総務長官が置かれたが, 大東亜次官に外務省から人材を当てることで外務省の反発を緩和した. 他方, 総務局長竹内新平は大蔵省理財局長から転出し, 山本の後任の次官となる. 支那事務局長宇佐美珍彦は前興亜院経済部長からの転出であり, 第2代支那事務局長杉原荒太も外務省出身, 第3代梅北末初は大蔵省出身である. これらの人事から見るに, 大東亜省人事編成においては軍人の配置を控え, 外務省

への配慮がみられた．また大東亜省本省次官以下総勢211名中，軍人は僅か5名のみであり⁽⁴³⁾，文官による行政がほぼ貫徹する体制となった．両軍の影響力が急減したことに対応し，それに代わり人事で外務省と大蔵省が主導権を掌握したとみられる．

外務省は介入地を含む占領地政策を大東亜省に分離されたとはいえ，興亜院設立時期のような二元外交の局面を避けることが可能となった．外務省は表面上東アジア政策からは全面退却したが，名を捨てて興亜院が所管していた業務を大東亜省に取り込み，実を取るしか選択肢はなかった．これにより東京においても政策は大東亜省の下に調整され，占領地でも大使館事務所の中で出先案件が調整される体制となった．

支那事務局には総務課(課長堂ノ脇光雄，陸軍大佐，前興亜院政務部第一課)，司政課(課長根道広吉，外務省出身)，文化課(課長藤井重雄，前興亜院文化部第一課長)，理財課(課長秋元順朝，大蔵省出身，前興亜院総裁官房)，農林課(課長安孫子藤吉，前興亜院経済部第五課長)，商工課(課長小野儀七郎，商工省出身)，交通課(課長磯野直孝，逓信省出身，前興亜院経済部第三課長)，特殊財産課(課長島重信，外務省出身)が置かれた⁽⁴⁴⁾．課の名称と出身省で課の所掌事務はおおよそ見当がつくが，そのうちの特殊財産課は占領地敵産管理処分を所掌業務とするものである．特殊財産課は特殊財産処理委員会と新敵産委員会に付議される関内占領地にかかる財産を所管した⁽⁴⁵⁾．支那事務局の総勢62名は，大東亜省本省の他局に比べて最大の陣容であった．課長が陸軍大佐となっているのは支那事務局総務課長のみであり，またその下に海軍中佐が配属されており，占領地行政のうち陸軍・海軍による介入権限は後退したとはいえ確保されていた．これらの複数の省庁を巻き込む案件については，大東亜省連絡委員会が設置され，興亜院連絡委員会と同様の政策調整の場として機能した．会長は大東亜大臣，委員は内閣書記官長，法制局長官，企画院次長，情報局次長，技術院次長のほか各省次官であり，興亜院連絡委員会と異なり，各省庁は均等に介入権限が確保された．多数の省庁所管権限の調整事務が発生するが，政策別に大東亜省連絡委員会に部会が設置され，そこで政策調整が図られ

た．

　出先機関としては，華北連絡部は北京大使館事務所，蒙疆連絡部は張家口大使館事務所，青島出張所は青島領事館，華中連絡部は上海大使館事務所，厦門連絡部は厦門領事館にそれぞれ改組された．併せて 1943 年 3 月 24 日に大蔵省財務官事務所の閉鎖となった．既に 1943 年 4 月より軍票新規発行廃止が確定し，最終的な関内占領地通貨金融制度に到達しようとしており，大蔵省の独自事務所による関内占領地への通貨金融政策の介入の必要性は表面上薄れていた．財務官事務所の人員は北京大使館事務所と上海大使館事務所に吸収された．こうして大使館事務所に出先の中国占領地行政権限を集中した．

　大東亜省設置で大東亜省本省・大使館で中国占領地政策をとりまとめる体制となった．実際には支那事務局は各省からの出向人員で個別所管業務が処理されており，例えば通貨政策で大蔵省の強力な影響力が理財課長を通じて行使されえた．同様に物資政策で商工省，食糧政策で農林省が介入権限を有し，1943 年 11 月以降は軍需省と農商省がそれに代わった．同時に大東亜省は物資政策についても所管権限を拡張し，1943 年 11 月 1 日より商工省交易局は大東亜省交易局に移管され，大東亜省の占領地経済行政権限は拡張した．その後，大東亜省は日本敗戦後の 1945 年 8 月 26 日に廃止され，外務省に吸収された．

おわりに

　中国関内占領地政策を実現するため，第三委員会の経済政策調整機能を拡大させる形で，1938 年 12 月に中国関内占領地総合政策調整機関として興亜院が設置された．この設置に外務省は強く反対したが押し切られた．興亜院は本院で総裁に総理大臣を当て，政務部・経済部・文化部・技術部でそれぞれ所管業務を抱えた．他方，1939 年 3 月に華北，蒙疆，華中及び厦門にそれぞれ連絡部が既存の特務機関を改組拡充して設置された．これにより興亜院は本院と出先の連絡部で 700 名を越える大所帯となった．政務部長や連絡部長官には現役軍人があてられたため，軍の意向が占領地行政に強く反映する体制であった．

興亜院の人員は，各省庁からの出向者で固められ，新設省庁への人員供給による影響力確保が試みられた．興亜院の意思決定は，当初は興亜院会議で実施された．興亜院会議は省議決定と同様の位置づけであり，総理大臣が総裁を兼ねる興亜院会議決定の持つ意味は重いものであった．そのため興亜院会議決定は各部の所管案件が部長決裁を経て，さらに長官・副総裁・総裁の決裁を経たはずである．他方，興亜院設置の官制で規定した他省庁との調整を図る興亜院連絡委員会は当初は機能していなかった．それとは別に興亜院関係事項を調査審議し総裁に建議する機関として興亜委員会が1939年7月より設置されていたが，興亜院の意思決定機構として確認できる限りでは1940年1月に興亜院連絡委員会幹事会が，また1941年5月より興亜院連絡委員会が興亜院の意思決定機構として機能した．各連絡部の意思決定は，本院と調整の上行われたが，小ぶりの案件については当該連絡部のみで決定されるものもあり，また大蔵省財務官事務所と兼務の職員がいるため，調整された案件もあった．

　1942年11月に大東亜省に興亜院は吸収され，各部はおもに大東亜省支那事務局となり，連絡部は大東亜省の大使館事務所となった．人的にも大東亜省は文官主体の官庁となり，軍人が大東亜省の役職者のポストを占めることはなかった．戦時行政機関という性格は希薄化したといえよう．

　興亜院の位置づけを本来の対中国政策から遊離した機能不全として扱う評価があるが[(46)]，現実の興亜院が多岐にわたる関内占領地の経済的事案を処理したことは注目できる．現地調弁主義の日本軍事占領体制の中では，現地における物資調達，それと関連し，また占領地安定策としての通貨金融政策，そして調達した物資の占領地域内移動が重要な業務となる．これらの達成のためには多くの経済機構の整備とその円滑な運営が必要となる．その処理のため，占領地行政においては多数の経済的事案が発生するのは当然であった．これらの複数省庁に跨り沿岸部の複数占領地に関わる案件を円滑処理するためにも，総裁から属官等まで700名を越える巨大な占領地行政機関が必要となった．関内占領地行政のために，複数省庁に関連する案件が多すぎるため，占領体制が安定するまでは興亜院本院・連絡部のような機構は不可欠であったのかもしれな

い．興亜院の行政体系において，有力な人員を競って投入した外務省以外の官庁は，より効率的で迅速な占領地行政の遂行のために邁進したのであり，外務省単独では到底為し得ない業務をこなしえたことは確かである．興亜院は単なる関内占領地の政治的支配のみならず，それを維持するため，関内と日本国内とを連動させた経済動員により何とか占領体制を支えることができたといえよう．外務省東亜局単独をもってしては，先述のような巨大な興亜院本院と連絡部の機構をとうてい抱え込みきれず，外務省外局としても巨大すぎる機構を抱え込むことができなかったと思われる．そしてその機構は満洲国から東南アジアまでの占領地・介入地における業務を所管する大東亜省に承継される．

先述のように興亜院の意思決定は第三委員会以来の調整機能を承継しているが，興亜院の決定事項の確認できる案件は経済関係にほぼ限られており，政治案件・文化案件等の全体像を確認する作業が残されている．さらに出先の連絡部における権限により発生した案件については，まだ限られた例しか知られていない．これらの未解明の課題は今後の関連資料の積み上げによって明らかにされることになろう．

(1) 中国関内占領地の対日協力政権については，秦郁彦『日中戦争史』河出書房，1961年，Hunter Boyle, *China and Japan at War, 1937-1945*, Stanford University Press, 1972., David Barret and Larry Shyu eds., *Chinese Collaboration with Japan, 1932-1945*, Stanford University Press, 2000., を参照．蒙疆については言及するものが乏しいが，さしあたり拙著『占領地通貨金融政策の展開』日本経済評論社，1999年，第7章，森久男『徳王の研究』創土社，2001年，参照．
(2) 馬場明『日中関係と外政機構の研究――大正・昭和期』原書房，1983年，第8章．
(3) 同前第9章．
(4) 房建昌「1939～1942年駐滬的日本興亜院華中連絡部」(上海市档案館『档案與史学』1997年第6期，1997年12月)および同「従档案看日本興亜院"蒙疆連絡部"及其対蒙古族地区的調査研究」(内蒙古社会科学院『蒙古学信息』2001年第4期，2001年12月)がある．
(5) 前掲『日中関係と外政機構の研究――大正・昭和期』第10章．
(6) 同前，第9章の「興亜院設置問題」では1938年1月19日企画院第三委員会幹

第1章　中国占領地行政機構としての興亜院——45

事会提案の「東亜事務局」設置案から説き起こしているが、その翌日1月20日企画院総務部「非常時国策遂行上緊急新設又ハ拡充スベキ機関(案)」として「臨時対支事務局(仮称)ノ新設」について意見を求めており、企画院で検討していたのは「東亜事務局」設置案のみではなかったようである(日本貿易振興会アジア経済研究所蔵『岸幸一資料』B9-685).

(7)　石川準吉『国家総動員史』上巻, 国家総動員史刊行会, 1983年, 440-441頁. 第三委員会設置の前に, 1937年中の事変関係軍需物資の供給確保と国際収支の均衡の方策の検討のため, 企画院設置の直前の1937年10月20日に内閣法制局に第一委員会が設置され, 同月5日に企画院の組織に改められた. また対日経済的圧迫に対処する方策を検討するため同年10月26日に企画院に第二委員会が設置された. このいずれも官報に掲載されない秘密の組織であった(同前, 432-37頁, 443頁).

(8)　第三委員会の決定集として「第三委員会決定書類綴」が残っている(旧大蔵省資料Z 530-100).

(9)　「第三委員会懸案事項」1938年12月15日現在(旧大蔵省資料Z 530-100).

(10)　日本近代史研究会『日本陸海軍の制度・組織・人事』東京大学出版会, 1971年, および秦郁彦編『戦前期日本官僚制の制度・組織・人事』東京大学出版会, 1981年, を参照した. 以下の軍人・官僚の在任時期についても同様とし, 注記を省略した. 鈴木貞一は1940年8月に中将, 1941年4月予備役, 国務大臣企画院総裁(1941年4月4日〜43年10月10日)となる.

(11)　興亜院政務部『興亜院執務提要』1940年, 1月, 38-39頁.

(12)　内閣印刷局編『職員録』1939年7月1日現在, 6頁.

(13)　内閣印刷局編『職員録』1942年7月1日現在, 9頁.

(14)　前掲『日中関係と外政機構の研究——大正・昭和期』, 353頁.

(15)　「興亜院重要決定事項(1)」(旧大蔵省資料Z 530-5), 「興亜院重要決定事項(2)」(旧大蔵省資料Z 530-6). 華興商業銀行設立については, 前掲『占領地通貨金融政策の展開』第9章, 軍票新規発行廃止については, 同書第13章参照.

(16)　東京大学総合図書館蔵『美濃部洋次文書』1499(マイクロフィルム版).

(17)　日本貿易振興会アジア経済研究所蔵『岸幸一資料』B2-282, ほか.

(18)　外務省記録M-59.

(19)　上海毎日新聞社『華中現勢　1940年版』1939年, 289頁.

(20)　前掲「興亜院重要決定事項(1)」.

(21)　同前.

(22)　前掲『職員録』1942年7月1日現在, 8頁.

(23)　東京大学総合図書館蔵『美濃部洋次文書』6959(マイクロフィルム版).

(24)　前掲「興亜院重要決定事項」(2). 調整料の意味については, 拙著『戦時日本の特別会計』日本経済評論社, 2002年, 第6章参照.

(25) 前掲「興亜院重要決定事項」(2). 香港軍政については小林英夫・柴田善雅『日本軍政下の香港』社会評論社, 1996年, 参照.
(26) 前掲『日中関係と外政機構の研究──大正・昭和期』では「興亜院の発足後も, 実際には北支方面軍の特務部が廃止されただけで, 各地の特務機関は依然として従来の業務を行つていた.」(356頁)と説明されているが, 軍事組織としては連絡部設置に伴い先述のように3特務部, 1特務機関が吸収されており, この説明は根拠不明の誤りのようである. 張家口特務機関は占領後に従来の内蒙工作から占領地行政に実質的な業務を転換していたと思われる.
(27) 前掲『職員録』1939年7月1日現在.
(28) 前掲『興亜院執務提要』42-43頁. 新民会については, 堀井弘一郎「新民会と華北占領政策」(『中国研究月報』第539-41号, 1993年1-3月)参照.
(29) 前掲『職員録』1939年7月1日現在, 6-7頁.
(30) 前掲『職員録』1939年7月1日現在, 8頁. 長官と長官心得が塩沢清宣であるが2名として計算している.
(31) 大蔵省大臣官房秘書課『大蔵省人名録』1984年11月, 参照. 以下の大蔵省からの出向者についても同書を参照した.
(32) 内閣印刷局『職員録』1940年2月1日現在, 5頁, 前掲『大蔵省人名録』参照.
(33) 前掲『戦時日本の特別会計』309頁.
(34) 前掲『職員録』1939年7月1日現在, 7頁.
(35) 前掲『興亜院執務提要』46-47頁.
(36) 前掲『職員録』1942年7月1日現在, 9頁.
(37) 前掲『職員録』1939年7月1日現在, 7頁.
(38) 前掲『興亜院執務提要』43-45頁.
(39) 前掲『職員録』1942年7月1日現在, 9頁.
(40) 前掲『職員録』1939年7月1日現在, 6頁.
(41) 前掲『興亜院執務提要』45頁.
(42) 前掲『職員録』1942年7月1日, 9-10頁.
(43) 内閣印刷局『職員録』1943年7月1日現在, 169-170頁.
(44) 同前69-70頁.
(45) 前掲『戦時日本の特別会計』326頁.
(46) 前掲『日中関係と外政機構の研究──大正・昭和期』第9章.

第2章　興亜院の成立と在「満洲」日本人社会

松　重　充　浩

　興亜院は，その設立に際して，「日満支三国間の提携の上に立つ」「東亜新秩序建設」[1]実現のため，日中戦争下「中国において処理を要する政治，経済，文化に関する諸政策の企画，執行ならびに関係各省庁の対華行政事務の統一保持」[2]を目指すことが標榜されていた．

　以上の意図を持った興亜院の設立は，形式的には同院が直接「満洲国」（以下，「　」略）における業務を管掌していないにも拘わらず，在満洲国および在関東州（以下，併せて在満と略記）日本人社会に，同院への強い関心を惹起させる可能性を多分に含むものだった．なぜなら，日中戦争の長期化が明らかになるなか，日本の戦争継続のための兵站的役割を果たすべく，満洲国政府による従来以上の統制・収奪強化の各種政策に晒されつつあった在満日本人社会にとって[3]，日中戦争の処理を標榜する興亜院は，自らの将来を占う上で極めて重要な意味を持ち得るものだったからである．

　この興亜院設立に伴う在満日本人社会の反応は，次の2点において興味ある事例を提示するものと考えられよう．

　1つは，興亜院が日本の植民地政策に持った画期性を検討する上での事例としてである．

　周知の通り，1931年の満洲事変および翌年の満洲国建国は，日本の植民地政策における新たな画期を提示するものだった[4]．その意味で，在満日本人社会は日本の植民地政策における新たな水準の享受者だった．その在満日本人社会による，興亜院の設立およびその活動の位置付け如何は，興亜院が満洲国成立に伴い提示された日本植民地政策の画期性に如何なる「新しさ」を加えてい

るのかと大きく関わるものだった．ここに，在満日本人社会の反応は，興亜院が日本の植民地政策に持った画期性を確認する上で，好個な事例を提供するものと考えられる所以がある．

　もう1つは，現地中国社会の在り様を逆照射する側面がある，別言すれば，日本側諸主体と相互連関・相互変容の関係にある現地中国社会の在り様の一端を検討する上での事例という点である．

　興亜院に対する在満日本人社会における評価の背景には，興亜院側政策意図の現地社会における達成度如何という問題があった．なぜなら，自らの意図貫徹に向けて現地中国社会と日々直面せざるを得ない在満日本人社会にとって，受容を強要される政策が現実に効果があるか否かは自らの浮沈に関わる極めて切実な問題だったからである．そして，現地中国社会の実態の正確な把握が，政策に効果を持たせる上での要件の1つとなるであろうことを勘案すれば，在満日本人社会から高い評価を得ている興亜院の施策が，現地中国社会の実態を相対的に正確に把握したものとの仮説を導出するものでもある．このことは，在満日本人社会から高い評価を得た興亜院の諸施策や諸研究から，現地中国社会の在り様を逆照射的に抽出していくことに一定の根拠を与えるものでもある．加えて，現地中国社会側からの史料が必ずしも十分発掘・整理されているとは言えない現在の研究環境を勘案すれば，斯様な作業が，現地中国社会の在り様を考える上での作業仮説あるいは実証成果の確認素材を提供する好個な事例となると考えられるのである[5]．

　以上の点を問題の所在とするならば，その追究に際しては，無論，当該期対中国研究の全体的総括と在満日本人社会全般に亘る史料の分析が不可欠となる．しかし，誠に遺憾ながら，現時点で筆者にその準備はなく，小稿では，極めて限定的な史料から，さしあたり，興亜院設立に対する在満日本人社会における反応の在り方の素描を，南満洲鉄道株式会社〔以下，満鉄と略記〕とその他の在満日本人社会一般とに大きく二分した上で行うこととしたい．

　その意味で小稿は，従来ほとんど明らかにされてこなかった興亜院設立に対する在満日本人社会の反応に関する実証的空白の一端を埋めつつ，上述した2

つの課題を考察する上での前提確保の初歩的な一階梯を目指すに止まるものであることを予めお断りしておきたい．

1. 満鉄と興亜院

　在満日本人社会において，その影響力如何と同時代的存在感からして満鉄が極めて重要な位置を占める存在だったことは言うまでもあるまい．

　小節では，この満鉄が興亜院設立およびその活動に対して持った反応を，「調査」という視点に絞って確認することとしたい．ここで，「調査」に着目するのは，興亜院の中国社会調査・研究の実態解明という本書全体の課題をふまえた時，興亜院設立前の中国社会調査・研究において突出した量と水準を持っていた満鉄の諸成果が興亜院に如何に継承されたのかの解明が，興亜院による中国社会調査・研究の画期性解明に不可欠な課題であるからにほかならない．

　興亜院設立期における満鉄の調査活動に関しては，既に，各種満鉄文書および満鉄関係者からの聞き取り成果を駆使した井村哲郎氏の優れた研究がある[6]．小稿においても，井村氏の研究成果に大きく依拠しつつ，必要に応じて新たな実証的成果を加え，「調査」をめぐる満鉄の興亜院に対する反応を確認していくこととしたい．

　自らの調査機関としての存在意義を，日本の大陸政策における国策調査機関としての位置付けに求めていた満鉄にとって，興亜院の設立は，次の相反する2つの反応を惹起する微妙な問題だった．

　1つは，興亜院設立を，自らの存在意義をより顕在化し組織の拡充の好機と捉える反応である．「東亜新秩序の根本原理を研究」[7]を標榜する興亜院において調査・研究が不可欠であることは明らかだった．このことは，中国社会の調査・研究における卓越した蓄積を持つ満鉄が，興亜院における調査・研究における主導権を把握することで，自らの存在意義をより大きなものとする好機と考える契機となるものだった．即ち，興亜院の設立は，満鉄に国家的要請を槓杆に自らの拡充を図るとの戦術を想起させ得るものだったのである．

1939年に実施された満鉄調査部の大々的な拡充の背景の一つもここにあった．実際，満鉄は，多くの調査員を興亜院各事務所および調査に出向させ，「満鉄の人々は調査には豊富な体験の持主が揃っていて(中略)強力な援助者というより時には私のためによき助言者であり指導者でもあった」[8]との評価が端的に示すように，調査の「素人」や日本国内から出張してきた調査員あるいは出向職員の中にあって現地調査の実質的な中核としての活動をおこなっていた[9]．

しかし，その一方で，満鉄内には，興亜院設立を満鉄の調査機関としての存在を希薄化させかねない危機的状況の出現と把握する反応もあった．なぜなら，上述した「好機」は，興亜院側で自前の調査員が育った暁には，消滅するものだったからである．事実，1939年3月には興亜院経済部から，この段階で採用されることはなかったが，「華北・華中で他の調査機関の新設充実があった場合には満鉄の調査組織を縮小する」[10]との提議がなされていた．

また，満鉄自身も，自らを国策調査機関として如何に位置付けるかの難しさを自覚していた．即ち，直接的に国家機構の内部に無い満鉄にとって，政策立案に不可欠な機密性が高い資料を確保することは難しく，いきおい上述した国家的要請と直接的に対応した研究成果を提出できない状況が顕在化しつつあったのである[11]．

以上のアンビバレントな2つの反応の中で，満鉄が実際に採ったのは，次の2つの手法を同時並行的に行うというものだった．

1つは，自らの調査・研究を「基礎的研究」と位置付けることで国家的要請との矛盾の顕在化を抑えるというものだった．もう1つは，各地調査組織の「地域的特性」を活かすという形で，伊藤武雄という優秀なオルガナイザーの下で優秀な調査員をリクルートできていた上海事務所を典型とした，各地方事務所で対応が可能な個別的国家的要請に個別的に応えていくという手法だった．

この2方法の並行的遂行という現実を，満鉄調査における諸成果の継承如何から別言すれば，満鉄は，中国を中心に所謂「外地」において蓄積してきた自らの調査諸成果を，方法論を含めた日本国内における調査諸成果に向かって，

統一的にいわば「接ぎ木」することに失敗していたことを示すものだった．

　この背景には，興亜院における調査を担当した多くの日本国内側調査員が，日本国外での調査経験が浅かったという現実にも拘わらず，満鉄側は自らの蓄積成果を，経験の無い者にレクチャーしていく方法と熱意に欠けていたことが考えられる．「現場」での経験を重視する満鉄側のいわゆる「調査マン」としての自負が，「現場」経験の浅いものに対する蔑視や無理解という形で現れ，興亜院側調査員との十分な意思疎通が困難となり，満鉄の蓄積が興亜院内で直接的かつ統一的に継承・発展される環境は整っていなかったのである．

　この点は，『王道思想に纏わる若干の基本問題』〔興亜資料(政治編) No. 17, 1940年7月〕を作成した山下信庸が，満鉄内で敏腕でならした赤塚正助の出す指示を「全体性をもたず，個々バラバラの感が強かったので，(中略)調査を命ぜられても，一貫性のある結論を出すわけには行かないと考えざるを得なかった」[12]と回想していることからも伺えよう．

　以上の内容を興亜院に即して言えば，華中連絡部においては満鉄の蓄積が比較的利用されていくが，他の連絡部では必ずしも満鉄の蓄積は十分利用されることなく，満鉄とは相対的に自立的に蓄積された日本国内での方法がそのまま現地に持ち込まれるという状況を現出させることとなっていたのである．

　いずれにしても，満鉄により蓄積されてきた中国現地調査・研究の成果が，国内研究の成果と有機的に連関しつつ新たな水準を提示していく環境は十分形成されることなく終わっていたのである．

2. その他在満日本人社会と興亜院

　では，満鉄以外の在満日本人社会において，興亜院の設立およびその活動は，どのように位置付けられていたのであろうか．以下，この点を，当該期現地で日本語新聞として最大の発行部数を持ち，現地社会の世論形成の一端を担っていた『満洲日日新聞』(1938年12月本社は大連より奉天へ，以下『満日』と略)を主要史料としつつ概観しておくこととしたい[13]．

上掲紙において，興亜院設立に向けての日本国内での動向は，1938年1月以来，「東京特電」の形を中心に，ほぼ全てがリアルタイムで報道されていた．その大半は，論評抜きの事実関係を報道したものであるが，興亜院設立過程を明らかにした馬場明氏の研究と対比して，各過程での主要な論点は，ほぼ網羅的に報道されている．このことは，現地社会において日本側の対中国政策の変化に対する関心の高さを反映していると推察できよう．

　興亜院設立に向かう動きに対する論評付きの記事が登場してくるのは，いわゆる「対支中央機関設置」が表面化し，宇垣一成外相が辞任する，1938年9月末以降となる．

　その論旨は，以下の3点に整理できる．

　第1点は，最も主流となったもので，興亜院の設置を，「今後占領地域が拡大するに伴い各地の治安維持と支那側の政治行政体制整備に併行して拡充さるべく，興亜院の仕事はそれだけ拡大強化される必至的な情勢」(『満日』1939・3・18朝刊)との認識の下で，日本との更なる「一体化」を通じての「満洲国」の更なる発展の契機と捉え，積極的に支持・協力していくというものだった(『満日』1939・3・16朝刊／1939・5・31朝刊)．別言すれば，興亜院設立は，日本の新たな国策の展開に「乗り遅れない」ことで，支持・協力のいわば「見返り」として満洲国の「東亜新秩序」における枢要な地位を日本政府に再確認させる上での好機という認識だった．

　そこでの「日満一体化」の強調は，後述する第2点の論旨とも関わりながら，それを主導し得るだけの十分な現実的基盤を在満日本人社会が持たないことから，従来以上に日本政府の指導力強化を求めるものとなっていた．それは，『満日』が，宇垣外相辞任に際して，「宇垣氏をめぐる諸勢力は首相の庶幾する革新遂行の上からみれば一種のブレーキをなしつつあつたものであるから部内の結束上或は却て好都合とならぬものでもない」として近衛文麿日本首相の「用意と決断」を求める社説を掲載していたことからも伺えよう(『満日』1938・10・1朝刊)．そして同時に，日本側からの「見返り」を得るために，日本側の指導を満洲国内において従来以上に受容していく「覚悟」も強調されていた

(『満日』1938・12・17朝刊).

　第2点は，興亜院の日中戦争解決に向けての実効性に対する疑問と，その設置が，日中戦争開始以来顕在化しつつあった満洲国における経済統制強化および実質的な負担増加の方向が更に強まるのではないかという危惧を間接的ではあるが示すものだった．

　具体的な記事内容は，興亜院設立に対する直截的な懸念や批判を加えるのではなく，今後の満洲国「国民」の決意の必要性を訴える一方で，同時に，興亜院総務長官柳川平助に対する厳しい人物評や，現地日本人社会の「自己の地盤に固執することのみに汲々たる傾向」を批判する記事を掲載するという，興亜院側の意図が貫徹しない現実を明示するという形で，興亜院の前途への疑問を間接的に暗示する言わば消極的懸念論ともいうべきものだった(『満日』1939・1・7, 8夕刊／1939・4・6夕刊／1939・5・2朝刊／1939・6・11夕刊)．この消極的懸念論の背景には，柳沢遊氏の研究が明らかにしている「満洲生活必需品配給株式会社設立反対運動」に端的に示されるように，日中戦争開始以来の在満日本人の発展鈍化・圧迫感増加の認識があったと考えられる．

　そして，この認識は，その裏返しとして，興亜院各連絡部の現地安定化施策への期待という論旨を押し出すこととなっていた(『満日』1939・3・12夕刊／1939・3・16夕刊／1939・4・19夕刊)．しかし，この期待は，現実化することなく，やがて論調としては不安の裏返しとしての日本への全面的協力としての「日満一体化」という前述第1点論旨に吸収されていった．

　第3点は，興亜院の設置が，そこで謳われた「日満支三国間の提携」という主張を契機に，「満洲」と中国との一体的把握の必要性，別言すれば「日満支」の「東亜」としての一体性の認識を喚起するというものだった(『満日』1938・1・6, 7, 8朝刊／1939・7・7朝刊)．

　このことは，「満洲は支那にあらず」という満洲国建国の前提となった日本側認識を(14)，日本側自身の手で否定され，改めて中国と「満洲」の一体性・不可分性という認識を再構築せねばならいという課題を，在満日本人社会に喚起するものだった．山下信庸が中国思想の普遍性ということを念頭にまとめた

『王道思想に纏わる若干の基本問題』が，満洲国のイデオローグ達に強い関心を喚起し，大同学院等でテキストの一つとして利用されていた背景もここにあったと考えられよう[15]。

しかしながら，実際の新聞紙上の議論は，満洲国設立から「日満支一体」に連続して至る合理的正当性を一貫した理論で説明することができずにいた。そこでは，連続性の要諦を蔣介石政権の不当性と，先験的に無謬性を保証された形での「日本の指導」の存在それ自体に求めることが中心となり，満洲国建国正当化理論の中核の一つとして標榜された「独立国家」としての日本および中国からの相対的自立性は，大きく後退せざるを得なくなっていた。日本でも中国でもない「理想国家」を標榜する満洲国の正当性は，大きく損なわれつつあったのである。

興亜院の設置は，それまでの満洲国建国正当性の前提を掘り崩し，同時に，日本による満洲国建国の欺瞞性と侵略性を改めて浮き彫りにする契機ともなっていたのである。

おわりに

上述してきた通り，在満日本人社会は，興亜院の設立という新たな状況現出に対して，従来重ねてきた自らの蓄積の「接ぎ木」を首尾よく遂行できずにいた。即ち，満鉄においては，興亜院との調査・研究協力の機会を，自らの調査・研究方法成果を日本国内で蓄積されていた調査・研究成果と融合し新たな水準へと高めていく契機として十分利用することができずにいた。また，その他の在満日本人社会においては，満洲国における自らの生活における相対的安定および建国の正当性放棄と引き替えに日本からの新たな「見返り」を獲得することを，戦争の長期化と深刻化の中で結果として失敗していたのである。

この背景には，上述した理由の他に，在満日本人社会に抜き難くあった物心両面における対日依存性に加えて，なによりも興亜院さらには日本政府の植民地支配のいわゆる「トータルプラン」自体に現地社会の実態を相互連関的に組

み込む具体的な内実が無かったことも大きかったと考えられる(16).

　いずれにせよ，このことは，在満日本人社会に次の2つの方向性を与えるものだった．

　1つは，改めて日本の国策との一体性を刻み込む方向である．満鉄においては，拡大調査部の総合的調査および南方調査の拡大路線がそれだった．また，他の在満日本人社会においては，現地非日本人社会との矛盾を深化させつつ収奪強化策に協力し，当面の安定を確保せんとする方向だった．

　もう1つの方向性は，改めて満洲国の独自性・自立性を追求する方向である．満鉄にあっては，他調査機関との差別化と「基礎研究」への特化を図り，国家的要請からの相対的自立化という方向だった(17)．また，他の在満日本人社会においては，農村救済および「協和会」運動の再編の模索という方向だった．

　そして，これらの2つの方向性は，現実の展開過程においては相互に連関しつつも，結果として，前者が日本の敗戦で破産し，後者が具体的な方策を出せないまま戦争状況の深刻化という客観的状況下に前者へと吸収・拡散してしまうのである．

（1）　『新版外交史辞典』(山川出版社，1992年)274頁．
（2）　馬場明『日中関係と外政機構の研究』(原書房，1983年)352頁，『興亜院執務提要』(興亜院政務部，1940年)33頁．
（3）　日中戦争開始に伴う満洲国政府の政策転換と現地社会との矛盾に関しては，さしあたり，塚瀬進『満洲国』(吉川弘文堂，1998年)第6章を参照されたい．また，日中戦争前後の日本の対中国経済政策に関しては，さしあたり，中村隆英『戦時日本の華北経済支配』(山川出版社，1983年)を参照されたい．
（4）　満洲国建設の日本植民地政策における画期性に関しては，さしあたり，山本有造「満洲国：歴史の終わり，そして新たな始まり」(『環』vol.10，2002年)を参照されたい．また，商工業者を中心とする当該期在満日本人社会一般の動向に関しては，柳沢遊『日本人の植民地経験：大連日本人商工業者の歴史』(青木書店，1999年)第4章の優れた成果があり，参照されたい．
（5）　無論，中国側の史料発掘・整理のみならず，日本における興亜院関係史料の発掘・整理も引き続き遂行されるべきである．その意味から，外務省外交史料館における未整理史料だった興亜院関連文書を含む「茗荷谷研修所旧蔵記録」の公開は

多としたい．今後，他の各行政官庁内の未整理・非公開史料の整理・公開を強く望む次第である．なお，「茗荷谷研修所旧蔵記録」に関しては，さしあたり，熊本史雄「外交史料館所蔵『茗荷谷研修所旧蔵記録』の構造とその史料的位置：拓務省関係文書を中心に」(『外交史料館報』15号，2002年)を参照されたい．

(6) 井村哲郎「拡充前後の満鉄調査組織：日中戦争下の満鉄調査活動をめぐる諸問題」(1)(2)(『アジア経済』42巻8・9号，2001年)．また，当該期における，満鉄調査の内実に関しては原覚天『現代アジア研究成立史論』(勁草書房，1984年)を，日本における満鉄の「調査」に関する研究史上の特徴と可能性に関しては平山勉「日本における満鉄調査部論」〔田中明編『近代日中関係史再考』(日本経済評論社，2002年)〕を参照されたい．

(7) 「柳川平助興亜院総務長官国会答弁」(『朝日新聞』1940年2月13日)

(8) 湯浅正之良『忘れられない人々』(渓水社，1980年)107頁．

(9) 南平正治「興亜院華中連絡部の思い出」〔上海満鉄会編『長江の流れと共に：上海満鉄回想録』(上海満鉄回想録編集委員会，1980年)〕158-161頁

(10) 前掲井村論文(1)，15頁．

(11) 調査に関する情報の秘匿性に関する満鉄と軍の関係に関しては，井村哲郎編『満鉄調査部：関係者の証言』(アジア経済研究所，1996年)第3, 4, 5編を参照されたい．

(12) 山下信庸『激動の片隅で：私の昭和回想録』(鹿島出版，1985年)212-214頁．また，満鉄側の日本国内側研究者に対する冷淡さに関しては，前掲『満鉄調査部：関係者の証言』第3, 4編を参照されたい．赤塚正朝の略歴に関しては，前掲『満鉄調査部：関係者の証言』717頁を参照のこと．

(13) 無論，満洲国政府の極めて強い統制・指導下にあった当時の同紙の論調のみをもって多様な在満日本人社会全体の認識を総括することはできない．この点は筆者も理解している．その意味で，ここでは，在満日本人社会で最も読まれていた同紙の論調から，同地日本人社会における認識の一つの趨勢を窺うにすぎない．また，同紙の解題としては，李相哲『満洲における日本人経営新聞の歴史』(凱風社，2000年)を参照されたい．

なお，本書の主題である興亜院による調査に関する満鉄以外の在満日本人社会の反応に関しては，興亜院調査成果の秘匿性からか，『満日』，『満蒙』，『満洲評論』，『朝鮮及満洲』，『書香』等の一般向け刊行物から確認することはできなかった．興亜院調査結果の「総力戦体制」下における民間への伝播如何については後日を期すこととしたい．

(14) 満洲事変前後における「満洲は支那にあらず」イデオロギーに関しては，西村成雄「日本政府の中華民国認識と張学良：民族主義的凝集性の再評価」(山本有造編『「満洲国」の研究』京都大学人文科学研究所，1993年)を参照されたい．

(15) 前掲山下書，244-247頁．
(16) かかる在満日本人社会における対日依存性は，既存現地中国社会との客観的な関係性において在満日本人社会が持つ侵略性を反映するものでもあった．日本側，就中，満鉄の現地社会に対して施行した支配・管理に関しては，さしあたり，松村高夫・解学詩・江田憲治編著『満鉄労働史の研究』(日本経済評論社，2002年)を参照されたい．
(17) 無論，このことは，満鉄にあって，かかる2つの方法が常に対立的に追求されたことを直ちに意味するものではない．1942年以降の大東亜共栄圏構想実現追求の中で日本国内において主流となりつつあった，より高い普遍性(＝汎用性)を持つと観念される，より高度な科学的調査・研究の追求という趨勢は〔稲村耕雄『研究と動因』(日本評論社，1944年)〕，満鉄にとって，自らの調査・研究において常に標榜してきたテーマの一つであり，そこへのアクセス(自らの存在意義を減じることなく，国策へも直接的に貢献を可能とすること)は，興亜院設立期に比してより容易だったと考えられるからである．この点は，満鉄の調査・研究成果の，「科学性」を媒介とした戦後日本社会への継承如何ということを考察する上でも興味ある課題だが今後を期すこととしたい．

第3章　興亜院の文化事業
――興亜錬成所と華中での活動――

陳　　正　　卿(周　如　軍訳)

はじめに

　日本は，対中戦争の戦略を「速戦即決」から「対峙戦」へ転換した後，軍部や外務省などの各省庁の対中政策を統一・調整するため，1938年12月，近衛文麿首相の建議により興亜院を設置した．興亜院の総裁は首相が兼任し，副総裁は外務，大蔵，陸軍，海軍の各省庁の大臣を任じた．興亜院の日常的な事務を行ったのは総務長官で，その下に政務，経済，文化，技術の四つの部が置かれ，中国関係の諸事務を統括していた．

　また，「興亜院体制を健全化する」という日本内閣の施政方針の下で，1941年4月，東京に興亜錬成所が設置され，興亜院総務長官の掌握・管理下に置かれた．興亜錬成所の職責は，「現地の官署や国策会社等で働く日本人の主要な職員に大陸を経営・管理するのに必要な学識・能力を備えさせる」[1]ことだった．しかし，その後上記の目的とは別に，興亜錬成所は中国占領区居留日本人に対する「文化統制」を行なう上で，中心的な役割を果たしていた．本稿は，興亜錬成所の華中における活動及び華中における各機構の変遷の過程を取り上げる．

1. 興亜錬成所の華中における活動

　興亜錬成所の本部は東京に置かれた．設立の主旨が中国占領区における政治・経済・文化の各分野の指導者を養成することにあったため，活動の範囲は

中国各地の日本軍占領地に及んだ．そのうち，華中は日本の対中戦争の重要な戦略的基地の一つだったため，興亜錬成所の活動は一層活発だった．そこで，以下では，5つの点から華中における興亜錬成所の活動を概観してみたい．

1 華中からの修業生の受け入れ状況

興亜錬成所は1941年に第1期の修業生を受け入れ，一年を期限とする訓練活動を行った．修業生の総人数は33名だったが，そのうち華中の日本の各機関から派遣されてきたのは7名だった．また，1942年4月の第2期修業生の受け入れ人数は56名で，そのうち華中からの修業生は18名に増えた．これに対して，日本国内からは9名，蒙疆からは9名，華北からは20名だった．そして，1943年4月の第3期修業生の受け入れ人数は78名で，華中からは20名で，1944年に第4期修業生として受け入れた人数の74名のうち，華中からは29名だった．

このように，興亜錬成所は1941年からの4年間合計241名の修業生を受け入れた．そのうち，華中からは74名で[2]，30％強の割合を占め，しかも増加の傾向にあった．修業生受け入れの人数の多さから華中地域が重要視されていたことが分かる．

また，修業生の募集に際しては，興亜錬成所の規程に則り，職階は中層以上，年齢は35歳以上，学歴は大学以上などが条件とされていた．ただし，日本国内や華北などの中国の他の地域と異なって，華中からの修業生の多くは，中支那振興株式会社及びその傘下の鉱業，塩業，電気通信，鉄道，発電といった日本の国策会社で，上級・中間管理職を勤めていた．これも，太平洋戦争以後の日本の対中政策の傾向を示している．

2 興亜錬成所と華中における日本の各機関との関係

華中における興亜錬成所の活動が当該地域の日本の各機関からの協力と支持を得て行われたことは，修業生の選抜の状況からも見て取れる．

興亜錬成所の養成要綱によれば，「強健な身体，旺盛な創造力，強い意志」

と,「必要な学識能力を備えている」ことが募集の基準とされていた．そのため，審査手続きが非常に煩雑だった．必要な審査の手続きとして，応募願書，宣誓書，素行調査，身体検査，血液検査報告，X線検査，履歴審査，職歴審査，学歴学位証書検査等の項目があり，興亜院華中連絡部と選抜機構によって直接審査が行われ，如何なる不正も許されなかった．

1942年11月，大東亜省が設立され，興亜院が廃止された．興亜院の業務も大東亜省に統括されたため，華中地域から興亜錬成所へ修業生を派遣する任務も，駐在汪精衛国民政府の日本「大使館」と上海事務所によって引き継がれた．そこで，南京の「大使館」と上海の事務所では，それぞれ錬成課が置かれ，興亜錬成所の職責の引き継ぎと指示の執行に当たった．

興亜院華中連絡部及び後の日本「大使館」と上海事務所は，華中からの修業生を選抜して派遣することに協力するとともに，錬成所の修業生が管轄地域で行う調査・訓練のスケジュールを組み，宿泊や食事から受け入れ機関までの手配も行った．

興亜院の制定した『興亜錬成所規則第17条』の規定によれば，「所期の目的を達成するため，視察，農務，工務，転移等を実践するための手配をし」，「大陸の経営に携わる人々の一般的状況を直接に掌握し，特に社会の諸情勢や事態を総合的に観察して処理する素質と能力を高め，且つ現地の事物をしっかりと把握しなければならない」[3]と決められていた．そのため，修業生は日本本土と華北や華中などで現地調査を行なうことが必要とされた．各地域における修業生の調査活動は時間が長く，活動内容や交通，食事，宿泊などの手配も非常に煩雑だった．

興亜錬成所の修業生は政治，鉱工，交通，農林，文化の各班に分かれ，連絡部のそれぞれの部門が修業生の受け入れを担当した．例えば，1942年第2期の修業生が華中に到達した際，興亜院華中連絡部から経済第一局調査官桑武彦と福島正一，経済第二局調査官藤川種男，文化局書記官樺山俊夫，政務局事務官野々山重治，嘱託近藤英夫が派遣され，それぞれ鉱工，農林，交通，政治の各班の指導教官を担当させ，修業生の華中における調査研究活動の指導に当た

った．

　また，1941年11月，第1期の修業生が上海に到達する直前に，興亜院華中連絡部次長の落合が，中連政第408号文書で中支那振興株式会社総裁の児玉謙次に，「修業生が華中各地を訪れる際，指導などに協力するように」という主旨の通達を行った．児玉はこれを受け，更に傘下の各会社に，「興亜所員が行う見学・調査のために，庶務課長が会議を開き，慎重に検討するよう」と通達した[4]．これらの対応から興亜錬成所の修業生の華中における調査活動が非常に重要視されていることが分かる．

3　華中における修業生の調査活動

　華中における調査活動は，華中から選抜された修業生だけではなく，他の地域からの修業生も必ず参加しなければならなかった．他の地域と比べて，華中での調査活動は時間が長かった．1942年第2期の修業生の調査活動を例として挙げると，日本の関西等における調査は5月31日から6月29日までの約30日間で，朝鮮・満洲では7月21日から8月24日までの約35日間だったのに対して，華北・華中では10月25日から12月20日までの約57日間だった．そのうち，華中での調査活動は，蚌埠に到着した12月1日から上海を離れた翌年1月5日までの35日間にわたり，最も長かった．第2期の修業生の華中における調査活動の日程は表1(次頁)の通りである[5]．

　以上のように，修業生はまとまった計画に基づいて調査活動を行った．また，軍事・政治・経済等における調査地の位置付けが異なるため，修業生は「南京の部」，「漢口の部」，「上海の部」の三つの部に分かれ，それぞれの地域に対して詳しい調査を行った．

　例えば，南京では，修業生は主に軍政首脳機関を訪問した．大使館を訪れた際，書記官の清水董三が「国民政府の現状」と題する演説を行った．また，対日協力政権汪精衛政府を訪れた際，汪精衛が「主席」の名義で接見し，行政院副院長周仏海が式辞を述べた．そして，日本の支那派遣軍総部を訪問した際，副参謀長が「当該地の軍事態勢」と題する講演を行い，海軍武官府では「総力

表1　1942年第2期の修業生の華中考察の日程表(1942年12月～1943年1月)

期　日	到達地	活　動　概　要
42年12月1日	蚌埠	休憩.
12月2日	南京	泰山閣陸軍部隊に宿泊.
12月3日	南京	戦争の跡地を見学．大使館を訪問して大使が訓示・演説．国民政府[6]を訪問して陸軍司令部を訪問．司令官に訓示をしてもらう.
12月4日	南京	海軍を訪問して司令長官に訓示・演説をしてもらう．国民政府の役人に現地の状況を紹介してもらう.
12月5日	南京	グループ討論.
12月6日	蕪湖	船で漢口へ行き，蕪湖を見学.
12月7日	安慶	安慶を見学.
12月8日	九江	九江を見学.
12月9日		船の中でグループ討論.
12月10日		船の中でグループ討論.
12月11日	漢口	休憩.
12月12日	漢口	陸・海軍を見学して駐軍司令長官に訓示・演説をしてもらう.
12月13日	漢口	湖北省政府を訪問．戦跡を見学.
12月14日	南京	船で南京に帰り，グループ討論.
12月15日		船で休息.
12月16日		上海へ移動.
12月17日	上海	新亜飯店に宿泊．研究資料を配付．大使館事務所を訪問し，訓示・演説をしてもらう.
12月18日	上海	海軍艦隊司令部を訪問して訓示・演説をしてもらう．陸戦隊司令部を訪問して訓示・演説をしてもらう．登部隊司令部を訪問して訓示・演説をしてもらう．大使館事務所が日本クラブでレセプションを開く．代表を派遣してそれぞれ上述以外の各官署を訪問.
12月19日	上海	グループ考察・研究.
12月20日	上海	戦争の跡地，江南船廠，蘇州河，黄浦江，大場，江湾，閘北等を見学．中支那振興株式会社がレセプションを開く.
12月21日	上海	グループ調査・研究.
12月22日	上海	グループ調査・研究.
12月23日	上海	各自研究．新旧修業生の親睦．大使館事務所.
12月24日	上海	各自研究．新旧修業生の親睦．大使館事務所.
12月25日	上海	各自研究．新旧修業生の親睦．大使館事務所.
42年12月26日～43年1月5日	上海	各自研究．新旧修業生の親睦．大使館事務所.

典拠：注(5)を参照.

戦態勢」という講演が行われた．

　上海は南京と違って経済的に比較的優れていたため，修業生の上海での調査活動は主に株式会社，銀行，税関等に対して集中して行われた．上海「大使館」事務所で行われた歓迎式典で，公使の田尻愛義が手短に訓示を行った後，調査部長の大泉が「華中の一般状況」と題する講演を行い，内容は華中の人口，土地，資源，生産能力等の状況に及んだ．また，修業生が海軍の艦隊を訪問した際に，受入側担当者が「海上経済封鎖の状況」に関する演説を行った．そして，修業生が海軍の陸戦隊を訪問した際，「公共租界の警備現状」と題する演説も行われ，公共租界の経済的位置と大東亜戦争との関係が特に強調された．

　現存の史料から，第2期の修業生が訪問したのは，中支那振興株式会社およびその傘下の発電，電気通信，鉄道，鉱業，蚕糸業，塩業，淮南煤鉱等の会社と，日本在上海商工会議所，中央儲蓄準備銀行，上海税関，棉産改進会，上海恒産等と合わせて40カ所余りだったことが分かる．

4　修業生の研究課題

　興亜錬成所の規則の中では，研究の重要性が強調され，研究を養成の主要な方法の一つと位置付けていた．そのため，軍事編成に則して総・区分隊が編成され，修業生は所属した会社の性質，学歴，専攻希望に基づいて，政治，鉱工，交通，農林，文化の各班に分けられ，指定されたテーマに関して研究を行なった．しかも，各々の班には全て学識の高い教官が招かれた．

　研究テーマは，第2期の政治班を例とすると，表2（次頁）の通りである[7]．

　前後4期の修業生から申告された合計200余りの研究課題のうち，政治・文化に関する課題は約20％で割合が低く，大部分は鉱工業，交通，農林業に関するものだった．研究が重視されたため，研究座談会や小グループ研究に用いられた時間が学習時間の半分近くを占めた．また，修業生の研究課題は，興亜錬成所で決められた大きなテーマを前提としたものだった．1942年第2期の修業生を例とすれば，この年のテーマは興亜院の批准を得て決められた「支那建設基本方案」と「支那建設方案各部門建議要領」であり，これに関連して各

表2　1942年第2期の政治班の修業生の研究課題

研究課題	担当者	派遣元の所属・職位	担当者学歴	指導教官
興亜総論	羽場一郎	興亜院事務官	中央大学法学部	白木喬一
興亜政治組織	大山夫友	青島市特別市公署分区行政警備事務局課員	法政大学高師部	白木喬一
興亜国際関係	羽場一郎	興亜院事務官	中央大学法学部	白木喬一
重慶と中央	小石原宗一 宮本義隆 大野達夫	新民会中央総会助理 新民会駐日事務局課員 蒙古連合自治政府政務庁調査官	大東文化学院 中央大学法学部 東洋大学	白木喬一
華僑問題	白木清	中支那振興総裁室書記	中央大学法学部	白木喬一
支那民族問題	北川徳兵衛	興亜院嘱託	早稲田大学高師部	白木喬一
興亜思想	宮本善隆	新民会駐日事務局課員	中央大学法学部	黒田舜造
興亜教育	大野達夫	蒙古連合自治政府政務庁調査官	東洋大学	黒田舜造
興亜衛生	大野達夫	蒙古連合自治政府政務庁調査官	東洋大学	黒田舜造
興亜宗教	平松龍英	興亜院嘱託	東京大学文学部	黒田舜造
支那社会問題	平松龍英	興亜院嘱託	東京大学文学部	黒田舜造

典拠：注(7)を参照．

班の個別の研究課題が決められた．

　その後行われた研究報告の中では，華中地域に関する研究が多く，各班の修業生も責任を持ってそれぞれの課題に関する研究を行った．例えば，政治班の修業生は与えられた全ての活動に参加した外，南京と上海でそれぞれの軍事顧問部，防衛・憲兵司令部，南京・上海の両地の特務機関，外交部，中央軍事大学，東亜連盟会等を訪問し，興亜院華中連絡部の原田調査官，岩城指導教官とも数回にわたって座談を行った．また，上海の租界が持つ特殊な政治的環境及び政策をより深く知るために，彼らは日本総領事館，工部局，市政府と，租界条約，治安状況，英米の潜在力の影響等に関して何度も交流を行った．さらに，江蘇省の「清郷」状況を掌握するため，修業生は興亜院華中連絡部の嘱託に伴

われて蘇州へ赴き，金子俊治の部署を通して，「清郷」区と連絡を取り，現地調査を行った．

以上のように，興亜錬成所の修業生の調査研究は，その後日本の華中に対する統治政策に一定の影響を及ぼしたと思われる．

5 興亜会と興亜会華中・華南支部の活動

興亜錬成所の初期の計画には，「修業生を中心として興亜錬成団体を結成し，拡大させる」という構想があった．1942年4月第1期の修業生が学業を修了した際，大東亜省の指示下で，彼らが中心となって興亜会を結成した．

興亜会の規約は合わせて14条で，内容の主旨も興亜錬成所のそれと同様だった．即ち，「会員の間で緊密な連携を取り，錬成の成果を中国大陸に対する施政政策に反映させることによって，皇国を核心とする大東亜建設を目標とする」大政翼賛運動を推し進めようとした．興亜会の任務は，会員の間で協調と連携を保ち，調査研究を行う他，雑誌を発行し，その他の諸事務を行い，「錬成」活動を促進することだった．会員は2つのグループに分かれ，興亜錬成所の修業生を正式の会員とし，この事業に志を持つ関係者を特別会員とした．

興亜会は東京興亜錬成所内に，華中・華南支部は上海「大使館」事務所内に，蒙疆支部は張家口「大使館」事務所内に置かれた．

興亜会の規程に基づいて，大東亜省次官の山本熊一を興亜会の会長，企画院総裁の鈴木貞一と中国駐在「大使」の谷正之を顧問に任じた．また，興亜錬成所の所長川岸文三朗を本部長，興亜錬成所隊長の古川尚雄を幹事長に任じた．上海の華中・華南支部長には上海駐在「公使」の田尻愛義を任じ，幹事長には「大使館」一等書記官の矢野征記を任じた．

興亜会の活動に関して，4月26日に開かれた一回目の懇談会の内容を例として挙げると，鈴木貞一が如何にして大東亜の国策を体現するかという主旨の訓示を行い，農林省糧食管理局の水川第2部長が当面の食糧自給策に関して講演を行い，笹森技術院部長が「生産力現状下の拡充対策」と題して講演を行った[8]．上記の内容から，興亜会は日本政府の謀略機構の性質を持っていたこと

が読みとれる．

　興亜会華中・華南支部の活動は，上海等に居留していた日本人の間で大政翼賛活動を推し進めるという重要な面も持っていた．1940年10月，近衛は「一億の国民の総参戦」をスローガンにして運動を提唱し，東条が組閣した後，その運動を更に日本全土及び中国の各占領区で強力に推し進めた．華中では，日本の軍・政・財の各界によって華中翼賛運動調整委員会が発足し，興亜会，総力報国会，産業共栄会の三つの団体がその基礎となった．これについて，上記の調整委員会は，「興亜会は興亜の理念の普及と徹底的な貫徹を追求し，……居留日本人を対象とする興亜錬成所に関しては，本会と緊密に連絡を取り合っており，総力報国会に相当した」[9]というように評価していた．その後，田尻が調整会の会長，上海陸軍部長が顧問，海軍武官等が委員に任じられ，興亜会の代表もメンバーとなった．

　ここで特に取り上げたいのは，華中における大政翼賛運動の中で，興亜会が「戦時生活設置重点試験」において大きな役割を果たした点である．「戦時生活重点試験」は「皇民の錬成を具体化する」ということを主旨とした活動であった．興亜会は，修業生の錬成を主体としたため，指導的な役割を果たした．1941年4月から1944年6月までの華中における興亜錬成所の活動は日本の中国に対する侵略政策を反映していると言える．

2. 華中興亜錬成所の設立

　1944年3月，日本が敗戦に向かいつつあるという情勢下で，興亜錬成所の活動の主要な目的も中国占領区を統括するための日本人指導者の養成から，居留日本人の「興亜錬成」へと転換した．このため，東京の興亜錬成所で修業生を集中的に訓練するという錬成方法ではなく，華中の各占領地で日本の出先機関によって錬成所が独自に設立され，「錬成」人員を大規模に拡大させようとした．これが華中興亜錬成所が正式に設立された根本原因であった．上海駐在日本「大使館」事務所の企画によって，華中興亜錬成所が相次いで『華中興亜

錬成所錬成要綱』，『華中興亜錬成所規程』，『華中興亜錬成規則』，『華中興亜錬成所服務規程』等を作成した．これらの文書は，基本的に東京の興亜錬成所の錬成の主旨と科目を引き継いでいたが，それ以外に，華中興亜錬成所と興亜会華中・華南支部から改組・拡充した華中興亜報国会とが現地の居留日本人の「興亜錬成」活動における中堅的指導の地位にあることを明確に規定していた．

華中興亜錬成所の所長には矢野征記が任じられ，副所長と顧問は軍部の代表と居留民団体の指導者が担当した．華中興亜錬成所の下に錬成隊が設置され，三つの区隊が編成され，副隊長が兼任した企画部の下に庶務課長，計画主任が設置された．副所長が兼任した補導部の下に連絡，調査，研究，錬成の四つの課が設置され，専任の人員が担当した．

華中興亜錬成所の所在地は上海虹橋路400号の東亜同文書院の近くだった．修業生の錬成期間は東京の本部とは異なり，長期と短期の二つのクラスが設置された．長期班は各地の各職業の中堅層を対象とし，期限は30日で，人数は50人ぐらいだった．一方，短期班は「一ランク低い指導者」を対象とし，期限は14日で，人数も50人ぐらいだった[10]．その錬成の科目は，求められていたものと程度には差があったが，2つのクラスも基本的に同様だった．また，女子錬成班も設置された．『女子錬成方針並びに錬成科目』の規定によれば，女子錬成の要旨は，「近代文化から影響を受けている日本の女性に皇道をもっと深く認識させ，一億人が玉砕し，忠を尽くして国に報いるという精神から，良妻賢母の徳行によって夫が大東亜建設事業に身を投じるのを助ける」[11]ということだった．女子班の年齢は20歳から30歳までで，養成期間は10日から14日で，人数は30人ぐらいで，集団で寄宿生活することが決められていた．錬成の科目は精神と国際情勢に関する講座の外に，体操，剣術，弓，行軍等の科目もあった．

上述の錬成の主旨，科目，班別を明確にした上で，華中興亜錬成所は正式に『昭和十九年度錬成計画基本要綱』を作成した．この要綱では，当該年度内に，長期生200人余り，短期生400人余り，女子生200人余りを養成することが計画され，募集人数の面でも東京の興亜錬成所のそれを大幅に上回った．これは，

後期の興亜錬成所の「錬成」活動の新しい特徴を十分に反映している．

　1944年7月30日，華中興亜錬成所が正式に設立され，儀式が行われた．新入生が日本の儀礼に基づき，奉告祭を行った．儀式には，修祓，啓扉，献饌，上奏祝辞，玉串奉奠，撤饌等の10余りの項目があった．それ以降，新入生が入学するたびに，必ず同様の儀式を行うことになった．現存の史料から，成立の時点から翌年7月まで，華中興亜錬成所は合わせて長期班を10期余り，短期班と女子班を20期近く設置し，養成総人数は約2,000人程だったことが分かる．

　同時に，華中興亜錬成所は自らを主体とする華中興亜報国会を組織した．華中興亜報国会は興亜会華中・華南支部と異なり，多くの下部組織を擁し，活動は各株式会社，在留日本人の団体にも及んだ．例えば，中支那振興株式会社では，興亜錬成所，「大使館」錬成課の共同指導の下に，中支那振興株式会社社員興亜錬成会が設立され，会員は1944年11月の時点で192人に達した．その中には，中支那振興株式会社の総裁室で働いていた中国人の潘徳成，厳新祥等の14人も含まれていた．理事会は，総裁の児玉謙次，副総裁の平沢等の4人によって構成され，本社内部の総裁室，業務部，経理部，調査部，地産部等に分会が設置され，各部の主任や部長が責任を負っていた[12]．すべての分会は，時期ごとに会員を集めて大東亜戦争に関する座談会を開いたりした．

　華中大政翼賛会の統一・協調の下で，華中興亜報国会はその他の団体と共同で上海だけでも12カ所の戦時生活試験重点錬成所を設置した．所在地は在留日本人が相対的に集中していた虹口に6カ所，滬北に2カ所，その他，楊浦，閘北，滬西，市中心にそれぞれ1カ所で，居留日本人ないし中国人の家を借りたりした．各錬成所は1期毎に約15人から20人を募集し，合宿で訓練を集中的に行い，訓練期間は5日から7日で，1年間で居留日本人を約1万人ほど「錬成」することが予定されていた．訓練の主旨は以下の通りである．すなわち，「家庭，保甲，町内及び仕事場では，人との接し方，言葉の使い方，生活・実践等の面において，皇民の錬成を具体化し，錬成所分所を有効的に運用し，僑民の皇民精神を錬成し，生活習慣を改革し，対中国政策の迅速な実施を

第 3 章　興亜院の文化事業──69

保証する」ということだった[13]．このため，規模の小さい錬成所では，朝礼，座禅，隊列集合，野外での行軍訓練を行う他，対中国政策，経済及び生活の革新，興亜思想等に関する懇談会も開かれた．日本の上海陸海軍部隊ないし憲兵隊から人が派遣されて，演説が行われた．

　日本の華中興亜錬成所は，設立の時点から活動が停止した 1945 年 7 月までの戦時中，日本人居留民に対して実行した「文化統制」が専制体制という本質を持っていることを強く反映している．

3. 興亜錬成所及びその活動に対する批判

　興亜錬成所は，日本政府が戦時中に対中占領政策を推し進め，居留日本人に対して「文化統制」を行うための道具であった．筆者はその活動に対して以下のような批判を行いたい．

　第 1 点として，「皇国史観」と「大東亜主義」等の日本の右翼の戦争理論の鼓吹と注入が政治グループの行為から政府の行為へ転換した点である．

　第一次世界大戦後，大川周明，北一輝等によってこしらえられた上述の理論が日増しに氾濫し，その影響下で日本の文部省もそれを徐々に教科書に採り入れるようになった．興亜院に所属していた興亜錬成所が日本政府の機構としてもっぱらそれを宣伝していた．興亜錬成所の訓練綱領の第 1 条は，「開国の気概を体得し，臣道の精神を養う」という要請が明確に書かれ，また「訓練科目大綱」の「訓育」にも，「命令を奉じて，輝かしき皇国の歴史を通じて，国体の本義を体得する」[14]という要請が書かれていた．そのため，日常的な錬成活動は，「天皇中心主義の国体観念を明確にし，皇国民の風度を擁する」といった内容に満ちていたのも当然である．その外，戦争の理論の一つだった「大東亜主義」も興亜錬成所によって編纂された『興亜観念要綱』，『東亜復興と日本民族』，『大東亜の基礎概念』等の教材に多く採り入れられた．最も代表的なのは，教材中で公然と以下のように述べた点である．即ち，「東亜共栄圏は一つの新しい国家であり」，「その範囲は，当面は日，満，支，印及び南洋の各民族

とするが，その後は，東部ロシアを含むアジア全体，さらに濠州をも含むものとする．風俗，習慣，言語，政体の面で異なるが，国境線を無くし，日本の皇道の保護下に結集すべきだ」(15)と述べている．これらの考えは日本の右翼の「万世一系」や「八紘一宇」という言い方の誤謬性を完全に露呈しており，戦後において日本の国民から強い批判を受けたのも当然のことである．

　興亜錬成所はこれらの理論を作り上げて注入し，これを中国占領区の統治者を錬成するための指導的思想とし，日本の国民の思想や言論を制約していた．必ず歴史的責務を負うべきである．

　第2点として，興亜錬成所は，戦時中日本が推し進めた「文化統制」政策の専門機構として日本国民の民主的権利をひどく踏みにじった点である．

　上海在留日本人を対象に作られた『錬成指導要綱』で，居留日本人に対しては「これまでの民主的法制の観念，自由主義の思想制度から礼治の観念，道義の秩序の制度化へ転換させ」，「自警団，領事館警察と自治機構の自発的創意及び会社の協力を一体となす」(16)と規定されていた．日本は全面戦争の道を歩んだ後，軍部によってコントロールされた内閣が「大政翼賛」の名義で，公然と政党，議会政治を潰し，専制独裁統治を実行した．興亜錬成所の活動もこの事実を反映している．即ち，昭和17年度1年期の修業生のカリキュラムを例として挙げると，科目は訓育，術科，学科の3項目に分かれていた．そのうち，訓育の中には，参拝，国体と精神訓話，礼儀作法操練，修行等の内容が含まれ，術科には体操，軍事訓練，野営，武士道，測絵等，学科には理念，政治，経済，軍事，外交，技術，外国語などがあった．これらのカリキュラムは全ての学生が必ず参加し，違反してはならなかった．このため，修業生は訓練を受けた後，基本的に「戦時体制」の規定する「準軍事化」の状態に入った．1944年，華中錬成所で1カ月の長期錬成班，14日間の短期錬成班，女子錬成班，及び，規模の小さい錬成所に貫徹していたのもこの原則だった．訓練を始めた「錬成員」は外出の際には区分隊長から許可をもらわねばならないこと，報告すべきことは報告し，一般的な事項については口頭で，重要なことについては書面で報告すること，また，郵便物，電報の受け取りも錬成所の庶務課長の統括下で

指定の郵便局で行うことが決められていた[17]．

　居留日本人に対して，このように厳しく人身の自由を制限する措置が取られたのは，主に戦争状態の悪化に伴い，彼らの抱く不満と反抗の気持ちが日増しに増大したからである．当時，上海居留日本人が様々な形で錬成の活動に反抗する事件も多数発生した．

　第3点として，直接に日本の対中戦争政策の需要に応じている点である．

　興亜錬成所は，規則において各科目の訓練に対して明確な要請があった．まず，思想面においては，「日本及び満洲，支那等大東亜の諸国」の過去及び現在の政治状況を明らかにすると同時に，今後の「大東亜」建設の観念，目標，策略に関して研究を行うこと．また，軍事面においては，日本の戦争の意義と建軍の本義を明らかにすると同時に，「日本，満洲，支那等大東亜諸国」及び列強の軍備の大要を検討し，「皇国」の統帥と政治の円滑な運用を理解すること．そして，外交面においては，正確に国家の実力を把握した上で「大東亜」建設の外交の真理を実施すること．さらに，経済面においては，資源儲蔵の実際の状況を調査し，「大東亜」建設のための欠かせない経済，政策の基本方略を理解すること．文化面においては，日本文化の本質を徹底的に理解し，「大東亜」に欠かせない文化政策の基本方略を理解すること[18]．以上の要請に応じて，錬成所は特に「訓練は実用に着目すべきであること」を強調していた．また，日本の対中戦争の必要性に応じるという目的を達成するために，上述のような詳細な実地調査が行われた．修業生は元の所属に戻った後，更に信用を得て重用された．

　日本の興亜院の戦時中の活動や役割に関する研究は，中日両国の学者の間でかなり重視されるようになった．筆者は，近い将来，さらに多くの研究成果が出されるものと考えている．

（1）　上海市档案館編『日本帝国主義侵略上海罪行史料匯編(上)』(上海人民出版社，1997年7月，第1版)677頁．
（2）　上海市档案館蔵・日文零星文件『興亜錬成所歴年修業生概況表』．

（ 3 ） 前掲書『日本帝国主義侵略上海罪行史料匯編(上)』678頁.
（ 4 ） 上海市档案館蔵・日文零星文件『興亜院華中連絡部通知書類』.
（ 5 ） 上海市档案館蔵・日文零星文件『興亜錬成所修業生昭和17年華中考察日程表』.
（ 6 ） 国民政府は汪精衛政府を指す．以下，同様．
（ 7 ） 上海市档案館蔵・日文零星文件『興亜錬成所修業生昭和17年度研究課題表』.
（ 8 ） 上海市档案館蔵・日文零星文件『興亜会懇談会紀要』.
（ 9 ） 前掲書『日本帝国主義侵略上海罪行史料匯編(上)』690頁.
（10） 上海市档案館蔵・日文資料『華中興亜錬成所要覧』27頁.
（11） 前掲書『華中興亜錬成所要覧』23頁.
（12） 上海市档案館蔵・日文資料『中支那振興株式会社興亜錬成会概要』2頁.
（13） 前掲書『日本帝国主義侵略上海罪行史料匯編(上)』693頁.
（14） 前掲書『日本帝国主義侵略上海罪行史料匯編(上)』678頁.
（15） 上海市档案館蔵・日文資料『興亜観念要綱』.
（16） 前掲書『日本帝国主義侵略上海罪行史料匯編(上)』692頁.
（17） 前掲書『華中興亜錬成所要覧』22頁.
（18） 前掲書『日本帝国主義侵略上海罪行史料匯編(上)』679頁.

第二部　興亜院による中国調査

第1章　興亜院の中国実態調査

久　保　　　亨

　戦時の日本には多数の中国調査機関が設立され，その活動範囲はきわめて広い領域に及んでいた．そうした中にあって興亜院の調査研究活動の一つの特徴は，以前から中国の政情や社会経済の調査に従事してきたいわゆる調査マンタイプの人々ばかりではなく，それまで中国と必ずしも特別な関わりを持つことなく日本本国の鉱工業，農林水産業，公衆衛生など様々な専門分野で実務に携わってきていた相当数の自然科学系の専門家，官庁・民間企業の技術者らが組織され，それぞれの分野の主として産業技術的側面に関する精緻な調査が，非常に大きな規模で展開されたことにあった．興亜院は1938年12月に設立され，1942年11月には大東亜省に吸収され消滅した．この4年に満たなかった短い存在期間に，興亜院関係の諸機関がまとめた調査報告書類は少なくとも1,944点に達する．短期間にまとめられたためか既存の調査結果を利用した部分も多いとはいえ，文献調査だけに終始した報告書はむしろ稀であり，多くの場合，専門家による何らかの実地調査に基づく考察を含んでいた．したがって，従来の調査報告や中国側研究文献では判然としなかった生産過程の実態，機械設備の情況，経営組織の特質などについて，この興亜院の調査報告書類を用いることにより初めて明らかにしうる点も少なくない．

　同時に重要な点は，こうした調査報告書類の中に，当時の日本に於ける中国認識の特徴が如実に現れていることであり，また侵略戦争に多数の専門家を動員していった機構が鮮やかに浮かびあがってくることである．そもそも実地調査が重視された背景には，侵略戦争遂行のため，すぐ実際に役立つ調査を求めるという現実的な要請があった．

　以上のような特徴を念頭に置きながら，はじめに興亜院の中国調査機構とそ

第1章　興亜院の中国実態調査——75

の調査方針について概観するとともに，専門家，技術者を動員する重要な組織になった興亜技術委員会についても整理し，ついで彼らによる調査研究の内容的な特徴を，華北工業立地条件調査，並びに武漢地区国防資源調査に即して考察していくことにしたい．

1. 中国調査の機構と課題

　周知のように興亜院は，東京に置かれた本院と占領下の中国各地に置かれた4連絡部1出張所が連繋して業務を担当したため，中国調査についてもそれぞれの機関ごとに担当部局が置かれていた(以下，本書序論の機構図も参照)．本庁では政務部第三課が「支那ニ於ケル政治，経済及文化ニ関スル調査ノ事務」を担当しており，華北連絡部でも政務局第三班が調査活動の担当であった[1]．それに対し蒙疆連絡部では調査課が独自に設けられ，また華中連絡部では経済第一局が，厦門連絡部では経済部第四班が調査活動全般を統括していた[2]．こうした担当部局の違いは，あるいは華中連絡部や厦門連絡部が経済調査に非常に大きな力を入れていたことと関係するのかもしれない．なお華北連絡部の場合，刊行物などには「華北連絡部政務局調査所」(後にはたんに「華北連絡部調査所」)という機構名が用いられている．対外的にはこの名称を使用したということなのであろうか．

　従来の調査活動が分散的で重複も多かったという反省に立って，興亜院の下に中国関係の調査活動を整理統合していくことも重視された．すでに昭和14年度から「調査ノ重複抵触ヲ避ケ……円滑ニ進メ」るため，中国関係の調査機構を「将来適当ノ時期ニ於テ中央現地ヲ通ジテ整備統合スル」との課題が掲げられ，その準備組織として「支那関係調査機関協議会(本院)」，「中支調査機関連合会(華中)」，「武漢地方ニ於ケル調査事務統一連絡会議(漢口)」を設けたことが特記されている[3]．

　昭和15年度になると，調査活動の組織化に当たり「連絡部内ノ連絡関係及部外調査機関ノ指導連絡ノ促進ニ意ヲ用ヒ……」とし，調整ないし統轄的な機

能を一段と強化することがめざされた．これに基づき，政務部第三課の業務内容を「支那ニ於ケル……調査ノ事務」から「支那ニ於ケル……調査ノ綜合事務」に拡大した本院事務分掌規定の改訂(1941年5月1日)，北支那開発・中支那振興・台湾拓殖・満鉄など13機関を結集した支那調査関係機関連合会の設立(1940年10月16日，後に15機関に拡大)，前年度の華中連絡部・蒙疆連絡部に引き続き，華北連絡部・青島出張所・厦門連絡部での各連絡部所管地域に於ける調査連合会設立などの措置がとられるとともに，興亜院自身が主催して各連絡部調査関係官打合せ会議が開かれるようになった(1940年12月に上海で第1回，1941年3月に東京で第2回)[4]．

調査課題については，発足当初にあたる昭和14年度(1939.4〜1940.3)の成果をまとめた文章によれば，「日満支経済ブロック建設ニ関スル諸調査，……特ニ国防資源ノ調査」に重点が置かれる一方，長江流域では「我方ノ商権確立，外国勢力ノ駆逐，及対蔣圧迫等ノ見地ヨリ」，日本の経済的影響力の強化策を探るため「流通関係ノ調査」に力を注ぐことが強調され，さらに日中戦争の長期化に伴い「不足重要国防資源自給ニ必要ナル調査ヲ緊急ニ行フコトトシ」と，侵略戦争継続の要請に応えようとする興亜院の調査活動の性格が鮮明に打ち出されている[5]．同時に中国各地の各連絡部による調査活動に関しては，「其ノ管轄地域並ニ其ノ環境ニ従ヒ，其ノ地域的特性ニ応ジ」と，それぞれの独自性を尊重する文言が盛り込まれた．

昭和15年度(1940.4〜1941.3)になると調査方針の重点は，「世界情勢及我方ノ対外関係等ヲ顧慮シ，特ニ重要国防資源自給促進ノ見地ヨリ，之カ開発利用ニ関スル基礎調査，並ニ之カ企業化及ヒ対日供給ニ必要ナル諸条件ノ調査ニ重点ヲ置クモノトス」とあるように，「国防資源」関連にシフトされた[6]．

調査の重点を絞り込もうとする志向は，昭和16年度(1941.4〜1942.3)になるとさらに強まっていく．すなわち同年度の方針は「支那事変処理乃至高度国防国家建設ノ見地ヨリ，地域的特性比重ヲ考慮シ，日本トノ協力結合関係ニ重点ヲ置キ，重要国防資源調査ニ主力ヲ注クト共ニ，我方商権ノ確立等日支融合ヲ基礎トスル我方各般勢力伸長ニ資スヘキ調査ニ意ヲ用ヒ，並テ之カ障害タル重

慶政権乃至之ヲ支援スル第三国側制圧ニ資スヘキ調査ヲ実施スル」と従来の文言を一応引きつつも，その後に「時局ノ重大性ニ鑑ミ，重点主義ニ依リ実施スルモノトス」，「高度自給経済ヲ緊急促進スヘキ諸調査ニ邁進」すると記し，「高度国防国家」建設論に基づく重点主義が強調されている．こうした傾向は，調査計画編成方針で一段と鮮明にされる．すなわち「不足重要国防資源ノ開発及重要物資ノ需給調査ニ主力ヲ注キ，不急ナル調査ハ中止(第一項)」，「高度国防国家建設ニ対処スヘキ支那経済建設ニ関シ……之カ計画確立ニ資スヘキ総合的調査ヲ緊急実施(第二項)」，「特定事項或ハ一般事情ニ付，局地的細密ナル現地調査ヲ行フカ如キ地方事情調査ハ中止(第四項)」等々[7]．

アジア太平洋戦争が開始された後，昭和17年度(1942.4～1943.3)の調査方針は「大東亜戦争完遂」と「東亜共栄圏」自給経済遂行を，ひたすら追求するためのものとなった．

　一，昭和十七年度ニ於テハ，大東亜戦争完遂ニ必須ナル現地各般緊急施策遂行ニ資スヘキ調査ヲ集中実施ス．

　二，殊ニ戦時下東亜共栄圏内ニ於ケル自給経済遂行上緊急必要トセラルル調査，就中我方生産力拡充計画及物資動員計画等ニ照応スル支那経済開発計画，物資需給輸送計画等ニ即応シ資源ノ開発増産，需給及輸送等ノ調査ニ重点ヲ置ク．

　三，各般基礎調査ニ関シテハ概ネ前年度ヲ以テ打切ルモ，未了ノモノニシテ特ニ必要ト認メラルルモノニ付キテハ，経費調査能力等ヲ勘案シ之ヲ実施ス．[8]

アジア太平洋戦争を進めるのに必要な範囲で，資源の開発増産・需給・輸送などを緊急に調べるとの重点主義がますます強まるとともに，一部の例外を除き基礎調査を打切る方針が鮮明に提示されている．

以上のような重点主義の強調を，どう見るべきであろうか．いうまでもなくその直接の理由は，興亜院の設立とその調査活動を推進した勢力の最大の関心事が，日中戦争，さらにはアジア太平洋戦争を遂行する「高度国防国家建設」だったためであろう．同時にもう一つ注意される点は，こうした強調が必要と

されるほど，当時，きわめて一般的な，あるいは極端に特殊的だと彼らの目に映るような調査が少なからず存在した可能性が高いことである．実際，諸分野のたくさんの専門家が中国調査に動員され，彼らの多種多様な関心がそのまま調査計画に反映されていくならば，全体として関心が拡散し，調査活動が膨大なものに膨れあがっていく事態は避けられない．中国の政治・経済・社会を総合的に理解するためには当然そのような調査が全て意義を持つわけであったにしても，興亜院としては，現下の侵略戦争を支える「高度国防国家」を建設するため焦眉の課題となっていた資源の開発・動員を促す調査に，さし当たり全力を傾注しなければならなかった．東亜研究所に委嘱された「支那慣行調査」や京都帝国大学に委嘱された「大陸風土服合策調査」などは，恐らく上記のような観点から，当面，興亜院自身の調査計画からは除外されたものと考えられる．そして調査報告書のリストを一瞥すれば明らかなように，興亜院の重点主義は，相当の程度まで実際の調査活動の展開過程に貫徹されていた．

2. 興亜技術委員会

興亜院による中国調査の一つの特徴は，多くの技術者がそこに動員・組織されたことであり，後述するように彼らもまたかなりの程度まで，そうした活動に対し積極的に参加したことである．その要に位置した機構が「支那ニ於ケル経済及文化ニ関スル諸政策ノ樹立並ニ支那ニ於ケル各種事業，業務ノ監督統制等ニ関シテハ綿密周到ナル技術的調査計画並ニ審査」が欠かせないという見地から，「我国現代技術ノ精髄ヲ総動員」すべく設置された興亜技術委員会であった[9]．その官制は1939年9月13日の勅令第636号によって定められている．委員会の任務は「興亜院総裁ノ諮問ニ応シテ興亜院ノ管掌ニ属スル技術ニ関スル重要事項ヲ調査審議ス」(同勅令第1条)とされ，同第2条で会長には興亜院総務長官を充てること，また定数50人以内の委員，及び定員外に置くことができる臨時委員には，「関係官庁高等官及学識経験アル者」を内閣が任命すること，などが規定されている[10]．興亜技術委員会は同年9月26日に第1回総会

を開き，活動を開始した．こうして様々な分野の技術者を中国占領地行政のために動員する機構の一つが整えられた．表1(次頁)に示されるとおり委員には1939年末の時点で計43人が任命されており，その内訳は政府・軍関係者18人，民間企業関係者15人，大学関係者10人であった．名簿には，その他に臨時委員として40人，書記として7人の名も挙げられている．

その後，1941年9月1日現在の史料によると，表2(本文82頁)のような人事異動があった．関係官庁・軍部の派遣メンバーが恐らくは出身母体に於ける人事異動に伴って交代したこと，そして鉄道技師，蚕糸業技師など一部分野の専門家を増員したことなどが変更の主な理由だと考えられる．

興亜技術委員会は一部の技術者たちの積極的な働きかけを受けて設立されたものである．工業化の進展を背景として，1910年代頃から近代日本の技術者たちは自らの社会的地位の向上と産業振興をめざす活動を展開してきていた．1917年，工業技術に関わる大学教員や技術官僚，民間技術者らによって工政会という団体が結成され，1918年には農業関係の技術官僚らによって農政会と林政会がつくられている[11]．さらにもう少し若い世代の技術者たちは日本工人倶楽部，興農会，興林会などを組織し，よりいっそう積極的に技術者の地位向上に取り組もうとした[12]．これらの団体のうち，1920年に創立された日本工人倶楽部は，1935年，より多方面の技術者を結集すべく日本技術協会に名称を改めるとともに，「技術ニ関スル国策ノ調査研究」を重要課題に掲げ政治参加の意志を明確にした．この時期，同協会には，従来から活動の中心を担ってきた土木系技術者に加え，新たに電気通信系技術者が加わってきている[13]．日本技術協会は1938年，4回にわたって対支政策座談会を開催し，同年8月23日，政府に対し「対支経済根本対策を樹立せしむる為，産業の専門的中央機関を設け日満支一体の観点に立脚したる総合的産業計画を確立すること」を求める建言書を提出した[14]．興亜院設立に至る政治動向を意識し，そこに技術者として積極的に参加することによって日本の中国占領地支配に貢献し，技術者の地位向上も実現しようとする狙いが込められている．これに先行して見られた土木学会の東亜部設置(1935年9月)[15]，対支技術連盟の結成(1938

表1　興亜技術委員会委員名簿

企画院技師	藤澤威雄
興亜院技師	宮本武之輔〔興亜院技術部長〕
内務技師	高橋嘉一郎〔内務省土木局第一技術課長〕
同	鈴木雅次〔内務省東京土木出張所長〕
専売局技師	川上寛治〔大蔵省専売局第一技術課長〕
陸軍工兵大佐	鎌田銓一〔陸軍省整備局交通課長〕
陸軍軍医大佐	渡邊甲一〔陸軍省医務局衛生課長〕
海軍大佐	山口次平〔海軍省軍務局第二課長〕
海軍軍医大佐	大須賀都美次〔海軍省医務局員〕
東京帝国大学教授	佐野秀之助〔工学部〕
同	亀山直人〔工学部〕
同	山口　昇〔工学部〕
同	薗部一郎〔農学部学部長，林学科〕
同	田中貞次〔農学部〕農業土木専攻
同	佐々木喬〔農学部〕作物学専攻
同	田宮猛雄〔医学部〕細菌学専攻
京都帝国大学助教授	大谷佐重郎〔医学部衛生学科〕
東京工業大学教授	内田　壮〔応用化学科〕
農林省畜産局長	岸　良一
農事試験場技師	寺尾　博〔農林省〕
商工技師	山根新次〔商工省地質調査所所長〕
逓信技師	松前重義〔逓信省工務局調査課長〕
航空局航空官	佐々木利吉郎〔航空局航空試験所第一課長〕
鉄道技師	濱野信一郎〔鉄道省運輸局第一課長〕
厚生技師	勝俣　稔〔厚生省予防局結核課長〕
	梶井　剛〔日本電気㈱，専務〕
	湊　一鷹〔造船聯合会，常務理事〕
	武井明通〔相模鉄道㈱，専務〕
	後藤宇太郎〔北支那開発㈱，審査役〕
	山田隆二〔西武鉄道㈱，顧問〕
	室木隆三郎〔日鉄鉱業㈱，二瀬鉱業所所長〕
	椛木寛之〔東京市技師，東大工学部講師〕
	木村介次〔藤倉電線㈱，研究部長〕
	岡部三郎〔尼崎築港㈱，工事部長〕
	石川一郎〔日産化学㈱，専務取締役〕
	鳥居信平〔台湾製糖㈱，取締役〕
	内海清温〔日本軽金属㈱，電力建設部長〕
	住江金之〔東京農業大学教授〕醸造学専攻
	大村一蔵〔日本石油㈱，地質課長〕
	岡部栄一〔東京電灯㈱，常務〕
	川島三郎〔三井鉱山㈱，常務〕
	中原延平〔東亜燃料㈱，常務〕
	山下元美〔三菱鉱業㈱，常務〕

出所：『興亜院執務提要』政務部，昭和15年，50-51頁．但し〔　〕内関係による．
最終学歴は『学士会会員氏名録』，『学位大系博士氏名録』等
注：なお外交史料館の文書の名簿と比べると二人少なく瀬尾健二〔商
　　『執務提要』の職員名簿は12.25現在．外交史料館所蔵文書中の

81

(1939年12月25日現在)〔　〕内は当時の職名，中欄は最終学歴，右欄は戦後略歴

1919 東京帝大工学部造兵学科卒		
1917 東京帝大工科大学土木工学科卒		
1916 東京帝大工科大学土木工学科卒		
1914 九州帝大工科大学土木工学科卒		
1916 東京帝大農科大学農学科卒		
陸軍施工学校卒		
1930 東京帝大医学部博士学位取得		
1913 海軍兵学校卒		
1932 千葉医科大学博士学位取得		
1912 東京帝大工科大学採鉱学科卒	秋田大学学長	
1913 東京帝大工科大学応用化学科卒	学術会議初代会長	
1914 東京帝大工科大学土木工学科卒		
1905 東京帝大農科大学林学科卒		
1914 東京帝大農科大学農学科卒	茨城大学農学部長	
1914 東京帝大農科大学農学科卒	鳥取大学学長	
1915 東京帝大医科大学卒	日本医師会会長	
1929 京都帝大医学部学位取得		
1912 東京帝大工科大学応用化学科卒		
1915 東京帝大農科大学		
1909 東京帝大医科大学卒		
1910 東京帝大理科大学地質学科卒		
1925 東北帝大工学部電気工学科卒	社会党代議士，東海大学学長	
1915 東京帝大工科大学機械工学科卒		
1920 東京帝大工学部機械工学科卒		
1919 東京帝大医学部医学科卒		
1912 東京帝大工科大学電気工学科卒　元逓信省技師	日本電気会長，電電公社総裁	
1910 東京帝大工科大学造船学科卒　元逓信省技師	大洋社社長	
1914 東京帝大工科大学機械工学科卒　元鉄道局技師		
1912 東京帝大工科大学土木工学科卒　元鉄道省技師		
1908 東京帝大工科大学土木工学科卒　元鉄道省技師		
1915 東京帝大工科大学採鉱学科卒		
1916 東京帝大工科大学土木工学科卒		
1916 東京帝大工科大学電気工学科卒　元逓信省技師		
1916 東京帝大工科大学土木工学科卒	東亜港湾工業社長，東大工学部講師	
1907 東京帝大工科大学応用化学科卒	日産化学社長，経団連会長	
1908 東京帝大農科大学農学科卒		
1915 東京帝大工科大学土木工学科卒	日本発送電・建設局長，建設技術研究所長	
1918 東京帝大農科大学農業化学科卒		
1910 東京帝大理科大学地質学科卒		
1911 東京帝大工科大学電気工学科卒	東洋電気製造社長	
1909 東京帝大工科大学採冶学科卒		
1916 東京帝大工科大学応用化学科卒		
1908 京都帝大工学部採鉱冶金学科卒		

の職位等は外交史料館所蔵文書A-1-1-0, 31-5対支中央機関設置問題一件（興亜院）興亜技術委員会
による．
工省燃料局石炭部長〕と山中良樹〔鉄道省建設局計画課長〕が入ってない．この理由は不明．
名簿作成基準日は未確認．あるいは1939.12.25以降の増員を含むものか．

表2　興亜技術委員会委員の人事異動(1941年9月1日現在)

○及川源七	○林　彙迩	○篠原　登	○久保田美寿雄
×柳川平助	○大久保　信	佐々木利吉	室木隆三郎
○本多静雄	佐野秀之助	○森　　秀	梶木寛之
×藤澤威雄	亀山直人	濱野信一郎	木村介次
×宮本武之輔	山口　昇	○吉田謹平	岡部三郎
高橋嘉一郎	田中貞次	東　義胤	石川一郎
鈴木雅次	佐々木　喬	勝俣　稔	鳥居信平
×川上寛治	田宮猛(毅)雄	○辰馬鎌蔵	内海清温
○松下丈夫	大谷佐重郎	薗部一郎	住江金之
×鎌田銓一	内田　壮	梶井　剛	○富田治禧
×渡邊甲一	岸　良一	湊　一麿	大村一蔵
○神林　浩	寺尾　博	○山下興家	岡部栄一
○岡田恒吉	○平塚英古	武井明通	川島三郎
○千葉熊次	山根新次	後藤宇太郎	中原延平
×山口次平	○伴　義定	山田隆二	×山下元美
×大須賀都美次	×松前重義	○井村武市	

注：×は退任の10名，○は新任の19名，無印は継続の34名．
出所：前掲『興亜技術委員会経過説明書』3-7頁．

年2月．12月に東亜技術連盟に改称)⁽¹⁶⁾などの動きを含め，その中心にいたのは常に宮本武之輔をはじめとする一群の土木技術者・電気通信技術者らであった．そして興亜院が創設されたとき，その初代技術部長に就任し，興亜技術委員会の発足に尽力した人物こそ，この宮本武之輔にほかならない[17]．宮本が農林・商工・厚生の各省に就任挨拶にまわった際，好意的反応に接し「予が年来，『日本技術協会』その他を通して全技術界のために捨石の役目をつとめ，多少なりとも尽瘁し来りしことが，この余慶を生みしものと嬉しく思ふ」(1938.12.20付日記)[18]と，喜びの気持を記し，さらに「転任の挨拶状1,150名発送．感慨無量なり．予が生涯の転機なり．将来は神のみぞ知る．死力を尽して新しき職責のために奮闘せんかな．」(1938.12.29付日記)[19]と気持を高揚させていたのも無理からぬところであった．

　以上の経緯を念頭に置いて改めて表1を見直してみると，興亜技術委員会のメンバー43人のうち36人は東京帝国大学卒業生であり，そのうち実に24人

までが工科大学もしくは工学部の，また7人が農科大学もしくは農学部の出身者である．彼らの多くは日本技術協会などの技術者運動に積極的に関わっており，民間企業関係者といっても必ずしも経済団体の代表として参加していたわけではなく，むしろ技術者としての立場から興亜技術委員会に参加していたものと思われる．また先にも触れたとおり，松前重義，梶井剛らの電気通信系技術者は1930年代半ばに新たに日本技術協会に加わっている．その他の有力メンバーは勝俣稔，大谷佐重郎ら公衆衛生の専門家たちであった．

　表1と表2には各分野の主だった技術者・研究者が網羅されており，その中には，戦後，学界・経済界などで指導的な役割を果たした人物も含まれている．こうした人々の戦争責任は，戦後どのような形で問われたのか，あるいは問われなかったのか．一つの手がかりとなる事実は，占領軍がポツダム宣言に基づいて1946年1月〜1948年3月に実施した「軍国主義者の官公職よりの追放」，いわゆる「公職追放」の対象として，こうした人々が認定されたのか否かという点である．20万人に及ぶ公職追放者の氏名は名簿にまとめられており，チェック可能となっている[20]．結論からいえば，興亜技術委員会に名を連ねたメンバーの内で，戦後に「軍国主義指導者」としての責任を問われ「公職追放」の対象とされた人物は，ほとんど皆無に近かった．そもそも興亜院の幹部職員について見ても，追放対象となった官職は総裁，副総裁，総務長官，各部長，各連絡部長官に限定されており，結局のところ，軍人関係を除き公職追放の対象となった官僚はほとんどいない．要するに「公職追放」がそういうものだったのである．追放者総数210,288人のうち，軍人は167,035人と79.6％を占めたのに対し，官僚は1,809人，一般の事業家は1,898人と，いずれも1％に満たなかった[21]．大学教員に関しては「教職追放」が実施されている．しかし審査対象者となった24,572人のうち，「極端な軍国主義教育を行った者」などの理由によって解任された教員はわずか86人にとどまった[22]．この中にも興亜技術委員会のメンバーは含まれていなかったものと見られる．公職追放・教職追放という措置が戦争責任を明らかにする有効な方法であったか否かについては，議論の余地が残る．しかし事実の問題として，公職追放・教職追

放を免れた人々に対し，改めて一人ひとりの戦争責任が問われる機会は，きわめて稀であった．したがって，こうした人々が戦後，学界・経済界などで指導的役割を果たすことについて，それほど支障は生じなかったものと思われる．

　興亜技術委員会は目録編集時点までに71冊の調査資料を刊行しており，うち50冊程度は現在も実物を確認できる．内容別に分類してみると，農林水産資源水利関係が最も多く30点，次いで運輸通信関係が19点，衛生事情に関するものが13点あり，あとは鉱産資源関係5点，都市計画3点，人口資料1点となる．要するに中国占領地の農林水産業関係を中心にした資源開発，並びに運輸通信手段や衛生施設などの産業基盤整備に役立ちそうな調査資料が刊行されていた．興亜技術委員会の主な関心の在り様と活動領域の一端を反映する資料として注目される．一方，製造業関係の調査は，この委員会ではほとんど扱われていない．こうした状況は，興亜技術委員会の活動が占領初期に特に活発であったことと関係あるのかもしれない．興亜院全体の調査活動を見ると，製造業関係の調査は，中国の抗戦によって日本が長期戦を強いられ，軍需工業を中心とする工業生産の強化に迫られた1940年頃から本格化した．なお報告書の一部には，華中連絡部等出先機関の調査報告書をリプリントしたものも含まれている．

　興亜技術委員会が前掲勅令第1条に基づき興亜院総裁の諮問に応じてまとめた答申は1941年9月の段階で13件にのぼり，他にその段階で審議中だったものが6件あった（表3参照）．

　現在までにその文書の所在が確認された答申として，活版印刷に付された『支那に於ける建設用主要木材の合理的利用方法』（東京大学経済学部図書室所蔵，鉄道用枕木・鉱石採掘用坑木・電柱などに用いるのに適した木材の需給見通しを考察した報告），『支那主要港湾建設並拡張計画』（同上所蔵），『日支蚕糸業ノ調整方策』（東洋文庫所蔵），謄写版による文書の形で保存されている「北支那河川治水処理要綱に関する件」（外交史料館所蔵文書内），「支那ニ於ケルマラリア予防方策ニ関スル件」（農林水産政策研究所所蔵，日本農研文庫内）などが挙げられる．

　いずれも中国占領後の経済開発計画を立案するに当たって，その技術的基礎

表3　興亜技術委員会の審議項目

1941.9までに 答申提出	支那鉄道建設規格並ニ線路強度ニ関スル件
	支那ニ於ケル電気通信用機器ノ規格制定ニ関スル件
	支那主要港湾建設並ニ拡張計画ニ関スル件
	北支諸河川治水処理要綱ニ関スル件
	沿海沿岸ニ於ケルアルカリ地帯ノ開発利用ニ関スル件
	支那ニ於ケル建設用主要木材ノ合理的利用方法ニ関スル件
	支那ニ於ケル家畜防疫対策ニ関スル件
	支那ニ於ケル電気事業設備ノ規格統一ニ関スル件
	支那ニ於ケルマラリア予防方策ニ関スル件
	日支蚕糸業ノ調整方策ニ関スル件
	自動車代用燃料対策ニ関スル件
	濁流入海減河処理方策ニ関スル件
	黄河応急処理方策ニ関スル件
1941.9現在 審議中	支那ニ於ケル技術的実施方式設定ニ関スル件
	永定河ノ総合的水利建設方策ニ関スル件
	北支及蒙疆ニ於ケル主要ナル建設用材備林造成方策ニ関スル件
	北支(蒙疆ヲ含ム)石炭ノ開発促進方策ニ関スル件
	支那ニ於ケルコレラ防疫方策ニ関スル件
	淮南炭搬出施設建設計画ニ関スル件

出所：『興亜技術委員会経過説明書』1941年, 19-26頁．

を明確にしようとした調査報告である．それぞれの答申作成者としては，興亜技術委員会の中の関連メンバーのほか，幹事という肩書きの下，技師数人の名が挙げられており(たとえば前掲『支那に於ける建設用主要木材の合理的利用方法』の場合，幹事は興亜院技師和田保・同本多静雄・同笹森翼・農林技師兼興亜院技師山内倭文夫の4人，前の3人は臨時委員の名簿に名が見える)，恐らく原稿をとりまとめたのは彼らだったものと判断される．

興亜技術委員会が直接，中国現地に調査団を派遣する場合もあった．そうした報告書の一つに『上海電力江岸発電所超高圧設備実地調査報告書』[23]がある．これは，元来，アメリカ資本の上海電力公司が所有していた出力18万3500kwの江岸発電所の機械設備に関する調査報告書であった．その調査目的については，まず第1に「完成直前ノ状態ニ於テ我方ノ管理スル処トナリ」たる

表4 興亜技術委員会上海電力調査団団員名簿(1942.6〜7派遣)

後藤清太郎	電気庁第二部火力課長	堀越　博	三菱重工業㈱参事
山中直次郎	東京帝国大学教授	谷口健八	三菱重工業㈱技師
近藤常敏	電気庁技師	谷内田　清	三菱重工業㈱技師
大来佐武郎	興亜院技師	濱野秀雄	三菱重工業㈱技師
千葉健三郎	日本発送電㈱技師	吉村国士	石川島芝浦タービン㈱技師
		青　武	日立製作所技師

「超高圧前置発電設備」の運転開始のためであり，第2に「之カ研究ハ我国技術ノ向上ニ資スル処大」であるため，と，きわめて明確に記されている．中国の占領地経営と同時に日本本国の技術向上にも役立つことが期待されていた．興亜技術委員会の後期の活動が，こうした工業分野でも積極化していたことを示す材料としても，注目される報告書である．

　調査団のメンバーは表4の通り．三菱重工を主力とする技術者グループといってよい．なお戦後有名になった人物も含まれる．

　以上に述べてきたとおり，興亜院の中国調査には多数の技術者たちが参画した．彼らはどのような意識をもって調査に従事していたのだろうか．興亜院初代技術部長に就いた宮本武之輔の日記やその後任，本多静雄の回想録を手がかりに検討しておく[24]．

　宮本が自らの胸に抱いていた信念が，本来，興亜技術委員会の掲げた理念と重なるものであったことは想像に難くない．たとえば彼は就任直後の講演の中で「新東亜の建設にあたつて技術が大きな要素をなすことは，多くの人の認めるところであるが，それは従来の支那に技術が欠けてゐた結果にほかならない．」として，「日本の技術は支那の技術と協力提携して，その足りないところを補ひ，日支両国の繁栄のために，大陸の開発に当たらなければならない．そのためには工学，農学，林学，医学，その他総べての分野に亙つて，わが国の技術を動員しなければならないのである．」と抱負を語っている[25]．この信念の下，技術部長に就任した宮本は空路による移動も含め中国各地への出張を繰返し，文字どおり東奔西走の日々を送ることになった．しかし興亜院発足の5カ月後，出張先の上海で「東亜建設の前途，極めて遼遠」(1939.4.23)と書いた

彼の心中には，次第に自らが直面する困難の大きさが自覚され始めていた(26)．なぜ「前途遼遠」と感じたか，前後にそれを直接説明した文章はない．だがこの数日間の日記には，英米タバコ〔多国籍企業であり，中国市場でも最大のシェアを占めていた〕の圧倒的な影響力，永安デパート〔華僑資本の高級老舗百貨店〕の店員が見せた反日感情，関係者との懇談や経済関連施設の視察などが綿々と書きつづられ，「中支経済建設は第三国関係のためにきわめて困難を予想せらる」(1939.4.21)とも記述されている(27)．日本の占領地支配が欧米列強の牽制と中国側の抵抗という大きな壁に直面していることを，上海で痛感せざるを得なかったのである．

1940年になると彼の疑問はさらに深刻なものとなった．「如何にせば支那人が日本人を徳とし，日支合作を歓迎するに至るか」(1940.6.16)(28)，「日支合作の前途多難．日本民族には果して異民族抱擁の能力なきか」(1940.9.30)(29)と，むしろ占領政策を遂行している日本の側に，中国側の協力を獲得できない大きな問題があることを認識するようになったからである．このような日本側の態度に関する疑念は，1939年末の次のような講演の中にも，すでに芽生えていたと見ることができる．「何ごとによらず日本人の準縄を以て杓子定規に大陸の民衆を律し，日本人の典型の中に大陸の民衆を押込めなければ気が済まないやうな島国民的な形式主義や，不必要な統合，調整による日本人の経済的優位を利用して，大陸建設の利益を壟断しようとするやうな利己主義は，東亜協同建設の趣旨に逆行するものであり，断じて国家百年の長計を完うする所以ではない」(30)．

しかし彼の立場は，こうした疑問に立ち向かうことを不可能にさせた．彼は山西省での見聞に基づき，「住民の生活安定と，その向上を要諦」に，中国民衆の間に受け入れられるような大陸進出を提唱する，というエッセーを書く程度のことはできた(31)．だが根本的には「日支両国の経済提携を永久に維持して，共存共栄の実をあげるためには，日本の技術が支那のそれに比して，常に優位に立つといふことが絶対に必要である．」，「若し支那が日本に劣らぬ優秀な技術を持ち得るやうになった暁には，有無相通の原則の上に立つ日支経済提

携は，その根拠を失はなければならない．」というのが，興亜院技術部長としての彼の立場であった[32]．日本の優位を堅持することを大前提に置く限り，中国側との間に平等互恵の信頼に基づく協力関係を築くことなど，不可能であった．

宮本の後任の興亜院技術部長本多静雄も，戦後，次のように回想している．

「宮本さんは興亜院の技術部長になると，精力的に我が国の技術力を中国問題の解決に結集注入する方策を採り始めた．われわれ技術者達は，宮本部長のリーダーシップに従って，ひたむきにその方向に突き進んだのであるが，今考えると，中国問題が何故に起こり，如何に終結すべきかの考究と洞察に欠けていたように思う．ただ，事変をできるだけ好転させて中国に日本の優位を確立することのみを考えていたのだ」．[33]

自らの優位確立のみを考える日本側に対し，中国側が激しく反発し協力しようとしなかったのは当然である．しかも当時の日本は，欧米勢力を前にした時，なお様々な分野で力量が不足していた．日本の侵略政策を支えた技術者たちの中にも，しだいにそうした問題に対する根本的な疑問が芽生え始めていた．

3. 華北工業立地条件調査報告

1940年から41年にかけ，興亜院華北連絡部政務局の主導の下，華北地域を対象とする工業立地条件調査が各分野ごとに実施された．一連の調査は「当部（政務局調査所）ニ於ケル華北工業立地条件調査要綱ニ基キ当該業種ニ関係ヲ有スル在華北主要会社，団体ヲシテ調査セシメタルモノ」とされ，その調査報告書として次の30冊の書名を見いだすことができる(表5)．同じ工業について2冊の報告書がまとめられている場合もあり，調査対象となった工業分野は25分野程度になる．ただしこのうち現物を確認できたものは半数ほどである．

以下『華北機器器具製造業立地条件調査報告書』に即して調査報告の性格を検討する．報告書は謄写版印刷B5版151頁のもので，1941年5月に制作された．調査・執筆に当たったのは小川金太，調査期間は1941.1～2(現地調査)．

表5 興亜院華北連絡部政務局の華北工業立地条件調査

	華北製革工業立地条件調査報告書	昭和16年5月26日	調査資料126
	華北製塗料工業立地条件調査報告書	昭和16年5月26日	調査資料127
	華北柞蚕製糸工業立地条件調査報告書	昭和16年5月26日	調査資料128
#	華北綿織物工業立地条件調査報告書	昭和16年5月27日	調査資料129
	華北綿糸紡績工業立地条件調査報告書	昭和16年5月30日	調査資料130
	華北卵粉工業立地条件調査報告書	昭和16年6月11日	調査資料131
	華北骨粉工業立地条件調査報告書	昭和16年5月30日	調査資料132
	華北豚毛工業立地条件調査報告書	昭和16年6月10日	調査資料134
†	華北豚毛工業立地条件調査報告書	昭和16年6月12日	調査資料135
†	華北卵粉工業立地条件調査報告書	昭和16年6月22日	調査資料137
†	華北燐寸工業立地条件調査報告書	昭和16年6月26日	調査資料138
†	華北染料工業立地条件調査報告書	昭和16年6月29日	調査資料140
†	華北窯業立地条件調査報告書(耐火煉瓦,硝子,陶磁器製造の部)	昭和16年6月29日	調査資料141
†	華北車両汽車工業立地条件調査報告書	昭和16年11月	調査資料142
	華北に於ける「アルコール」製造業立地条件調査報告書	昭和16年7月31日	調査資料149
*	華北機械器具製造業立地条件調査報告書	昭和16年8月1日	調査資料150
†	華北製鉄業立地条件調査報告書	昭和16年8月3日	調査資料151
#†	華北塩業立地条件調査報告書	昭和17年1月17日	調査資料153
*†	華北硝子工業立地条件調査報告書	昭和16年8月20日	調査資料156
	華北ゴム製品製造業立地条件調査報告書(ゴム製履物製造業の部)	昭和16年8月13日	調査資料157
	華北絨毯工業立地条件調査報告書	昭和16年8月7日	調査資料159
	華北に於ける機械器具工業の立地に就て	昭和16年9月4日	調査資料171
	華北鋳物製造業立地条件調査報告	昭和16年9月13日	調査資料172
	華北曹達製造業立地条件調査報告書	昭和16年10月25日	調査資料176
	華北ゴム製品製造立地条件調査報告書(タイヤ,ベルト其の他工業用ゴム製品製造業部)	昭和16年10月25日	調査資料182
	華北(蒙疆地区を含む)毛織物工業立地条件調査報告書	昭和16年12月10日	調査資料195
	華北セメント製造業立地条件調査報告書	昭和16年12月16日	調査資料198
†	華北機械製粉業立地条件調査報告書	昭和17年1月10日	調査資料199
	華北亜麻(繊維用)工業立地条件調査報告書	昭和17年1月20日	調査資料204
†	華北煙草製造業立地条件調査報告書	昭和17年4月	調査資料219

注:#は国会図書館所蔵,*は東大経済学部図書室所蔵,†は農林水産政策研究所図書室所蔵.

後に大東亜省が作成した目録によれば，華北連絡部による「調査資料」の第150輯であり8月1日に刊行されたことになっている．ただしこのナンバーは報告書自体には記載されていない．後から整理した際に与えられたナンバーであり刊行月日であったように推定される．報告書の前書には，制作者名がただ「調査局」とのみ記されている．この時点で華北にあった調査研究機関で「調査局」という名を用いていたところとなると，北支那開発株式会社調査局を措いて他にない[34]．また同じ前書の中で「本調査ハ興亜院華北連絡部ヨリ『華北工業立地条件調査』ノ一部トシテ依嘱ヲ受ケタル機械器具製造業ニ関スル立地条件調査ナリ．」と記し，自らは興亜院とは別の機関である旨を明らかにしていること，さらに小川の肩書に「当社社員（物資調整部）」と記してあることから見ても，恐らく北支那開発株式会社調査局が刊行したものに間違いない．

なお東京大学経済学部図書室の所蔵本には表紙に「興亜院華北政務局調査所」との表記が手書きで記入されている．官制上，このような名称の機関は存在しない．しかし他の調査報告書類に「興亜院華北連絡部政務局調査所」，もしくは「興亜院華北連絡部調査所」という名称が使われている例は多いので，恐らくその誤記かと思われる．ただしさらに付言しておくと，実は政務局の下で調査を担当したのは第三班という組織だったはずで，調査所という名称を当初の官制規定に見いだすことはできない（序章の機構図参照）．便宜的に用いたのだろうか．検討課題として残しておきたい．

調査報告の内容に関しては次の4点の特徴を指摘できる．

先ず第1に報告書冒頭に示された日中戦争開始以前の工業発展に関する概観について言えば，機械工業の発展水準に対する評価はきわめて低い．

「今事変前ニハ北支ニ於テハ殆ンド見ルベキ機械工業ハ無カツタ……」(6頁)．

「多クハ数台ノ中国製(主トシテ天津華商製)工作機械ヲ備ヘテ旋盤，繰綿機，切麺機，打棉機，製革機，製糸機，製麺機，搾油機，製粉機，脱穀機，織布機，靴下編機，圧搾梱包機，水車，製帽機，印刷機，ポンプ，万力及部分品等ノ鉄道沿線又ハ奥地向機械器具ノ製造ニ従事シテキタ．モーター

直結ノ工作機械ナドハ何処ニモナク，ソノ技術モ日本ニ四五十年遅レテヰ
タ．天津最大ノ工場……徳利興機器廠製造ノ旋盤ト雖モ日本ノ級外品級ノ
低イモノニ過ギナイ」(同上)．

　以上の引用に示されるとおり，当時の日本の機械工業が達していた規模と技
術水準に比べ，著しい立ち後れが指摘されている．機械工業と密接な関係にあ
った鉄道車両製造業に関する別の報告書の中でも，同様の把握が示されていた．

「事変後接収セラレタ当時ノ華北鉄道ヲ見ルニ，技術的方面ニ於テ鉄道省
或ハ満鉄等ニ比較シテ，時代的ニ少クトモ二十年遅レテ居ルト謂ハレテ居
タガ，事実鉄路工廠ヲ内容的ニ見テモ，之ノ批判ハ当嵌メ得ラレルト思
フ」(『華北車両汽車工業立地条件調査報告書』昭和16年11月，華北調査資料142,
3丁裏)．

　興味深いのはその背景に関する考察である．鉄道車両製造業の場合，人材と
施設の両者に問題があったという．すなわち人材面では「学校出ト称セラレル
幹部ハ経営的指導才能ニ欠ケ，……職工階級ハ近代的生産工業ニ必要ナル技術
及知識ヲ有セス，而シテ両者ノ中間ニアリ業務遂行ノ実践的中心力トナルベキ
指導係或ハ作業係トモ謂フベキ階級ノモノハ皆無ト称シテモ差支ヘナイ状態」
であったし，施設面では鉄道建設に関わった外国資本が自己の利権を確保して
おくため「故意ニ重要施設ヲ省略シタト想像サレル工廠ガ多イ」と指摘してい
る．欠けている重要施設としては，機関車つり上げ用の重量天井走行起重機,
車輪研削用の大型旋盤，精密研磨用の研磨仕上げ機械(ガイドバー，ピストン
ロッド，リンク等)などのほか，水圧鋲鋲機，大物鍛造スチームハンマー，工
具及スプリング製作焼入施設等々が列挙されている(同上書，3丁裏〜5丁)．

　しかし同時に，第2に注目される点は，必ずしも中国経済に対し停滞論的も
しくは衰退論的な見方を持っているわけではなく，戦前の若干の工業発展の過
程もたどっているし，戦時期に入ってからの新たな発展の動き，さらには将来
的な発展可能性についても論じていることである．要するに発展過程の中で華
北の機械工業を把握しようとする姿勢が見られるのであり，以下に見られると
おり，天津，北京，山西省太原などに於ける工業発展の情況が，過不足なく客

観的に描き出されている．

「天津ハ貿易港デアルコト，交通上ノ要衝デアルコト，往昔宮廷消費ノ供給地デアツタコト，竝背後地ガ広大デアルコト等ニヨリ諸工業発展シ，之ニ伴ヒ小規模乍ラ機械器具工業モ起リ，程度ハ未ダ低イガ一聯ノ技術体系ヲ形成シテキル」(138頁)．

「北京ニハ……事変後，石景山製鉄所ノ操業アリ，原料取得ノ関係カラ鋳鉄管製造ノ久保田鉄工所，鍛工品ノ北京鍛造会社ガ進出シタ．又小糸鉄工所ノ如ク京津地区ヲ立地条件上最良ト為シ……」(137頁)．

「太原ノ機械工業ハ政治的意図ノ下ニ相当大規模ニ発展セシメラレ，原材料ノ自給モ企図セラレ，北支ニ於テハ最モ合理的計画的デアツタガ，未ダソノ完成ヲ見ザル内ニ今事変ニ逢着シタ」(141頁)．

「機械器具工業ニ於テ最モ重要ナノハ技術デアル，従ツテ絶対的工業立地条件ハ存在シナイ．乍併如何ニ一工場ノ技術ガ優レテキテモ，ソレニ関連スル工業ノ技術体系，殊ニ原料工業下請工業ノ技術ガソレニ伴ツテ進歩シテキナケレバナラナイ．以上ノ事ヲ考慮スル時，最モ有力ナル工業立地条件ヲ具備セル地域ハ天津，済南，太原デアル．……先ヅ天津ニ機械工業地域ヲ作リ，之ガ一定ノ規模トナツタ時，太原，済南ニモ機械工業地域ヲ形成スベキデアル」(141頁)．

技術力，並びに原料工業と下請け工業を含めた技術体系の在り方を軸に，工業の発展過程を捉えようとしていることが知られよう．ここには明らかに技術者の感覚が表出されている．なお念のため付け加えておくと，発展過程に着目する視点は他の調査報告の中でも確認することができる．たとえば「欧州ノ動乱毎ニ其ノ生命ヲ回復シ且其度毎ニ近代文化ノ浸透ニヨリ従来ノ原始的方法ヨリ徐々ナガラモ近代的工業態ヲ形成シ発展シツツ」あったとされる卵粉加工業(『華北卵粉工業立地条件調査報告書』昭和16年6月，華北調査資料137，16丁裏)，「民国十九年ノ関税改正ニヨリ輸入品ニ対シ殆ンド禁止的高関税ヲ課シタルヲ以テ，此保護障壁ニ守ラレ，前掲ノ如ク天津六，済南四，灘県二，青島三等華北各地ニ中小染料工場ノ続出ヲ見ルニ至」ったという染料工業(『華北染料工業

第1章　興亜院の中国実態調査——93

立地条件調査報告書』昭和16年6月，華北調査資料140，11丁表)等々．

　このように発展過程の中で中国工業化の到達点を認識しようとする視点は，当時一般的であった停滞論的な中国認識[35]と比べ，明らかに異なる質のものであった．ではなぜそれが可能になったのだろうか．さしあたり3つの要因を指摘しておきたい．まず第1は戦時経済を支えるという切迫した要請が，現実を的確に認識することを促していたことである．戦時経済のために動員できるあらゆるものを把握しようとする努力は，結果的に中国経済の中にあった発展的な要素をも浮かび上がらせることになった．第2に，上記のような要請があったことから，実際に華北工場調査など膨大な規模の悉皆調査が実施されており，工業発展に関する総体的認識を可能にするような素材が出そろい始めていたことである．たとえば華北工場調査の場合，1939年の分は3,157工場，1942年の分は6,413工場を対象に詳細な統計的データが集められていた[36]．第3に，調査者の資質が考慮されなければならない．北支那開発株式会社物資調整部に勤務していた小川金太の場合も，恐らく現場の実務者の一人として，技術者の目で本報告書を執筆した可能性が強かったように思われる．

　しかし報告書の内容に即して第3に指摘しておかなければならないことは，華北機械工業の発展可能性を論じていたとはいえ，その発展計画は日本の戦争動員計画に直結しており，決して中国のために構想された発展ではなく，あくまで日本による侵略戦争の体制を維持し推進するための発展計画であった点である．この時点では日本の中国占領地経営の基本方針上，「現地自給化」に重点が置かれていたことから，華北工業立地条件調査の基本的な観点も「国防的見地ヨリ見ルナラバ，……軍需工業ハ出来ル限リ大陸ニ移植スベキデアル」(147頁)というものになり，「北支ニ於テ豊富ナル原料ヲ有スル事カラシテ，石炭液化・曹達・アルミニューム・カーバイト等ノ化学工業，鉄鋼業，セメント，紡績，製粉，其他雑工業，竝機械工業ハ当然勃興セシムベキデアル」(同上)とされた．要するに侵略戦争のため，華北にある機械工業施設の破壊や撤去ではなく，むしろそれを発展させようとする計画が検討されていた．そうした立場から発展を論じていたため，たとえば特殊鋼生産に関し「飽迄自給自足ヲ限度

トシ，日本満洲側トノ間ニ相克ヲ惹起セザルヤウ，極力日満ノ遊休設備ヲ移設スル様ニ努ムベキデアル」(149頁)との但し書が付されたとおり，日本や満洲の工業生産と競合することは避けるべき，との判断が貫かれていた．発展計画が日本の国益本位のものであったことを端的に示すものであろう．

　第4の特徴は，報告書が提起している処方箋の内容に関する問題である．実は報告書の最後に提示された工業発展計画にどれほどの現実性があったかとなると，疑問を抱かざるを得ない．本報告書は発展のための対策として，①鋼材特殊鋼非鉄金属等の原料問題，②工場の専門化並びに下請工場問題，③需要品の規格統一問題，④工業試験所設置の問題，⑤技能者教育問題，の5点に言及している(148-151頁，なおこのあたり，原本の頁表記に乱れがある)．いずれも問題の所在の指摘自体は妥当なものといってよい．だが，たとえば②の工場の専門化並びに下請工場網づくりに例をとると，それが日本では発展していたのに対し中国では容易に進展しなかった背景には，両国の間の社会経済事情の大きな違いが存在した，と考えられる．確かに，もし「天津工場の専業化分業化」を図ることができれば，コストの低下も，利潤の確保も可能になるであろう．しかし，誰がどのようにそれを推進するのか．報告書が示す方途は，日本軍や北支那開発株式会社側が「組織的ナ発注統制」をするという程度のものでしかない．また③以下の工業発展促進政策に関していえば，1912年に成立した中華民国北京政府も，1928年以降，全国政権となった南京国民政府も，それぞれに問題の所在を意識し，それなりの方策を講じてきた課題であって，いずれも一朝一夕に実施し効果をあげられるような施策ではなかった．結局，中国に於ける工業化政策の蓄積や教訓に十分な注意を払うことなく，日本モデルの工業発展構想を安易に移植するような行き方では，しょせん限界があったように思われる．

　以上のような調査報告の内容は，現在の中国経済史研究にとって，どのような意味を持つだろうか．実は筆者が整理した「中国近代企業経営史文献目録」によれば，近現代中国の機械工業史については，上海の事例だけがやや詳しく研究されてきたにとどまり，華北の機械工業史に関する実証的な研究は，戦後，

現在に至るまで十分行われていない(37)．このような状況が生まれてしまった背景として，戦時から戦後にかけての経済的政治的混乱が大きかったこと，そのためもあって関係史料が系統的に残されていないこと，日本の調査報告などが極秘扱いにされ自由に利用できなかったこと，戦後の華北地域に於て地域経済史研究を深めようとする志向が希薄であったこと，など，いくつかの事情を指摘することができるであろう．先に触れた戦時華北工場調査の場合も，戦後，1947年前後に汪敬虞氏が紹介した後，実に半世紀以上にわたって他の研究者によって検討される機会がないまま無視され続けてきた(38)．しかし戦時華北工業調査や本章で紹介した華北機械工業に関する調査の内容は，戦後の断片的な叙述内容と基本的に一致している(39)．鉄道車両製造業の調査報告が言及していた人材問題の重要性は，鉄道経営史に関する最近の研究が改めて指摘したことでもある(40)．したがって興亜院の報告書に記載された具体的なデータの中には，これから当該分野の考察を進めていく上で，今なおきわめて有意義な情報が含まれていると見るべきであろう．

　なお，ほぼ同時期に行われた工業立地条件の調査として，華中地域を対象に興亜院華中連絡部の指示を受け中支調査機関連合会工業分科会が実施した中支那工業立地条件調査があり，また別に満鉄調査部が実施した満洲・北支・中支の工業立地条件調査も存在した．それぞれの調査の相互関係は錯綜している．以下，簡単に説明しておく．文献名の最初に付した番号は，ここでの説明の便宜のためのものである．

　　中支調査機関連合会工業分科会による中支那工業立地条件調査，関連文献
　　　1.「中支那工業立地条件調査一般報告」『(興亜院)調査月報』第2巻第7号，1941年．
　　　2.「中支紡績業立地条件調査中間報告」『(興亜院)調査月報』第2巻第1号，1941年．
　　満鉄調査部による満州・北支・中支の工業立地条件調査，関連文献
　　　3.「北支製鉄業立地条件調査中間報告」(五条職員執筆，国会図書館蔵)
　　　4.「北支製粉業立地条件調査中間報告」(三品頼忠・森川盛蔵執筆，国会図書館蔵)
　　　5.「中支那工業立地条件調査一般報告」(山崎職員執筆，国会図書館蔵)
　　　6.「中支紡績業立地条件調査中間報告」(武藤行一執筆，国会図書館蔵)

7.「中支製粉業立地条件調査中間報告」(長久保輿三郎執筆,国会図書館蔵)
　そのほか満鉄調査部編『北支那紡績業立地条件調査報告』1941年99頁が北京の中国社会科学院経済研究所図書室に所蔵されており(但し97年にカードで確認したのみ),早稲田大学や米国議会図書館などにも若干の関連文献が所蔵されている.

　3.～7.の文献はいずれも,満鉄調査部が1940年1月25～30日に大連で開催した工業立地条件調査委員会中間報告会に提出されたレポートであり,漢字カタカナ文で書かれ,B5判謄写版印刷となっている.それに対し1.と2.は,興亜院発行の活版印刷の月刊誌に発表されたものであり,漢字ひらがな文で書かれている.しかし内容的に1.と5.,2.と6.は論旨が一致しており,テーマも執筆者も同じである.したがって満鉄調査部による工業立地条件調査の中支関係の分は,そのまま興亜院華中連絡部の中支那工業立地条件調査に流用されたものと見られる.

　しかし華北の場合は別であった.本節冒頭に掲げた興亜院華北連絡部の工業立地条件調査報告書は,満鉄調査部が1940年初めに中間報告の検討会議を開き,取りまとめていった一連の調査報告とは,明らかに別の系列に属するものである.

　すでに指摘されているとおり,満鉄と興亜院の間には複雑な対抗意識があり,その調査内容にも微妙だが重要な意味を持つズレが存在した.満鉄調査部の調査報告は,半植民地半封建社会論を援用し理論的に総括しようとする志向が強く認められ,満州・北支・中支の3地域について,生産財消費財の2部門分割的視点に立って製鉄・紡績・製粉の3つの工業の立地条件を調査するとともに,それぞれの地域ごとの総括も試みている.その一つ文献1.の「中支那工業立地条件調査一般報告」は,尾崎五郎(庄太郎)『支那の工業機構』,マジャール『支那経済概論』,カザーニン『支那経済地理概論』などマルクス主義経済学の見地に立った著作を引用しつつ,「支那工業の半植民地性と半封建性並此の基本規定の工業地帯形成に対する強力な貫串は疑はる可きではなく,且民族資本工業に於ける買辦性の支配的傾向は否定せらる可きではないが,而も尚民族資本工業に於ける自主性の存在を無視して了つてはならない」とした.ついで同

表6 華北工業立地条件調査の調査執筆担当者一覧

華北綿織物工業立地条件調査報告書	鐘紡北支出張所	森 浩
華北豚毛工業立地条件調査報告書	三井物産天津支店	管 英一
華北卵粉工業立地条件調査報告書	三井物産青島支店	覚本覚治, 須藤泰敏
華北燐寸工業立地条件調査報告書	中華全国火柴産銷聯営社	植田賢次郎, 兼山喜八郎
華北染料工業立地条件調査報告書	維新化学工業	小菅喜八郎, 野間一男, 豊原桂一
華北窯業立地条件調査報告書	山東窯業	飛鳥井健三, 岩瀬勲, 原杏二
華北車両汽車工業立地条件調査報告書	華北交通	久保田正次, 豊田徹, 竹原朝平, 横田誠次
華北機械器具製造業立地条件調査報告書	北支那開発	小川金太
華北製鉄業立地条件調査報告書	北支那開発	中川三吉郎
華北塩業立地条件調査報告書	華北塩業	安藤兵蔵以下10人
華北硝子工業立地条件調査報告書	耀華玻璃 昌光硝子	平岡泰太郎 木村栗太郎, 木村耐七
華北機械製粉業立地条件調査報告書	華北小麦協会	井本幾次郎
華北煙草製造業立地条件調査報告書	華北東亜煙草	緒方李三郎, 伊藤勇次郎

報告は，華中の工業地帯を揚子江デルタ地帯と武漢地帯とに大別するとともに，前者をさらに上海工業地帯，南北の運河系工業地帯，江岸系工業地帯に細分し，それぞれの特徴を民族資本の買辦性と自主性を基準に論じている．理論的総括の努力は窺えるにしても，全体として抽象的観念的な議論に陥っている傾向は否定できない．

　それに対し興亜院華北連絡部が立案した華北の工業立地条件調査の場合，この節の冒頭の表に示されるとおり，めぼしい工業については全て調査対象としていた．当然，多数の調査人員が必要とされ，表6に示されるとおり多くの技術者を含む現地日本資本企業の人員を動員することが多かった．このことは調

査の精粗にも影響を及ぼしていたと見られ，興亜院華北連絡部自身，調査報告書に次のようなコメントを付している．「各調査報告書ノ内容ニ付テハ調査担当機関ニ於ケル調査要領ノ如何ニ依リ精粗アリ, 又之カ内容中ノ意見ニ亘ルモノニ付テモ客観的妥当性ヲ欠クモノナキニシモ非サルモ, 調査担当機関ノ調査結果ニ基ク意見トシテ之ヲ尊重シ, 参考ノ為一応素材ノ侭之ヲ取纏メ, 敢テ内容ノ補修訂正ハ行ハサリキ」. 確かに理論的に総括しようとする志向は，あまり認められない．その反面，ていねいに調査執筆された報告書の場合, 生産機構や市場の需給構造などについて相当の具体性を備えた考察が提示されており，しかも先に見たように技術者の視点から発展的要素に着目する傾向が認められるのは興味深い．

4. 華中方面の重要国防資源調査

1940年から41年にかけ各地で重要国防資源に関する調査活動が進められた．その結果は華中連絡部関係の場合, 十数冊の調査報告にまとめられている．ここでは『武漢地区重要国防資源調査　畜産物調査』(昭和16年8月刊)をとりあげ，調査の内容的特徴を簡単に指摘しておきたい．これは当初, 華中調査資料として謄写版(油印)の形で刊行され, その後, 本院並びに興亜技術委員会の調査資料として活版により再刊された. なおこの調査報告の内容も含め, 華中連絡部関係の国防資源調査については本書第二部第4章の奥村哲論文が詳しく考察しているので参照されたい．また華北連絡部関係の国防資源調査は, 書名に重要国防資源調査と明記されていないため区別しにくいが, やはり華北においても同時期に多くの資源調査報告がまとめられている．

『武漢地区重要国防資源調査　畜産物調査』は, 長期経済戦のための基礎的データの整備を目的に, 武漢を中心とする華中地域に於ける6品目の畜産物出回り状況を実地調査した報告書である．調査期間は1940.12.2〜1941.1.27, 調査執筆者は興亜院技術部の戸田佑二と興亜院嘱託の福田良久の両名, 調査対象の6品目は, 軍用資材たる皮革, 現地軍の「自活食糧」に位置づけられた牲畜,

それに主要外貨獲得資源である豚毛，卵及卵製品，豚腸，禽毛であった．この報告書は，元来，1941年8月に華中連絡部の『調査資料』第191号として，B5判・謄写版印刷・233頁の冊子にまとめられ少部数刊行された．その後，同年11月，本院の『調査資料』第25号として，A5判・活版印刷・382頁の形に改版され，増刷された．この増刷時に興亜技術委員会の『興技調査資料』第65号というNo.も付されている．こうした措置は本報告書が東京の本院でも重視されたことを意味する動きかもしれないが，推測の域を出ない．

調査の結果，開戦後の畜産物市場出回り量は，いずれも戦前の2割程度，もしくはそれ以下に激減していることが明らかになった．その原因として指摘されていることは，最も重要な外貨獲得商品であった豚毛の場合を例に取ると，①外国商社の取引停止と産地の狭隘化であり(188頁)，②活動地盤が狭く優秀な買辦を擁していない日本資本系商社の力量不足であり(205頁)，その一方で，③重慶政府側が「非常に積極的に豚毛の我方への流入を防遏する辨法を講じて居り，又敵地内〔＝重慶政府支配地域〕の収買工作を実施」していることである(223頁)．とくに②の日系商社の力量不足に関しては，別の箇所で日中戦争開始以前から二つの大きな問題が存在したことが言及されている．すなわち一つは日系商社が中国側商人に十分な利益を与えない傾向があったことである．調査者はドイツからの化学染料輸入やイギリス向け冷凍鶏卵輸出を例に，「外人商社が華人を利せしめて，その取引機構を把握し，その商権拡大に努めて居た」ことに注意を喚起した(26頁)．もう一つは日系商社が輸出入取引の対象である中国側商人を一元化しておらず，結果的に利益が分散してしまい，中国側企業を活性化させる配慮に欠けていたことである．この面でも外国商社に比べ「遜色を認めざるを得ない」と報告者は評価していた(同上)．

以上のような事態が，全体として，日本軍占領下にあった武漢と周辺農村との経済関係を希薄にさせつつある現状に対し，調査者は深刻な危機感を抱いていた．彼らは在来の集荷機構が根強く存在していることを強く意識し，それに対抗することが容易ならぬ課題であることを指摘している．「この下等動物的国家に対しては，単なる表面的な主要都市海港の攻略のみに依って広く把握す

ることの困難であることを認めなければならない」(13頁)．ここに示された把握は，当時の中国経済に対する認識方法としても，興味深いものがある．周知のように中西功らの『抗戦力調査』報告は，在来経済部門の役割も配慮した上で中国側の抗戦力を評価した．『武漢地区重要国防資源調査　畜産物調査』がたどりついた認識は，この中西らの見方にも共通する問題意識であった．

　調査者たちは，このような認識を基礎に，日本が中国への侵略戦争を継続し占領地支配を維持するための方策として，「農村と都市とを結ぶ媒剤たる土貨に対しては寧ろ積極的な指導方針が盛らるべき」(14頁)との見地から，積極的な集荷，第三国向け販路の維持拡張，集荷規模・加工施設等の拡大，群小取引邦人商社の整理・淘汰，華人間集買機構の把握，邦人商社の科学的研究(15～18頁)などの政策提言をまとめている．このように戦争遂行に直接結びついた政策研究であったことは，これまで何度か述べてきたとおり興亜院調査の一つの特質であった．ただしこれらの施策が，一朝一夕にしてなるものではなかったこともまた明らかである．経済実態調査を通じ「重要国防資源」確保のための占領地支配政策を探ろうとする試みは，むしろ日本の占領地支配が容易ならざる深刻な事態に陥りつつあることを告げる結果になった．

おわりに

　以上に述べてきたとおり，興亜院の中国調査とは，中国占領地支配を展開するため，当時の日本が国家の総力を動員した大規模な調査活動であった．従来は中国関係の調査研究に直接的な関わりを持たなかった多くの技術者，専門家らが，あるいは興亜技術委員会の活動を通じて，あるいはまた華北連絡部，華中連絡部などが中国現地で組織した各種の調査プロジェクトを通じて，興亜院の中国調査に動員された．当時の軍国主義的風潮に染まった技術者，専門家らの間にも，そうした調査に積極的主体的に参加しようとする傾向があったことは否定できない．しかし中国現地の状況が具体的に明らかになるにつれて，日本の占領地支配政策が直面した大きな困難が，彼ら自身によって，しだいに認

識されるようになっていった．

　日本による中国占領地支配の維持強化という現実的な要請に応える必要があったことから，その中国調査の内容は，日本の軍需資源確保のための調査活動が最優先されるなどの少なからぬ偏りをともないつつも，当時の中国の実態認識にとって今なお有益な，膨大な情報を含むことになった．技術者，専門家としての客観的な観察を基礎に置かなければ，現実的な要請に応えることはできない．そのため，たとえば華北の機械工業調査の場合，どの地域のどのような業種に発展の条件があり，どのようにすればそれを発展させられるかということが，具体的に検討された．また武漢の畜産資源調査の場合，占領地域内に於てすら在来の商品流通機構を日本側が十分掌握できずにいたこと，逆に中国の重慶政権側が巧みな買入れ活動によって多くの商品を確保していたことが，緻密な実地調査に基づいて指摘された．

　このように興亜院の中国調査は，近現代中国の政治・社会・経済研究にとって調査それ自体が価値を持つだけではなく，日本の占領地支配が逢着した深刻な限界と矛盾を明らかにする上でも，きわめて大きな意味を持つものになった．

（1）　外交史料館 A-1-1-0, 31-4「対支中央機関設置問題一件　興亜院功績概要書」49頁，246-248頁．
（2）　同上，461,527,668頁．
（3）　同上，50-51頁．
（4）　以上「昭和十五年度調査事務処理概要（政務部第三課，昭和16年3月）」（茗荷谷研修所旧蔵記録「I-3　興亜院ニ於ケル中国ニ関スル調査計画関係雑件」内）による．なおこの文書は，昭和16年3月に東京の本院で開催された調査関係官打合せ会議の配布資料と推定される．茗荷谷研修所旧蔵記録「I-3　興亜院ニ於ケル中国ニ関スル調査計画関係雑件」は大東亜省内に設置された支那事務局の農林課の保存書類である．元来のファイル名は「昭和十五年度以降興亜院調査計画ニ関スル綴」．
（5）　前掲「興亜院功績概要書」49-50頁．
（6）　前掲「昭和十五年度調査事務処理概要（政務部第三課，昭和16年3月）」（茗荷谷研修所旧蔵記録「I-3　興亜院ニ於ケル中国ニ関スル調査計画関係雑件」内）．
（7）　「昭和十六年度調査方針」及び「昭和十六年度調査計画編成方針」（茗荷谷研修所旧蔵記録「I-3　興亜院ニ於ケル中国ニ関スル調査計画関係雑件」内）による．両

文書とも，昭和 16 年 3 月に東京の本院で開催された調査関係官打合せ会議の配布資料．
(8)　「昭和十七年度調査方針」(農林水産政策研究所所蔵，日本農研文庫 10196「昭和十七年度興亜院調査計画及実績――本院関係――(其ノ一)」内)．
(9)　『興亜技術委員会経過説明書』興亜院，1941 年 9 月，1 頁．
(10)　『興亜院執務提要』政務部，昭和 15 年，49 頁．
(11)　新藤宗幸『技術官僚――その権力と病理』岩波新書〈新赤版 774〉，2002 年，51 頁．
(12)　大淀昇一『技術官僚の政治参画――日本の科学技術行政の幕開き』中公新書 1382,1997 年，52-55 頁．
(13)　同上，109-113 頁．
(14)　大淀昇一『宮本武之輔と科学技術行政』東海大学出版会，1989 年，246-249 頁．
(15)　同上，200 頁．
(16)　同上，239-243 頁．
(17)　宮本武之輔(1892～1941)．愛媛県生まれ，1917 年東京帝国大学工科大学土木学科卒，内務省技師．宮本の生涯については大淀前掲書が詳しい．
(18)　『宮本武之輔日記』昭和 13 年 112 頁．
(19)　同上，117-118 頁．
(20)　総理庁官房監査課編『公職追放に関する覚書該当者名簿』日比谷政経会編，1948 年(長浜功監修『復刻資料　公職追放』I・II，明石書店，1988 年)．
(21)　同上，長浜功解説，519-1520 頁．
(22)　同上，長浜功解説，1512 頁．
(23)　興亜技術委員会上海電力調査団編，昭和 17 年 9 月，謄写版 B5 版 51 頁＋青焼図面綴込み，防衛研修所図書室所蔵．詳細は本書第二部第 3 章金丸論文参照．
(24)　こうした史料の存在は本書にも収録された金丸裕一氏の研究報告によって知りえたものであり，改めて謝意を表したい．ただし史料からの引用文やそれに関する評価は，すべて執筆者の責任に属する．
(25)　宮本武之輔「興亜技術の根本原理」(1939.2)『大陸建設の課題』岩波書店，1941 年，143-144 頁．
(26)　『宮本武之輔日記』昭和 14 年 45 頁．
(27)　同上，昭和 14 年 42 頁．
(28)　同上，昭和 15 年 69 頁．
(29)　同上，昭和 15 年 118 頁．
(30)　宮本武之輔「大陸建設の現状」(1939.10)前掲『大陸建設の課題』4 頁．
(31)　宮本武之輔「山西雑感」(1940.10)同上，220 頁．
(32)　宮本武之輔「興亜技術の三つの性格」(1940.3)同上，178 頁．

(33) 本多静雄『青隹自伝』上巻，通信評論社，1984年，648頁．
(34) 久保亨「『華北調査研究機関業績綜合調査』に関する覚書」，科研費研究成果報告書『戦前期中国実態調査資料の総合的研究』代表者本庄比佐子，1998年3月．
(35) たとえば華北の工業については三品頼忠『北支民族工業の発達』1942年に，停滞論的な認識が色濃く現れている．なお三品は満鉄調査部に所属していた調査マンの一人．
(36) 久保亨「戦時華北の工場調査について」*Disussion Paper* No. D98-10, 一橋大学経済研究所，1998年9月．
(37) 久保亨『20世紀中国の企業経営に関する歴史的研究(科研費研究成果報告書)』1997年3月，51頁．
(38) 久保前掲「戦時華北の工場調査について」，1-2頁．
(39) たとえば天津市内の中小機械工場が集中していた三条石地区の機械工業に関しては，戦後，関係者への聞取りを中心に調査が実施された．山西省の閻錫山政権による工業振興策についても，近年，当時の資料をもとに肯定的に言及される機会が多くなった．
(40) 張瑞徳『中国近代鉄路事業管理的研究』中央研究院近代史研究所，1991年．

第2章　華南における調査

本庄比佐子

　日中戦争以前，日本の中国大陸への進出・侵略が東北地方＝「満洲」から華北・華中地域を主要舞台に展開されたことは，周知のところである．そのための参考資料とするべく行われた中国の政治，経済，社会諸事情に関する各種の調査にも，その状況は反映されている．例えば，最も代表的な調査部門を擁した満鉄(南満洲鉄道株式会社)の調査は，東北に始まり華北，華中へと多数の調査報告を残しているが，華南へはほとんど及んでいない．

　もっとも，日本が華南への進出を図らなかったのではない．それを主に担ったのは台湾総督府であった．台湾総督府による対華南工作は台湾領有の数年後には着手され，文化事業や医療事業においてある程度の成果を収めた．経済的進出について見れば，初期には台湾総督府の代行機関ともいうべき三五公司の事業があり，また，1930年代に入ると軍部の工作を伴いつつ華南の地方政権との間に経済提携が図られた．この間，台湾銀行は1900年以来華南の主要都市に支店を設立して日本の経済活動を支えていた．しかし，三五公司は十年ばかりで撤退し，地方政権との経済提携も容易に実らなかった．その経済工作を通じて台湾拓殖株式会社(1936年6月)と福大公司(1937年12月)が設立されたが，すでに日中戦争の勃発と重なり，それらは占領地行政に組み込まれることになる．こうして，日中戦争以前，日本は華南において「権益」とか「特殊利益」と呼べるほどのものを獲得し得なかったのである[1]．それ故，日本の対中国進出において華南の占める位置は華北，華中に比して小さいものであった．とはいえ，対華南進出のための施策・工作に必要な調査活動は活発に行われ，台湾総督府の「南支那及南洋調査叢書」や「熱帯産業調査会叢書」を始めとする調査書，台湾銀行などの調査報告書が残されている[2]．

日中戦争が始まると華南も日本の軍事戦略の一部に位置づけられ，台湾総督府もそこに組み込まれて興亜院の占領地行政に協力体制をとることとなる．そして，興亜院現地機関の調査は，台湾総督府などがそれまでに行ってきた華南全域を対象とした調査とは異なり，文献による調査を除けば，主として占領地を対象とするものとなった．ただ，華北，華中と比べて調査書の数は少なく，更にそれらのうち現在見ることの出来るものも多くないので，ここでは特定の問題に限定せず興亜院現地機関の調査全般について見てみることを通して調査の意味を考えてみたい．

1. 華南における現地機関概観

　華南では興亜院の現地機関としてまず厦門連絡部が，半年ほど後に広東派遣員事務所が置かれた．それらが行った調査について見るまえに，日本軍による厦門，広東の占領と興亜院機関の設置前後の状況を見ておきたい．

厦門連絡部

　日本の軍事行動が華南に伸びたのは，1937年8月末以降，海軍が華中から華南に至る沿岸封鎖の作戦を展開してからである．そして10月26日に金門島を，翌38年5月13日に厦門島を占領した．前後して福建省から広東省にかけての沿岸諸島嶼も占領された．占領後の厦門島では，海軍陸戦隊司令官の下に海軍(緒方大佐ほか2名)，外務(内田五郎総領事ほか2名)と台湾総督府(木原事務官ほか3名)の三者より成る復興委員会が組織されて占領政策の執行にあたった．復興委員会は，他の占領地と同様に傀儡政権をつくるべく，その「指導」の下に6月20日に治安維持会を成立させた[3]．これが興亜院発足までの占領地支配の体制であった．

　1938年12月16日，内閣に興亜院が設置されたが，現地機関が業務を開始するのは翌39年3月である．すなわち，3月10日，連絡部職員の定員に関する勅令，および連絡部の所在地，担当区域などを定めた閣令が公布されてその

体制ができたのであった．厦門連絡部はこの閣令に定められた4連絡部の一つで，その担任領域は「厦門島及其ノ附近」とされた[4]．「其ノ附近」とは主に金門島，南澳島およびその他の小島嶼である．連絡部設置と同時に発令された人事により，海軍少将水戸春造(前馬公要港部司令官)が厦門連絡部初代長官に任命された[5]．その他の主要人事は次の通りであった．

政務部長：原忠一(調査官，海軍大佐)，政務部第一班主任：大橋恭三(調査官，海軍中佐)，政務部第二班主任：前田広吉(調査官，海軍機関中佐)，政務部第三班主任：山口巌(事務官)，政務部第四班主任：鈴樹忠臣(事務官，台湾総督府より)

経済部長：藤村寛太(書記官，台湾総督府より)，経済部第一班主任：森田民夫(事務官，台湾総督府より)，経済部第二班主任：篠川正次(事務官)，経済部第三班主任：磯田謙雄(技師)[6]．

なお，厦門連絡部職員の定員は4連絡部のうち最少の46名であった[7]．

以上の人事から明らかなことは，第一に，いうまでもないが，厦門では海軍が主導権を握っていたこと，第二に，台湾総督府からの異動が多いということである．前者に関して付け加えるならば，軍の政略を担当する特務機関との関係である．厦門海軍特務部は興亜院連絡部の設置によって廃止されており[8]，軍特務機関が担っていた占領地業務を興亜院に移管して軍特務部を廃止するという方針が実行されたことになる[9]．ただ，連絡部政務部長に就いた原忠一が厦門海軍の特務部長であった[10]ことからすれば，実質は変わらなかったと考えられる．

台湾総督府からの異動については，上記の3名のほかに5名が台湾総督府から厦門連絡部に移っており[11]，さらに厦門海軍特務部に配属されていた職員の連絡部への異動もあった．これは，興亜院発足時に出された「興亜院ト関係各庁トノ間ノ事務分界」についての閣議決定に基づくものと思われる．すなわち，同決定は，台湾総督府が華南でこれまでに行ってきた事業に鑑みて，「右ノ地域〔南支那—筆者〕ニ興亜院現地機関ノ設ケラルル場合ニハ台湾総督府職員トノ間ニ相互兼任等ノ方法ヲ講ジ両機関ノ対立ヲ避クルヲ適当」[12]としたので

ある．台湾総督府が対華南工作で蓄積した知識，経験などが必要とされたのであり，さらには対中国政策の統合を図るという興亜院設置の趣旨に沿ったとも言えよう．こうして台湾総督府は，「厦門興亜院及根拠地隊〔海軍—筆者〕ノ要請ニ応ジテ一般行政，司法，其ノ他技術等ノ係員ヲ短期ニ派遣シ」たほか，「福大公司ヲシテ公共事業ノ応急経営及処理ニ当ラシムルト共ニ産業開発ニ関スル基本的調査ヲ行ヒ実情ニ応ジテ実施セシメ」るなど，多くの人員を台湾から動員したのである(13)．

　次に述べる厦門特別市政府へも厦門連絡部の要請によって台湾から人員が派遣された．例えば，厦門島民には「農業技術を弁ずるもの皆無であつた為当地区の言語を解する台湾農業技術者を台湾より市政府技士或は技佐又は弁事員として多数派遣を煩はして」，市政府建設局実業科農務股の「陣容を整へ」たという(14)．また，厦門島占領当初より台湾総督府は現職警察官を派遣しており，特別市政府職員となって中国人職員の「指導」にあたった警察官は75名を数えた(15)．

　このように，海軍主導の興亜院連絡部が行った占領地行政において，その実務面は主に台湾から派遣された人々が担当したと言えよう．

　ところで，1939年6月27日の興亜院会議は，「台湾海峡ノ両岸ニ拠点ヲ固メテ南支交通線ヲ確保スル為」に，「厦門特別市ニ関スル日支間協定事項案，厦門特別市ニ関スル日支間覚書案，厦門特別市組織条例案」を決定した(16)．厦門連絡部はこの決定に基づいて，7月1日，占領地における本格的な傀儡政権として厦門特別市政府を成立させた(17)．さらに市政府との間に，「市参議の半数は日本人とし，警察庁長と副庁長は日本官憲の要求ある場合は日本人とすることなど」を定めた協定を結び，日本人の政治顧問も入れた(18)．かくて，厦門特別市は厦門島のほか金門島をはじめ諸島嶼を管轄下におき，厦門連絡部は厦門特別市を「指導監督」下に置いて，「軍事要域」の一元的支配を図ったのである．

広東派遣員事務所

1938年9月，日本軍は中国への援助物資の補給路を断つべく広東作戦を実施し，10月21日，広州を占領した．翌39年6月には汕頭を占領，さらにこれら2市周辺の諸県を占領下に置いた．厦門の場合と同様に，台湾総督府は職員を始め関連会社や団体の人員を動員している[19]．

広東派遣員事務所が設置されるのは占領から約1年後のことであった．それまでは興亜院連絡委員会が主体となって広東方面の政治，経済及び文化に関する重要事項を審議，決定し，その結果が陸軍省，海軍省および外務省に回されて，これら3省の現地機関がその実行に当たっていた．そして「治安ノ回復並ニ経済復興ノ情況」を見て，1939年7月26日の興亜院会議で広東に派遣員事務所を設置することが決定されたのであり，実際に駐在員が赴任したのは同年11月4日であった[20]．事務所の規模など詳細は不明であるが，1942年9月の職員数は11名であった[21]．

この事務所は，興亜院の組織系統からすると漢口，南京とともに華中連絡部の派遣員事務所とされ[22]，初代の駐在員として華中連絡部書記官の長沼弘毅が派遣されている[23]．ただ当事務所は，華中連絡部と「連絡ヲ緊密ニ採リツツ」も，「業務施行ニ関シテハ直接本院ト連絡シ現地三機関ノ会議ニ出席シテ諸般重要事項ノ連絡処理ニ」当たるものとされた[24]．すなわち，広東派遣員事務所〔以下，広東事務所と略記〕は，名実ともに華中連絡部の所属であった漢口と南京の各派遣員事務所とは異なり，事実上の本院直属であり，中央と現地の陸，海，外3機関とを結ぶことを主要な任務としたと考えられる．この措置は，英米との関係において重要な案件である珠江開放問題があり，香港にも隣接していること，そして広東が華南における政治・経済の中心であること，南方進出への拠点と考えられていたこと，などによるものであったろう[25]．

2. 厦門連絡部の調査

興亜院初年度にあたる昭和14(1939)年度の調査方針の基本は「日満支経済

ブロック建設ニ関スル諸調査ニ重点ヲ置キ特ニ国防資源ノ調査ニ主力ヲ注グコト」にあり，さらに「事変ノ進展ニ伴」なって「不足重要国防資源自給ニ必要ナル調査」が緊急のものとされた[26]．翌15年度も基本方針は引き継がれ，特に国防資源に関しては，その「開発利用ニ関スル基礎調査」とその「企業化及ヒ対日供給ニ必要ナル諸条件ノ調査ニ重点ヲ置ク」こととされた[27]．こうした調査方針の策定は本院政務部第三課が行ったが，同課はさらに各連絡部に対して管轄地域に応じた調査項目を作成した．例えば，15年度の重要国防資源調査のうちの鉱産資源に関して，厦門連絡部に対してはコバルト及びマンガンの地質鉱床の調査が指示されている[28]．この15年度中に，すなわち1940年6月頃から陸，海軍内部に南進論が高まり，7月26日の閣議は「基本国策要綱」を決定して「大東亜の新秩序」建設を明らかにした．これを受けて，政務部第三課は翌41年3月，「東亜共栄圏ノ確立，高度国防国家建設ノ観点ヨリ」調査を実施することとした昭和16年度の方針を出す．そして，厦門連絡部にも「其ノ地理的風土的特質ニ立脚シ」て「対南方政策樹立ニ資スヘキ」調査に重点を置くことが指示された[29]．

　厦門連絡部では，以上のような指針に基づき，特に指定された事項及びその他占領地統治に必要な諸事項について具体的な調査項目を策定し，実行した．これに当たっては，部外調査機関を指導し，協力を得るために連絡機関を設けることという本院からの指示に基づき，1940年に「厦門連合調査委員会」が設置された．同委員会の規約はこの点を以下のように明記している．

　　「第二条　本会ハ厦門ヲ中心トスル諸調査ノ統合調整ヲ図リ以テ我諸般方策ノ確立ニ必要ナル調査ヲ為スヲ目的トス
　　第三条　本会ハ在厦門主要調査関係機関当局者及厦門ヲ中心トスル諸調査ニ緊密ナル関係ヲ有スル者ヲ以テ組織ス」[30]

　そして委員会の役員は次の通りであった．連絡部から：政務部長庄司芳吉（会長），経済部長藤村寛太，調査官前田広吉，事務官鈴樹忠信，技師磯田謙雄，民間機関側：全閩水産，台湾銀行支店，東亜海運支店，博愛会医院，福大公司支店，三井洋行出張所，三菱商事出張員[31]．

以上のような方針と体制の下で，厦門連絡部が作成した報告書類は目録などで確認できる限り87点ある．これを大別すると，全般的なもの：7，農業：28，畜産：4，林業：6，水産業：11，鉱工業：9，都市計画：6，交通：7，その他：9(華僑関係：3を含む)，となる．昭和15年度の調査予定には政治関係，財政金融，文化関係なども掲げられている(補注)．しかし実際に着手されたのは，ここに見るように，重要国防資源，資源開発にかかわるものが半ば以上を占めたのであった．これまでの国内における資料の所在調査において，これらの報告書の大部分が見つかっていない．ただ，そのうちの一部は本院政務部発行の『調査月報』に収録されている．以下に取り上げる調査報告も同誌掲載分に拠るところが大きい．調査には現地調査と文献による机上調査の二つの方法が採られたが，ここでは，現地調査に重点を置いて調査の具体的な内容を見ていくこととしたい．

A. 農林・畜産業関係

厦門連絡部は1939年6月，農林・畜産業に関する施政のために「資源開発，農事，土地改良，農村機構，農事慣習ノ根本的調査ヲ実施」する方針を出した[32]．

これに基づいて厦門連絡部がまとめた調査報告書のうち，農業概況に関しては以下の通りである(文献リストに付した番号は，ここでの説明の便宜のためのものである．括弧内は調査担当者及び『調査月報』の掲載巻号を示す．以下同じ)．

1. 『厦門島及金門島の農林業』(筆者未見)
2. 「厦門に於ける農作慣行調査」(厦門特別市政府農務股職員，第1巻7号)
3. 「厦門農業生産統計〔附：金門島〕」(厦門特別市政府農務股職員，第3巻4号)
4. 「南澳島の農林業」(興亜院技師・砥上次雄，第1巻10号)
5. 『厦門島農村華僑ニ関スル調査(中間報告)』(厦門特別市政府建設局農務股職員，筆者未見)

厦門島は面積の5分の4[33]が禾山区と呼ばれる農村地帯で，農業戸数は総戸数の66％を占める(リスト3)．しかし農耕地の割合は26％に過ぎず，これは

山岳地帯の南部で農耕地が沿岸に存在するのみという地勢によるものである[34]．水田はほとんどが2期作であるが，水田の2倍強の土地を畑作にあてており，厦門市を控えた都市近郊型の農業と言える．ただし，蔬菜の需要を満たすには至らない．リスト2の農作慣行調査では，20農家を選んで聴き取りをおこなって30種の作物それぞれについて，整地，播種，施肥，収穫などの方法，労働量，農具，収量，小作料を記録している．また，リスト3の農業生産統計(1940年)は，主食類から蔬菜類まで品目別に種植面積，収穫高，畝当収量，生産価格などを記している．因みに「はしがき」に拠れば，厦門地区のこの種の統計はこれが初めてだという．この統計に基づくと1戸当たりの経営規模は約6畝となる．生計維持には困難な数字であり，大きな収入源になるのが華僑送金である．その状況を調査したものがリスト5の報告書であろう．

南澳島では水産資源が豊富で漁業従事者が大半であるため，農業戸数は総戸数の27%にとどまる．耕地は総面積の5-6%を占めるに過ぎない．「農林業的価値は洵に寂寥を感ぜざるべからざる次第」である，と調査者は述べている(リスト4)．金門島の耕地面積は全島面積の7割を占め，甘藷が主な農作物である[35]．

以上の調査では農家経済や土地の所有状況は明らかでなく，その後においても，先にふれた「農村機構，農事慣習ノ根本的調査」が実施されることはなかった．上記の調査報告において農法は幼稚，農具も原始的であり，改善すべき点が多々あると指摘していることが示すように，調査方針のうち，重点は「資源開発，農事，土地改良」に置かれていたと見られる．そして，1940年1月，「厦門島農畜産増殖計画」が策定されている[36]．以下は「農畜産増殖計画」のための農事改良，土地改良，そして農産資源開発に関する調査報告である．

6.『厦門島及金門島の土地改良に就て』(筆者未見)
7.『厦門島ニ於ケル蔬菜栽培ノ適期及適品種調』(逢茂農園公司，筆者未見)
8.「厦門地区に於ける甘藷の形質調査」(主に厦門連絡部技手・上原，第3巻5号)
9.「厦門島糖業の現状」(厦門特別市政府建設局技士・陳学孝，第2巻10号)

10.「厦門及附近地に於ける黄麻栽培法」(第3巻4号)
11.『厦門ニ於ケル煙草耕種要領』(台湾総督府専売局技師・安達良之助,同技手・御竿信吉,筆者未見)
12.『厦門島,金門島煙草栽培計画調査』(同上・安達良之助,筆者未見)
13.『厦門ニ於ケル農作物ノ開花結実成熟期一覧』(厦門特別市政府農務股職員,筆者未見)

　厦門連絡部が農産増殖策の中心にしたのが農法の改善であり，その主たる事項が品種改良，新種の導入であった．増産対策の第一とされた蔬菜については，日本品種の栽培と普及が図られた[37]．リスト7の蔬菜栽培の適期及適品種調査を担当した逢茂農園公司(本店は台湾)は，厦門島占領直後より海軍の農場で軍用に蔬菜栽培を行っており[38]，報告書はその農場に於ける試作実績を参考に供したものであろうか．甘藷も台湾から新品種を導入して品種改良が図られた[39]．ただし，リスト8の形質調査は在来種の調査である．

　厦門連絡部では，台湾，日本など各地からさまざまな種苗を取り寄せて試作し，この地域への適否を検討する有用作物試作事業を行った[40]．黄麻は従来この地域になかったが，1940年に台湾から種子を導入した新作物であった．リスト10は，禾山区の一農民の「成績優良な」栽培実績に基づいてその栽培法をまとめたものである．煙草も新品種の黄色種葉煙草が導入され，39年から試作が始まった．翌40年3月にはその状況について実地調査が行われている(リスト12)．

　ところで，本院の調査計画には重要国防資源の一つとしてアヘン，アルカロイドなど薬用資源の調査がある．

14.『金門島罌粟試作経過』(筆者未見)
15.『金門島に於ける昭和十五,六年期罌粟試作経過』(筆者未見)

これらは，アヘンの増産政策が蒙疆に止まらず金門島に及んでいることを示している．

　畜産に関する調査は少ない．金門島の馬匹増殖計画について調査が行われているのみである(『金門島ノ馬匹調査』，厦門連絡部嘱託・大西徳一；『金門島産馬改良

増殖奨励計画』，ともに筆者未見）．

　林業について言えば，この地域には林業が成立するような地理的条件はない．しかし，農業への影響，大陸側よりの補給が断たれた薪炭の問題などに鑑み，厦門連絡部は1939年に緑化造林事業を開始しており[41]，その計画書が出されている（『金門島耕地防風林造成計画』『厦門特別市政府成立記念造林実行計画』など，いずれも筆者未見）．

B. 水産業関係

　厦門連絡部は1939年5月，『厦門を中心とする水産資源開発の根本方針』（筆者未見）を策定して，「水産資源開発ノ諸調査ヲ実施シ漁政，漁業技術ニ関スル具体的諸施策ヲ実施ス」こととした[42]．水産資源に恵まれたこの地域の状況についての報告書は以下の通りである．

1. 『厦門水産統計〔昭和14年〕』『昭和十五年厦門水産統計（12号）』（筆者未見）
2. 「金門島の水産業」（厦門水産組合・内田春吉，岡田盛涛，郭西門，厦門漁業生産組合・蔡世興，第1巻10号）
3. 「南澳島事情」（厦門連絡部事務官・森田，第1巻1号）
4. 「南澳島に於ける水産調査報告書」（第1巻10号）
5. 『南澳島水産組合設立に関する調査報告書』（筆者未見）
6. 『金門，小金門及厦門島ニ於ケル塩業計画』（台湾総督府技師・永美益夫，南日本塩業（株）・箱守久麻，筆者未見）
7. 『金門島，南澳島塩業調査』（台湾総督府専売局・守田富吉，井村佐十郎，楊慶龍，筆者未見）

　厦門の漁業生産は「全島生産の第一位を占め」ており[43]，南澳島でも漁業従事者は総人口の70％を占めていた（リスト4）．しかし，当時日本軍により漁業は禁止されており，リスト3の調査者は操業状況などの実情を見ることはできず，関係者からの聴き取りだけに基づいて報告をまとめたという．「島民は……農業を主とし半農半漁之に次」ぐという金門島でも資材の移入困難などの事情も加わり，「水産業の経営及取引は混乱状態にあ」る，と報告されている

(リスト2).

 ところで，農業の場合と同じく，水産業の調査においても漁法や製造法が幼稚であると指摘されている．これに対する改善策が日本の技術指導であった．リスト3の調査者は，漁業改善や漁獲物の販売など「水産業に関する一切の業務を実行」するために日中合弁の水産組合の創設を提起している．リスト5の調査報告書はそれに応えたものであろう．1940年7月には厦門水産組合，南澳水産組合などが合併して日中合弁の全閩水産股份有限公司が設立される[44]．こうして厦門連絡部は，全閩水産を通してこの地域一帯の漁業統制体制を確立したのであった[45]．

 塩については，南澳島で「塩の取引は南澳島維持会を通じて厦門興亜院連絡部に納入し」ているとの報告があるので(リスト3)，全地域で厦門連絡部による専売体制がとられていたと思われる．また，厦門連絡部では塩の増産を図っており，1940年12月には，金門島，小金門島および南澳島において塩田予定地の現地調査が行われている(リスト7)[46]．

C. 鉱産資源関係

 本節のはじめに述べたように，厦門連絡部は昭和15(1940)年度にコバルト，マンガンの地質鉱床の調査を指示された．これに基づいて実施されたのが金門島のコバルト鉱床の調査であった．当時コバルトは主にカナダやベルギー領コンゴ(当時)で産出し，日本は300-400トンの需要に対し産額はわずか2トンで[47]，日本が痛切に必要とした鉱物資源の一つであった．

 金門島のコバルトは古くよりその存在が知られていたが，それはもっぱら呉須土(コバルトを含むマンガン鉱)として陶磁器の顔料に用いられてきた．これを金属工業材料として利用すべく，最初に金門島で調査を行ったのは，元東洋蒼鉛(株)取締役の相沢肇である．かれは，1939年2月に金門島に赴き，軍と興亜院の許可を得て探鉱を始め資料を日本に持ち帰ったといわれる(下記リスト1)．そして，同年末あるいは翌年初めから日本電気冶金(株)や東北帝大工学部金属工学科などで金門島のコバルト鉱石の試験が行われている．東北帝大では

研究の結果,「本鉱石ハ時局下ニ在リテハ充分経済的ニ製錬シ得ル可能性アリト認メラレ,而シテ之ヲ工業的ニ実施シタル場合ノ[費用]正確ニ算出シ難シ」とする報告書を出している(48)．一方,40年2-3月には厦門連絡部が調査を行ない,その結果は,「比較的高品位のもの埋蔵量少く大なる期待を成し得るものに非ず」ということであった(リスト1,216頁)(49)．こうした経緯ののち,本院技術部は「専門家ヲ煩シテ調査隊ヲ組織シ連絡部ト密接ナル連絡ノ下ニ調査」(50)を実施することになり,以下の人々が派遣された(51)．

興亜院技師・佐藤源郎,同嘱託・平塚隆治,同属・石井実

地質調査所技師・紺野芳雄,同技手・橋本与太郎

日本化学機械製造(株)・伊藤光二郎

日本電気冶金(株)・岸本勝利,天羽寿雄

日東化学工業(株)・舟木好右衛門

なお,1940年8月から再び現地へ行った相沢も調査隊に加わっており,また厦門連絡部から委嘱を受けた台北帝大地質学教授市村毅も参加している．

調査は1940年10-11月に行われ,その調査結果およびその後の試験結果についての報告書が外務省文書のなかにかなり残されている．厦門連絡部がまとめた報告書はつぎの通りである．

1.「金門島コバルト調査報告」(第1巻8号)
2.「金門島コバルト鉱床調査報告」(市村毅,第2巻6号)
3.『金門島コバルト鉱調査中間報告』(舟木好右衛門,筆者未見)
4.『福建省金門島に於けるコバルト鉱調査諸報告』(筆者未見)

では,調査の結果はどのようなものであったのか．先の厦門連絡部の調査結果と同じく,コバルト鉱は低品位で推定鉱量も多くないと報告されている(日本電気冶金ほか(52),および市村—リスト2,276頁)．しかし,「……現時緊迫セル国際危局下ニ立ツ我国ニトッテ最モ必要ナル資材……」であるとし,「仮令採算ヲ度外視シテモ」「金門島コバルト鉱ノ如キハ早急ニ之ガ開発スベキモノト信ズ」と述べた相沢は,低品位鉱を高品位化する選鉱方法を提案した(53)．高品位化の研究には三井化学工業(株),三菱鉱業(株)の研究所なども動員された．

しかし，相沢案を含めいずれの選鉱方法によってもコバルトの品位を高める成果は得られなかったのである[54]．

厦門連絡部が独自に調査を行ったものに南澳島のタングステンがある．1940年3月に行った同島の鉱産資源調査で鉱脈は発見できなかったが再調査の必要ありとの報告があり[55]，これを受けて41年4月から5月に探鉱と地質鉱床調査を実施した．その報告書が，

「南澳島大巴山タングステン鉱調査報告」(芳川彰夫，第2巻11号)

である．タングステンも重要鉱産資源の一つであったが，「鉱床状況は鉱区狭小，……鉱脈構造悪く鉱量少なく採掘経営の価値な」し(374頁)という結果に終わったのである．

本院においても中国の鉱産資源に関する幾つかの調査(机上)報告書が出されている．しかし上記2カ所は，報告内容からも明らかなように，それまで鉱産地として認められてこなかった場所であった．ここには日本の鉱産資源を求めることの切実さが如実に表れている．

D. 都市計画・交通関係

連絡部設置当初の「厦門連絡部分課規程」は政務部第一班の事務の一つに「都市港湾計画ニ関スル事務」を掲げており，これに基づいて行われた現地調査の報告書は以下の通りである．

1. 『厦門都市計画』(台湾総督府技手・青島勝三，筆者未見)
2. 『大厦門建設計画』(台湾総督府技師・中村烱，筆者未見)
3. 「厦門島温泉地質調査報告書」(台北帝大教授・早坂一郎，同助教授・富田芳郎，第2巻7号)
4. 『厦門市下水道調査』(台湾総督府技師・荒井南雄，外1名，筆者未見)
5. 「厦門島風景計画調査書」(興亜院嘱託厚生技師・田村剛，第3巻5号)
6. 「厦門港調査」(台湾総督府技師・山下繁造，第2巻7号)

興亜院は青島，北京，天津，上海などについても都市計画書を作成しているが，それらの目次から判断する限り，都市基盤の整備と諸公共施設を主な内容

とするものである(56)．厦門の都市計画の特異な点は温泉利用のための地質調査と風景計画であろう．厦門島温泉地質調査は「大厦門建設の基礎資料に供」するために行われた．調査者は温泉湧出地(厦門島の北東湾の海底)とその周辺を視察して，温度，湧出量，泉質において利用価値があるという(リスト3)．風景計画の報告書では，厦門の優れた景勝を観光資源として大いに利用して中国から東南アジアにいたる人々を誘致する区域とするために，市街地，別荘地，温泉場などの整備計画を提案しているのである(リスト5)．

　こうした厦門建設計画の目的の一つが華僑の誘致を図ることにあったことは，風景計画調査書に明らかである．華南地域において華僑工作は重要問題であったが，華僑に関する調査書は主に本院から出されており，その大部分は福大公司が行った机上調査である．厦門連絡部の調査としては，先に触れた農村華僑に関する調査と1940年9月の『出入国登記調』，および翻訳が1点あるのみである．

　以上，厦門連絡部の調査の主要部分を成した農林・畜産・水産業と鉱業についての資源調査を中心に見てきた．その結果は，それら産業の生産性は低く，本院が求めるような「企業化」「対日供給」の可能性を示すものはほとんどないことが明らかになる．そのことによって，調査は，生産技術の改善を図り目前の占領地統治に必要な「民生の安定」に資するに止まるものとなった，と言える．そして，台湾から派遣された人々が占領地行政の実務に大きな役割を果したと同様に，調査活動においても台北帝国大学教授や台湾総督府技師が活躍したのである．

3．広東派遣員事務所の調査

　第1節にみたように，広東事務所が開設されるのは日本軍の広州占領から約1年後の1939年11月であった．その間，広東に関する調査は本院が行っていた．本院政務部が39年中に広東の経済，産業，交通に関して出した調査報告

書は 19 点にのぼる．それらの殆どは机上調査かあるいは中国文献からの翻訳
で，作業の多くを福大公司が担当している．福大公司は，台湾拓殖(株)などと
ともに台湾総督府の指示により軍の宣撫工作上必要な事業の経営に参画してお
り[57]，同公司の報告書には経営上の観点からする評価も見られる．『広東省ニ
於ケル有望事業』(1-3)がその例である．そこでは，例えば，砂糖の需給に関し
て，「台湾ノ主要産品ト関連ヲ有スル砂糖ノ輸入統制権ヲ吾社ニ於テ継承スル
コトハ得失兼ネ施ス意味ニ於テ必要ト」述べるが如くである(1, 8丁表)．また，
本院技術部も要員を派遣して『広東省並ニ附近道路図及調書』を作成している．
政務部，技術部ともに 40 年には各 1 点の報告書を出したにとどまり，その後
は広東事務所が調査活動を引き継いだものと思われる．

　広東事務所は，1940 年から調査活動を始めているが，調査費の予算がつい
たのは昭和 16(1941)年度からであった[58]．同事務所は 21 点の調査報告書のほ
か，『広東工業月報』(1940 年 7 月分〜)，『広東金融月報』(1940 年 3 月分〜)を出し
ていた．21 点の報告書を大別すると，農・畜産業：4，工業：2，蚕糸業：1，
商業：3，在留邦人：2，政治：2，広東以外：4，その他：3，となる．本院の
策定した調査方針によると，広東事務所には次のような調査課題が出されてい
る．

　昭和 15(1940)年度：広東生糸輸出事情，対日供給可能重要薬材の品質・産
量(厦門連絡部と共通)，水産物の銷流系統・配給機構など
　昭和 16 年度：対南方乃至対南方政策樹立に資すべき調査(厦門連絡部と共
通)[59]
　では，これらの実行状況はどうであったか．
　まず，生糸輸出事情に関する広東事務所の調査書はない．ただ，前年に政務
部が出した『事変前ニ於ケル広東蚕糸業ト今後ノ方策』(福大公司企画課担当)が，
「事変以来ノ実情ハ皆目判明シナイ．然シナガラ各方面カラノ情報ヲ綜合スルニ
広東蚕糸業者ハ徹底的打撃ヲ蒙」ったと報告している(10 頁)．また，後にふれ
る『広東省農村調査報告』には，養蚕業が激減した事例が報告されている．関
連する問題として，「広東に於ける平面繭生産事情」(『調査月報』第 3 巻 10 号)な

る1942年6月の広東事務所の調査報告書がある．平面繭とは，「蚕児に繭を作らせる代りに枠の上に平面に絹布を作らせる方法」で，この方法により従来の過程が大幅に省略されるという．ただし，「大東亜戦下食糧増産の見地より蚕糸減産を実施しつつある日本の繊維資源の一助」として注目されており，広東の生糸事業に対する方策ではない．

つぎに，薬材，水産物の銷流系統などについての調査書は全くない．また，興亜院全体の基本方針にある重要国防資源の調査について，1939年に政務部が出した『広東省ノ「タングステン」鉱』(福大公司企画課担当)が，「広東省内ニ於テハ……資源ノ多キヲ期待シ得可シ」(5丁裏)と報告しているものの，その後の現地調査が行われたかどうかは不明である．後述する『広東省農村調査報告』を除けば，マッチの需給，豚の需給，広東に入ってくる満州の特産品の統制など，物流に関する調査，及び独ソ開戦や東条内閣成立についての在留日本人，中国人，外国人の反響に関する調査など，華南における中心都市である広州の政治・経済状況に関する机上調査が，おおよそ1940-41年における広東事務所の調査であった．

ところが，その後は広東事務所の調査はほぼ広東の食糧問題に集中する．すなわち，1942年にまとめられた『広東食糧問題』『広東省土壌調査報告』『広東省農村調査報告』の3点である．前2点はいずれも中国文献からの翻訳で，『広東食糧問題』は「皇軍占領以後の広東食糧問題の実相を明確ならしむる手引として」(序)，『広東省土壌調査報告』は「現在広東が当面して居る食糧増産，並に農村生活安定の問題に対」(序)する参考資料として編集されたものである．広東事務所による現地調査の報告書は，『広東省農村調査報告』と前述の平面繭に関するもの，および『広東地方ニ於ケル豚ノ需給状況其他』の僅か3件に過ぎない．このうち，最も大規模に行われた調査の報告書が『広東省農村調査報告』である(出版は翌43年2月，在広東日本領事館)．本書の序文(興亜院書記官兼大蔵書記官古木隆蔵執筆)は，調査の意図を次のように述べている．すなわち，「従来……広東省に関して知らるる所は極めて少なかった」が，「今日広東を知り，それを把握すべき政治上の必要は以前にも増して痛切なものがあ」り，

「正に如何に広東農村を把握すべきかの差迫った課題に応へんとするものであ」る，と．広東省は中国有数の米産地であると同時に米穀の消費地であって，不足分を外国米の輸入に依存してきた．しかし，戦争の進展によって輸入は困難となり耕地の荒廃もみられ，広東事務所はそうした状況への対応を迫られたのである．

この調査報告については，かつてアジア経済研究所の『旧中国農村調査資料概観』に簡単な紹介がある[60]．しかし，いったいに華北，華中に比し華南における日本人による農村実態調査は極めて少ないという点で，この調査をすこし詳しく見ておくことにしたい．

本調査は，本書の内題「広東占領地区農村現況調査報告」が示すように，日本軍占領地域の農村で1941年10月から12月にかけて広東事務所調査室が実施したものである．調査地域は，広州に比較的近い珠江デルタ地帯に属する東莞，南海，番禺，増城，中山各県の24郷(村)と，汕頭に近い澄海，潮安，潮陽各県の5郷(村)であった．調査者は清水弘，沼田政次[61]，藤岡保夫[62]，石錫純の4名で，「調査を計画し指導」したのは清水弘であった[63]．4名はいずれも興亜院嘱託で，清水，沼田，石の3名は前掲『広東食糧問題』の編集も行っている．

調査項目は，1)一般概況：村の沿革，宗族制度，族田制，土地所有，小作慣行，賦税，産業概況，2)農業概況：経営規模，土地利用，水利潅漑，農業労働，役畜，施肥，農具，病虫害，3)水稲耕種：稲の品種と特性，収量，作付け畝数，など広範囲にわたるものであった．調査は，3人が共同した1郷を除けば，上記の4人が調査地を分担してそれぞれ1人で行っている．以下に，日中戦争がもたらした変化とみられる点を中心に見てみよう．

華南に特徴的だとされる宗族制度に関しては，24郷(村)中の10郷(村)が同族村落かあるいはそれに近いものであった．例えば，一つの姓が70%以上を占める中山県竹秀囲郷，南海県河清郷など，全村が同一姓の番禺県岑村南約郷，潮安県石鼓村など．ただ，同族村落にせよ，あるいは数姓から成る村であるにせよ，各宗族の結合関係が弱くなっている状況が報告されている．同族結合に

とり最も重要な行事である祖先の祭祀も，かつては清明節，冬至，祖先の命日などに行われていたのが，現在では辛うじて形式的に清明節のみ行っていたり，それすらもない，という状況がいくつもの村に見られる．宗族制の弱体化傾向は日中戦争以前に始まっているようだが，清明節も行わないという状況は日本軍の占領以後のことである．

　この宗族制度に伴って，氏族が祖先の祭祀を行うために集団で所有する族田（太公田）の存在が広く知られている．族田の占める比率は一様ではなく，多いところでは全耕地の 70% に及ぶ（南海県河清郷）一方，10-20% のところもある．族田は他の私有田と同様に小作に出され，その耕作は族の内外を問わず入札制により小作人を決める村がかなりある．族田の多い中山県長州郷を調査した石は，「太公田の支配者とその小作人の如き，階級分化が自ら生れ」た，と述べる(392頁)．また，相続にあたって土地を分割せず租の分割が行われ（東莞県麻涌郷など），これにより結果的に子孫に遺産として残される土地は太公田と差異ないものとなり，こうして「太公田の外装をとって土地私有が実現されて」いる，と清水は指摘する(92頁)．従って，祖先の祭祀が行われなくなっても土地の所有状況は変わらないと言える．

　広東の農村では農家の半ば以上が小作農であり，かつ彼らは僅か 1-5 畝の土地を耕作しているに過ぎない．小作料は上田では約 60%，中田でも 50% である．かれらの農業収入の不足を補っているのが華僑送金，出稼ぎ，家内副業などによる現金収入であるが，これらが戦争に依って大きく減少したのである．すなわち，主に英米系金融機関を通して行われてきた送金は困難となり，また，対外貿易の崩壊により広東の主要輸出品であった生糸，汕頭の刺繍（ドロンワーク），果実栽培などを大きく衰退させた．かつて村民の 80% が養蚕に従事していた南海県河清郷では，8,000 畝あった桑園が 120 畝に減少した．汕頭地方の農村では女性が多かれ少なかれドロンワークに従事していたが，ほとんど失業状態になった．潮安県雲歩陸村にはドロンワークのほか竹細工の副業もあったが，原料の仕入れ先が大陸側にあるため，やはり休業状態である．また，蜜柑の生産地である潮安県石鼓村では蜜柑の代わりに甘藷，小麦などを作り，茘

枝を栽培してきた中山県沙涌郷ではこれを伐採して薪炭にし荒廃にまかしている，と報告されている．

また，報告されている限りで二つの村に日本軍の部隊が駐屯している．南海県敦厚郷の村民は日本軍の駐屯により耕地が減少したと述べた(146頁)，という．

ところで，この調査は，一カ所に 2, 3 日から数日という短期間のものであった．あまつさえ占領者による調査という制約があり，その「困難さ」を調査者自ら次のように述べている．

「……質問すべき相手方が全然居らぬといふことであつた．郷長その他重だちと言はるる人とは全くの飾り物で何を聞いても要領を得ず，而も全村箝口令を布いてあるため重だち以外は吾々の質問に答へようとしない．かうした事実は治安のよくない地域に見られた．又調査員を米の買付か税金の徴収に関する調査をしに来たものと誤解して一切の帳簿はかくしてしまひ，有力者は居留守を使つて一切顔を見せず，農民の傍へ近付いて行くとサッサと彼は逃げてしまふといふ場合もあつた．今回の調査に於ては何れの村も多かれ少かれかくの如き態度を以て迎へられたのであつ」た(凡例 3 頁)．

従って，得るべき情報の不足，得た情報の確度など，調査者自身が不十分であったと認める調査であった．先にふれた『旧中国農村調査資料概観』は，この農民の協力を得られなかったことが調査を概観的にしたとする．加えて調査期間の短さがもたらした結果でもあったのではないだろうか．

この調査は，本院と現地の陸，海，外 3 機関との連絡という政治的任務を負っていた広東事務所が占領地行政の当事者として行ったものと言える．本調査より約 1 年後に横浜正金銀行広東支店が行った広東生糸についての調査報告には，「現在省政府当局は食糧増産に鋭意邁進して居る為め，桑園の食糧生産に向けられるもの多」[64]いとある．日中戦争が太平洋戦争へと拡大し戦時態勢が進むなかで，広東事務所の最大課題が食糧問題になったのである．

中国では日中戦争以前，とくに 1930 年代前半に嶺南大学や中山大学などが

広東省の農業・農村調査を行っている⁽⁶⁵⁾．そこに示される，宗族制度に伴なう族田が高い比率を占める土地制度，零細小作農の割合の高さ，など広東省農村の基本的状況は，興亜院の調査でも変わっていない．問題点は多々あるにせよ，興亜院の調査がもつ意味は次の点にあろう．すなわち，第一に，日本の軍事作戦行動のみでなく日本の国際環境の悪化によってもたらされた広東農村の窮乏の深刻さがそれなりに報告されているということ，第二に，本調査の対象村が中国側のそれと必ずしも同じではないこと，第三に，中国側の調査が農村の社会経済関係を主にしているのに対し，生産技術にかかわる役畜，施肥，農具などや水稲耕種の調査を行ったこと，であると考えられる．

おわりに

　興亜院の最も重視した調査が資源獲得のためであり，華北，華中におけるその実相は他の章に見る通りである．しかし，華南においては事情は異なっていた．厦門連絡部が行った調査の結果はいずれも資源の獲得やその対日供給の可能性が低いことを明らかにした．そして同部では特に農業に関する生産技術の向上を図るための調査が中心になった．それもまた目標が収奪にあったとしても，農事改良により眼前の「民生の安定」に意を用いざるを得ない状況であったと言える．すなわち，厦門連絡部の管轄する沿岸諸島嶼は，貿易港として発展してきた厦門市を除けば，主たる産業を漁業とする地域である．日本海軍の軍事要域にある漁場，華僑送金が途絶えた農家，大陸からの物資の供給不能，という状況から占領者が得られるものはなかったのである．

　広東事務所は厦門連絡部とは異なるが，結果的には資源獲得の可能性を示す調査はないに等しく，広東農村の調査に尽きるといってもよい．そしてそれは，「……中心課題は，南支六千万民衆の民生問題であり，直接的には食糧問題である．……農民の生存を脅威しつつある食糧的危機を緩和する必要があ」⁽⁶⁶⁾ると，調査員の一人である沼田政次が述べた如く，占領地の「安定」を図るための調査ではあった．同時に，食糧問題は日本占領軍にとっても重要な問題であ

って，同じく調査員の藤岡保夫が軍用米調達会社の関係者であった点に示されるように，調査は軍需物資調達のための参考材料としても必要であったのである．

従って華南における興亜院の調査が示しているのは，資源の獲得はできなくとも，「南進」の根拠地として同地域の安定を図ることが必要であったということである．

(1) 長岡新治郎「華南施策と台湾総督府——台湾拓殖，福大公司の設立を中心として」，中村孝志「台湾と"南支・南洋"」，いずれも中村孝志編『日本の南方関与と台湾』天理教道友社，1988年所収，参照．
(2) アジア経済研究所図書資料部編『旧植民地関係機関刊行物総合目録——台湾編』アジア経済研究所，1973年，参照．
(3) 別所孝二『新厦門 昭和十五年版』3-4頁．
(4) 『興亜院執務提要』興亜院政務部，1940年，41頁．
(5) 『南支那年鑑 昭和十四年版』台湾実業界社，1939年，13頁．その後の異動は次の通り．第2代長官・海軍少将太田泰治(1940年7月2日就任)，第3代・海軍少将福田良三(前台湾海軍武官府長，1941年5月7日就任)(『支那時報』第33巻第2号，1940年8月，51頁，及び第34巻第6号，1941年6月，55頁)．
(6) 『商工年鑑 昭和十五年・興亜版』日刊工業新聞社編・刊，1939年，685頁，及び前掲『南支那年鑑』17-18頁．なお，後に経済部に第四班が設けられた．
(7) 前掲『興亜院執務提要』41頁．
(8) 別所孝二，前掲書，4頁．厦門海軍特務部に職員を派遣していた台湾総督府は，「昭和十四年八月厦門海軍特務部ハ興亜院厦門連絡部ノ設置セラレルヤ海軍特務部廃サレ同部配属中ノ本府事務官属二名以下ハ興亜院職員ト」なった，と記録している(『台湾総督府事務成績提要 第四十五編(昭和十四年)』97頁)．
(9) 馬場明『日中関係と外政機構の研究』原書房，1983年は，実際に特務部を廃止したのは北支那方面軍だけであったとしている(356頁)．
(10) 別所孝二，前掲書，4頁．
(11) 前掲『南支那年鑑』，18頁．
(12) 外務省記録，H-7-2-0 4-8「参考資料関係雑件 興亜院関係」．
(13) 前掲『台湾総督府事務成績提要』97-98頁．
(14) 砥上次雄『厦門島の農事改良小史』興亜院厦門連絡部，1942年，22頁．著者は興亜院技師で，本書は台湾転任を機に厦門連絡部設置以来の農業施策をまとめたもの．

(15) 前掲『台湾総督府事務成績提要』97頁, 692-693頁.
(16) 外務省記録, A-1-1-0 31-4「対支中央機関設置問題一件　興亜院功績概要書」（以下, 興亜院功績概要書), 38頁.
(17) 政府の主な人事については,「厦門特別市政府成立式挙行」『支那時報』第31巻第2号, 1939年8月, 68頁参照.
(18) 臼井勝美『日中外交史研究——昭和前期——』吉川弘文館, 1998年, 381頁.
(19) 前掲『台湾総督府事務成績提要』98-104頁.
(20) 外務省記録, 前掲「興亜院功績概要書」39頁, 553頁.
(21) 外務省記録, M-1-1-0 7「大東亜省設置関係一件」第3冊.
(22) 外務省記録, 前掲「興亜院功績概要書」649頁.
(23) 『支那時報』第31巻第5号, 1939年11月, 58頁.
(24) 外務省記録, 前掲「興亜院功績概要書」, 649頁.
(25) こうした広東の重要性に鑑みて,「速ニ華南連絡部ヲ設置シ之ヲ広東ニ置キ其ノ出張所又ハ派遣事務所ヲ厦門汕頭香港等ニ置」くことを求めた意見があったようである. しかし, これが正式に検討されたか否かは記録にない(外務省記録, 前掲「大東亜省設置関係一件」第2冊).
(26) 外務省記録, 前掲「興亜院功績概要書」49-50頁.
(27) 外務省記録, I-3「興亜院ニ於ケル中国ニ関スル調査計画関係雑件」(以下, 調査計画関係雑件)所収,「昭和十五年度調査事務処理概要」政務部第三課, 1941年, 2丁表.
(28) 同上所収,「昭和十五年度興亜院主要調査書」1940年, 31丁裏.
(29) 同上所収,「昭和十六年度調査事務処理方針」政務部第三課, 1941年.
(30) 同上所収, 前掲「昭和十五年度調査事務処理概要」21丁表.
(31) 同上, 24-25丁.
(32) 外務省記録, 前掲「興亜院功績概要書」679頁.
(33) 井出季和太『南支那の産業と経済』大阪屋号書店, 1939年, 61頁.
(34) 砥上次雄, 前掲書, 12-13頁.
(35) 『新厦門指南』華南新日報社, 1941序, [金門]7頁.
(36) 砥上次雄, 前掲書, 65-75頁.
(37) 同上, 37頁.
(38) 同上, 24頁.
(39) 同上, 40頁.
(40) 同上, 27頁.
(41) 同上, 58-61頁.
(42) 外務省記録, 前掲「興亜院功績概要書」680頁.
(43) 前掲『新厦門指南』51頁.

(44) 別所孝二，前掲書，13頁.
(45) 外務省記録，前掲「興亜院功績概要書」81頁.
(46) 井村哲郎編『興亜院刊行図書・雑誌目録』不二出版，1994年，59頁．本書は，『興亜院調査報告総目録』大東亜省，1943年を影印し，井村の解説を附したものである.
(47) 外務省記録，E-327「外国鉱山及鉱業関係雑件　昭和16年　中国ノ部　福建省ノ部　金門島コバルト鉱」所収，東北帝国大学工学部金属工学科「金門島産コバルト鉱精錬研究報告」.
(48) 同上.
(49) この報告書は，『支那重要国防鉱産資源調査』興亜院，1941年にも収録されている．調査実施時期は本書の目次による.
(50) 外務省記録，前掲「興亜院功績概要書」150頁.
(51) 外務省記録，前掲「調査計画関係雑件」所収，「昭和十五年度調査事務処理概要」，96丁.
(52) 外務省記録，E-326「外国鉱山及鉱業関係雑件　昭和16年　中国ノ部　福建省ノ部　金門島コバルト鉱」所収，岸本勝利・天羽寿雄「金門島コバルト鉱石調査報告」.
(53) 同上所収，相沢肇「金門島コバルト鉱開発ニ関スル意見書」.
(54) 外務省記録，前掲E-327「金門島コバルト鉱」.
(55) 「広東省南澳島鉱産資源調査報告(概報)」前掲『支那重要国防鉱産資源調査』，1061頁.
(56) 井村哲郎，前掲書，186-187頁.
(57) 前掲『台湾総督府事務成績提要』101-102頁.
(58) 外務省記録，前掲「調査計画関係雑件」所収，「昭和十六年度調査事務処理方針」政務部第三課.
(59) 同上.
(60) 浅田喬二・風間秀人「興亜院の農業関係調査について」『旧中国農村調査資料概観——目録と解題』アジア経済研究所調査研究部，1985年，150-151頁.
(61) 沼田政次(1906-77)は，1931年，全国農民組合新潟県連合会の職員として和田村の小作争議に参加し，翌年検挙される．1935-40年，高田市議会議員．戦後，全日農中央常任委員．自伝『榛の木のうた——一無名農民運動者の自伝的回想』(大空社，2000年)は40年までの記録．略歴は，同書の解説によるもので，広東農村調査に従事したことも記している．沼田は，調査の翌年に本調査に基づいて『南支の農業農村』(東洋社，1942年)を著した.
(62) 藤岡保夫(1907-?)は，台湾総督府農務課に勤務し，1939年に広東へ派遣されて軍用米の現地調達の可能性と輸送方法についての調査に従事．その後，軍用米調

達のために設立された興粤公司の技師長(藤岡保夫『思い出すことなど』自費出版, 1985年, 37頁, 42頁). 戦後は,「第二次東南アジア稲作民族文化総合調査報告」として『バリ島の水稲作とその儀礼』日本民族学協会, 1962年がある.
(63) 沼田政次, 前掲書『南支の農業農村』7頁.
(64) 『広東省に於ける生糸並に芝罘に於ける豆素麺の調査』横浜正金銀行調査部, 1943年, 7頁.
(65) 『広東省農村調査報告』の凡例1-2頁参照. そのうち最も代表的な陳翰笙の著作は, 原著に若干補充した英語版 *Landlord and peasant in China : a study of the agrarian crisis in South China*, New York, 1936 の井出季和太による翻訳『南支那農業問題の研究』松山房が1940年には出ている. 本書では, 宗族制度や族田について重要な問題として取り上げている. 従って, この問題を浅田ら前掲文が,『広東省農村調査報告』で初めて明らかにされた(150頁)と評価しているのは正しくないであろう.
(66) 沼田政次, 前掲書, 204頁.
(補注) 厦門連絡部「調査予定事項」『支那調査関係機関連合会会報』第2巻3期, 1941年3月.

附 記
　華南における日本軍の占領地のなかで海南島は軍事戦略上の見地から軍の直轄とされた. 本院から同島に関する机上調査の報告書4点, 翻訳3点が出されているが, 興亜院の現地機関は設置されなかったので, 本稿では省略した.

第3章　中国工業調査
――電力産業史の事例から――

金　丸　裕　一

　興亜院設置後も実質的な対中国政策はほとんど現地軍によって掌握され，占領地行政はかえって煩雑化したことがかねてより指摘されており[1]，それが「陸軍主導」で半ば強引に設置された機関であったとの印象を強くする．加えて近年の研究では，興亜院本院及び各連絡部が，財源確保の一環として阿片交易に従事した事実が次々と明らかにされ[2]，負の評価がより深まっていったものと思われる．同時にこうした史実は，最近の中国における研究で，「日本が中国占領地区に対する統治を強めるために設立した植民地的侵略機構であり，……侵華日本軍司令部とともに，各地の傀儡政権に対して二重の監督を実行した」[3]，と十分な実証的検証も経ぬままに論評される一因でもあろう．
　本章では，かかる研究史によって得られる，中国侵略の司令塔といった興亜院に対するイメージを，工業とりわけ電力産業調査を素材にして再検討したい．
　ここでその議論を進めるための準備として，本章においてしばしば登場する組織である，「興亜院」と「中支那振興株式会社」及び「華中水電株式会社」の関係について，その成立事情を時系列にそってふりかえりながら，簡単に確認しておこう[4]．
　まず「中支那振興株式会社」は，1938年4月30日の「中支那振興株式会社法」によって，①交通運輸，②通信，③電気・瓦斯及び水道，④鉱産，⑤水産，⑥それ以外の中支那における公共の利益または産業の振興のために必要な事業に対して投資・融資を行ない(同法第12条)，これによって「中支那における経済の復興及び開発を助成」するために組織された日本特殊法人であり，日本政府の監督下に置かれた．役員も総裁以下，理事・監事は全員日本国籍を有する

者であった．資本金は1億円，政府と民間が折半して出資するとされ，同年6月27日には設立委員が選ばれた．そこには官僚や軍人以外にも三井・三菱・住友など大財閥系統の資本家が名を連ね，同年11月7日には本店があった上海ではなく，支店が置かれた東京において創立大会が開催された．

ついで「華中水電株式会社」は，戦闘によって破壊された電気・水道など公共事業の復興のため，1938年6月30日に成立した．既に1937年末以来，軍管理下におかれた施設の復旧を急ぐべく，軍特務部主導のもと満鉄やその子会社であった興中公司の協力を得ながら基礎的な調査が進められており，4月には電気・水道関連の大部分が十河信二総裁以下，対中本格進出を企図する興中公司の手に委譲された．興中側は，給水方面では東京・大阪・名古屋・横浜など大都市の水道部による分担，電気方面は日本本土の電力会社20数社によって組織された中支電業組合への再委託という方策を講じ，応急的な作業を実施した．これが，全て華中水電によって継承されていくわけである．

同社の本社は上海に置かれ，維新政府の特殊法人たる日中合弁企業であった．設立当初の役員は常務取締役と監事の2種類であり，日本国籍と中国国籍が分担している．資本金は2,500万元で，民族系発電所からの現物出資が1,500万元，現金出資が1,000万元，うち中支那振興が75％を出資し，華中水電の親会社となる．表面的には「日支合弁ナルモ悉ク支那法人ニシテ形式上支那主権下」にあり，法律的には1938年11月21日の維新政府実業部令「華中水電株式会社ニ関スル件」に拠る会社であったが，6月の創立大会は上海日本人倶楽部で開催され，中支那方面軍特務部長原田熊吉少将が主賓格として出席していたことからも知られる通り，設立当初から日本色が濃厚である．その後，日本軍による占領地拡大とともに，上海をはじめ南京・杭州・鎮江・蘇州・無錫・常州・蕪湖・松江・安慶・九江などの関連施設に対して，軍の委嘱によって所要人員を派遣し，軍管理や運営の代行，また技術的指導をおこなった．

こうした中で，1938年12月16日付け「勅令第758号　興亜院官制」の第1条第3項では，「支那ニ於テ事業ヲ為スヲ目的トシテ特別ノ法律ニ依リ設立セラレタル会社ノ業務ノ監督及支那ニ於テ事業ヲ為ス者ノ支那ニ於ケル業務ノ統

制ニ関スル事務」が興亜院の職掌と明言され[5]，中支那振興株式会社は北支那開発株式会社とともに，経済部第二課によって管轄された[6]．その後，1939年3月10日には，興亜院に華北・蒙疆・華中・厦門の各連絡部が設置される[7]．華中連絡部では，水道や電気などの「公共事業ニ関スル事項」が経済第一局の，「中支那振興株式会社ノ監督ニ関スル事項」が経済第二局の分掌となった[8]．

これらを要するに，興亜院が中支那振興に対しては直接的監督統制を，華中水電に対しては中支那振興及び華中連絡部を回路とした間接的統治を実施していたと判明する．この構造と手法は，まさに興亜院が現地政権に対して実施した「内面指導」という名の間接的統治と，きわめて類似したものといえるであろう[9]．以下，華中における工業調査，なかんずく電力産業をめぐる調査活動を主軸に，調査の系譜・実施主体の問題，さらに調査内容の検討など，いくつかの側面から実証分析を加えていく．

1. 興亜院設置前後の華中電力産業と調査活動

1　日中戦争による破壊

周知の通り，1937年7月7日に北京近郊で勃発した「北支事変」は，翌8月13日には華中経済の中心地であった上海に飛び火し，ここに「日支事変」乃至「支那事変」という呼称の下，実質的な日中全面戦争が勃発した．この日から南京攻略戦に至る4カ月余りの間，中国経済を先導した長江下流域一帯は連日戦火に苛まれ，数多くの人的・物的な犠牲が生じた．

電力産業関係の場合，激戦をともなう進軍ルートに所在する発電所は，「各地多かれ少なかれ戦禍により被害を蒙った」[10]のである．その被害状況について，表1に整理した．程度の差こそあれ，上海から江南に到る地域において，大発電所は施設・機械類・送電線など，操業維持の根幹に関わる部分が破壊された．

しかし，かかる外見的な被害だけが「破壊」の中身ではなかった．その内容は，概ね次の四つの類型に分類することが可能であろう[11]．

表1　主な発電所の破壊状況

場所	発電所名称	破壊状況
閘北	閘北水電公司	主要な戦場になったため大破，送電線の切断も多い．
南市	華商電気公司	破損は軽微であるが，一部主要施設が取り外された．
浦東	浦東電気公司	主要設備は取り外され，送電線も大破．
南京	首都電廠	使用可能は1.5万KWだけ．市内・長距離送電線は大破．
武進	戚墅堰電廠	長距離送電線が大破．機械も部分的に破損．
蘇州	蘇州電廠	設備には被害なし．送電線に切断が見られる．

　まず第一に，表1にみられるような，攻撃に起因する各種設備の直接的被害．これは，開戦直後に上海の各発電所から始まった．閘北電廠では，8月13日の午後7時頃，激烈な戦闘のために送電線のショートが二度発生，33,000ボルト送電線が使用不能になったのを皮切りに，ボイラー室や制御室も大きく破損した．配電方面でも，変電所が破壊され，さらに閘北区内の送電線が多数寸断された(閘北水電公司函，9月6日)．浦東電廠の場合も，8月末には浦東北部に到る送電線の修復が絶望的状況となり，高橋鎮・高行鎮，さらに川沙県・南匯県への電力供給が停止した(浦東電気公司呈，8月31日)．南市の華商電気公司では，8月13日に中山路沿いに閘北電廠との間で繋がれた高圧送電線が損傷したため，両発電所間での電力相互融通が途絶え，自社発電のみで供給を続けていたものの，8月20日に機械トラブルが発生，フランス租界の発電所に依存しながら供給を続けた(華商電気公司函，9月7日)．しかし11月9日，日本軍が龍華侵攻を開始した際，従業員は遂に職場から避難し，午後3時以降の電力供給は完全に停止した[12]．

　かかる状況は，江南各地からも報告される．閔行の振市電廠は，8月25日と26日の空襲によって送電線が破壊され，10月14日に停電を余儀なくされた(振市電気廠函，11月3日)．崑山県の泰記電廠(江蘇省崑山県政府公函，11月3日)，太倉県の友華・耀婁両電廠(太倉県政府公函，10月27日)，松江県の松江電廠(松江電気公司呈，11月15日到部)なども，陸地戦が開始する以前の段階から，空襲によって操業不能になっていた．

これと並行して第二に，各電力会社は，戦争にともなう社会的混乱に巻き込まれた．

この範疇には，灯火管制による営業損失や従業員の避難，また工場や家庭など顧客の減少による損失など，幅広い現象が含まれる．たとえば，浦東電廠の川沙県向け電力供給が途絶した後，消費者は電気メーターの取り外しと保証金返還を求めて事務所に詰め寄り，業務は大混乱した(浦東電気公司函，9月3日収文)．蘇州電廠からは，開戦直後の時点で，空襲警報発令とともに負荷が大幅に低下する旨が(蘇州電気公司函，9月3日収文)，青浦電廠では「電気代支払拒否風潮」が蔓延し始めたこと(奉賢県政府公函，11月1日)などが報告されている．

第三に，やはり戦乱のために原料供給が途絶え，操業が困難になった事例も多い．

長江下流の中州に所在した崇明電廠は，直接の戦火には見舞われなかったため，10月下旬に到ってもなお送電を継続していたが，まもなくディーゼル油不足によって操業維持が難しくなる(崇明県政府公函，11月1日)．かかる事例は，戦場に近い地域ではより深刻であった．常熟電廠による報告では，8月31日及び9月11日時点においては，辛うじて送電していたことが判明する．しかし9月21日以降，周囲との交通が遮断されディーゼル油の入手難が発生，付近の精米所よりストック分の融通を企てるなどして操業継続の努力を試みたものの，11月1日には遂に85トンにまで減少した．しかしこの期間にあっても，発電量の大幅な低下は確認されない(常熟電気公司函，8月31日〜11月1日)．こうした発電所側の執念に近い必死の努力も虚しく，常熟陥落の11月17日，送電線の損壊により従業員は業務を放棄した[13]．

しかし，恐らく最も構造的な被害は，第四の類型であるだろう．1930年代半ば以降，上海から南京に到る地域の大出力発電所を中心に，近隣の小出力発電所に対する系列化・統合が始まっていたが，表1で確認できる「心臓」の機能不全が，「末端」部分の随所に大打撃を与えたのであった．これはすなわち，中国が戦争前夜に漸く辿り着いた，「近代化」あるいは「規格統一化」現象による，皮肉な損害である．近年刊行された多数の「新県志」を整理した表2に

表2 江蘇省内小出力発電所の操業停止状況

県名	電廠名	県名	電廠名	県名	電廠名
金壇	義利電廠	常熟	昌明電廠	海門	海明電廠
句容	昭昭電廠	呉江	泰豊電廠		陽明電廠
	首都分廠		振湖電廠	泰興	東暘電廠
高淳	三陽電廠		振興電廠	靖江	耀華電廠
	新華承記	松江	渓涇電廠	江都	光華電廠
宜興	耀宜電廠	金山	張堰電廠		大明電廠
	張渚電廠		明華電廠		振裳電廠
	和明電廠		公秦裕電廠	儀徴	大新電廠
江陰	大明電廠	上海	振市電廠	江浦	明星電廠
	華明電廠		振市分廠	塩城	耀塩電廠
	普照電廠	嘉定	黄渡電廠		沙明電廠
	楊明電廠	太倉	瀏河友華	阜寧	淮東電廠
	華士電廠		浮橋電廠		益林電廠
	後塍電廠		璜涇電廠		同源電廠
	公明電廠		直塘電廠	興化	興興電廠
	北漍電廠		雙鳳電廠	淮陰	淮安電廠
溧陽	振亨電廠	無錫	金星電廠	宿遷	耀宿電廠
	耀華電廠	如皋	振蒲電廠	豊県	豊県電廠
	啓新電廠		耀如電廠	沛県	沛県電廠
呉県	甪直新明		馬塘電廠	蕭県	蕭県電廠

みられる江南地域の発電所の操業停止は，かなりの部分が第四の範疇に属すると考えられる．

　そして，こうした状況からの復旧作業は，上海派遣軍，後に中支那派遣軍の特務部によって進められ，前述の経緯によって，最終的には華中水電による任務に落着した．復興の具体的課題としては，①発電機械・送電・配電設備の復旧；②原料の確保；③経営の安定を指摘することができる．したがって，次項以降で見る戦時下の各種調査活動の目的も，本質的にはそのための準備作業と位置付けることが適切であろう．

　なお，租界であるが故に「安全性」を保証された共同租界とフランス租界，とりわけ前者の上海電力公司は，例外的な存在である．開戦直後に経済活動の低迷や石炭入手難によって，営業成績は一時悪化した．しかし親会社であるモ

ルガン財団の経済的力量を背景に操業回復に向かって邁進し，1939年には戦前の最高水準を遥かに上回る86,571.5万kWhの発電量を記録する．この年に消費した石炭の大部分は，かつての日本炭・満洲炭・中国炭ではなく，米国・アフリカ・インドなどから外貨で調達していた[14]．「孤島の繁栄」という奇妙な現象を支える，文字通りの原動力になっていたのであった．

2 戦時下中国電力調査の概観

戦時中に実施された電力に関する調査活動について，目下判明するその概要を表3に整理した．戦前期における大半の調査が机上調査であった点を鑑みれば，ようやく本格的な実地調査が開始された点が注目される．調査実施主体としては，1930年代半ばから積極的な活動を進めていた満洲電業の他にも，興中公司・中支那振興・華中水電・興亜院本院と各連絡部など，いずれも占領地における復興業務を担う新設機関が登場してきた．さらに，調査活動の総本山的存在であった満鉄もこれに加わり，現実的な要請の高さをうかがわせる．

こうした調査報告の中では，当然のことながら華中各地における破壊の実情，さらに復旧作業の進捗状況が丁寧に語られている．また，この時期になると上海電力公司に対する関心も高まり，いくつかの詳細な机上調査が出現するのであった．

戦時下の調査状況一般として特記すべきは，かつては各機関が個別に実施していた調査を，マスタープランに則って進める方策が模索されはじめたことである．すなわち，1939年5月における中支調査機関連合会の成立であった．同会は「在中支主要調査機関相互協力ノ下ニ我国ノ中支ニ対スル政治，文化，経済諸方策ノ確立ニ必要ナル調査」を実施すべく，「在中支官民主要調査関係機関ヲ以テ会員ト」する組織で，興亜院華中連絡部の管轄下に設置されたが，「会員ノ調査経費ハ原則トシテ所属各機関ノ負担」とする旨の規約からも判明する通り，必ずしも活動経費などに恵まれたわけではなかった．一方で，興亜院側からの期待は高く，成立1年後の式典で挨拶に立った華中連絡部長官・津田静枝は，同会が「中支ノ復興，資源開発，資源獲得ノ上ニ貴重ナル資料ヲ提

表3 戦時期日本における中国電力産業調査一覧表(補註)

	表題	出版元	奥付	調査者	調査内容	形態
1	中支に於ける電力事業調査第一輯 上海電力公司	満洲電業調査課	1937	藤井忠一	1936年12月までの動向を整理.	机上
2	北支に於ける電気事業概況	興中公司	1938	不明	華北電業会社成立以前の動向.	併用
3	北支五省電気事業	満洲電業調査課	1938	藤井忠一	事変以前を中心とした整理.	机上
4	上海ニ於ケル電気事業調査報告	満鉄上海事務所	1938	近藤徹・石川長寿	特務部の司令による現状調査と文献調査.	併用
5	中国電気事業法規概説	『実務調査月報』5-2	1939	赤穂〆松	電気をめぐる中国法の調査.	机上
6	広東電気事業概況	台湾電力株式会社	1939	不明	1939年4月までの調査.	実地
7	日支事変後に於ける在上海外人商社の収益状況	中支那振興	1939	不明	Finance and Commerceに依拠した調査.	机上
8	北・中支電気事業便覧	電気新報社	1939	不明	1938年までの概況整理.	机上
9	中南支各省電気事業概要	満洲電業調査課	1939	藤井忠一・赤穂〆松・吉本鳳一	1935年公刊のデータを基礎に, 事変直前段階, 及び事変後の情報も極力追加した.	併用
10	中国電気事業法規概説	満洲電業株式会社	1939	赤穂〆松	事変前の法制を集大成.	机上
11	支那に於ける電気事業の概要	『興亜院調査月報』1-2	1940	巽良知	1939年11月の文献調査.	机上
12	中支那振興会社並関係事業会社概況	中支那振興	1940	不明	1939年11月までのデータ.	机上
13	上海電力公司	中支那振興調査課	1940	道岡太郎	1938年度までの文献調査.	机上
14	無錫工業実態調査報告書	満鉄調査部・興亜院政務部	1940	近藤徹	1939年7月の現地調査記録.	実地
15	江蘇・浙江・安徽三省ノ水道事業並電気事業概況	興亜院華中連絡部	1940	華中水電株式会社	1939年9月時点の状況報告.	机上
16	上海電力公司の研究	『東亜』13-8	1940	不明	1939年までの動向を整理.	机上
17	支那に於ける電気事業設備の規格	興亜院	1940	興亜技術委員会	興亜技術委員会による周波数・標準電圧に関する答申書.	併用
18	江蘇・浙江・安徽三省ノ水道事業並電気事業概況	『興亜院調査月報』2-3	1941	華中連結部	15と全く同一の内容.	机上
19	東亜電気事業便覧	電気新報社	1941	不明	1939〜40年までのデータ.	机上
20	無錫電力調査報告	満鉄上海事務所	1941	上田宗次郎	1941年3月までの調査.	実地
21	中支電気事業現況調査	華中水電株式会社	1942	不明	1941年上半期の状況.	併用
22	中支那振興会社及関係会社事業現況	中支那振興	1942	不明	1943年3月までの状況.	併用
23	上海電力会社調査報告	不明	1942	興亜院の嘱託	同社経営全般に対する調査.	実地
24	上海電力江岸発電所超高圧設備実地調査報告書	興亜技術委員会上海電力調査団	1942	同左	機械設備に関する調査報告.	実地
25	華北ニ於ケル工場動力ノ需給現況調査報告書	興亜院華北連絡部	1942	華北電業	工場における電力問題の調査.	実地
26	華中水電株式会社概要	華中水電株式会社	1942	華中水電	1942年9月末の実態報告.	併用
27	上海電力会社に於ける継電方式	『電気日本』昭和17年12月号	1942	岸俊次郎	初代配電部長による調査報告.	実地
28	中支那振興会社及関係会社事業現況	中支那振興	1943	不明	1943年初めまでの状況.	併用
29	北支電気事業の近況	『電気之友』904	1943	森右作	華北電業理事による現状報告.	机上
30	大東亜に於ける電力資源の賦存状態並に電力立地に関する調査	日本発送電株式会社総裁室規格課	1944	不明	共栄圏全体における電力資源の調査.	机上
31	中支那振興会社及関係会社事業現況	中支那振興	1944	不明	1943年度までの調査.	併用
32	大東亜資源化学 電力資源	平凡社	1944	中岡保	1941年までの調査.	机上

供セラレツツアル」ことを,「国策的調査」と称賛した[15]. 満鉄上海事務所長・伊藤武雄は回想の中で, 同会は満洲調査機関連合会の先例に倣って, 企画や計画の一元化を狙って組織されたが, 実質的なまとめ役は経験豊富な満鉄上海事務所であったという. さらに, 上海を中心にかかる動きが見られた背景には, 1937年冬以降の満鉄・上海自然科学研究所・東亜同文書院を主体とした, のちの「中支建設資料整備委員会」に連なる,「資料収集で連合体」を結成する経験が存在していたと指摘する[16].

　1940年6月時点における役員を見ると, 会長の興亜院華中連絡部次長・及川源七以下, 7名の委員は華中連絡部政務・文化・経済第一・同第二・同第三局長, さらに満鉄と中支那振興の代表によって構成される. また18名の幹事の内訳は, 華中連絡部5名, 満鉄4名, 中支那振興2名, 上海商工会議所・華中水産・華中鉱業・華興商業銀行・華中鉄道・華中電気通信・上海恒産各社から各1名の関係者が名を連ね, おおよその力関係が推測できる[17]. 類似した組織は, 興亜院連絡部及び出張所の所在地を中心に, 官庁・国策会社・民間会社を総動員しながら相次いで成立した.

　つづく1940年10月16日, 興亜院政務部長・鈴木貞一を会長, 興亜院政務部第三課長・林安を幹事長に据えた「支那調査関係機関連合会」が「興亜院及支那関係調査ニ密接ナル関係ヲ有スル在京民間機関ヲ以テ組織」された. 常任幹事は東亜研究所から3名, 満鉄・興亜院から各2名が指名され, 年一度の総会と毎月開催予定の幹事会において各種計画を協議するとともに,「交換資料ハ一応連合会事務所ニ集メ, 然ル後発送」するといった, 内部における文献情報の交流についても具体案が示されたが, 同時に「本会業務ノ発表又ハ利用ニ就キテハ, 時局柄又本会ノ性質上会員機関以外ニ絶対ニ発表又ハ利用ヲセザル建前」を規約に明言するなど, 外部に対しては高い障壁を設定した. 発足時の会員機関は, 次の通りである.

　①興亜院　②北支那開発　③台湾銀行　④台湾拓殖　⑤台湾南方協会　⑥東亜海運　⑦東亜研究所　⑧中支那振興　⑨日本興業銀行　⑩日本銀行　⑪日本商工会議所　⑫三菱経済研究所　⑬満鉄　⑭横浜正金銀行[18].

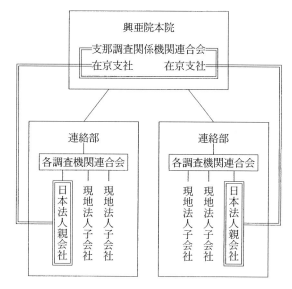

図1　調査機関連合会の二重構造

同年12月には，さらに⑮東洋拓殖と⑯朝鮮銀行が入会するが[19]，官庁関係は興亜院のみであり，中国調査の組織・連絡・調整に関する元締としての自負が垣間見られる．既にみた連絡部管轄下に置かれた各地「調査機関連合会」の場合は，現地法人や中小組織も含む雑多な構成であったことと，実に対照的である．日本法人の調査機関は本院によって「直接監督」され，現地法人のそれは連絡部及び日本法人たる親会社経由で「間接指導」されるといった構造が，調査活動の組織化においても導入されたのであった．

電力産業の復興に直接責任を負った華中水電・華北電業の場合，辛うじて連絡部管轄下の「調査機関連合会」の会員となっていたが，不思議なことに多くの調査報告をまとめていた満洲電業は現地調査機関にも未加入であり，唯一「全国調査機関連合会」において，外地を含む会社・官庁・学校など171機関のひとつとして登場しているに過ぎない[20]．「支那調査関係機関連合会」すなわち東京に集積した調査結果を，各地の現地法人に直接還元することを許さぬ規約は，著しく柔軟性を欠いている．

こうした調査機関「連合体」の二重構造をイメージ化すると，図1(前頁)のようになる．現地における「調査機関連合会」は各連絡部を主管とする縦割りの体制であり，連絡部をまたがる横の交流は，日本法人たる「支那調査関係機関連合会」のメンバーしか行なうことができない．換言すれば，地域を超えた現地法人どうしの情報交換は，親会社たる日本法人を経由してのみ可能であった．かかるシステムは，平時ではなく有事の混乱した環境の中で，はたして有効に機能したのであろうか．また，現地から集中する調査結果について，総指揮者を自認する興亜院は適切に処理していたのか．親会社(日本法人)と子会社(現地法人)との間で，情報をめぐる行き違いは生じなかったのか．次節では，こういった問題を念頭に置きながら，電力をめぐる「調査報告」を解読してみよう．

2. 日中戦争期における調査活動の分析

1 上海電力公司に対する評価

開戦後に発表された各種調査の中で，表3にも見える通り，上海電力公司関係の調査がにわかに増加している．しかし，分析・提示される同社のイメージが，戦前段階と微妙に異なっている点を，見落としてはならないだろう．

周知の通り，既に1920年代前半において，上海電力公司の前身たる工部局電気処は世界でも有数の火力発電所に成長しており，ここから供給される電力によって，上海共同租界と越界路一帯は世界でも屈指の工場密集地区に成長していった[21]．たとえば，天海謙三郎の調査においても，「半植民地性」という限界を前提としながらも，工部局電気処は「現在支那に於ける電気企業中発電容量其他諸般の施設に於て一頭地を抜き斯界の模範として瞻仰せられつゝある」ことを認めている．そして，ここから供給される電力を用いて工業化した上海を，「他の尋常支那都会と同視するを許さず，寧ろ支那に於ける最も近代化されたる異数の工業都市として之を独特の地位に置くを適当」とすると位置付け，現実をきわめて客観的に評価していた[22]．

第3章　中国工業調査——139

　かかる傾向に明らかな変化が発生した時期は,「事変」勃発前夜に求められるだろう．在上海の中国通信社が開戦前夜に公刊した書籍において，高収益をあげ続ける上海電力公司を「消費者ノ利害ヲ離レタ事業ガ果シテ公共事業ト呼ビ得ルカ否カ」と批判した上で,「ソノ最大ノ顧客ガ日本側デアル以上吾人ハ同会社ノ営業政策ニ対シテ無関心デアルトイフ事ハ大キナ怠慢デアリ痴愚デサへ」あると評価し，日本側が「公共事業ヲ等閑視スル」点も厳しく指弾している[23]．

　開戦後になると，こうした論調はますます強まった．満洲電業による調査書は，1842年の南京条約以降，1879年の電灯実験，1882年の電灯会社設立から1936年12月末までの上海における電力産業史を，編年体で整理した机上調査であった．ここにおいては,「日支事変ノ結果中支殊ニ上海ニ於ケル各国経済関係ニ一新紀元ヲ画セントシテ居ル．電気事業ニ就テ見ルモ各地所在事業者ガ技術及資金援助ヲ我ニ仰ガントシ，殊ニ米国財団経営中ノ上海電力公司ガ我ガ参加ヲ要望スルニ至リタルハ特ニ注目スベキモノデアル」と，日本側の上海電力公司に対する積極的関与に，大きな期待を抱く旨の情勢分析をおこなう[24]．

　また，同じ時期に満鉄上海事務所が進めた調査においては，実に大胆な枠組みが提示されている．この調査報告は，戦争勃発後に軍特務部の要請によって短期間に進められたものであり，1937年8月から1938年1月中旬までの動向についての実地調査以外は，ほとんどが戦前期の机上調査に基づいていた．それにも関わらず，総論的な部分において，上海の電力は「日本ノ大都市及満洲主要地ノ電気事業ト比較スレハ決シテ勝ツタモノテナイ」が,「支那ノ電気事業トシテハ相当ノ発展ヲ為セル」と評価し，電気料金の比較を以て，日本側とりわけ満洲電業の優位性を強調した内容となっている[25]．すでに「水主火従」の生産構造に転化していた日本，あるいは石炭産地に近接した満洲を，戦火によって破壊された上海の現状との比較対象に設定すること自体，かなりの無理があり，報告者が故意に出した見解という疑念すら抱かせる報告といえよう．

　上海電力公司が,「不当な利益」を貪っているという内容の指摘は，他の調査報告においても随所に登場する．

たとえば,「日支事変以来在支第三国益の蒙つた損失は莫大に達したと称されてゐるが, これ等各商社は反対に数年来の不況を見事に清算した上に更に将来に備へるといふ小好景気振りを示し」ており,「かかる好営業成績を挙げた原因は……一口に言へば建設景気に基くとも言へるし或は比較的自由な立場にある之等外人商社が第三者の利益を独占し得た事に基くものとも言へる」とした中支那振興の報告においては, 1938年における上海電力の営業成績後退の原因を, 設備補充に多額の出費を要したものと判断し,「供給の膨張」面が強調される(26).

また逓信省技師から興亜院に出向中であった異良知においても,「外資電気事業が極めて高率の利益を収めてゐる原因」として, ①租界に需要が集中し, 需要密度が高いこと; ②租界は支那軍隊及び官権の勢力圏外にあり, 電気の擅用による不当の被害を蒙らないこと; ③料金が高いことなどを列挙し, 外国系発電所は「既に十分電気料金の値下げを行ひ得る財政状態にありながら, 租界内居住人の大部分が支那人である為, 搾取的な観念から出来るだけ多額の利益を回収することに心懸け」ていると評価した(27).

さらに中支那振興による1940年における報告書では,「全支ニ於ケル電気事業ハ其ノ歴史並ニ規模ノ点ニ於テ上海ニ於ケル夫ガ最高段階」とした上で, 中国の電力産業分析に際しては「先ヅ同社ノ概況ヲ知ル事ガ肝要」であると提起, 戦中における各種動向が分析される. そこで示された結論では, 1938年度における発電量は1936年度比で30%減, 需要者も20%減であるのに対して, 収益は2%しか減少しておらず,「料金附加率引上ニヨリ辛フジテ営業収益ヲ維持シ得タ」と主張される(28).

このように, 上海共同租界周辺地域の大半が事実上日本の勢力下に置かれ, また中国側の戦略的「防禦」段階を後退と判断したためか,「優位」に立った日本側の調査報告における上海電力公司に対する評価は, 次第に批判的色彩を強めていった. そして, これは必然的に日本による主導を求める論理へとつながるのであった. 華中水電公司成立直後の段階において, 既に「外国電気事業者が今後日本の主体的, 技術的な積極的援助を得て同地に実現する新らしき一

大電力統制会社の出現を前にして如何なる態度を持すかは極めて興味ある問題」といったある種の自負的感慨がもたれ[29]，これがさらに「最近ノ東亜情勢竝ニ欧洲戦争勃発等ニヨリ外資電力会社ハ石炭獲得ニ極度ノ困難ヲ招来シ，巷間其ノ身売り説スラ生ズル現状ニシテ其ノ将来ハ全ク予想デキナイ」[30]といった，「希望的観測」の登場へと連なる．

そして注意すべきは，上記の様々な論点は，満洲電業によるものを除いて，全て連絡部ないし本院によって組織される各級「調査機関連合会」の会員機関，あるいは興亜院自身によって提示されていた事実にある．無論，前記の縦割り機構ゆえの上位に対するリップ・サービス的報告，あるいは「ためにする報告」も存在しているだろう．しかしながら，大半がいわゆるマル秘扱いのタイプもしくは手書きによる報告書の中で，かくも一面的な調査報告が出回っていた点に，集団的熱病患者にも似た雰囲気が感じ取られるのである．「租界」の敵性も，1930年代末になると盛んに調査・強調されるようになった[31]．

皮肉なことに，秘匿性もなく一般に流通していた雑誌の中で，しかも1940年段階において，たいへん冷静な分析がなされている．そこでは，上海電力公司の歴史・設備・施設・営業状況などが概括的に整理された上で，戦時における「発展」あるいは「回復」の事実，及びその背景としての上海電力側の経営努力が明示される．そして，多くの報告書で糾弾する「暴利」の問題についても，本質的には法幣相場下落に起因する現象に過ぎず，上海電力側は石炭や各種資財などを米ドル建で調達して操業を維持しており，ドル建で計算すると積立金はむしろ減少し，値上げも決して本来の損失を補塡できるような水準にはない．つまり同社はやはり「公共性」を重視している，と分析する[32]．この時期では，恐らく唯一の例外と判断できるだろう．

こうした事実が「国策決定を担う」場において提起・議論されなかったことが，本章の結論部分で考察する上海電力接収後における大混乱の一因となる．分析をそちらへ移行させる前に，次項では民族系発電所に対する各種報告書の認識を探ってみよう．

2 民族系発電所と華中水電会社への評価

前述の通り,「支那事変」を通じて民族系発電所は,類型の差こそあれ何らかの被害を蒙った.これらを「復興」させるためには,まず具体的な破損の状況について正確な情報を得なければならない.したがって,開戦後にまとめられた調査報告の多くは,この方面に関する多くの情報を提供する.本項においては,この時期の民族系発電所,またこれを「再編」する形で成立した華中水電に対する調査において示された論点を,具体的に整理してみたい.

どの報告にも共通して見られる特徴は,民族系発電所の「発展」状況に対する,極めて低い評価である.たとえば,開戦直後に実施された満洲電業の調査において,中国の電力産業は「その初期的発展段階たる電灯供給本位,市内配電の時代を離脱して」おらず,「支那自体の経営によるものは,極少数のものを除き,大部分が著しく小規模の資本と設備を有し,孤立的に各地方に散在しているに過ぎない」と評価する[33].法制面を考察した調査では,国民政府時代に整備された法令について全体的には「良法」と認めながらも,立法的意図と政策的効果との落差を指摘し,単に「理想」を表示したものに過ぎないと推測,「良法あるも良吏なき」社会構造が指摘されるのであった[34].

興亜院の異技師による調査報告は,当時の「報告書」のあり方を示唆するものとして,たいへんに興味深い.すなわち,その「緒言」の冒頭部分において,先に引用した満洲電業による調査報告を,一字一句違わず借用しながら「後進性」を強調する[35].そして,やはり国家の無関心,企業者における短期的利益回収志向,盗電行為の横行などを紹介し,「支那経済建設の重要な一環」を構成する電力開発は,「日本の優秀な技術と資本の積極的援助を得て,輝かしい将来の発展性が刮目されてゐる」とみなす[36].この発想は,まさに興亜院技術部長を任じていた宮本武之輔による主張と同一である.宮本の持論である「興亜技術」とは,彼自身のことばで要約すれば「優秀なる日本の技術を支那大陸に進出せしめ」,これによって「欧羅巴諸国の利権擁護の前提の下に建設せられました総ての経済システムを,日満支経済ブロックの新しい経済システムに依って改造」することであり,戦時下日本「国内の乏しい資金と資財とを

以て満洲・支那の開発」を進める際,「科学的運用」こそが最重視されるべきだという主張であった[37]. 宮仕えの悲哀とみるか,あるいは上昇志向の結実とみるかはさておき,問題は興亜院技師・異良知による「観察結果」である.

異が具体的にどの文献に基づいて報告書を執筆したのか,いまのところ不明である. しかし,随所に中国電力産業の「幼稚性」を示す全国レベルでの平均値を列挙し,また送電線によって連絡された発電所は上海と張家口のみといった明らかな事実誤認,さらに前項でみた外国資本の収益における優位性などを挙げるのであった[38].

かかる前提から導きだされる結論は,恐らくただ一つだけである. 低位な発展段階にあった中国電力産業は,華中水電が実施した如き政策における様々な「統制」,たとえば維新政府の「華中水電会社令」によって定められた,①「同会社以外ニ同種事業ノ新設ヲ認メズ」,「既存ノ同種事業ハ速ニ同会社ノ統制下ニ入ラシム」こと(第1条),②「自家用発電ハ余熱利用等特別ノ場合ヲ除ク外之ヲ認メザル」こと(第2条),③「発電,送電及配電ハ華中水電株式会社ヲシテ一貫的ニ経営」すること(第3条)などによって[39],初めて「近代化」したという認識であった.「元来諸事業が幼稚な営業状態に膠着し,電気事業の進展も捗らなかったが華中水電が合理的に運営することに因り公共的性質を充分発揮する」[40]という表現にも象徴される通り,日本の経済的進出が電力産業の前進要因であったという,極めて単純な自己弁護といえるだろう.

その後,かかる認識に基づいた「統制」は各方面で徹底された. 発電施設に関しては,「将来存続し,運用を予定さるゝものに限り拡張改造等の機会に統制整理」を行なう一方,「現存施設にても将来送電連絡を俟て廃止撤去して可なりと認めらるゝもの,事変に依り破壊せられ復旧の見込少なきもの,或は地方的に散在し全体的統制計画遂行上支障なきものは,当分の間統制整理を為さざること」と決定される. また華中水電の委任経営の発電所に対しても,「具体的統制実施方法,所要資財,経費負担等に関しては,各事業者に於て夫々調査立案の上,興亜院及興亜院連絡部に諮り,其の決定を経て之を実施する」と[41],強硬な立場が採用されていく.

以上の分析から，戦時期の中国電力産業調査における特徴的な論点として，次の諸点が提示できるだろう．

第一に，戦時期における「実態調査」の大半が，復旧のための「実地調査」であり，ここで観察された内容は，破壊を経た後の「現状」であった．

従って第二に，これら調査においては，開戦直前において中国電力産業が経験した量的成長と質的な変化を，全く「発見」していない．首都・戚墅堰両電廠の企業形態もあいかわらず「国営」と誤認され続けたままで，「揚子電気公司によって民営化」された企業という指摘すらなされていない．数多くの報告書は，等しく中国電力産業の「幼稚性」を強調するのであった．

この点と関連して第三に，中国電力産業を担ってきた資本に対する評価も，同じく低いものであった．一例をあげよう．戦時無錫の電力をめぐって，メンバーは入れ替わっていたものの，満鉄上海事務所が追跡調査的な活動を行なっていた．ここにおいて，破壊状況と復旧の進捗，あるいは電力生産の回復などについては，克明に記録・分析がなされている．しかしながら，資本及び資本家の力量については一顧だにされず，無錫紡績資本の分析において提起されたような「民族資本」尊重の姿勢は，生まれてこなかったのである[42]．

でははたして，戦時期における「調査活動」のあり方はどのようなものであったか．組織図・機構図の上では，先に見たような興亜院本院を頂点とする，二重構造的ネットワークが形成されていた．しかし，下から上へ流れた情報がブレーンによって厳密に検討・分析されるといった体系は，本院・連絡部を問わず，どうやら形成されていなかったようだ．むしろ，前に推測した横の繋がりの悪さが露見した場合すら見いだされる．1940年3月において，中支那振興株式会社調査課が実施した上海電力公司の調査の場合，資料蒐集において大きな困難に直面したというが，その一因はなんと「華中水電会社創立以来特ニ彼等ハ批判資料ノ社外漏洩ヲ警戒シ居ルタメ所期ノ目的ヲ達シ得ナカツタ」というのである[43]．親会社が子会社から情報を入手できないということは，子会社同士の連絡，あるいは地域を越えた横の連絡なども，機能不全にあった可能性が高い．各級「調査機関連合会」を，強固な団結した組織と考えない方が，

むしろ実情に近いように思われるのであった．

　また，巽良知技師の調査報告に見られた通り，机上調査はどうしても先行調査によって規定される部分が大きい．この点において，開戦直前の中国民族資本の発展段階に対する認識不足は，その後の調査活動とっても計り知れない悪影響を及ぼしている．「自信過剰」状況に陥った感がある日本側は，はたして急展開する現実に柔軟かつ有効な対応をなしえたのであろうか．少なくとも，マル秘ないし極秘扱いのため，部外には流出する可能性の極めて低い一連の調査報告において，楽観的あるいは希望的観測の記述が大半を占めること自体に，大いなる限界が存在していたと思われる．

おわりに──アジア太平洋戦争時期の調査から

　日本にとって，本当の意味での調査能力が試される段階が到来した．1941年12月8日，真珠湾攻撃と同じ日，日本軍はガーデン・ブリッジを越えて共同租界へ進駐し，これを占拠する．中国で第一の，否世界的な工業都市上海を，日本はついに一身で維持・発展させる責務を負ったのであった．

　同日，上海電力公司も日本軍によって接収され，その管理・運営の重い課題を与えられた．開戦前夜から批判的な枠組みの中で語られていた同社を，「興亜技術」によって再編するということが，日本側の使命となったわけであり，すぐさま営業・技術を担当する人々が，二つの集団に分かれて上海電力公司に派遣される．

　第一の集団は，経営各方面からなる東電（東京電灯）・日発（日本発送電）の混成部隊であった．その構成人員は，次の通りである[44]．

　　鍋島　卯八（日本発送電：支配人，経営全般担当）
　　柿添　隆（東京電灯：コンノートシステム管理，給電業務担当）
　　岸　俊次郎（東京電灯：初代配電部長，配電業務総括）
　　小向　三郎（東京電灯：フィーロン配電部，地中線業務担当）
　　山越　二郎（東京電灯：トンキン変電所，変電業務担当）

笠原喜一郎（日本発送電：発電所，発電業務担当）
西山正五郎（東京電灯：配電科長，配電業務担当）
小宮　武夫（東京電灯：会計監督官，総務担当）
中井　英雄（日本発送電：発電所，発電業務担当）
正木　旭（東京電灯：トンキン変電所，変電業務担当）
堀　源一（日本発送電：発電所，発電業務担当）

　一行は，12月8日午後3時に電気庁より連絡を受け，興亜院の嘱託として遅くとも11日午後8時に東京を出発し上海に向かい，2カ月の予定で上海電力公司の運営継続を命じられたという．鍋島の回想によれば，12月16日に着任した人員は合計16名であったというが，ここではひとまず報告書に記された上記11名を嘱託とみなす．彼らは業務終了後に，詳細なタイプ版の報告書である『上海電力株式会社調査報告書』を提出し，日本軍接収直後の状況を伝えた．その内容を読むと，営業的に考えた場合，石炭コストと電力価格設定の調整に苦しむであろうが「全ク収支相償ハサル逆境ニ陥ルカ如キコトハ考ヘラレヌ」と楽観的な観測がなされる反面，発電所設備などの部分では，良質な石炭を入手する問題，また米英との開戦後に付属品が調達可能か判明せず等，かなり厳しい展望も示される．また，しばらくのあいだ留用した米英人の幹部よりも，むしろ中国人の下級職員・苦力の動向が，労務管理の鍵になるといった予測もなされた．ここで提起された内容は，端的にいって第2節において概観した調査報告に比べて，格段に上海電力公司の「近代性」を評価したものとなっている．配電担当の岸俊次郎は，帰国後に上海電力公司の継電方式を紹介し，控目ではあるが「我国の継電方式の改善に対し，何等かの暗示が与へられる」と結んでいた[45]．

　もう一つの集団は，興亜院管轄の興亜技術委員会から派遣された，専門家集団であった．上海電力公司では，1939年以来取付け作業を行なっていた超高圧発電設備の完成を待たずして日本側が接収したため，その運転開始に向けての調査団である．1942年6月末に出発，7月末に帰国した団員は，次の構成であった．

第3章　中国工業調査——147

　　後藤清太郎(電気庁第二部火力課長)
　　山中直次郎(東京帝国大学教授)
　　近藤　常敏(電気庁技師)
　　大来佐武郎(興亜院技師)
　　千葉健三郎(日本発送電技師)
　　堀越　博(三菱重工参事)
　　谷口　健八(三菱重工技師)
　　谷内田　清(三菱重工技師)
　　濱野　秀雄(三菱重工技師)
　　吉村　国士(石川島芝浦タービン技師)
　　青　武(日立製作所技師)

　全構成員が技術者というこの集団は，高圧配管の溶接部分の技術力に喫驚する．そして米国運営時期と異なり，石炭も割当て制限を受けた上に，「炭質劣化シ山東炭ヲ主トスルタメ気管蒸発量ハ著シク低下」したことを指摘，また設備の中には重油燃焼罐に改造されたものもあり，「重油入手困難ナル現在使用シ得ズ」と困難な現状を認める．そして，石炭割当てを現行の1カ月当り32,000トンから40,000トンへの増加を興亜院に求めるとともに，さらに山東炭以外の開灤炭・溜川炭など，適正炭の手当も進言した．そして，超高圧高温設備に対する予備品・部品類の在庫が皆無に近い状況から，内地でこれらを事前に製作する必要を説く．これらを要するに，優秀な技術者・整備・予備品・重油・潤滑油や冷却水処理薬品など，全ての調達が完了しない限り，最新設備を使用することは不可能であるという，たいへん冷徹な結論を提示したのであった[46]．そしてこの調査自体，次のような文脈において，日本にとって極めて重要な目的を有していた点に，大いに留意する必要があるだろう．すなわち，

　　目下建設中ノ上海電力超高圧汽罐及前置式タービンノ数個ハ米国ノ最新技術ヲ以テ建設中ノモノニシテ……之カ研究ハ我ガ国技術ノ向上ニ資スルトコロ大ナルヲ以テ，本邦ニ於ケル最高技術ヲ動員シ速ニ調査研究ヲ進ムル……[47]

という史料に確認できる通り，世界水準の技術を「導入」せんという，極めて戦略的な意図が込められていたのであった．

他方，「後進的」であったはずの民族系発電所を接収し，中国電力産業史における「画期」を創出する意気込みであった華中水電株式会社は，当初の目的を達成し得たか．結論的には否であった．発展どころか，戦前の水準を回復させることもできなかったのだ．

公刊されていた『中支那経済年鑑』などはもとより，同社の『第八回営業報告書』，すなわち1941年10月1日から1942年3月31日分の営業報告以降，業務に関する数値は全く登場しなくなる．戦局の進展により，各種手当てが困難になった旨の表明が，これに代わって毎号記されるようになった．そして，営業成績を知ることができる史料においても，1942年上半期における各種指標は，対前期で大幅なマイナスを示すのであった[48]．以後，石炭不足・割当量制限・輸送手段の喪失・送電制限など，事態は悪化する一方であった．

本章では電力調査の問題を中心に，戦時期に興亜院によって「総動員」された官民の中国調査の状況を概観してきた．そして，一見「組織化」された感があった調査活動も，実質的な連携に乏しく，結局は机上の計画に終わったのではないかという推測を持った．他の分野においても，これは検証に値する主題であろう．

電力産業の事例では，「日満支経済ブロック」内で懸案を解決せんとした「支那事変」段階の計画は，結局は挫折した．これとほぼ同じ時期に「大東亜戦争」段階へと時局が展開した結果，さらに「共栄圏」建設を夢想したアジア全体を巻き込む形での，新たなる再生計画が提起されるに到った．これがすなわち，大東亜電力懇談会の成立であり，「事変」段階を遥かに上回る，派手な机上計画が立案されるようになる．

しかし恐らく，本章において概観した各種調査に従事した人びと，とりわけ技術者たちは，かなり早い時期から，自らの報告を用いて描かれた国策たる設計図が，空想の次元と変わりないことを，本能的に察知していたと思われる．興亜院技術部長・宮本武之輔は，職務上は「興亜技術」を叫んでいたが，反面

一人の場においては，次のような本音を洩らしていた．

「石炭不足．電気不足．科学に立脚せぬ経済機構の断末魔の破綻なり」[49]．したがって，「日支合作の前途多難．日本民族には果して異民族抱擁の能力なきか」と[50]．

この問題は，宮本個人の責任に帰すわけにはいかない．あくまでも電力の事例を考察した限りの結論ではあるが，実地調査をほとんど行なうことなく，大胆で重要な政策を実行してしまった，近代日本「官民」によって招来された，必然的結末であったといえるのではないだろうか．その意味においても，興亜院に統括されたかにみえた戦時下調査活動は，昭和前期日本が到達した対中国認識を育んだ，不遜なる方法群の集大成であったと思われるのである．

(1) 馬場明『日中関係と外政機構の研究——大正・昭和期』(原書房，1983年)の，とりわけ「第九章　興亜院設置問題」．本書序章及び第一部第１章も参照．
(2) 興亜院と阿片問題については，特に蒙疆連絡部における阿片栽培と供給について論及されることが多かった．近年の研究成果に，次のものがある．黒羽清隆「もう一つのアヘン戦争」(黒羽清隆『十五年戦争史序説』三省堂，1979年)，江口圭一編『資料日中戦争期阿片政策——蒙疆政権資料を中心に』(岩波書店，1985年)，岡田芳政・多田井喜政・高橋正衛編『続・現代史資料⑫　阿片問題』(みすず書房，1986年)，江口圭一『日中アヘン戦争』(岩波書店，1988年)，及川勝三・丹羽郁也(江口圭一編)『証言日中アヘン戦争』(岩波書店，1991年)，倉橋正直『日本の阿片戦略——隠された国家犯罪』(共栄書房，1996年)，朴橿著・游娟鐶訳『中日戦争与鴉片(1937〜1945)——以内蒙古地区為中心』(国史館，1998年)など．また，最近出版の優れた文学作品である西木正明『其の逝く処を知らず——阿片王・里見甫の生涯』(集英社，2001年)を通じても，このイメージが定着する可能性が高いだろう．
(3) 石源華主編『中華民国外交史辞典』(上海古籍出版社，1996年)294頁．なお同書では，興亜院の前身を「対華院」であると断定しているが，「対支院」はあくまで構想段階のプランであった．
(4) 中支那振興株式会社，及び華中水電株式会社に関しては，次の史料を用いて論述した．『昭和十五年二月十一日　中支那振興会社並関係事業会社概況』(中支那振興株式会社，1940年)，『第一回営業報告書』(中支那振興株式会社，1939年)，『支那関係主要会社法令及定款集』(興亜院政務部，1940年)，『第壹回営業報告書』

(華中水電株式会社，1938年)など．さらに回想として，岡田酉次『日中戦争裏方記』(東洋経済新報社，1974年)もある．
（5） 『官報』第3586号(1938年12月16日)513頁．
（6） 「興亜院事務分掌規程」昭和13年12月16日施行(『興亜院執務提要』興亜院政務部，1940年)39頁．
（7） 「勅令第46号」昭和14年3月9日(『官報』第3652号，1939年3月10日，353頁)．
（8） 「興亜院華中連絡部事務分掌規程」(前掲『興亜院執務提要』)44頁．
（9） 日本占領地における直接統治と間接統治の使い分け問題については，岩武照彦「中国占領地の経済支配の全貌」(軍事史学会編『日中戦争の諸相』，錦正社，1997年)を参照されたい．
（10） 満洲電業株式会社調査課編『中南支各省電気事業概況』(満洲電気協会，1939年，東京都立大学図書館所蔵)43～44頁．
（11） 以下に引用する史料は，概ね「調査戦区鄰近各県電業状況」民国26年(中央研究院近代史研究所档案館所蔵建設委員会档案，23-25，20-(1))による．なおこの問題については，金丸裕一「従破壊到復興？——従経済史来看『通往南京之路』」(『中国現代史専題研究報告』第20輯，中華民国史料研究中心，1999年)において，初歩的な分析を行なっている．あわせて参照されたい．
（12） 『上海華商電気股份有限公司第二十届営業報告書』(民国35年？，上海市図書館所蔵)．
（13） 「常熟電気公司呈」民国26年11月17日(中央研究院近代史研究所档案館所蔵建設委員会档案，23-25-11，12-(1))．
（14） 「上海電力公司の研究」(『東亜』第13巻第8号，東亜，1940年)120頁．
（15） 『中支調査機関連合会規約』(興亜院華中連絡部，1940年，愛知大学豊橋図書館所蔵)．
（16） 「『中支』農村調査夜話」(井村哲郎編『満鉄調査部——関係者の証言』，アジア経済研究所，1996年)の204～205頁に収録された，伊藤武雄の回想を参照．
（17） 『中支調査機関連合会役員名簿』(興亜院華中連絡部，1940年，愛知大学豊橋図書館所蔵)．
（18） 『支那調査関係機関連合会会報』第1巻第1号(同会，1940年11月)．この史料は藁半紙にタイプ印刷という体裁で，ページ数が記入されていない．
（19） 『支那調査関係機関連合会会報』第2巻第1号，1941年1月．
（20） 『支那調査関係機関連合会会報』第1巻第2号，1940年12月．
（21） 金丸裕一「中国『民族工業の黄金時期』と電力産業」(『アジア研究』39-4，1993年)60～65頁．
（22） 天海謙三郎『支那の電気事業に関する調査』三菱合資会社資料課，1925年)

22～23, 及び52～53頁.
(23) 『上海電力会社の組織と事業』(中国通信社調査部, 1937年5月)61～65頁を参照.
(24) 『中支に於ける電力事業調査 第一輯 上海電力公司——一九三六年十二月末日現在』(満洲電業株式会社調査課, 1937年12月, 電力中央研究所狛江図書館所蔵)1頁.
(25) 『上海ニ於ケル電気事業調査報告』(満鉄上海事務所, 1938年3月, 電力中央研究所狛江図書館所蔵)6頁, 及び20～23頁など.
(26) 『日支事変後ニ於ケル在上海外人商社ノ収益状況』(中支那振興株式会社調査課, 1939年6月, 滋賀大学経済経営研究所所蔵)「総説」, 及び「第一章第二節 上海電力公司」部分.
(27) 巽良知「支那に於ける電気事業の概要」(『調査月報』第1巻第2号, 興亜院政務部1940年2月)154～155頁.
(28) 『上海電力公司』(中支那振興株式会社, 1940年, 滋賀大学経済経営研究所所蔵)「序言」, 及び「営業状況批判」の部分.
(29) 前掲『中南支各省電気事業概要』48頁.
(30) 『江蘇・浙江・安徽三省ノ水道事業並電気事業概況』(興亜院華中連絡部, 1940年8月, 大分大学経済研究所所蔵)12～13頁.
(31) 『上海租界ノ敵性調査 第一部 共同租界工部局警察』, 『同 第二部 共同租界工部局ノ財政』(興亜院華中連絡部, 華中調査部調査機関シアリーズ第36輯1, 2, 1940年, 国立国会図書館所蔵)などが, 象徴的な調査である.
(32) 前掲「上海電力公司の研究」116～122頁.
(33) 前掲『中南支各省電気事業概要』1～2頁.
(34) 赤穂〆松「中国電気事業法規概説」(『実務資料月報』第5巻第2号, 1939年2月, 大分大学経済研究所所蔵)30～35頁.
(35) 巽良知前掲「支那に於ける電気事業の概要」における「緒言」の第一段落(144～145頁)は, 前掲『中南支各省電気事業概要』の「緒言」冒頭7行(1～2頁)を丸写ししたものである. もっとも, 但し書きの部分で「調査資料を各方面より蒐集して, 其の梗概を述べたものである」と明記しているため, いわゆる剽窃行為には該当しないものと思われる.
(36) 巽良知同上「支那に於ける電気事業の概要」148頁.
(37) 宮本武之輔「支那の建設と技術」(『電気学会雑誌』第59巻608号, 1939年3月)169～170頁. なお宮本については, 大淀昇一『宮本武之輔と科学技術行政』(東海大学出版会, 1989年), 及び同『技術官僚の政治参画』(中央公論社, 1997年)が, 極めて詳細な分析を行なっている.
(38) 巽良知前掲「支那に於ける電気事業の概要」149～155頁.

(39) 『北・中支電気事業便覧——昭和十四年度版』(電気新報社，1939年，電力中央研究所狛江図書館所蔵)61～62頁の訳文によった．

(40) 「江蘇，浙江，安徽三省の水道事業竝電気事業概況」(『調査月報』第2巻第3号，興亜院政務部，1941年3月)149頁．

(41) 『支那に於ける電気事業設備の規格』(興亜院，1940年10月)6～7頁．

(42) 近藤徹「第八章 工場動力施設と電気事業」(『無錫工業実態調査報告書』南満洲鉄道株式会社調査部[興亜院政務部からも同一内容で出版]，1940年5月)，及び上田宗次郎『無錫電力調査報告』(満鉄上海事務所調査室，1941年10月，電力中央研究所狛江図書館所蔵)を参照．

(43) 前掲『上海電力公司』の「序言」部分．

(44) 『上海電力株式会社調査報告書』(発行元不明，1942年，電力中央研究所狛江図書館所蔵)の「序」を参照．なお，ここに名を連ねる人々は，戦後になって鍋島卯八編『大東亜戦争下の上海電力公司と私達』(私家版，1972年)という回想録を編纂している．

(45) 岸俊次郎「上海電力会社に於ける継電方式」(『電気日本』昭和17年12月号，1942年)891頁を参照．

(46) 『上海電力江岸発電所超高圧設備実地調査報告書』(興亜技術委員会上海電力調査団，1942年9月)．この史料は，防衛庁防衛研究所所蔵陸軍史料の「支那/大東亜戦上海南京/26」である．

(47) 「上海電力発電所超高圧設備ノ調査等ニ関スル件」(陸軍省受領陸密受第5716号，工政課，1942年6月)．この史料は，防衛庁防衛研究所所蔵陸軍史料の「陸亜密大日記/S17～23」に収録．

(48) 『華中水電株式会社概要——昭和十七年九月末現在』を参照．

(49) 『宮本武之輔日記』1940年1月31日の項．彼の日記は，1971年に社団法人電気通信協会東海支部によって，全文が複製・出版されている．

(50) 同上，1940年9月30日の項．

(補註) 本稿執筆後，表3に関係する下記の史料を入手した．①『天津電気事業統制方策竝調査資料』(満鉄調査部，1937年)；②『北京電気事業統制方策竝調査資料』(同上)；③『冀東電気事業統制方策竝調査資料』(同上)；④『福建電気事業ノ現勢ト其改進方策』(興亜院政務部，1940年)；⑤石川長寿・坂口忠・国房貞親編『北支那に於ける既存電気事業総括調査報告』(満鉄調査部，1940年)．これらを含めた分析は，後日の課題としたい．

なお本稿における議論の前史として，金丸裕一「戦前期日本による中国電力産業調査の諸問題」(『近代中国研究彙報』第25号，東洋文庫近代中国研究委員会，2003年3月)をあわせて参照していただければ幸甚である．

第4章　重要国防資源調査

奥　村　　　哲

　興亜院の中国経済調査は,「重要国防資源調査」と「一般調査」に分けられていた[1]. しかし残念ながら, 具体的な調査計画の作成過程や2種類の調査の区分法などがわかる史料を, 現段階では見出してはいない. 本章では, 手元の乏しい史料をもとに, 前者——「重要国防資源調査」が企画され実施に移された過程をできるだけ明らかにするとともに, いくつかの調査報告の内容を検討するにとどまる.

1. 調査の企画と具体化

　『興亜院功績概要書』によれば, 中国に関する調査・情報収集や宣伝を職務とする政務部第三課は, 最初の仕事となる昭和14年度の調査に関して, 当初, 次のような方針を掲げていた.

　　イ, 日満支ブロック建設ニ関スル諸調査ニ重点ヲ置キ特ニ国防資源ノ調査
　　　ニ主力ヲ注グコトトシ
　　ロ, 揚子江流域ニアリテハ我ガ方ノ商権確立, 外国勢力ノ駆逐及対蔣圧迫
　　　等ノ見地ヨリ流通関係ノ調査ニ注グコトトシ
　　ハ, 各連絡部ニ於テハ其ノ管轄地域並ニ其ノ環境ニ従ヒ其ノ地域的特異性
　　　ニ応ジ連絡部調査指針ヲ与ヘ
　　此等調査ニ当リテハ現地実情ノ正確ナル把握乃至日満及第三国トノ関聯並
　　ニ支那各地相互ノ地域ノ比重ヲ明確ニスルコトニ留意セリ

ついで, 次のように付け加えている.

　　其ノ後事変ノ進展ニ伴ヒ国防ノ維持強化乃至生産力ノ拡充ノ為不足重要国

防資源自給ニ必要ナル調査ヲ緊急ニ行フコトトシ関係各庁ノ協力ヲ求メテ之ガ実施ニ着手スルコトトセリ[2]

つまり，当初から「日満支ブロック建設ニ関スル」「国防資源ノ調査」に重点があり，中国経済の中心地である長江流域では，「資源」を獲得するために，流通過程の掌握が目指された．しかし，その後の「事変ノ進展」によって，「国防ノ維持強化乃至生産力ノ拡充ノ為」に「不足重要国防資源自給ニ必要ナル調査」が緊急に行なわれることになった．おそらくそれが「重要国防資源調査」に，それ以外が「一般調査」に分類されたのであろう．問題は，当初計画を修正させた「事変ノ進展」とはいつ頃のどんな事態か，「重要国防資源」とは具体的にどのようなものを指すのか，である．

この点に関して，『支那重要国防鉱産資源調査報告』の序は，次のように記している(以下，引用史料中の漢数字は，適宜読みやすい算用数字にあらためた)．

当院に於ては，支那事変発生以来我が不足重要国防資源自給の見地より之を能ふ限り支那より開発獲得し，他面支那の第三国向輸出重要資源の我が方への獲得を計る為，之に資す可き調査を急速に実施する方針を樹て，昭和14年9月，支那重要国防資源調査要綱及び支那重要国防資源調査実施要領を定め，右に基き鉱産，農産及び薬用植物の各資源に付き調査を実施し来れり[3]

これによって，1939年9月に，「支那重要国防資源調査要綱」と「支那重要国防資源調査実施要領」が定められたことがわかる．ここから判断すると，その後の「事変ノ進展」とは，汪精衛らが重慶を脱出して対日和平に基づく新政権樹立に向ったこと，にもかかわらず国民政府は根強い抵抗を続け，戦争の長期化が一層鮮明になった情況を指すのではなかろうか．ただし微妙なのは，同じ9月の1日にドイツ軍がポーランドに侵攻し，ヨーロッパで大戦が勃発しており，これが調査計画に影響を及ぼしている可能性がある．ともかく，戦争が長期化して経済戦の様相が鮮明になってきたことが，「不足重要国防資源」と「第三国向輸出重要資源」の獲得を目的とし，「鉱産，農産及び薬用植物」を対象とした，興亜院の「支那重要国防資源調査」を開始させたのである．言うま

でもなく，ここでの「国防」の主体は「支那」ではなく日本であり，日本の国防のために「支那」から「獲得」すべき資源を調査する，これが「支那重要国防資源調査」であった．

　ところで，『興亜院功績概要書』は「調査ノ実施」という項目で，調査機関の整備統合の必要を強調しつつ，当面は現機構の「機能ノ整備充実ヲ計リ関係機関相互ノ連繋ヲ緊密ニシテ以テ調査ノ促進ヲ図ル」として，「支那関係調査機関協議会(本院)，華中連絡部調査機関(華中)，中支調査機関連合会(華中)，武漢地方ニ於ケル調査事務統一連絡会議(漢口)ヲ設ケテ内外ノ連絡円滑化ヲ図リツツ，本院自体トシテハ予算100万円ヲ以テ或ハ興亜院職員ニ依リ或ハ国内多数ノ専門家ヲ動員シ，左ノ調査ヲ実施セリ」[4]としている．ここで注目したいのは，興亜院の本部以外には，武漢を含む華中の諸機関しか挙げていないことである．また，後に見るように，「重要国防資源調査」報告書の表題の冒頭には，何も付かないものか(例『重要国防資源調査報告繊維作物(麻)』)，「支那」が付くもの(例『支那重要国防鉱産資源調査報告』)の他，多くは「中支那」を冠し(例『中支那重要国防資源生糸調査報告』)，「北支那」や「南支那」等，他地域の名を付けるものは見当らない．こうしたことは，どう解釈したらよいのだろうか．

　考えられるのは，日本軍の2大占領地域である，華北と華中の状況の違いである．華北の場合，盧溝橋事件以前の華北分離工作の時から，満鉄経済調査会を主軸として，鉱山や鉄道等の調査が進められていた[5]．また1938年5月の徐州の陥落によって，戦闘は一段落し，占領体制の整備が始められた．これに対して華中の場合は，体制の整備は同年10月の武漢陥落以後であった．こうしたことや占領軍の違い，さらには地域の歴史的事情などから，占領政策に関して華北と華中の違いがしばしば指摘されており[6]，「重要国防資源調査」にもそうした事情が反映したようである．しかし，この点は後考を待つしかなく，以下の議論も華中を中心とせざるをえない．

　調査の具体化の過程をみるために，華中連絡部経済第一局の活動表(1939年3月20日〜40年4月27日)から，「重要国防資源調査」に関わる記述を抜き出して

みよう[7].

 1939年10月20日 中支重要国防資源中生糸調査準備会開催
     24日 中支重要国防資源調査ニ関シ協力方依頼
     27日 中支那重要国防資源調査ニ関シ実施計画案ヲ作成軍総司令部外関係各部へ送付
   12月 9日 中支那重要国防資源調査ニ関スル件
     11日 中支那重要国防資源生糸調査隊ニ便宜供与方登集団参謀長宛依頼
     15日 中支那重要国防資源生糸調査隊ニ便宜供与方広野部隊参謀長外ニ宛依頼
 1940年 1月 1日 支那国防調査ニ関スル件
      7日 中支那重要国防資源生糸調査隊派遣ノ件
     17日 中支那国防資源調査隊ニ振行証明下付ノ件
     19日 中支那国防資源調査隊ニ便宜供与方依頼
       同食糧資源調査隊ニ便宜供与方依頼
       同鉱物資源調査隊ニ便宜供与方依頼
     22日 中支那重要国防資源茶調査隊便宜供与方依頼
     24日 中支那国防資源鉱産物及食糧作物調査実施ノ件
     30日 中支那重要国防資源生糸調査隊ニ便宜供与方依頼ノ件
    2月19日 中支那重要国防資源鶏卵豚腸及桐油調査ニ関スル件
     20日 中支那重要国防資源桐油調査ニ関シ便宜供与方依頼
    3月19日 中支那重要国防資源鉱石調査第二班行動状況報告ノ件

　活動表では，「重要国防資源調査」は，「調査要綱」と「実施要領」がだされた翌月，1939年10月になって突如現れる．そして，まず生糸調査の具体化が先行したことが，窺えよう．10月27日には実施計画案が作成され，軍の総司令部等に送付されている．そして，年を越えて，食糧・鉱物・茶等々と実施に

移されていく過程で，各方面に「便宜供与方依頼」をしているが，とりわけ現地に駐屯している軍の全面的な協力が不可欠であった．ここには生糸に関して，登集団や広野部隊という，具体的な名が出ている．

さて，「重要国防資源調査」の対象は，鉱産物・農畜産物と薬用植物に分けられる．ただし，薬用植物については，リストには，

① 『中支那重要国防資源薬用植物』 1940 年 8 月
② 『昭和 15 年度重要国防資源薬剤にかんする調査報告書』 1941 年 3 月

の 2 冊しかなく，いずれも現物はみつかっていない．具体的な品名については，昭和 15 年度の調査計画において，アヘン，アルカロイド，カフェイン，キニーネがあげられている．現段階では，これ以外の情報はないので，以下では，鉱産物と農畜産物の調査についてみていく．

2. 鉱産物資源調査

鉱産物資源に関する調査報告を，リストによって発行年月順に示すと，以下のとおりである．

① 重要国防資源調査(第 1 回報告)蒋政権の外貨獲得に利用せられある中南支の鉱産資源　1940 年 5 月
② 重要国防資源調査(第 2 回報告)特に不足せる重要鉱産資源　1940 年 5 月
③ 中支那重要国防鉱産資源安徽省安慶地方調査報告　1940 年 8 月
④ 中支那重要国防鉱産資源杭州附近調査報告　1940 年 8 月
⑤ 中支那重要国防鉱産資源銭塘江以南調査報告　1940 年 8 月
⑥ 中支那重要国防鉱産資源南昌方面調査報告　1940 年 8 月
⑦ 中支那重要国防鉱産資源奥地調査報告　1940 年 8 月
⑧ 支那重要国防鉱産資源開発緊急対策意見(未定稿)　1940 年 12 月
⑨ 支那重要国防鉱産資源調査報告　1941 年 2 月
⑩ 重要国防資源開発上必要とする通信施設調査報告書　？

このうち所在が確認できたのは，①②と⑨しかない[8]．⑨は「支那重要国防資源調査」のうち，「昭和14年度中に実施せる鉱産資源調査を蒐録」したもので，政務部第三課による序文の日付は1940年4月であり，A5版で1,092頁という大部のものである．その中で昭和14年度の調査計画について具体的に記しているので，やや長くなるが，以下に引用する．

　鉄及び石炭等既に企業に移りつゝあるもの等は概ね之を除外し，差当り満俺〔マンガン〕鉱，重石〔タングステン〕鉱，水鉛〔モリブデン〕鉱，ニッケル鉱，銅鉱，鉛鉱，亜鉛鉱，アンチモニー鉱，蛍石，石綿，雲母，錫鉱，燐鉱，金，其他重要なる不足鉱産資源の調査に主力を注ぎたり．而して其調査地域は治安運輸等の状況を考慮し，初年度として先づ蒙彊地方の沽源，独石，張北，興和，冀東地方の密雲，薊県，山東地方の牟平，棲霞，蓬莱，泰安，歴城，即墨，山西地方の聞喜，絳県，交城，其他海州付近，大冶付近，南京付近の現地調査を行ひ，（一）埋蔵量，可採量，品位，生産量増産見込，（二）開発方法，（三）運搬方法，搬出港，経路，距離，運賃諸掛，輸送設備（鉄道，道路，運河，港湾の新設増強等），（四）生産費，（五）権利関係，（六）治安状況，（七）所要資金，（八）所要器材，（九）所要技術員及び労働者，（一〇）其他参考となる可き事項等に関し調査することとし，将来治安状態の改善に伴ひ，更に青島西方，杭州付近，鄱陽湖付近，長沙付近，広東付近，銭塘江南部等要域の調査を実施することとせり．尚中南支非占領地帯の奥地に在りて生産せられ第三国に輸出せられつゝある重石鉱，水鉛鉱，アンチモニー鉱等に付ては漢口，広東，香港，河内〔ハノイ〕等の現地機関を煩はし，（一）輸出の経路別数量及び金額，（二）輸送方法及び取引値段（取引通貨の種類，物々交換の可能性等を含む）〔（三）は欠落〕（四）取引機構及び主要取引業者（国籍）並びに取扱量，（五）戎克〔ジャンク〕，第三国船，不開港地等の利用状況，（六）其他参考となる可き事項等を調査することとせり[9]．

実際の「結果は，治安状況等各般の事情により調査地，調査内容等の変化あり，必ずしも所期の成果を挙げ」[10]られなかったという．報告書には，鉄15

篇・金9篇・タングステン3篇・鉛1篇・雲母2篇・蛍石3篇・コバルト1篇・石炭10篇・礬土頁岩1篇・石綿2篇・膏塩1篇・その他12篇の，計60篇の報告が収録されている．責任機関別では，蒙疆連絡部が2篇，華北連絡部が18篇，青島出張所が2篇，華中連絡部が35篇，厦門連絡部が2篇，香港総領事館が1篇で，華中連絡部が半数以上を占めている．調査の種類は「精査」(11篇)・「概報」と「机上調査」に分けられるが，「多くは現地に在りて概査をなしたるものにして，調査の結果有望と認めらるゝ地域に対しては更に次年度以降に再調査を施しつゝあり」というように，多くが「概報」である．

　ここで注意したいのは，序文にあるように，一部の鉄や石炭等の鉱山を除外していることである．周知のように，日本は総力戦体制を構築するに際して，「北支の石炭，中支の鉄鉱」[11]をとりわけ重視していた．山西省を中心とした華北の主要な炭鉱に対しても，興中公司が開戦と同時に接収と経営のために積極的に行動している．また鉄鉱石の大部分を日本に輸出していた華中の大冶鉄山についても，日本は武漢占領後大冶鉱業所を設立して，採掘に着手している．「既に企業に移りつゝあるもの」とはそうした意味であり，これらについては[12]，この時，調査はしていない．もちろん，それらが重要ではなかったからではなく，逆に最も重要であるからこそ，既に掌握していて新たな調査が不要であったからである．この時の調査では，石炭については華北連絡部が3つ，華中連絡部が7つの炭田を，鉄については華北連絡部が1つ，華中連絡部が安徽省の当塗・繁昌・銅陵の各県等で14の鉱山を調査している．そしてこれらの「収奪計画と生産実数の問題では，日本帝国主義の鉱業資源収奪は，少なくとも1942年までは，収奪計画にほぼ近い線で達成していた」[13]のである．

　石炭と鉄以外では，どんな鉱物がとりわけ重視されていたのか？　②は興亜院技術部(「鉱工業係」が線で消されている)によるもので，B5版・油印本・13頁と短いものであるが，その冒頭で次のように記している．「日本トシテ国防上絶対ニ確保セザル可カラザル鉱産資源ハ，支那大陸ニ於テ多種多様ニ亘リ分布，賦存ヲミルモ，其中特ニ我カ軍需資源トシテ不足ヲ痛感セル鉱種ハ水鉛(モリブデン)，ニッケル，重石(タングステン)，錫，安質母尼〔アンチモニー〕，満

俺〔マンガン〕,蛍石及雲母等ナリトス」[14].②はこれらのうち,モリブデン・ニッケルとマンガンについて,所在地・鉱山名・埋蔵量・品位・年産量・鉱床・採掘状況等を,一覧表にして示したものである.

①は不足重要鉱物資源のうち,タングステン・アンチモニーと錫について,「重要性,産出状況竝ニ事変後ノ輸出経路ニ関シテ略述」[15]したものである.編者は②と同じで,やはりB5版・油印本で24頁・地図1枚という短いものである.これら3種の鉱物,特に前2者は中国の特産物といってもよいもので,同史料によれば,世界産出量に占める割合はタングステンが1937年で約70%,アンチモニーが76-80%であった(錫は世界5位で6%内外).問題はその産出地である.タングステンは「支那第一ノ産地ハ江西省南方ノ大廋,次イデ湖南省東部ヨリ広東省ニ跨レル地域ノ順」[16]であり,アンチモニーは湖南省が最も多く,長沙の西南西約170kmに位置する新化県のみで世界の54%を占め[17],錫は「最モ主要ナル産地ハ雲南省ニシテ箇旧付近ヲ第一トシ,之ニ次ギ多産ナルハ江西省南部更ニ広西,湖南,広東ノ各省ノ順序」[18]であった.日本側からすれば,「惜シクモ現非占領地帯タル奥地ニノミ分布」[19]していたのであり,掌握できなかったのである.周知のとおり国民政府の資源委員会がこれら鉱産物を支配し,それとのバーター取引によって,武器の購入や奥地で抗戦を支える重工業建設を行なった[20].

さて,次にみるように,農畜産物調査報告の場合には,当該「重要国防資源」の獲得策も提起されているが,鉱産物の場合はそれに相当する部分はない.言うまでもなく,鉱産物の場合は産地は鉱山という言わば動かぬ点であり,その産物も基本的には重工業の原料で,石炭などを除けばすぐに民衆の生活で消費されるものではなく,運搬ルートも比較的単純である.したがってこれらの「重要国防鉱産資源」の獲得は,鉱山の占領と開発,そして輸送路の確保という,点と線を支配することによってなされたからである.これに対して農畜産物の場合には,生産地は農村という可変的な面であり,消費も相当程度農村自体で行なわれるから,流通も多様でまた変化し得る.そこでは,統治の問題が重要にならざるをえない.

3. 農・畜産物資源調査

　リストから「重要国防資源調査」の農畜産物に関するものを抜き出すと，その多くが「中支那」を冠しているので，まずそれらを先に示そう．（　）内は「国防資源資料」のシリーズ番号である．

　　① 『中支那重要国防資源食糧作物調査報告書』(17)　1940 年 3 月
　　② 『中支那重要国防資源生糸調査報告会資料』　1940 年 3 月
　　③ 『中支那重要国防資源棉花，麻調査報告』(7・19)　1940 年 7 月
　　④ 『中支那重要国防資源鳥卵，豚毛，禽毛，豚腸調査報告』(8・9・10・13・22)　1940 年 7 月
　　⑤ 『中支那重要国防資源皮革』　1940 年 8 月
　　⑥ 『中支那重要国防資源茶，生漆，胡麻，桐油，奥地農産物調査報告』(12・14・15・18・21)　1940 年 9 月
　　⑦ 『昭和十五年度中支那重要国防資源食糧作物調査報告書』(26)　1940 年 12 月
　　⑧ 『中支那重要国防資源生糸調査報告』(25)　1941 年 2 月
　　⑨ 『中支那重要国防資源支那特産品調査報告　桐油及生漆』(46)　1941 年 7 月
　　⑩ 『中支那重要国防資源支那特産品調査報告　胡麻及胡麻油』(47)　1941 年 7 月

　また次の報告書も，「中支那重要国防資源」の誤りではないかと思われる．

　　⑪ 『中支那主要国防資源食糧作物調査報告書』　1941 年 2 月

　この他，リストから「重要国防資源」を冠するものを抜き出すと，以下のとおり．

　　⑫ 『重要国防資源調査報告繊維作物(麻)』　1939 年 12 月
　　⑬ 『支那重要国防農産資源獲得緊急対策意見(未定稿)』　1940 年 12 月
　　⑭ 『重要国防資源支那特産品茶調査報告書』　1941 年 5 月

⑮『武漢地区重要国防資源畜産物調査』1941年8月
⑯『武漢地区重要国防資源畜産物調査報告書』1941年11月

このうち，②⑤⑪⑫⑬⑭⑮については，所在が明確には確認できない．ただし，②は京都大学人文科学研究所が所蔵する，油印本の『中支那重要国防資源生糸調査報告資料』の誤りかもしれない．また⑭については，興亜院の『調査月報』第2巻第9号(1941年9月)に，同名のものが掲載されているのが，その一部であると考えられる．さらに⑮は，東京大学経済学部が所蔵する，油印本の興亜院華中連絡部『中支那重要資源調査報告書　武漢地区重要国防資源畜産物調査』(1941年8月)と同じものであろう．これは「総括及所見」と三つの部分にわかれており，それらを一つにまとめ，活字印刷にしたのが⑯である．とすれば，現在みることができないのは，⑤⑪⑫⑬のみとなる．

これらの調査報告の間には相当の精粗があり，形式も必ずしも同一ではないが，いくつかはほぼ共通した構成をとっている．③の棉花の例でみると，(1)生産と分布の状況，(2)需給関係，(3)集散地と出回状況，(4)調整加工事情，(5)金融と運輸の状況，(6)品質と検査事情，(7)収買機構と価格，(8)獲得対策と獲得可能量，(9)付録，となる．これは①もほぼ同様であり，⑥の生漆や⑯も似たような構成である．ここから，「第一次支那重要国防資源調査要綱」が，こうした調査項目を挙げていることが推測できよう．そして特に注目すべき部分が最後の「獲得対策と獲得可能量」であるのは，調査の最終目的がそこにあるからである．以下，いくつかの報告書の中身に入ってみよう．

4.『武漢地区重要国防資源畜産物調査報告書』

この報告書は，「中支那重要国防資源畜産物調査報告書」の一環として，武漢地域について行なわれたものをまとめたもので，A5版で382頁と，かなり詳細なものである．担当者は興亜院技手の戸田佑二と嘱託の福田良久で，皮革（黄牛と水牛）・牲畜（牛と豚）・豚毛・卵と卵製品・豚腸・禽毛を対象としている．調査期間は1940年12月2日から翌41年1月27日であり[21]，現在所在

が確認できる「重要国防資源調査」の中では，⑨⑩についで遅く，当初の立案から相当時間がたっていた．その間に，戦争は「愈々長期経済戦の性質を濃化するに至」り，その結果，「当初単に不足資源の獲得並に外貨獲得，資源の把握と云ふ見地のみより考察された『国防資源畜産物』の意義も自ら幾変転を招かねばならなかった」[22]，という．

そうした情勢の変化にもかかわらず，なお調査を行なう意義として，報告書は３点を挙げている．第一は，「皮革が広く軍用資材とし，牲畜が現地軍自活食糧とし，直接間接に皇軍の作戦上に寄与する重要資源であ」ること．また豚毛以下の４項目については，第二に「之等が何れも支那に於ける主要外貨獲得源として軍需資材に代替し得るものである」こと．そのうえで，報告者がとりわけ強調するのが，次の第三の理由である．「更に高処よりすれば，夫等の盡くが何れも経済戦の一端を負荷されるべき支那農村の主要生産物であり，之等の物資を通じて茲に初めて主要都市を攻略した皇軍が，物資生産能力を保持する背後農村へ呼び掛け得べく，好個の媒剤の一たるを失はぬと信じた」[23]と．

これらの理由のうち，第一は当時としては自明であったから，皮革と牲畜については，「金融，運搬その他凡ゆる部面に略々積極的な集貨策が採られて来た」．しかし豚毛以下に関わる外貨の獲得源という第二の理由は，ヨーロッパでの第二次世界大戦の勃発，そして日米関係の悪化によって，大きく動揺していた．そのためか，軍当局も「第三国向商品の取扱に対して積極化を好ま」[24]ないという．調査者らの観察によれば，「若し積極的集貨対策が許されるならば，依然相当量の集貨可能を示唆して居る」[25]と思われるのに，軍需に直結する皮革と牲畜以外「に対しては，各種の統制が厳格に実施され，殊に経済的にも一地域を画して居る当武漢地区に於ては，斯かる部面には潔癖な迄の処置が講じられ，之等第三国向商品に対しては万事手控へ的な傾向さへ認められ，土貨出回り激減の有力な一因」になっている，というのである．報告者はこう表現している．「調査後，吾々の感じた処を端的に表現すれば『何故に出回らないのか』ではなく『何故出回らしめないか』であった」[26]と．こうして周辺農村からの物資の集散地という機能が低下した結果，彼らが調査に訪れた時，

「意外にも地方農村との繫りの稀薄な或は稀薄ならんとする漢口を眼にしなければならなかった」,「換言すれば皇軍の作戦基地としての重要性のみが高く評価された漢口を認めねばならなかった」[27]のである.

そこで彼らは,「外貨に対する期待を好んで放棄する理由は毫もない」と批判した上で,「更に高処即ち長期経済戦に対処する広義作戦上よりす」るという,第三の理由を強調し,それをさらに4点にわける.「その第一は支那農村を重慶に結ぶことが択ばるべきか,漢口に繫ぐことが択ばるべきかの問題であ」り,「換言すれば第三国向商品を農村把握の媒剤として用ふべきである」こと,「第二は支那農村に与へずして之を把握することは困難である」こと.「第三としては支那とその商品市場との流れを止めてはならぬことであり,第四は奥地と都市海港との流れを杜絶せしめぬことである」[28]と.要するに,大都市を軍事的に制圧するだけでは勝利できず,農村を掌握しなければならない.そのためには奥地から海港都市への商品の流れを止めてはならず,周辺農村の物資集散地としての漢口の機能を維持するためにも,積極的な集貨策をとるべきだ,というのである.

報告者のこうした議論は,国民政府の性格とその抗戦力に対する独自の理解に基づいていた.「若し農村が都市,海港に依存することなく,或は精神的に或は物質的に之と全然分離して自給自足の生活を持続し得,然も遊撃隊の温床として敵方抗戦力の維持に貢献し得るものであるとするならば,事実主要都市,海港,鉄道沿線を支配下に置き得たに過ぎぬ日本としては更に考慮する処がなければならない」.何故なら,主要都市を攻略し,「第二の首都とした重慶も亦既に廃都と云ふ.然も尚蔣政権の屈せざる事実は遺憾乍らこの下等動物的国家に対しては,単なる表面的な主要都市海港の攻略のみに依って広く把握することの困難であることを認めねばならない」からである.「抑々皇軍が主要海港を抑へ,鉄道沿線確保に努め,主要都市を占拠する所以のものは,之に依って支那の国家としての全的機構を捕捉し,その抗日機能を抹殺せんとするに外ならぬ筈であって,若し之等の地区を兵站基地として或は作戦基地としてのみ高く評価し,治安維持の便宜上,或は現地軍自治安定の名の下に,背後農村

——之こそ真の支那である——に繋がりを持つ都市，海港の機能を減殺するが如き措置が，若し採られたとするならば，本末顚倒の之より甚だしきはないと云ふべきである」[29].

　彼らのみるところ，国民政府の側は農村工作を巧妙に進めていた．「農村特に皇軍占拠地域外の農村には敵方の諸工作が浸潤し」ており，煙草は食糧作物に，落花生も商品から「農民の自用に転用」しているという．「之等は若し事実なりとすれば一つには農村に於ける食糧自給に役立ち，又遊撃隊の兵站確保に有効なる結果を招来すると見做し得る．斯かる敵方の工作が徹底すれば，さらでだに希薄なこの方面よりの都市と農村の連鎖は全く杜絶するに至るやも測り難い」と．その行く末はどうなるか．「若しこの連鎖，即ち皇軍が血を以て攻略し，新生国民政府の治下に属すべき物資消費地主要都市海港と，遊撃隊の出没し，依然重慶政府の触手の伸びた物資生産地方農村との結び付きが絶たれんか，今次聖戦の長期経済戦的推移に徴し，その終局目的達成は百年河清を待つに等しきものがあると云はねばならない」[30]と．ここでは，「下等動物的国家」という悪罵を投げつけながら，中国側がむしろその経済的後進性の故に農村の自給自足に依拠して抗戦を継続でき，日本側の勝利の展望を失わせるという，中西功らの『支那抗戦力調査報告』[31]にも通じる見方が示されているのである．

　さて，報告者は獲得策は積極的な集荷策をとることであるとして，次の5点を挙げている．第一に，「大局的見地から過渡的に第三国商社の手を経」ることも認めるとともに，日本での利用や加工・再輸出の問題を研究して，販路の維持拡張を図ること．第二に，集荷の規模を拡大できるよう，加工の施設等を増やすこと．但し黄牛は耕作に影響するので，「黄牛肉が皇軍将士の嗜好に適することは諒解し得るが，水牛肉，豚肉への代替を一層考慮され，黄牛の買付を緩和せられる様切望するものである」，としている．第三は漢口占領後に出現した日本人の群小取引業者を整理・淘汰すること．第四は，中国人による集荷機構を把握することで，「少くとも今日に於ては従来の集貨〔集荷〕機構をその儘我方に把握すること」．そして最後に，日本人商社の加工製造施設等を改

善すること，である$^{(32)}$．これらの提言は，第三国商社や中国人の集荷機構を温存するよう進言するとともに，むしろ日本側の動きの方に批判的で，整理・改善を求めている点が注目される．

ともあれ，畜産物は生活用品ではあるが，必需品ではない．またその多くは基本的には商品であるから，流通過程を通して掌握し得るので，報告者の提案も流通関係に集中していた．これに対して農民の主生産物である米や麦等の食糧は，生活に「切実且直接的」であり，本来自給性の高いものである．そこには，「重要国防資源調査」の本質が如実に現れることになる．

5.『中支那重要国防資源食糧作物調査報告書』

この調査は「第一次支那国防資源調査要綱ニ基キ」，米と小麦を主対象として，1940年1月下旬〜3月上旬に実施したものである．調査は長江の「下流」（江蘇・浙江・安徽）と「上流」（湖北・湖南・江西）の2班に分けられ，農林省米穀局・農林省農事試験場・興亜院華中連絡部・満鉄上海事務所・東拓・三井物産上海支店が，それぞれ2つの班に調査者を派遣している．「下流」は野崎貫一（農林省米穀局）班長以下10名，「上流」は福家豊（農林省農事試験場）班長以下7名である$^{(33)}$．

まず，「揚子江下流三角地帯」の状況（第一編）については，次のように報告している．「占拠地域ガ消費都市多ク，生産地帯ノ確保少キ事情ハ相乗的関係トナルヲ以テ，此ノ地区内ノミヲ以テシテハ敵側ノ工作ナクトモ当然需給ノ均衡ハ破ルゝニ到ルハ明瞭」である．「然ルニ生産地帯ヲ大部分トスル敵側ニ於イテ漸次食糧ノ占拠地域ヘノ移動ヲ統制スルニ到リタルヲ以テ，前記ノ事情ハ更ラニ拍車ヲカケルコトゝナリ」$^{(34)}$，「拠ッテ本年度占拠地域内米穀ノ需給ハ現在ノ治安状態及現在ノ敵方食糧統制状況ヨリスレバ，年度当初ニ於テ約400万石ノ不足ヲ予想セラレ，更ニ軍ノ需要ヲ仮リニ約250万石トスレバ，之レヲ加算セル約650万石トナル．上記ノ過大ナル不足数量ヲ如何ニシテ補足セントスルカ．仮令支那民衆ノ食糧不足ニ対スル耐久力アリトスルモ，食糧問題ハ切

実且直接的ナルガ故ニ，予メ深ク之レヲ考慮スルヲ要スルノデアル」(35)，と．

では，如何にして食糧米を獲得するか？獲得可能量はどれだけか？まず後者について，報告書は「支那民衆ノ食糧ヲ考慮スル場合」と「支那民衆ヲ犠牲トスル場合」に分けて，検討している．「支那民衆ヲ敵トセザル聖戦ノ意義ヨリ考察スル時ハ，占領地区内ノ支那良民ニ先ヅ食糧ヲ供給シ，其ノ余剰ヲ以テ日本ノ食糧不足ニ充当スルヲ常道トス．然シテラ……昨年12月既ニ鎮江ニ米騒動ノ勃発シタル事実ニ徴スルモ，占領地区内ニ於ケル食糧ノ偏在ト不足ハ厳然タル事実」であった．そうである以上，「現在各集散地ニ存在スル多少ノ在米モ，当然支那良民ノ食糧ニ供セラレルベキモノト観ル場合，占領地区内ヨリノ獲得可能量ハ絶無ナリト断定セザルヲ得ナイ」(36)，という結論になるのは必然であろう．

しかし報告書は，日本「全国ヲ通算スレバ其レ程大ナル不足トハ」考えられないと断りながら，次のように続ける．「仮ニ此ノ大不足ヲ真相トシテ日本ノ残存米ハ極ク僅少デアリ，日本又ハ支那ノ何レカヲ犠牲ニ供スベキ実情ニ在ルト観ル場合ハ，4ヶ月ニ亙ル現在ノ宣撫工作ヲ幾分無ニスルコトデアルモ，其等ヲ犠牲トシテ他ヲ顧ル余裕無キハ当然ノ事ニ属スル」と．日本の食糧が大きく不足した場合は，中国民衆が犠牲になるのも「当然ノ事ニ属スル」，というのである．これが「支那民衆ヲ犠牲トスル場合」である．そして「此ノ意味ニ於テ占領地区内ノ大都市ノ消費ヲ考慮スルコト無ク買上ゲヲ強行セントスル場合ハ」，約100万石が獲得可能量となると推定している(37)．

さらに華中から食糧を獲得する方策として，「現在ニ於ケル食糧偏在ニ即応スベキ応急策ト，本年以後ノ食糧不足ニ対処スベキ恒久策トニ区分シテ」論じる．その応急策のトップに挙げられているものこそ，「食糧偏在セル敵地集散市場ノ占領」であった．次のように述べている．「前述ノ通リ現在皇軍ノ占領地域ハ，敵ニ依リテ厳重ニ経済封鎖ヲ為サレ居ルヲ以テ，此封鎖ヲ突破シナケレバ食糧ハ流出シナイ．即チ現在ニ於ケル有望ナル敵地集散市場ヲ占領シ，之ガ治安ヲ確保スルト同時ニ各消費地ヘノ交通，運輸ノ安全ヲ期スルハ敵地ノ米穀奪取上緊急不可欠ノ要件デアル」(38)と．具体的な地域名としては，他の所で，

「泰県, 六合, 天長, 湖州, 宜興, 溧陽, 溧水, 運漕河, 無為, 三河口, 盧江, 桐城等ヲ中心トスル米産地」[39]を挙げている. その他の応急策と恒久策については, 本書第二部第6章の弁納才一論文を参照されたい.

日本の食糧米を確保するには, 何よりもまずその生産地域を占領しなければならないという論理は, 第二編で扱っている「揚子江上流武漢三鎮ヲ中心トセル地帯」において, 一層前面に出てくる. 第一編では, 占領地区だけでなく, 江蘇・浙江・安徽3省全体の需給状況も検討しているが, 湖北・湖南・江西の「3省ニ於ケル特殊事情ハ, 皇軍占拠地域ハ僅ニ湖北省ノ米作地帯ノミデアツテ, 江西省ノ主要米産地タル贛平野ハ敵地ニ在リ, 南昌, 九江ルートヲ経テ漢口ニ出回ル米穀ハナク, 湖南省モ亦殆ド敵地ニ在リ, 長沙, 蘆林潭ヲ経テ漢口ニ出回ルモノ絶無ナル事情ニアルタメ, 3省全体ヨリ見タ場合ニ於テモ, 需給均衡ガ如何ナル方向ニ破レルニ至ッタカヲ考察スルコトサヘ不可能デアル」[40]. そこで占領地区内について見ることになるが, その結論は, 「本年度ニ於ケル武漢ノ米穀需給ハ, 湖南, 江西等ノ他省ヨリノ移入米ガ何等カノ形ニ於テ保証サレナイ限リ極メテ窮屈デアツテ, 余裕米ドコロカ本年端境期ニハ相当困難ナ食糧問題ガ惹起サレルノデハナイカト憂ヘラレル程デアル」[41]となる. 南昌や九江も同様であった.

しかも, 現実の事態はさらに深刻であった. 上記の推定の場合, 「一応現地皇軍所要兵糧ヲ無視シテ来タ」からである. ところが, 「最近ニ於ケル軍当局乃至ハ日本政府ノ方針ガ現地調弁ニ変ジ, 軍用飯米ハ素ヨリ味噌, 醤油ノ原料タル小麦, 大豆ニ至ル迄, 現地農村ニ依存セントシ, 事実ソノ方向ニ対シテ集貨ノ行動ヲ起シツヽアル現状ニ於テハ, 食糧需給均衡ハ以上ノ如キ考察ヨリ一層困難ナ様相ヲ示サザルヲ得ナクナル」. 「今仮リニ岡村部隊所要米ヲ本年度50万石トスルニ, 勿論信陽, 孝感, 黄陂, 新堤, 徳安, 武穴, 湖口等ノ駐屯部隊ニ於テモソノ一部ヲ集荷シ得ルデアラウケレドモ, 大半ハ依然トシテ漢口ニ於テ手当サレネバナラナイノデアルカラ, 前記ノ如ク漢口本年度予想出回高ヲ100万石トシタ場合ニ於テ, ソノ3分ノ1ハ兵食ニ回サレネバナラヌ計算トナリ, 武漢市民ニ対スル供給ガソレダケ減少スル事ニナルノデアル」[42].

では，獲得対策はどうなるのか．「本地帯ハ未ダ武漢三鎮ノ食糧背後地トシテ重視サル可キ地点ヲ包含シテ居ラナイタメ，ソノ抱擁ヲ挨タズシテハ如何ナル彌縫策モ大局ニ左シタル変化ヲ齎シ得ナイデアラウ」，ということになる．しかも，「若シ仮リニ鄭州ヲ陷シ，長沙ヲ陷シ，南昌南方ノ吉安迄モ我方ニ抱擁シ得タトシテモ，事変前同様ノ出回米麦ガ武漢三鎮ニ於テ獲得サレルト直チニ想像スル事ハ困難デアラウ」．「或ル地点ヲ抱擁シ得タトスルナラバ，同時ニ当該地点ヲシテ今日迄経済的機能アラシメタ諸々ノ関係乃至領域ヲモ抱擁シナケレバナラナイ」(43)からである．こうして，軍事的に占領されねばならない地域が広がっていくことになる．

　このように，食糧の場合は鉱産物と同様に，占領地からの物資収奪のためという「重要国防資源調査」の本質が，鮮明に現れていた．そして「重要国防資源調査」を獲得する基本的手段がまず占領地を拡大することという点でも，両者は共通していた．しかし鉱産物の場合は基本的に点と線の支配になるのに対して，食糧の場合は広大な面の支配となる．そして人間の生死に直接関わる物資であるが故に，その結果もたらされる矛盾はより深刻にならざるをえないのであるが，この点については，浅田喬二氏の研究(44)や本書所収の弁納論文を参照されたい．

　但し，「重要国防資源調査」で最も早く具体化したと思われる生糸の場合，製糸という工業部分を含み，単なる物資の収奪とは異なる状況がみられる．

6.『中支那重要国防資源生糸調査報告』

　この報告書は 2,230 頁と，もっとも大部であり，他ではみられない調査要綱まで収録した，極めて詳細なものである．昭和14年度の第1次調査(第一編)，15年度の第2次調査(第二編)，そして両調査に「関連して行った緊急調査や資料」(第三編)よりなる．全体の編纂担当者は，興亜院技術部の八木一郎である(45)．

　第1次調査は1939年10月から40年3月まで，5つの班に分けて行なわれ

た．第1班は調査全般の企図及び総合的調査で，平塚英吉(農林省蚕糸試験場長)班長以下4名．第2班は家庭手工製糸で，八木一郎(農林省蚕糸局技師)班長以下10名，第3班は租界糸廠で，渡辺轄二(華中蚕糸，元農林技師)班長以下6名．第4班は生糸輸出で，志賀寛(農林省横浜生糸検査所技師)班長以下9名．第5班は繭糸集散出回りで，木暮槙太(東京高等蚕糸学校教授)班長以下7名である[46]．

第2次調査は，1940年5月から翌41年2月にかけて行なわれたようであるが，担当者はわからない．第1次調査に「依リ知悉シ得タル諸情勢ヲ顧慮シ此ノ際措置スベキ緊急方策ノ樹立ニ必要ナル諸条件ニ重点ヲ置キタル調査」と，蚕種・繭・生糸の品質に関する技術調査からなる[47]．

さて，第1次調査の要綱に記された調査方針は，次のとおり．「生糸ハ中支那ニ於ケル重要農産資源ノ一ニシテ上海輸出貿易ノ首位ヲ占メ第三国ニ向ケ輸出セラレツツアルモノナルニ付之ヲ既定ノ方針ニ副ヒ我方ニ獲得センガ為概ネ左記要領ニ依リ調査ヲ実施シ速カニ之ヲ完了セントス」．そして註で次のように言っている．「支那蚕糸業ヲ処理スル既定方針ハ日支両国蚕糸業ノ調整ヲ図リツゝ両国蚕糸業ノ発達ヲ期シ両国ニ於テ世界ノ生糸市場ヲ制覇セントスルコトヲ」目指すものである[48]，と．ここで問題となるのが，「調整」の内容である．

報告書の特徴の一つは，国民政府の戦前の蚕糸業政策に対する，極めて高い評価である．「蚕糸業は支那国民経済上極めて重要なる地位を占め，而も養蚕上天恵の豊なる点は日本の及ばざる所もあるのである．政治経済組織上或は技術上の欠陥が国際競争場裡の発展を阻害してはゐたが，国民政府は夙に斯業の重要性に留意し，近年養蚕製糸業の進歩改善に孜々として努め，殊に江浙地方に於ては日本に対する対抗的意識の下に最も熱心なる指導奨励に当り，其の効果は決して侮り難いものがあつたのである」[49]．或は次のようにも言う．「旧国民政府は抗日運動の一として支那蚕糸業の振興を策し就中江浙両省地方は其の勢の趨くところ侮り難きものがあったのである．即ち江蘇省に於ては蚕糸業の改進委員会，浙江省に於ては蚕糸業統制委員会がこの運動の中心機関となっ

て大規模なる蚕業の助長事業に力を入れ，中央政府や省政府の施設機関の積極的奨励施設と相俟ってこの方面の主要蚕糸業地帯は急速に発達する気運にあったのである」(50)，と．

ただしその高い評価は，「日本に対する対抗意識」或は「抗日運動の一」という表現にみられるように，好意的どころか敵意をともなうものであった．次のように言う．「この場合中支製糸業が進みつゝあった傾向——蔣政権の保護政策による急激な発展，繰糸機の改良，多条機の使用，さては無錫の薛氏一派に見られるが如き資本の集中の傾向等々を見逃してはならない．何となればかゝる中支製糸業の進展傾向こそ，我国製糸業との接触面を多くし，我国製糸業に脅威を与へるものであり，従って又日支製糸業の統制的進展を前面に押出さしめるものであるからである」(51)，と．

では，日本が占領したもとでの「調整」或は「統制的進展」は，どのようになされるべきか．報告書は次のように言う．「日本の蚕糸業は叙上に述べた如く国民経済上極めて重要な地位にあるので，若し今次事変に伴ひ支那蚕糸業の発達が促され之が為に日本の蚕糸業が衰滅の方向へ転落するやうなことがあるならばそれは由々敷問題であると謂はねばならぬ．何故ならばその結果は直接間接の重要国防資源を失ひ農民経済を危殆に陥らしめ聖戦に参加した多数の農山漁村の子弟に及ぼす思想上の影響も亦尠くないからである」(52)，と．かくして，「調整」は中国蚕糸業の発達を抑えるものとならざるをえない．

日本は1938年8月，中国側製糸家との「合弁」という形で華中蚕糸公司を設立し，長江下流域の蚕糸業を統括させた．華中蚕糸は一部の製糸工場の操業を再開するが，「輸出向としては日本生糸に対する影響少な」(53)い製品に限定された．それは，国民政府下での発展を帳消しにするものである．日本はさらに占領下で生まれた小製糸工場である家庭製糸を，釜数の規制によって統制し，直接には統制できない上海の所謂租界糸廠に対しても，原料繭の供給を断つことによって支配しようとした(54)．これらが，「日支両国の経済面に於ける徒らなる闘争が両民族の精神的抗争に迄発展させることを避け明朗な東亜新秩序を建設すると云ふ点からも必要が認められる」(55)として，行なわれたのである．

以上のように、生糸の場合、「重要国防資源」としたのは、当該物資を奪取するためではなく、日本の外貨獲得産業を守るために、中国のそれを破壊するためであった。そのような他の「重要国防資源」とは性格が異なるものが、まっ先に、そして最も詳細に調査されたのである。これが、「重要国防資源」とは何かという問題を複雑にしている。ともあれ、そこに共通するのは、自国の国力を増強するために他国を踏みにじる身勝手さであり、「重要国防資源」とはそのような身勝手な欲望につながる物資全てだと、まとめられるのかもしれない。

おわりに

私事になるが、筆者は大学院生の頃に華中の蚕糸業について調べていて、本稿の最後で触れた『中支那重要国防資源生糸調査報告』とめぐりあった。筆者がみたのは東洋文庫所蔵のものであるが、読み疲れたらそのまま枕にさえなりそうな大部の書を前に、しばし嘆息した記憶がある。その詳細な調査資料は、筆者がそれまで関西中心に集めていた断片的な史料の多くを、まったく不要にするものであった。そうした調査自体がもつ迫力とともに、「重要国防資源」というおどろおどろしい表題にも興味を惹かれ、他の調査についても調べてみたいと思ったことも、記憶に残っている。今回の仕事は、いつしか年月のほこりに埋もれていた、言わば青春の想いをかなえるはずのものであったが、残念ながら、いくつかの調査報告の紹介にとどまらざるをえなかった。興亜院の「国防資源資料」シリーズで、現在把握している最後の番号は47であるが、所在が確認できるのはわずか17種である。全貌の解明は、他日を期すしかない。

(1) 外交史料館 A-1-1-0, 31-4 『対支中央機関設置問題一件　興亜院功績概要書』、「昭和十五年度興亜院主要調査計画」。華中連絡部には、さらに「中支建設資料整備委員会保管資料調査」があった。
(2) 同上、『興亜院功績概要書』、概説、I興亜院本庁、第二　政務部、(3)政務部

第三課.
(3) 興亜院政務部『支那重要国防鉱産資源調査報告』，1941 年，第一　緒言，序，1 頁.
(4) (2)に同じ.
(5) 小林英夫「日中戦争史論」，浅田喬二編『日本帝国主義下の中国』，楽游書房，1981 年.
(6) 同上.
(7) 前掲『興亜院功績概要書』，II 興亜院連絡部，第四華中連絡部，(4)経済第一局.
(8) ③〜⑦については所在確認ができていないが，⑨の「第一三　其他調査報告」の中に，「四，浙江省杭州付近鉱産資源調査報告(蛍石，石炭，硅石，金鉱)」・「六，安徽省安慶付近鉱産調査報告(金，銀，銅，鉄，石炭)」・「七，江西省南昌付近鉱産資源調査報告(石炭，満俺鉱)」があり，「第七　蛍石鉱調査報告」の中に「三，浙江省銭塘江以南蛍石鉱調査報告」が収録されている．これらはいずれも華中連絡部が責任を負っている点，調査期間が 15 年 1〜3 月である点，調査種類は数少ない「机上調査」乃至「概報一部机上調査」である点で，共通している．現段階では断定できないが，③〜⑥は或はこれらの報告が，単独で⑨より早く印刷されたものではなかろうか？　さらに推測をたくましくすれば，「第一三　其他調査報告」の中に収録されている次の 3 篇も，同様の共通点をもっている．「八，江西省萍郷湖南省長沙付近鉱産資源調査報告(石炭，石膏，満俺鉱)」・「九，湖北省九江，瑞昌，陽新，大冶，鄂城県近傍鉱産調査報告(石炭，鉄，満俺，銅，銀，硫黄，ドロマイト，油徴，大理石)」・「一〇，湖南省江西省安賀母尼，重石，満俺鉱調査報告」．或はこれらを併せて，⑦の「奥地調査報告」としたのかもしれない.
(9) (3)に同じ，1〜2 頁.
(10) 同上.
(11) 東亜研究所『支那占領地経済の発展』，1944 年，要旨，3 頁.
(12) 開戦初期に日本軍が管理した炭礦については，君島和彦「日本帝国主義による中国鉱業資源の収奪過程」(前掲『日本帝国主義下の中国』所収)の第 3・12 表を参照.
(13) 同上，君島論文，285 頁.
(14) 興亜院『重要国防資源調査(第二回報告)特に不足せる重要鉱産資源』，1940 年 5 月，1 頁.
(15) 興亜院『重要国防資源調査(第一回報告)蔣政権の外貨獲得に利用せられある中南支の鉱産資源』1940 年 5 月.
(16) 同上，4 頁.
(17) 同上，19 頁.
(18) 同上，11 頁.

(19) 同上, 1頁.
(20) もちろん, 政府の統制を逃れたものもあったようで,「注意スベキハ雲南省蒙自ヨリノ輸出ガ年々増加シ来レルコトニシテ, コレハ広西省産ノ重石鉱石ガ梧州ノ鎢〔タングステン〕業管理処ヲ忌避シテ雲南ニ迂回シタル結果ナリト思惟セラル」(同上, 23頁), としている.
(21) 興亜院『武漢地区重要国防資源畜産物調査報告書』, 1940年, 序.
(22) 同上, 1頁.
(23) 同上.
(24) 同上, 9頁.
(25) 同上, 2頁.
(26) 同上, 9頁.
(27) 同上, 1～2頁.
(28) 同上, 11頁.
(29) 同上, 13頁.
(30) 同上, 14頁.
(31) 満鉄調査部『支那抗戦力調査報告』, 1940年.
(32) 『武漢地区重要国防資源畜産物調査報告書』, 15～18頁.
(33) 興亜院華中連絡部『中支那重要国防資源食糧作物調査報告書』, 1940年, 序, 1～2頁.
(34) 『中支那重要国防資源食糧作物調査報告書』, 23～24頁.
(35) 同上, 28～29頁.
(36) 同上, 97～98頁.
(37) 同上, 98～99頁.
(38) 同上, 99～100頁.
(39) 同上, 29頁.
(40) 同上, 138頁.
(41) 同上, 141頁.
(42) 同上, 143頁.
(43) 同上, 193～194頁.
(44) 浅田喬二「日本帝国主義による中国農業資源の収奪過程」, 前掲『日本帝国主義下の中国』.
(45) 興亜院華中連絡部『中支那重要国防資源生糸調査報告』, 1941年, 例言.
(46) 同上, 第一編, 附　第一次中支那重要国防資源生糸調査要綱及調査担当者氏名表.
(47) 同上, 第二編, 附　第二次中支那重要国防資源生糸調査要綱.
(48) (46)に同じ.

(49) 『中支那重要国防資源生糸調査報告』, 4頁.
(50) 同上, 10〜11頁. 国民政府の蚕糸改良については, 拙稿「恐慌下江浙蚕糸業の再編」,『東洋史研究』37巻2号, 1978年, 及び「恐慌下江南蚕糸業の再編再論」『東洋史研究』47巻4号, 1991年, 参照.
(51) 『中支那重要国防資源生糸調査報告』, 89頁.
(52) 同上, 6〜7頁.
(53) 同上, 165頁.
(54) 前掲, 拙稿「恐慌下江浙蚕糸業の再編」.
(55) 『中支那重要国防資源生糸調査報告』, 10頁.

第5章　華北連絡部の資源調査と華北農村

内　山　雅　生

　本章の課題は，興亜院華北連絡部が1940年代前半期に華北地方において実施した「重要国防資源」に関する実態調査の内容を紹介し，さらにその資源調査が現在の華北農村研究にとっていかなる意味をもちえるのか検討することにある．

　ちなみに華北連絡部の機構をとりあげた本書第一部第1章「中国占領地行政機構としての興亜院」によれば，華北連絡部のスタッフの多くは，各省庁からの「出向組」によって構成されていたという．そのことが実態調査の内実といかなる関係にあるかということも，筆者の問題関心の一つでもある．

　というのも，調査の内実と調査主体との関係については，筆者が永く関心を抱いてきた調査の一つである『中国農村慣行調査』をめぐる問題とも関連するからである．

　周知のように『中国農村慣行調査』は，戦中期に興亜院の協力のもとに，南満洲鉄道株式会社(満鉄)調査部や東亜研究所が中心となって，華北地方において実施した農村調査である．しかし，現地で直接調査を担当した調査者の多くは，満鉄調査部で農村調査を手がけてきたいわゆる調査マン達ではなく，法律学，政治学，経済学，歴史学などの専門家など各分野にわたる混成部隊であった．彼らの多くは，治安維持法下の日本本土よりは，「満洲国」など海外での研究活動に，「自由な雰囲気」を感じていた人々であった．

　従って，その調査方法も，従来からの満鉄調査マンたちからしてみれば，「素人の調査」にとどまる程度のものであったかもしれない．

　戦後になると『中国農村慣行調査』は，文化事業として評価された面もあっ

たが，学界ではむしろ批判的に扱われてきた．それは「素人の調査」という技術的な問題にとどまらなかった．『中国農村慣行調査』は，中国への侵略戦争の中で実施されたものであり，戦争遂行に協力したことへの反省が少なく，その結果「新中国」を生みだした農村社会の内部を解き明かしていないと批判された．そのような批判が，『中国農村慣行調査』を，中国農村社会研究の分野においても，資料としての活用の道さえ閉ざしたのである[1]．

さらに以上のことと関連して，激動する現代中国社会を理解するためにも，果して中国侵略の中軸の一つであると断定される機会が多かった興亜院の調査について，調査の実態を正しく把握することなしに，その調査の性格規定は不可能であり，調査に対する予見や思い込みといった不必要な前提を排除して，あくまでも冷厳に調査資料として分析すべきだろう．

従って，本章では興亜院華北連絡部の資源調査の実態を紹介することを中心的作業とする．

ところで，興亜院華北連絡部の資源調査については，浅田喬二「興亜院・大東亜省『調査月報』解題」が簡単に触れながら重要な問題提起をしている[2]．浅田氏の問題の指摘については次章「興亜院調査から見た華中の米事情」でも紹介されているが，とりあえずここでその内容を確認しておこう．

浅田氏は，興亜院および大東亜省の『調査月報』復刻にあたって，掲載された調査資料の特徴について次のように指摘している．

第一は，興亜院各連絡部から冊子体として出版された調査報告書が，ほぼ半年後に，『調査月報』に転載されていたことである．この事実から浅田氏は，興亜院の農業関係調査が，軍需用農産物を中心におこなわれていたと推測している．

第二は，圧倒的に多い軍需用農産物についての調査の中でも，特に棉花に関するものが，とび抜けて多く，これについで，軍需用食糧としての米穀と小麦が指摘されている．

第三は，工業用資源調査の中では，日本製鉄業用の強粘結炭を確保するために，石炭関係調査が極めて多いことである．

第四は，中国共産党関係の調査も若干発表されていたことである．

以上のような浅田氏の指摘は，日本帝国主義が，中国占領地区農民からの重要農産物の強権的収奪と，占領地区農民の「民心把握」という二律背反的課題を同時に解決しなければならないという自己矛盾に陥っているという問題提起に由来するものである．

そこで本章では，まず浅田氏の指摘の妥当性も含めて，『調査月報』に記載された調査報告の中から，華北の資源調査に関する報告を中心に，その調査内容を検討してみる．

次に興亜院の資源調査全体の特徴を考察する作業の一環として，『調査月報』に転載されなかった華北の資源調査を複数とりあげ，その特徴をまとめてみる．

そして最後に，今後の課題を明らかにするためにも，浅田氏が問題提起した日本帝国主義の自己矛盾について，中国農村社会研究の立場から私見を述べることとする．

1. 華北連絡部の棉花生産に関する調査

表1に見るように，『調査月報』に転載された華北資源調査関係の報告書類は，浅田氏のいう「軍需用農産物」「重要農産物」であるいわゆる「重要国防資源」関係が多い．特に棉花については10報告余，米穀については3報告，雑穀については2報告，小麦については2報告が転載されている．そこで本章では紙幅の関係から，棉花に限定して各報告の内容を検討してみる．

1 「華北棉産概況」について

華北連絡部によって報告された「華北棉産概況」(1巻1号，資料)は，1939年の河北・山東・河南・山西4省に関する簡単な棉花作付け状況と各省各県別に数値化された収穫状況を纏めたものである．

調査は同年6月末と12月末の二回にわたり，華北棉産改進会が「若干人の専員を派遣し実地調査せしも治安不良の地方に於いては各地の情報を蒐集して

表1 『調査月報』所収華北資源調査関係論文一覧

興 亜 院

巻・号(発行年月)(復刊巻数)	報告名(編集担当部署)
第1巻第1号,以後1-1と表記する.(1940年1月)(復刊1巻.以後1巻と略記する)	①山東省に於けるアルコール工業の将来(青島出張所.以後青島と略記) ②華北棉産概況(華北連絡部.以後華北と略記,華北棉産改進会)
1-4(1940年4月)(2巻)	①山東経済の特異性概要(青島) ②北支薬草調査概況報告(青島)
1-5(1940年5月)(3巻)	北支農作物に関する調査(興亜院本院)
1-6(1940年6月)(4巻)	①山東省に於ける塩業(青島) ②北支薬草調査報告(本院) ③河南省の土塩に就いて(華北)
1-7(1940年7月)(5巻)	①北支豚毛事情(華北) ②北支鉱産資源調査概要(上)(華北)
1-8(1940年8月)(6巻)	①華北に於ける米穀調査(華北) ②北支鉱産資源調査概要(中)(華北)
1-9(1940年9月)(7巻)	①北支に於ける小麦並に小麦粉(華北) ②北支鉱産資源調査概要(下)(華北)
1-10(1940年10月)(8巻)	①北支に於ける雑穀調査(華北) ②北支に於ける蓖麻に関する調査(華北)
1-11(1940年11月)(9巻)	①山西省棉花調査報告書(上)(華北) ②山東省魯西道各県事情(上)(華北) ③北支における日本商品の取引状況(華北)
1-12(1940年12月)(10巻)	①華北塩務事情概況(華北) ②河南省棉花調査報告(無記名) ③山西省棉花調査報告書(下)(華北) ④河北省小工場に関する資料(無記名)
2-1(1941年1月)(11巻)	①河北省に於ける鉱産調査概要(華北) ②山東省棉花調査報告書(華北)
2-2(1941年2月)(12巻)	①山東省雲母産地事情(青島) ②山東省徳県並に膠県を中心とする農村人口問題調査(華北)
2-3(1941年3月)(13巻)	①華北に於ける米の調査(その1)(華北) ②青島特別市郷区内可耕未墾地及既耕地灌漑排水状況調査(青島)

2-6(1941年6月)(16巻)	①山東省沂洲県炭田調査報告(華北) ②北京・天津・済南・濰県及び青島に於ける製薬廠調査(華北)
2-7(1941年7月)(17巻)	華北各地に於ける糧穀取引機構の調査(華北)
2-8(1941年8月)(18巻)	山東省鉱山調査報告(鬼怒川興業・三菱鉱業)
2-10(1941年10月)(20巻)	山東省棉作事情調査(青島)
2-11(1941年11月)(21巻)	①山東並に青島特別市の蛍石調査(華北) ②坊子附近蛤蟆屯重晶石鉱床調査(青島) ③山東省各炭鉱労働事情調査(青島)
2-12(1941年12月)(22巻)	①北支に於ける小麦需給関係調査(華北) ②山西省に於ける雑穀調査(華北) ③山東省東半地区皮革に関する報告書(青島) ④北支棉作経営調査(華北)
3-1(1942年1月)(23巻)	①農業用水としての北支の水質に関する調査(華北) ②青島特別市管内に於ける地下資源調査中間報告(青島)
3-2(1942年2月)(24巻)	①青島に於ける紡績業の現状(青島) ②昭和16年度華北に於ける罌粟栽培等の状況に就いて(華北)
3-3(1942年3月)(24巻)	①華北に於ける米穀需給調査(昭和16年度)(華北) ②北支合作社調査(華北) ③山東私塩事情調査報告(青島)
3-5(1942年5月)(26巻)	山東省の窯業資源(青島)
3-7(1942年7月)(27巻)	①山東省坊子地方油母頁岩調査概況(華北) ②山東省の蓖麻子及蓖麻子油(青島)
3-8(1942年8月)(27巻)	①河北省京漢沿線棉花事情調査(華北) ②華北煙草製造業立地条件調査報告書(華北)
3-9(1942年9月)(28巻)	華北製紙工業立地条件調査報告書(華北)

大東亜省

1-1(1943年1月)(29巻)	青島と南方との経済関係調査(青島)
1-2(1943年2月)(29巻)	華北(含蒙疆)蓖麻子需給調査報告書(昭和通商)
1-8(1943年8月)(32巻)	河北省趙県西関村の棉作農家経済調査(華北棉産改進会)

1-11(1943年11月)(34巻)	河北省一農村に於ける中共の対農村施策(大使館・華北綜合調査研究所)
1-12(1943年12月)(34巻)	華北に於ける配給機構の現況(北京日本商工会議所)
2-1(1944年1月)(35巻)	河北省一農村に於ける中共の対農村施策(第二次報告)(大使館・華北綜合調査研究所)
2-2(1944年2月)(35巻)	開灤炭鉱労働調査(満鉄北支経済経済研究所)
2-3(1944年3月)(36巻)	北支に於ける氷窖及門窖調査(華北交通保健科学研究所)

(注) 復刻版興亜院・大東亜省『調査月報』より作成.

以て之を評価せり」[3]という実情であった．もちろん「専員」の氏名も不明である．

さらに表示された収穫量を現す数値も「備考」に「毎畝の平均産量についての第一回調査の数字は中華棉業統計会の発表せる民国8年より26年までの平均産量なり．但し河北省の総平均産量は稍々高き故民国26年，27年，2カ年の平均を改用せり．本回調査せる際には棉花は既に結花しあり．各県の産量は均しく判定するを得たるを以て実際の状況に依りて見積りたり」[4]と書き加えられており，生の数値がそのままのデータとして記載されたというより，いわば調査者の勘と経験によって数量化された結果にすぎないといえよう．

従ってタイトルに概況と明示されたように，生産状況を概括的に把握するためには貴重な報告であるといえよう．当然表示された数値のみから，その裏側に潜む生産状況の実態をも垣間見ることは難しいといわざるを得ない．

しかし，各省各県ごとの統計数値の後に，「備考」欄が設けられていることに注目したい．例えば，河北省では「種播時旱魃及び治安不良の関係に依り棉田減じ且其の生長は不良なり．7月中には霖雨つづき為に各河決潰し被害区域は甚だ広し．最近数十年未だ見ざる所なり．毀棄されたる棉田は極めて夥し」[5]と記載されている．

これに対して河南省では，「本年春季旱魃の為棉花の産量は不良と予想され居りしも，夏季以後降雨多く高地に於ける無井の地域及び排水の設備を有する

地域の棉花の成長は頗る良好にして，従って産量も6月末の予想より増加せり」[6]という状況であった．

一方山西省では「今春降雨なく播種に困難を感じたり．井戸の有る所は無理に種植せしも播種面積は僅に昨年の100分の20に過ぎず」[7]と書き加えられている．

このような「備考」欄の記載を見る限り，この記述が調査員の実地見聞に基づいての記録であることが理解できる．従って調査員の勘と経験により算出された数値という問題を抱えるものの，「実際の状況に依りて見積もりたり」と述べられているように，いわば数値の裏側を読むことが可能となり，棉花生産の実態をある程度的確に把握することができる報告書であるといえよう．

2 山西・山東・河南三省における棉花生産調査

次に「山西省棉花調査報告書（上）」(1巻11号，調査)，「同左（下）」(1巻12号，調査)，「河南省棉花調査報告書」(1巻12号，調査)，「山東省棉花調査報告書」(2巻1号，調査)を見てみよう．

山東省を除いて山西・河南両省での調査は，華北連絡部が1939・1940年に実施した調査であることが，文末に明記されているが，調査主体が明確に記されているわけではない．しかし三省いずれも華北棉産改進会[8]によって調査されたものと思われる記述もある．

ちなみに山西省での調査の場合は，「本省第一の棉産地帯である晋南地方（山西省最南部）へ本調査員が出かけたのは（民国—引用者）29年4月上旬で，棉花の播種期を間近に控へて整地に多忙を極めている頃であった」[9]と記述され，氏名不詳だが調査員がたどったコースが記載されている．また山東省での調査報告書の文末に「昭和15年9月華北連絡部調」と記されている．

山西省での調査では，「いふまでもなく此の地帯は有名な棉作地であるが，生産費を割る統制棉価と穀類の昂騰から小麦への転換が急激に行はれた．これは28年からの傾向である．従って臨晋県公署の調査では棉花作付は殆どなくあっても精々7-8千畝程度に過ぎないとのこと．28年度は棉花の作付皆無の状

態で，小麦が42万畝，作付面積の80％を占めていた」[10]と書き加えられている．戦時状勢の影響が現れている証左であろう．

　山西省での調査報告書は，他の二省での調査と比較しても，内容及び分量とも豊富である．内容は，棉花生産状況に止まらず，集散状況，消費状況，及び棉花生産に関する施設の説明にまで及んでいる．

　しかし，統計数値の殆どは，満鉄の『北支農業要覧』や，華北棉産改進会の統計に依拠している．

　さらに大部の「山西省公署建設庁調査になる民国28年山西省各県農産物統計の中から本調査班作製せる各県農産物編成」を文末に第7表として掲げている．

　このような文献からの調査は，「第6表，山西省28年度地方別，作物分布表」の後の「註」に「本調査班29年3月調査」と明記されていることからも理解できるように，実地調査以前の段階で作成されていたことが判明する．

　山西省での調査を除くと，他の二省での調査は，調査地域も明確ではない．河南省での調査の場合，参考に，農作物作付面積及び収穫高について，「民国28年度の豫北及豫東に於ける収穫予想量及平年作との比較等」が示され，「註」に「右の数字は華北交通株式会社資業局の調査に依る数字を示せるものなり．但し棉花は本会調査科の予想数字なり」[11]と書き加えられていることから，棉産改進会の関与が見受けられる．

　山東省の場合にも，文中に掲示された「魯西地区主要棉産県表」「魯北区棉花主要生産県表」について「華北棉産改進会民国28年度調査」[12]と付されており，棉産改進会の関与が窺える．

　従ってこれら三省での調査は，「重要国防資源」としての棉花について，華北連絡部が華北棉産改進会に委託して行った調査であろうと思われる．

3　「山東省棉作事情調査」について

　以上の棉花に関する調査に比べて，「昭和16年6月青島出張所調」と明記された「山東省棉作事情調査」(2巻10号，調査)は，調査者と調査地域が明確に認

識できる報告書である．

タイトルの後に「例言」として「本資料は昭和15年度本所調査計画に基き，山東省に於ける棉作事情を明かにせんが為め魯東棉産改進会，戸澤善正，川島弘毅，梨子田定人の三氏に調査を委嘱し本所筒井技師と協力実施し其の報告を取纏め足るものなり」[13]と書き添えられている．

そして「緒言」の最初に「華北に於ける棉花が高度国防国家建設上，益々，不可欠視されるに至ったことは，茲に喋々するまでもないところであらう」という書き出しで叙述されていることからも，「重要国防資源」としての棉花が注目されている様子が窺える．

ただ緊急課題としての調査であったことが，次のような文章にも表れている．

「然るに斯かる調査は相当の調査員数と日数を要することであり，治安関係から相当の準備も必要であり，又事変前に置ける前例も無いこともあるので，詳細を期待することは難事中の難事であらう．

本調査も当初の計画に於ては，(1)播種期，(2)有効着蕾期，(3)有効開花期，(4)収穫期の四期間に分ち実施する予定であったが，前記の諸困難に加ふるに例年にその例を見ない雨水と，且調査に適当なる前期諸期間は吾々自体の事務も亦多忙を極める等のため，播種期及収穫期の二回実施し得たのみであった，然も次の調査日程に見る如く全地域を短期間に視察せんとしたため，勢い一地区の調査期間を短縮する結果となり，当初の計画とは相当距離のある調査しか得られなかったことは遺憾であるが，簡単なる本調査も亦多少の参考事項を提供するものとも信じ報告に替へんとした次第である．」[14]

調査日程は以下の表2のとおりである．

以上のデータから，当事者が駆け足調査と呼んだ調査の実態が理解しえよう．なお調査視察所の欄に自動車中とか車中という語句が登場するが，移動の途中で車窓から棉花畑を観察したという程度に理解しておいてよさそうである．むろん一般棉圃と記された棉花畑の様子はこの一覧からは窺い知ることはできないが，原種圃という語句と区別すれば，アメリカ棉種の畑だと判断できよう．

表2 山東省棉作事情調査日程表

播種期に於ける調査

月 日	旅　程	調査視察所
6月 1 日	青島――膠県	郷区弁事署
2 日	膠県――王台鎮	鎮公所
3 日	膠県――王哥荘	鎮公所
4 日	膠県――張店	東洋棉花農事試験場
5 日	張店――鄒平――斎東	県公署棉花改進会
6 日	斎東県	棉花改進会，一般棉圃
7 日	斎東――済南	自動車及車中
8 日	済南	桜井部隊
9 日	済南――恵民県	済南――恵民県
10 日	恵民――濱県	県公署，鎮公署
11 日	濱県――恵民県	一般棉圃
12 日	恵民――済南――高密	車中
13 日	高密――康家荘	一般棉圃
14 日	康家荘――即墨	弁事署，一般棉圃
15 日	即墨――店集	一般棉圃
16 日	店集――南泉――城陽	一般棉圃，棉花原種圃
17 日	城陽――藍村――青島	

収穫期に於ける調査

月 日	旅　程	調査視察所
12月 1 日	青島――高密	棉花改進会並県公署
2 日	高密――康家荘	区公署，一般棉圃
3 日	高密――蔡家荘	区公署，一般棉圃
4 日	高密――済南	車中
5 日	済南	東洋棉花，棉花協会
6 日	済南	日本棉花，棉花改進会
7 日	済南――禹城	県公署，棉花改進会
8 日	禹城――徳県	棉花協会支部，東洋棉花，兼松洋行
9 日	徳県――臨清	自動車中
10 日	臨清	第四区公所
11 日	臨清――済南	自動車中
12 日	済南――張店	農事試験場，東洋棉花
13 日	張店――膠県	車中
14 日	膠県――城陽	膠州弁事署，一般棉圃
15 日	城陽――青島	棉花原種圃，一般棉圃

(注) 『調査月報』2 巻 10 号 44-45 頁より引用.

限られた期間と,限られた地域ではあるが,その調査内容は,気候・土壌と播種面積,栽培品種,栽培方法,生育状況,病虫害の発生状況,生産農家の収支状況,取引状況など多岐にわたっている.

4 「北支棉作経営調査」について

「昭和16年10月華北連絡部調」と文末に記された「北支棉作経営調査」(2巻12号,資料)は,150頁にも及ぶ大部の報告書である.

「はしがき」に「本篇は華北棉産改進会に委嘱調査せしめたるものなり.本調査は北支棉花事情に関し京漢沿線地帯に於ける棉作農家の経営状態並に棉作農家に於ける一般経済事情に付き調査せるものなり」とかかれており,調査地として河北省大興県博愛村,清苑県小激村,石門市柏林村を選定し,1940年9月26日から10月20日にかけて調査された.

本報告の第一の特徴として,三村とも華北棉産改進会版『農家経済調査表』に基づいて聞き取り調査をおこなっており,各統計数値も記入集計されている.

第二の特徴として,調査農家として農家経営面積の大小から15戸を選定し,集計をしている.

第三の特徴として,三村とも各戸別に,家族構成,農業経営地及び単位面積あたりの収穫量,農家収益,労賃,畜力経費,農具等備品費,農業生産費などをまとめた「棉作農家経営調査集計表」を添付しており,土地所有状況とも併せて検討すれば,農業生産をめぐる諸条件が比較的明快に把握しえる.

従って本調査は,限られたサンプルにもかかわらず,土地所有状況や,農業労働の実態を知る上では貴重なデータを提供している.

なお大興県については,1943年7月発行の大東亜省『調査月報』の1巻7号「調査」に「河北省大興県に於ける棉作と食糧作との関係」が掲載されている.

これは,もともと1943年5月20日付けの北京大使館報告(北大資料簡報第69号——経済第34号)であり,「はしがき」に「本報告は昭和18年度播種期に於ける棉花及食糧作物の状況,並に地方に於ける食糧需給の様相が如何なる方向に

あるかを把握すべく，北京近郊大興県(南苑)にて調査せるものにして，増産乃至は蒐荷の実態的対象をなす県の実情を観察し，以て農村の動向を察知せんとしたるものなり」とあるように，棉作と食糧作との関係を，占領地における重要農産物に対する強権的収奪がもたらす問題として，占領行政担当者が認識していたことが判明しよう．

なお調査者は，北京大使館嘱託の嘉瀬靖志氏で，調査期間は1943年5月12日から15日の間である．当時の政治情勢を反映して，短期間のうちにまとめられ発表されたものである．

報告の中では，調査年次の棉花植付け面積が，全農業利用面積の20%を目標においていたのに対して，実績は9.9%に止まっている．その理由は，棉花買い付け価格の低落に対して，生活必需品の品薄，及び食糧購入価格の高騰が棉作農家に打撃を与えたこと等を挙げている．そして棉作農家が「自家貯蔵棉実を出し渋り，従って播種面積の減少を醸成せるもの」という状況であったという．

そのような状況の打開策については，第一に不在地主の処理を挙げている．それは「之が存在は，地方行政上一大障碍をなし，往々にして中国側地方指導者は彼等の膝下に伏し操縦せられ，地方行政の実権亦把握せらるるを見る時，全ての施策は当然不完全に進行すべく，他方農家所有耕地実面積の明確ならざることは，増産指導上且つ又蒐荷対策上其の目標を模糊たらしめ，闇の存在を可能ならしむる根本問題」だとしていることに他ならない．いわば「民心把握」のためにも地主批判を展開することの有益性を強調している．

第二に「華北における中国共産党の存在跳梁は，総ゆる部門の癌」であり，日本の占領政策を利用して自らの民衆への施策を立案していると批判している．これは第一の問題とも関連して，占領行政権力が，「民心把握」をする上での障害として，共産党を認識していることを物語っている．

第三に，「蒐荷機関の実活動」として，「邦人商社」を含みこんだ形での「糧桟」が，合作社と一体した統制収買機構の確立を提案している[15]．

以上のような打開策が，占領行政にとって如何なる意味をもちえるのか，そ

の検討は別にするとして，日本占領下の華北農村における興亜院による調査の意味を考察することが可能な材料を提供していると思われる．

5 「河北省京漢沿線棉花事情調査」について

1941年2月付けの「華北連絡部調」として掲載された「河北省京漢沿線棉花事情調査」(3巻8号，調査)は，もともと昭和17年5月，華北連絡部調査資料第222号(経済第80号)として報告されたもので，調査者は華北棉産改進会の泊英司および邵永吉の両氏とされている．

なお「緒言」に，「本調査は河北省京漢沿線に於ける主要棉産地及主要市場を自民国29年(昭和15年)12月至翌年2月に亘る40日間に調査せるものなるも，諸種の事情により調査地が主に県城内に限られ，直接生産地の鎮村又は棉農より生産消費状況を，小花店等に付き取引状況其他を詳細調査し得ざる箇所勘なからざりしは遺憾とする次第なり」と記されたように，治安状況の変化により，直接農村に赴き生産者にインタビューすることもできない状況の中での調査であった．

調査項目は，最近5ヵ年間の生産状況，紡績工場などでの消費状況，集散地の状況，輸送状況，取引の実態など多岐にわたっている．

棉花の生産状況については，民国29年と過去5年間の平均作を比較しながら，作付面積の減少を指摘している．

なお，その原因について，「第一は今次事変に依る治安関係，第二は昨年度未曾有の水害により穀類の不足を来し，棉が食用作物に振向けられたこと，第三には次節で述べる気象による減少，其他作物に比して棉花が廉価であった事等によるものである」[16]と語られている．日本軍による占領政策の結果，穀物価格と連動して棉花の買入価格が変動した様子が窺える．

なお，「取引市場の機構」改革について，「事変以来治安確立すると共に，棉花合作社の奨励発達，邦人洋行の奥地進出に伴って，北支棉花協会の設立及び之が強化を見るに至り，北支棉花の買付機関として棉花の取引，配給を協会の一手に統制することとなった．かくて従来複雑なる中間取引が次第に排除さる

る傾向にあり，北支棉花収買機構が漸次変革されるに至った」[17]と論述している．北支棉花協会設立の背景には，華北棉産改進会を中心とする政治的圧力により，棉花の生産・流通・販売に至る面での構造改革が強行された事も窺い知る事ができる．

6 「河北省趙県西関村の棉作農家経済調査」について

大東亜省時代となってからの『調査月報』1巻8号「調査」に掲載された「河北省趙県西関村の棉作農家経済調査」は，もともと1943年5月刊の「北京大使館事務所報告」(北大調査資料第272号，経済111号)として発表されたものである．

「はしがき」によれば「本調査は棉花増産対策樹立の基礎資料を獲取する目的を以て，興亜院華北連絡部の依嘱に基き，華北棉産改進会之を実施し，北支主要棉作地帯西河区の中，欒城，趙，寧晋の三県を選定し，主として棉作農家の経済状況を調査集計せるものである」という．

趙県西関村での調査は，1941年12月初旬から中旬にかけて，華北棉産改進会調査科員の佐藤達之・李永春・徐慶の三氏が，「部落概況に就いては村内有識者より，農家経済概況に関しては選定農家より夫々聴取調査を行いたるものである」[18]り，佐藤氏によって執筆されたものである．

調査方法は，華北棉産改進会作製の「農家経済聴取調査表」及び栽培作物別の「生産調査表」を使って，自作農，自作兼小作農，小作農の各5戸，計15戸に関する経済調査をまとめた100頁近くに及ぶ大部な報告書である．農家経済をめぐる諸条件を加味した上での棉作農家に対する調査としては，数値化された豊富なデータを使った基礎的な農家経済分析が可能な資料を提供している．

以上『調査月報』に転載された約10本に及ぶ棉花生産に関する調査報告を検討してきたが，そのほとんどが，華北連絡部により委託された華北棉産改進会の調査であること，さらに調査内容は，調査者の勘と経験を基とし，概要を説明するに終始した当初の報告書に比較して，治安問題により調査地域が限定

されてきたとはいえ，やがて村内の農業経済全般の中から棉花生産を検討しようとする視角が加わり，問題を多角的に捉える内容を含んだ報告がなされるようになってきたといえよう．

2. 他の資源調査から見る興亜院調査の実態

一方，『調査月報』に転載されなかった資源調査について馬，綿羊，木材をとりあげて検討してみよう．

1 馬資源実態調査について

興亜院華北連絡部より報告された『北支馬資源第一次実態調査』『北支馬資源第二次実態調査』下篇は，1940年から41年にかけて冊子体として出版されている．軍馬として馬の活用も「重要国防資源」に近い存在であったろう．

ちなみに発行部数は，全75部に過ぎないが，その配布先が，報告書の扉に明記されている．それは次のようなものである．

① 部内(政務局庶務渡し)13部
② 興亜院蒙彊連絡部1部
③ 興亜院華北連絡部青島出張所1部
④ 興亜院華中連絡部1部
⑤ 同上南京派遣員事務所1部
⑥ 同上広東派遣員事務所1部
⑦ 興亜院厦門連絡部1部
⑧ 興亜院政務部30部
⑨ 多田部隊参謀部第四課26部

本報告が『調査月報』に転載されなかったこと，さらに限定的な配布先とわずかな発行部数が何を意味するのか，軍馬にいかなる機密保持が必要なのか，現段階では筆者にもその理由は判明しない．

さらに調査班編成についても，

第5章 華北連絡部の資源調査と華北農村——191

　　調査班長　　興亜院調査官，陸軍騎兵少佐　根岸森太郎
　　第一班長　　興亜院属　角田鎮男
　　第二班長　　興亜院属　星野憲治
　　魯東班長　　陸軍獣医中尉　山田三郎
　　調　査　員　興亜院嘱託山東省技術官　渡邊数夫

と，記されている．

　なお，この報告書で注目すべき点は，「馬を飼育する農家の農業経営概況」についての次のような記述である．

　「調査部落に於ける馬を飼養する農家の農業経営様式は，畑地に高粱，大麦，小麦，粟その他の穀作を主とする耕種が主体であり，豚，鶏の養畜を副業とし製粉をも行っているが，之は自家用以外には殆ど行はれていない．馬族は専ら起耕，播種，整地，灌水，肥料運搬，収穫物の運搬，製粉等の農耕，運搬，定置作業の為の役畜として飼育せられているが馬一頭一年間の飼料（粟稈一日10斤一年約3700斤）を1畝当の粟稈の収量（大体300斤）より推算するに大体12-13畝の畑地を必要とし尚燃料用として高粱稈を得るために10〜15畝を要する故前述の如き小面積の農家にては馬族飼養の能力なく従って数戸の農家にて共同使役するを得策とし此の事実は想像以上に円滑に行はれているらしく甲の驢と乙の騾或は丙の馬といふ具合に巧に組合せて使役して居り従て其の使役日数は日本内地のそれに比し著しく多く概ね年100-250日に及んでいる．」[19]

　この「小面積の農家」による「共同使役」とは，華北農村で広く行われていた「搭套」の事である．「搭套」とは，筆者が別稿で専論として取り上げているが[20]，いわば農家間の畜力交換のことを意味する．筆者の場合には，既述の『中国農村慣行調査』での事例分析と共に，1990年代前半期の数年，三谷孝一橋大学教授を代表とした共同研究に参加して実施した華北農村での再調査で収集した証言を基礎として，農具の貸し合いを意味する「合具」や，人力交換を意味する「換工」と共に，中華人民共和国成立後の「農業の集団化」過程において，「互助組」編成原理の一つとなった事を論証した[21]．

　つまり馬資源調査の中から，「農業の集団化」の基礎としての農民間の「共

同性」を物語る事実が読みとれるのである．単純に馬資源の調査報告だから，馬の飼育条件などに限定されてまとめられたというのではなく，馬が飼育される農村社会の断面を物語る報告書なのである．

従って興亜院の調査の中には，いわば傍証としての意味合いも拭い去れないが，当時の華北農村の実情を物語る資料として利用できる調査が存在する．

2 綿羊調査について

1939 年に報告資料として刊行された興亜院華北連絡部『北支那緬羊調査報告』に次のような一節がある．

> 「同年（昭和 13 年）10 月調査に関する準備を完了し同年 12 月に之を実施せんとせり，時偶々現地調査地帯の治安の状況並軍の治安工作行動の関係上之を延期するを適当なりと軍司令部参謀部より注意もあり，遂に 3 月迄延期の已むを得ざる状態に至りたり．然るに軍特務部は昭和 14 年に入り北支方面参謀部の一班となり更に 3 月に入りて其の大部分は興亜院華北連絡部に改組せられ調査開始当時は之を興亜院華北連絡部に於て実施することとなりたるものなり．本調査の実施に際し東亜緬羊協会は終始積極的応援を為し又満鉄北支事務局調査部及華北産業科学研究所の各位は良く任務の達成に努力し相連繋して本調査を完了するを得たることを経過の概況に述ぶる」[22]．

つまりここには前述したように，関連の各省庁各機関の「出向組」によって構成された，いわば緊急に寄せ集められて出来上がった調査班であったという事実が端的に表現されている．

ちなみに綿羊調査班の構成人員は以下のとおりである．

興亜院華北連絡部　小林正芳，角田鎮男，榎木友吉

華北産業科学研究所　高橋多聞，阿曾村千春，成田安彦，花尾省治，方舜卒

満鉄北支事務局調査部　千田英二，坂元種夫，山下政信，趙徳春，陳欽善

東亜緬羊協会嘱託　坂巻海三郎

調査対象の綿羊は，中国の在来種である「寒羊」とされ，調査地を河南省北部及び山東省西南部の黄河流域地帯とし，さらに羊毛の出回り地として京漢・津浦・膠済鉄道沿線を選択し，調査委員4名と通訳3名のグループを二班編成したようだ．

従って華北連絡部を中心に業界団体も含めて，関連諸団体が結集して人的資源を提供していたのである．当然そこには，占領地行政に基づいて緻密に計算された「出向」というよりは，調査内容にかかわる専門技術を保有する人間を優先する場合もあり，中には中国の植民地化への布石だとは夢にも思わず，ただひたすら農民に技術提供をすることが自らの使命だと考え，自らがなしえるささやかな日中友好だと理解して参加した技術者もいた．占領地行政に深くかかわった興亜院の調査といえども，その内実を十分に検討することなく，植民地調査だと断定してこと足りる問題でもないことを語りかけている．

3　木材需給状況調査について

1941年9月15日付で興亜院華北連絡部から「調査所調査資料第146号（経済第32号）」として刊行された『北支那ノ木材規格及木材需給状況調査』は，1940年の本院指示調査事項として興亜院技術部技手の高田俊雄氏が，華北連絡部農政室との連携の下に調査計画を立案し，1940年10月16日から11月25日に亘って，天津・北京・石門・太原各市および六河溝・陽泉・門頭溝その他の炭鉱，鉱山で，木材の規格及需給状況に関する調査をおこなったものである．

高田氏によれば，調査の目的は，「北支の炭鉱，鉄道，電燈，電話等の関係諸会社に於いて使用している坑木，電柱，枕木及土木，建築その他の用材として使用されている輸入材並に地場材規格を調査して，将来北支に於て逼迫する木材を最も合理的に使用するための規格規定の際の参考に資すると共に，需給の状況を明かにし，将来北支に於ける木材需給対策樹立の参考資料とするにあり」[23]として，華北交通株式会社，華北電々，華北電業，北支木材輸入組合などの機関，さらに特務機関の協力を得たという．

従ってその調査項目は，坑木・電柱・枕木に関する詳細なデータがまとめられているが，調査そのものは，華北連絡部林政室の10次にわたって実施された「北支の木材事情」の延長計画であるという．

しかし，「大陸に於ては事変の終結の近づくに伴い北支那に於ける経済開発事業の重要資材として建設用主要木材の需要は益々激増の情勢にあるも現地の木材資源は殆ど皆無にして，供給之に伴はず，主要供給国たる内地の木材事情は事変以来外国材の輸入の激減に加ふるに『ガソリン』代用木炭『パルプ』資源等各方面の飛躍的に増加する木材消費と共に国内木材資源の状況，労力の不足，生産資材の配給の不十分等に依る生産減のため支那に於ける必要量を充分に供給し難い実情である」[24]と述べられている事からも判明するように，本調査は，日本本土での木材需要を念頭におきながら，占領地における調査を基礎に，重要国防資源に対する政策提言をおこなった植民地調査の一環である．

従って，華北農村のためという「言い訳」をしたとしても，日本の国内経済のための中国における木材調査だということを否定することはできない．

以上馬・綿羊・木材を例として華北連絡部による資源調査の実態を紹介した．これらがなぜ『調査月報』に掲載されなかったのかその理由は判明しない．しかしいずれも大部の報告書である事，報告書自体の配布先が極めて狭い範囲に限定されている事などを考慮すれば，資源確保に関する機密保持ということが関与したかもしれない．

さらに注目すべきは，華北連絡部の実施した資源調査は，日本帝国主義の植民地支配を支えるために，重要国防資源を中心とする調査であるとしても，その報告書を丹念に読んでいけば，調査地域としての華北農村の現実を理解するための基礎データが得られることである．

その結果，農民の生活空間としての農村社会をその景観も含めて，後世の我々に想起させてくれる情報を提供してくれる資料なのである．それは調査者自身が現実の農村を自らの足を使ってきめこまやかに調査したことに他ならない．

従って調査自体が植民政策の立案のための基礎データの提供であった事は客

観的事実であるが，農村調査という方法をとる限り，当該期の農村社会の「生の現実」が調査そのものに反映してくるのである．

おわりに

　はじめにで簡単に触れておいたが，浅田氏の『調査月報』復刻にあたっての問題提起について，中国農村社会研究の立場から私見を述べてみよう．
　表1に整理したように，華北について資源調査関係の報告を見る限りは，主要調査項目は，浅田氏の指摘するように，軍需用農産物，特に棉花が多いのは事実である．しかし調査項目を詳しく検討すると，必ずしも軍需用農産物というだけではなく，より広く調査対象を設定している．それも戦時情勢も関与してか，調査項目名を見ても，国防重要資源として軍需用農産物に重点を移行していくのが，1941年より1942年というように，年次的により鮮明になっていく．
　つまり調査の現場では，調査者が広く問題関心をもって調査していた時期があったが，より国防の名のもとに限定された資源調査としての性格を強化されていったといえよう．
　従って工業用資源調査も，当初より石炭に限定されていたわけではない．これは他の鉱物資源の存在とも関連するだろうし，華北地方の特色も関与していると理解したほうが妥当であろう．
　おしなべて調査項目には，多くの資源調査が含まれて，調査対象が多岐にわたった原因の一つに，各省庁からの「出向組」によって構成された「寄り合い所帯」の調査機関であった興亜院の性格が現れている．従って調査内容についても，果してどこまで統一のとれた調査方法が使われていたのか問題となるところもある．つまりできの良い調査報告とそうでもないものが併存していることもある．
　しかし，より問題としなければならない事は，浅田氏の指摘したように，興亜院の調査それ自体が，第一に重要農産物の強権的収奪のためのデータを提供

し，第二に占領地区である華北農村における「民心把握」を遂行しなければならなかったという二つの性格が内在化していたことであろう．いわば二律背反的課題が，相互に作用した結果として，興亜院の調査に多項目が掲げられたのであろう．

むろん「民心把握」のための調査をしているという調査者の意識の底には，日本による華北農民への「単なる収奪」ではなく，日本の技術提供による華北農村の再建という「言い訳」がなされていた．

日本の援助による中国農民への技術提供が，後進的経済に苦しんでいる農民の自立性を高めるのだという「言い訳」は，主観的には，自己満足的な農村理解であったかもしれない．しかし，そのような状況下では，客観的には中国人の保有する資源を収奪する事になんら代わりはなかった．そして日本人調査者にとって，収奪しているという意識は薄められる事はあっても，侵略に関わる自己を認識する事は決して簡単な事ではなかったのだろう．

むしろ資料として華北での資源調査の実態を把握すればするほど，報告書の文章の行間にほのかに現れる華北農村の実像に対する調査員の描写を，事実関係を明らかにするための基礎資料として，農村社会構造を究明するという作業を通して，今日の現代中国農村研究に活用していくべき報告書類であることが鮮明となってくる．

やがてこれら調査資料を基礎として，日本史研究者による植民地研究の成果をも積極的に取り入れて共同研究として推進される状況が展開すれば，地域研究としての中国研究も深化していくことであろう．

(1) 拙著『中国華北農村経済研究序説』(金沢大学経済学部，1990年)「第2章 華北農村社会経済研究の分析視角」参照のこと．
(2) 復刻版興亜院・大東亜省『調査月報』第1巻，龍渓書舎，1987年，1-16頁．
(3) 興亜院『調査月報』(以後『調査月報』と略称)1巻1号，1940年，172頁．
(4) 同上，173頁．
(5) 同上，182頁．
(6) 同上，186頁．

(7)　同上，189 頁．
(8)　華北棉産改進会については，本研究プロジェクトの前身である平成 7-9 年度科学研究費補助金研究(基盤研究(A)研究代表者本庄比佐子)の研究成果である『戦前期中国実態調査資料の総合的研究』に拙稿「日本占領下の華北農村における綿花栽培と『棉産改進会』」としてまとめておいた．しかし，華北農民にとって「棉産改進会」の活動がどのような意味をもったものであったかという点を，『中国農村慣行調査』や筆者が参加した再調査(三谷孝編『中国農村変革と家族・村落・国家』(1・2 巻，汲古書院，1999 年・2000 年)，さらに台湾中央研究院近代史研究所所蔵档案などを資料として考察したものであり，棉産改進会の全体像を明かにしたものではない．
(9)　『調査月報』1 巻 12 号，1940 年，95 頁．
(10)　同上，95 頁．
(11)　同上，45-46 頁．
(12)　『調査月報』2 巻 1 号，1941 年，214-215 頁．
(13)　『調査月報』2 巻 10 号，1941 年，43 頁．
(14)　同上，44 頁．
(15)　大東亜省『調査月報』1 巻 7 号，1940 年，63 頁．
(16)　『調査月報』3 巻 8 号，1942 年，3 頁．
(17)　同上，37 頁．
(18)　大東亜省『調査月報』1 巻 8 号，1940 年，1 頁．
(19)　『北支馬資源第二次実態調査』(下篇)1941 年，7-8 頁．
(20)　前掲拙著『中国華北農村経済研究序説』「第 4 章　華北農村社会と『共同関係』」参照．
(21)　拙稿「現代中国における農業の集団化と"共同関係"」(『宇都宮大学国際学部研究論集』第 3 号，1997 年)参照．
(22)　『北支那緬羊調査報告』1939 年，5-6 頁．
(23)　『北支那ノ木材規格及木材需給状況調査』「序言」1941 年，2 頁．なお原文は全てカタカナ遣いであるが，ひらがな表記に改めて引用した．
(24)　『同上』「緒言」1 頁．

第6章　興亜院調査から見た華中の米事情

弁納才一

かつて日本軍によって軍事的に占領・支配されていた「中国」の諸地域に関する研究の多くは，近現代中国史研究者によるものではなく[1]，日本帝国主義史あるいは日本植民地史の一部を構成するものとして捉えられてきた．

日本植民地史研究者として著名な浅田喬二氏は，夙に「日本帝国主義による中国農業資源の収奪過程」を明らかにしている[2]．すなわち，すでに本書第二部第5章でも言及されているように，浅田氏は，「興亜院・大東亜省『調査月報』解題」の中で，「中国農民の向背が，日本帝国主義の中国植民地化の成否を決定する重要な鍵」であり，「中国農民の『民心把握』・中国占領地の『治安維持』にとって何よりも重要なことは，かれらの生活を安定させることであった」が，他方では，「中国占領日本軍の『現地自活主義』実現のために，中国農民から軍需用農産物(米，小麦，棉花)の強権的な収奪をはかった」のであり，日本帝国主義は「二つの相対立する課題を同時に解決しなければならないという自己矛盾に陥った」とまとめ，また，「興亜院『調査月報』に転載された農業関係調査報告書」は「棉花に関する調査報告が最も多く，これについで米穀関係の調査報告が多くなっている」ことから，「興亜院の農業関係調査が，軍需用農産物である棉花，米穀を中心にして行なわれたものである」と見ている[3]．

本章で主に扱う興亜院の調査報告書によると，抗日戦争時期は「事変と言ふ大きな変革が起り米は戦争遂行の必須物資として重大なる意義を有するものとなりたる為，単に商品としてのみならず兵要資源として統制せられ，反対に敵側の統制は治安妨害となり之が流動は甚だしく制約せらゝに至たのであ」り，

また,「日本軍の現地自活経済の確立には現地米の供給を計らねばならない」という複雑な事情もあったことが記されている(4).

本章において華中の米事情に着目するのは,華中が日本軍占領地域の中でも最も主要な米産地であり,また,同時に米の一大消費地でもあったからである.そして,華中においては,米こそが「現地自活経済の確立」を目指す中国占領日本軍にとって重要な軍需用農産物であり,かつ占領地区農民の生活安定による「民心把握」をはかるためにも欠かせないものだった.

本章では,興亜院によって刊行された種々の調査報告書類などから,興亜院自身が華中の東部地域(上海市,江蘇省,浙江省,安徽省)における米の生産及び流通に対していかなる調査を実施し,その米事情をいかに認識していたかを概観することにしたい.また,これによって,華中の日本軍占領地域の米事情を,日本植民地史の一部としてではなく,中国近現代史の一部として,抗日戦争時期における華中農村社会の実態の一面を明らかにするための基礎的な作業ともしたい.(以下,引用資料中にあらわれる漢数字は適宜算用数字にあらためた.)

1. 米の生産と流通

興亜院によって作成されたいくつかの調査報告書からは,華中における日本軍の軍事行動が同地域における米の生産面と流通面に対して直接的に破壊的な影響を与えたことを看取しうる.

まず,『中支ニ於ケル米,小麦及小麦粉需給状況ニ関スル資料』(1939年11月)には,華中における1939年の米穀需給状況に関わる各種の統計表が掲げられ(5),『昭和十五年度ニ於ケル中支米穀状況ト需給』(1940年12月)では,「中支ニ於ケル本年〔1940年〕稲作ハ全般的ニ播種期移植期ニ於テ降雨量少ク……植付不能及水不足ノ水田多ク作柄ハヤヤ不良ナリ」(〔 〕内は引用者.……は中略.以下同様)と総括している(6).そして,『中支ニ於ケル農業政策ノ動向』(1939年11月)には,占領地区の農村について,「米ノ如キハ昨年〔1938年〕度極度ニ滅作〔減作〕ヲ示シタルニ反シ,本年〔1939年〕度ハ地方ニ依リ一概ニハ断定困難ナルモ,

大体ニ於テ4割増産ノ平年作乃至若干平年作上回リヲ予想サルル」が,「農産物ノ出回ハ,事変ニ依ル流通機構ノ破壊乃至停止ノ為,……極メテ困難ナ経路ト犠牲トヲ伴ハナイデハ置カナカツタ」のであり,一方,これに対して「重慶側ヘノ物資流動ハ,当方側ノソレニ比シテ遥ニ容易デアル」と見られ,「従ツテ……占領地区内農家ノ昨年〔1938年〕度ニ於ケル経済状態……ガ,本年度俄ニ好転シタト断定シ得ル資料ヲ持タナイ」と述べられている[7].

また,『中支那重要国防資源食糧作物調査報告書』(1940年3月)によれば,「事変ハ直接又ハ間接ニ農作物ノ生産手段ニ対シテ諸種ノ不利ナ影響ヲ与ヘ,之ガ為ニ農作物ノ生産量ガ減ジタ事ハ否定シ難イ事実デアル」ことを認め,1939年における江蘇・浙江・安徽3省の食糧生産状況について,稲は,「安徽省ノ作柄ハ蕪湖ニ於ケル調査ニ依レバ,本省14年〔1939年〕ハ皖北,皖南共ニ著シク豊作デアツテ,巣県及盧州背後地ハ5割増ト迄予想スル者モアリ,又皖南ノ主要米産地ニ於テモ一般ニ豊作デアル事ハ疑フベクモナイ故,省全体トシテ平年作ノ3割増収ト予想シテ可ナリト信ズル」とされているものの,一方では,「江蘇省ノ調査地ニ於テ平年作以上トノ報告ヲ受ケタ箇所ハ,松江及崑山ノミデアツテ,他ノ調査地ハ一般ニ不作ナリト言フ.此ノ事実ハ昭和14年〔1939年〕10月ニ於ケル豊作見込ト一致シナイガ,……江蘇省14年〔1939年〕ノ稲作ハ平年作以下ニシテ,約1割ノ減収ト想像セラレ」,また,「浙江省ニ於ケル調査地ハ嘉興及ビ杭州2箇所ノミデ,省全体ノ作柄ヲ判断スベキ材料ニハ不十分デアルガ,全般的ナ干魃ト開花時ノ大風ハ生産ニ悪影響ヲ及ボシ,又海杭線一帯ノ主要米産地ハ一般ニ化学肥料施用ノ慣行アリ,之ガ入手困難ノ為施肥不能トナリシ結果,……5分内外ノ減収ト仮定シテ大過ナシ」という状況であった[8].

さらに,「中支那に於ける米の流動経路」(『調査月報』1943年9月)では,そもそも抗日戦争前の状況については,「蕪湖を中心とする皖南皖北の地は蕪湖米の産地で年々400-500万石の剰余を有し,無錫を中心とする江蘇省産米地帯及上海周辺の蘇州松江一帯からは又400-500万石の剰余米を出したのである.一方消費地の主たるものは上海,南京等の都市であって上海は1ヶ年600万石を消費して居たのである.浙江省は米不足の地で殊に酒の醸造と相俟つて杭州,

寧波, 紹興等へは年々200万石以上の移入が行はれた. 其他中支以外の地広東, 汕頭等の南方から山東天津等の北方へも移出したのである. 一方之と反対に, ラングーン, 西貢等の外米の輸入も年々100万石に達して居た.」と説明し, 「然るに事変以来占領地区と敵地区との2つの経済単位に分たれ, 生産と消費との均衡を失するに至たのは已むを得ないことであるが, 現在占領地区への出回は蕪湖付近が約200万石, 無錫付近が200万石, 上海周辺が150万石で戦前の約半ばに過ぎず, 消費地は大体変りな」いという状況だった[9].

なお, 『支那農産物ノ生産需給ニ関スル資料』(1941年6月) は, 日中戦争時期における華中について, 「完全占領地区ハ所謂, 点ト線ノ状態ニシテ米ノ生産量モ実ニ微々タルモノナルガ, 茲ニ云フ占領地区トハ……浙江省ニ於テハ大体銭塘江以北ニテ長興, 武康, 富陽以東ノ地区, 江蘇省ニテハ宜興, 金壇, 溧水ヲ結ブ線以北ノ江南地区及如皋, 靖江, 揚州, 高郵, 六合以南ノ江北地区, 安徽省ニテハ津浦沿線ノ淮河南段ノ各県, 巣湖東南岸各県及南寧線沿線ノ地区並ニ安慶付近揚子江沿岸地区ニシテ以上ヲ下流占領地区トシ, 上流占領地区ハ南潯線沿線ノ鄱陽湖西岸地区揚子江沿岸ノ下辺区及上辺区, 信陽南段ノ平漢沿線地区, 漢水下流々域及粤漢線岳州北団地区等ノ園部部隊威令下ノ地域ナリ. ……下流地区ニ於テ約350-360万市石, 上流地区ニ於テ約50万市石合計約400万市石以上ノ数量上ノ不足ヲ来スモノト考ヘラ」れ, そして, 「単ニ数量的ニ莫大ナル不足ヲ来スノミナラズ之等確保民衆ノ深刻ナル食糧飢饉, 軍需米買付困難ヲ憂ラルル状態ナリ.」[10]と述べている.

以上, 日本軍占領下の華中においては, 日中戦争前と比べて戦時期には産米量が減少したばかりでなく, 日本軍占領地区には米の流入量も減少していたことがわかる[11]. すなわち, 日本軍の行動は, 華中における米の生産それ自体とともにその流通面においても破壊的な作用を及ぼし, とりわけ日本軍占領地域に極めて深刻な食糧不足の状況を生み出してしまったのである. そして, このことは中国占領日本軍の「現地自活主義」実現を非常に困難なものにした.

2. 米の出回り状況

興亜院によって作成された調査報告書の中には，華中における米の出回り状況を知ることができるものがいくつかある．

まず，「中支に於ける物資移動経路及数量に関する調査報告」（興亜院『調査月報』第2巻第6号，1941年6月．調査は1940年1月）では，安徽省の蕪湖と蚌埠，江蘇省の鎮江と無錫，浙江省の杭州などの米事情にも言及している[12]．

蕪湖については，「事変前」には「蕪湖市場の背後地域は太湖，懐寧，桐城，蕪湖，当塗，南陵，無為，盧江，巣県，合肥，舒城，含山，和県，貴池，宜城，郎渓，広徳，休寧等の各県であり，就中合肥県の三河，舒城県の桃鎮は毎年100万石以上の余剰米を有し首位を占め，更に合肥県上派河を中心とする背後地よりの集貨は年80万石に達した．その他各県よりの移輸出は総計約700-800万石に達したと推定される．然も之等米穀生産余剰の移輸出が悉く蕪湖市場に集中的であつた．出回数量の約70％が江北地帯各県よりのもので，残りの30％が江南背後地よりの出回であつた」としており，蕪湖には大量に米が出回っていた．ところが，「事変後に」は「事変前に於ける蕪湖米市場背後地はその80-90％が敵遊撃区にあることが，米穀流通を著しく阻害していたことは，その米穀出回量の激減によって明らかである．蕪湖市場背後地も江南に於ては湾沚鎮，高淳，当塗を結ぶ一帯と，上流地帯荻港，旧県鎮及三山鎮一帯が確保されてゐるが，江南背後地域の宜城，南陵一帯が敵地にある為め，当地方よりの移出が減少」し，「巣湖，裕渓口間の内河航行路が未だ敵地にあり，然も運漕鎮一帯には強力なる新四軍の蟠居がある為め，当地域よりの出回りは皆無である」とされ，蕪湖への米の出回りが滞ってしまったことがわかる．

蚌埠については，「蚌埠の背後地とも称すべき地域は，正陽関，寿県，鳳台，穎州，穎上，霍邱，太和，蒙城，渦陽，懐遠，臨淮関，五河，盱眙等淮河本支流一帯の地にして更に洪沢湖を通じて長江に出て南京，上海方面との連絡もあり，実に淮河貿易の中心をなして居」たが，「戦後の特殊な現象として特記す

べき事は亳県の殷賑を極め居ることにして奥地物資の大部分は同地に集貨され隴海線商邱を経て北支方面に搬出されて居り淮河貿易の一半を蚌埠より奪へるが如き感ある事」であるとされ，これによって米も「蚌埠への出回高は事変前年約4,800砘なりしも，事変後は約2,400砘に減じ」た．

鎮江については，「米は主として安徽省江北地帯の高郵，宝応，興化，寿州，東台，泥水，甘泉，江都県産のものが殆ど大部分を占め，之等は一旦揚州に集荷され同地より大運河により瓜州経由にて当地に出回」り，「江南地帯の背後地としては丹陽，常州，句容等で」，「事変前に於ける当地への米の出回は，約13万砘内外にして当地の消費は約26,000砘見当なるが，事変後は専ら蕪湖米を移入し辛じて需要を充たして居」た．

「事変前に於ける」無錫への「米の出回は金壇，溧陽，蕪湖，当塗，宜具〔宜興〕，常熟及江北地帯産に在りては泰州，泰興，東台，興化，如皋等よりのものが大部分を占め」，「米の年間集散量は，無錫県産のものを除き大約44-45万砘と称せられ，その中60％見当は蕪湖並に当塗方面産のものによつて占められて居た．残りの40％は無錫近隣の常熟方面産のものが大部分を占め，江北産は10％内外に過ぎない．無錫県内の産額は10万砘見当なるも，消費が13万砘にして差引3万砘の供給不足となつ」た．

「事変前に於いて」杭州に「出回る米穀の産地は，江蘇，安徽の2省及び本省湖州，嘉興地方産のものにして，其の数年約11万砘に達し付近産のもの及び外米は少なかつた．此の内約85,000砘は杭州に於て消費され，残余の中約16,000砘は拱震橋より銭塘江を越へ義橋，聞家堰，臨浦，新壩を通り内河により紹興堰橋に輸送され，其他は浙江省内各地に輸送されて居た」．

次いで，『中支那重要国防資源食糧作物調査報告書』(1940年3月．調査は1940年1月下旬〜3月上旬)では，蕪湖，南京，鎮江，無錫，上海の米市場を取り上げている[13]．

「事変後ニ於ケル蕪湖米市場ノ背後地ハ，安徽省全産米地域ノ約80-90％ガ非占領地デアル関係上，著シクソノ出回ガ極限サレテ狭少トナツ」たため，南京では「蕪湖，当塗ノ米ハ軍統制下ニアルタメ，自由搬入ヲ許サレザルモ許可

搬入数量ヨリ見レバ,此ノ両者ノ米ガ大部分ヲ占メ」,鎮江でも「事変後ハ安徽米ノ出回殆ンドナク,更ニ江北モ占領地域狭少ノタメ搬出ヲ望ムベクモナク,加ヘテ昭和15年〔1940年〕度産米ノ不作モ影響シテ遂ニ12月ニハ米騒動迄勃発シ」てしまい,「民心把握」の上で危機的状況を生み出していた.

無錫では,「事変後ハ安徽省産米ハ京滬鉄道ニ依リ多少出回ツタノミニテ,郎渓付近及皖南北ヨリ帆船ニテ輸送サレルノモノヽ皆無ナルハ鎮江市場ト同様デアル.江北ヨリノ出回リモ勿論ナク,唯常州,金壇及宜興ノ産米ガ辛ジテ搬入サレタ程度ニシテ,新米ノ搬入ハ宜興県産ノモノガ和橋鎮ヨリ相当数量出回ツタ模様デアル.同市場ニ於ケル搬出禁止ハ本省江南各市場ニ先ンジテ昭和14年〔1939年〕4月頃決行サレ,自場ニ於ケル米価ノ調節ニ当ツタ」と言う.

上海では,「事変後ハ軍当局ニ於テ米穀ノ一般搬出ヲ禁止シタル為ト,治安ノ不良ニヨリ内河輸送ノ危険ナルトニヨリ,集散地ヨリ消費地ヘノ輸送経路ハ一大変化ヲ来シタ.……昭和14年〔1939年〕8月ヨリ9月迄ニ蕪湖ニ於テ買付ケラレタ第一次軍納米ハ,上海ニ於ケル米価調節並ニ難民救済ヲ目的トシテ上海ニ輸送サレタ」と言う.

さらに,「中支那に於ける米の流動経路」(『調査月報』第1巻第9号,1943年9月,1941年の調査報告)では,松江,青浦,嘉興,崑山,蘇州,無錫,常熟,鎮江,揚州,南京,蕪湖の米事情を取り上げている[14].

「松江市場に集る米量は事変前の約半数で約20万石位である」が,「松江と上海では石当り20元以上の開きがある為上海への密搬出が誘発され」た.

「青浦の最近1ヶ年出回量は約7-8万石である.事変前は其の倍の14-15万石はあつた」が,「上海の米価が騰貴した為上海の米行が入口の七宝銀〔七宝鎮〕,重固等の米屋と連絡をとり高価に買付ける為産地から直接是等の地点に集り」,「青浦,朱街閣〔朱家角〕は米が不足して米価高」となったが,「従来青浦,朱街閣〔朱家角〕に出回たものの半数は上海に密搬出され」た.

嘉興には「35万石の出回があつて……この出回は事変前の10分の3と云はれるが,其の出回不振の原因は県下の治安が悪いと云ふことが主たるもので,四囲は殆ど遊撃地区となり南方は海岸で至る処敵地への途が開けて居る地理的

条件があることと，更に敵側が米に対する搬出統制の厳重なる結果占領地区内へ流入することが困難なると，敵地の米価が割高なる為逆に敵地への流出を誘発する等の諸原因による」と言う．

　崑山については，「約10万石の出回り不足を示して居る．之は上海への密搬出量と断定しても差支ない数字である．上海が米価120元のとき崑山は80元で40元の差があつた．これが密搬出の原因となる」と言う．

　蘇州については，「呉県は米の産地で所謂粳米を産し年約160万石の産量がある．然し之は殆ど県下及蘇州で消費され他県に出回るものは少い．このことは事変前も現在も同じであ」り，「常熟米は上海市場で好評がある為価格も高いので呉県米が常熟に入り常熟米となつて上海に向ふこともあつた」と言う．そして，呉県の米は「30万石位が他に移出出来る」が，「蘇州の周辺の産米地が遊撃地区である為敵側の手に入るものが相当多数に上」り，また，一方で，「普通の民家でも金があると米を買つて貯蔵し自家の食米にする外値上りを待つて売るもの」がおり，「殊に最近は法幣下落の不安から現金よりも物で持つて居る方が安全である為売惜みする結果出回が悪く，延いては米価の高騰を来して居」た．さらに，「蘇州地区と上海との価格の差は事変前僅かに5角位であつたが，現在は20元乃至30元の開きがある為勢ひ流出する虞があり，大体呉江付近から敵地又は上海へ流れ出ると云はれて居る．其の数量は60万石位と」されていた．

　無錫については，「江南の産米地を二分して常熟，太倉，崑山，松江，青浦，金山等の諸県の市場が上海であり，句容，溧陽，金壇，宜興，武進，江陰等の諸県の中心が無錫であり，更に蘇北一帯も無錫に集り」，「蕪湖米の浙江，江蘇省に搬出せらるゝものの定着地点で」，「集散する米の半以上は蕪湖米であつた」．「事変後最近の統制下に於ける取引が其の来源地の範囲を限定せられるに及んで，之等外地からの出回は皆無となり専ら無錫付近のもののみとなつたので事変前の半数に激減した」．無錫付近の産米地からの出回りを見ると，「宜興付近は敵側が強制買付を行つて居る為割合に少」なかつた．

　常熟については，「殊に近郷の出回は少く無錫，常州等からは全然来なくな

つた為取扱量も激減し」,「事変前の近郷の出回は40万担であつたものが現在30万担であることは匪賊の軍用に供する外上海,江北方面に密搬出して居る為である．最近の出回不振は農家に貯蔵して居るものが多く敵が之を持ち出させない為である」．「常熟周辺の生産地は大部分匪賊地帯となつて居り,其の敵が極度に米の搬出を禁じて居る為め常熟及他の土地から買付人が入ることが出来ない為め常熟に集るものは総て農民が運んで来る」．なお,「当時常熟は日本側の物資の配給統制が厳重で城内は品不足となり却て敵地より高価な状態であつた」とも言われている．

鎮江における米の出回りは「年合計10万石に達しない状態で……蕪湖米の搬入が杜絶し,蘇北からの搬出を禁じられた為」,「食米不足を生じ……最近外米を移入して緩和策を講じつゝあるも調査当時は未だ充分に行亘つて居なかつた」．

揚州については,「蘇北の産米地からは地場消費を差引き少くとも50万石の出回可能量のあることは鎮江への事変前の出回数量からみて断定せられる訳であるが,現在は産米地区が大部分敵地であり而も敵側が軍米の獲得を重視して経済の統制を厳重にして居る関係上之等の出回が減少するのは当然である」．「事変前は興化,泰県の米も集つたが両地は未だ敵地である為こゝからの出回りはないのである．（註，調査当時蘇北作戦完了し興化,東台は完全に吾軍の手中に入り泰県は李長江の投降によつて平定されたので本年〔1941年〕の米穀出回期には之等の地区からも相当に出るものと予想される）」．

南京については,「事変後は蕪湖米の他市場への搬出が制限され加ふるに近県の出回も減少した為南京市場に集るものは辛うじて南京市民の食糧を満すに足りる程度のものとな」った．「昨年〔1940年〕12月以来国民政府内に糧食管理委員会が出来て南京の糧食はこゝで配給することになつて居る．その買付地は主として蕪湖であるが,蕪湖米の出回不振と買付方法が拙劣な為め所要量の配給ができなくなり,一時南京は米飢饉が叫ばれ米価は騰貴し民衆生活にまで影響を及ぼす状態となつた．こゝに於いて吾軍部も捨てて置けず外米を分与して急を救つた」が,「米不足に続き米価は日に日に騰貴して購買力なき市民は

安価な代用食を採る状態とな」った.

『昭和十七年中支米穀作柄,収穫高並ニ出回予想』(1941年12月)によれば,「三角地帯ニ於テハ秈,粳共ニ出回順調」だったのに対して,「淮南,蕪湖地区ニ於テハ豊作ニモ不拘,出回並ニ獲得状況極メテ不良」だった[15]. また,『中支米ノ獲得状況並ニ配給統制状況』(1942年1月30日)を見ても,「蘇松地区15県ニ於ケル買付ハ昭和16年〔1941年〕11月以降現在迄極メテ順調ニ進捗シ,……特ニ清郷地区ニ於ケル買付成績ハ甚ダ良好」だったが,華中における米の主要な供給地となっていた「蕪湖対岸地区,蘇北地並ニ杭州地区ニ於ケル軍ノ買付ハ各種ノ事情(治安状況,買付価格及対敵経済封鎖ノ為メノ物資搬出制限等)ニ制約セラレ極メテ実行困難」となっていた[16].

以上,江南における米の出回りは,蕪湖米の出回り不足によって大きな影響を受けていた. 実に,蕪湖は「700-800万石の余剰米を生ずる支那第一の米産地であ」ったが,「事変後出回総量(昭和15年〔1940年〕度1ヶ年間)は」220万石で,それは「事変前の出回りの約半分に当つて居」た[17].

ところで,このような米不足は,最大の米消費地だった上海では極めて深刻な状態となり,米の密輸入を促すことになった. すなわち,「密輸入米は前述の如く大体上海に近い米産地から来るもので松江,青浦,楓涇,金山,崑山,太倉,嘉定,常熟地帯の産米であ」り[18],松江は「米の取引は前記の如く極めて閑散であるに拘らず」,「雑貨で活気を呈し」,それらの雑貨は「殆ど上海からの密搬入品で」,「付近の農民に渡る外近県の盛沢,平望等を経て敵地に流れるものがあり,特に金山付近の海岸から銭塘江対岸の敵地に流出するものが多量で」,密輸に携わる者は「往きには米を運び復りには雑貨を積んで来た」[19].

華中の日本軍占領地域では,「治安ノ不良」に「普通の民家」による米の「貯蔵」や「売り惜しみ」も加わり,米の出回りは激減し,米価が高騰していた. 日本軍は,占領地域における米の流通をほとんど掌握しきれていなかった. このため,米の不足する日本軍占領地域には,非占領地域からばかりでなく,占領地域内からも米が密輸されていた. また,逆に,占領地域から浙東などの

非占領地域へは種々の雑貨が密輸されていた．

3. 日本側の米買付と対策

　以上に見てきたような，華中の日本軍占領地区における深刻な米事情に対して，日本側はいかに対処しようとしたのだろうか．

　『中支那重要国防資源食糧作物調査報告書』(1940年)によれば，華中における日本側の食糧獲得可能量は，「支那民衆ノ食糧ヲ考慮スル場合」には，「支那民衆ヲ敵トセザル聖戦ノ意義ヨリ考察スル時ハ，占領地区内ノ支那良民ニ先ヅ食糧ヲ供給シ，其ノ余剰ヲ以テ日本ノ食糧不足ニ充当スルヲ常道トスル．然シ乍ラ現在皇軍ハ消費地タル都市及其近郊ヲ占領シ，生産地タル農村ハ猶大部分敵ノ勢力範囲ニ属シ，敵方ニ於ケル食糧ノ搬出禁止ハ昨秋新穀ノ出回期以後厳重ヲ極メ居リ，且占領地区内各県ハ県内在米ノ減少ヲ防止スル為米穀ノ県外搬出ヲ禁止シタルヲ以テ食糧ハ極度ニ偏在スルニ至リ，……占領地区内ニ於ケル食糧ノ偏在ト不足ハ厳然タル事実ナルヲ以テ，現在各集散地ニ存在スル多少ノ在米モ，当然支那良民ノ食糧ニ供セラルベキモノト観ル場合，占領地区内ヨリノ獲得可能量ハ絶無ナリト断定セザルヲ得ナイ」という状況だった．一方，これに対して，「支那民衆ノ食糧ヲ犠牲トスル場合」には，「占領地区内ノ大都市ノ消費ヲ考慮スルコト無ク買上ヲ強行セントスル場合ハ，……約100万石程度ガ此ノ場合獲得可能量ト推定シ得ル」と考えられていた[20]．

　さらに，食糧を獲得するための対策としては，応急策と恒久策とに分けて説明されている．すなわち，応急策としては，以下のような事項を挙げている[21]．

　　「一，食糧偏在セル敵地集散市場ノ占領」
　　「二，日本内地ノ食糧不安ノ一掃及外米ノ輸入」
　　「三，現地買上機構ノ変更」
　　　　＝「日商」の「米穀取引」独占から「支那商人ヲシテ買上ニ従事セシムル」方法へ

「四，占領地地区内米穀搬出禁止ノ解除」
「五，市場価格ニ依ル買上」
「六，運河通航ノ自由」
「七，米ノ節約ト代用食ノ奨励」
「八，本年〔1940年〕度小麦其ノ他雑穀ノ増産奨励」
　　　＝「米価相当高位ニ在レバ雑穀ヲ食糧トシ米ヲ売却スル従来ヨリノ習慣アルヲ以テ，小麦其ノ他雑穀ノ増産ヲ奨励シ，其ノ価格ヲ低位ニ在ラシムル」
「九，本年〔1940年〕新穀ノ早期出回促進」

以上のように，応急策の第一として「食糧偏在セル敵地集散市場ノ占領」という直接的な軍事行動を挙げているのは，後の実際の日本軍による軍事行動の意味を裏付けるものとして注目される．

また，一方，恒久策としては，以下のような事項を挙げている[22]．

「一，食糧作物ノ増産」
　　　＝「品種ノ改良」「化学肥料ノ増施」「病虫害ノ駆除予防」「旱害ノ予防」「荒蕪地ノ作付」
「二，農事試験場ノ設置」
「三，農業技術員ノ配置及農業学校ノ設立」
「四，地主ノ活動」
　　　＝「小作人ニ対スル」「地主ノ農事指導ハ最モ有効」であり，「不在地主ヲ排除シ」，「地主自ラ凡ユル利便ヲ供与シツツ農事ノ指導ニ努力セシム」
「五，肥料，農具ノ製造及配給」
「六，耕牛ノ配給」
「七，運輸機関ノ整備」
「八，度量衡ノ統一」
「九，金融機関ノ整備」

あるいは，『支那農産物ノ生産需給ニ関スル資料』(1941年6月)は，「将来ノ増

産可能量及改良増産ニ関スル意見」として,「選種,移植方法,害虫防除等比較的経営上ノ経費ヲ要セザル部面ノ技術的改良ニ依リテモ10%以上ノ増産可能ノ見込ナリ」と言い,また,「品種ノ改良,施肥改善等技術的部面及経済的部面ニ亘リ諸般ノ改良,改善ガ実施セラルゝ場合ニ於テハ……中支ノ米ノ生産力ヲ20%乃至30%増大セシムルコトハ素ヨリ可能ナリ」と言いながらも,「現下ノ威令下農村ノ治安状況ノ下ニ於テハ改良増産ノ方策モ,樹立スルハ易ク実施スルハ不可能ニ近キ程困難ナリ」と認識され,このため,「出回促進ノ方策及獲得対策万全ヲ期スベキナリ」という意見が述べられていた(23)。

そして,日本軍によって「米は事変以来兵要資源として統制せらるに至り,殊に事変が長期経済戦の段階に入るや其の統制は益々強化せられ」,1940年12月1日からは,占領地区内の米の「生産地を二分し一方は日本側への供給地と為し一方を支那民衆への供給地と指定」したが,「日本側の買付地域は上海周辺並無錫を中心とする地帯で大体粳米の産地で」あったのに対して,「支那側の買付地域は蕪湖地帯を主とし日本側買付以外の全地域に亘り居る,こゝの産米は大体籼米である」とされており,日本側にはジャポニカ種米を供給し,中国側にはインディカ種米を供給するという差別的な待遇がなされることになった。これは,松江米の「米質は日本米によく似て粒大きく粘り気があるので日本人に最も適して居る。上海の支那人にも常熟米と共に好まれるものである。」とか,また,「崑山米は籼米で粘り気のないぱらぱらした米で……支那人向きの米である。南方の茜墩では松江米と同質の日本人向きの米がとれる」が,「支那人に一番好かれる米は常熟米である。一見日本内地米と同様であるが,たくとさらさらして居る。之が粘り気があるものより消化が良いと云はれ,殊にたくと増えるので上海市場でも一番高値を呼んで居るのであつて味の良い松江米と並び称せられて居る。」とか,さらには,蕪湖米について,「形は細長くして炊けば「パラパラ」とした粘り気のない所謂南京米(籼米)で質は余り上等ではないが炊き増えがして支那の下層社会にはなくてはならない米であ」るという認識に基づいていたと考えられる(24)。

しかし,「蘇州には蕪湖米とか外米とかは殆ど入らないで地場産の上等米を

常食として居」り,「事変前は蕪湖米や外米等の安いものを入れて地米を外に出したこともあつたが上等米に慣れて之等は余り観迎されない様であ」ったことも認知されていたのであり⁽²⁵⁾,中国側に一律にインディカ種米を供給することは実情との間に齟齬をきたすことになったことは明らかだった.

すでに先に見たように,食糧獲得のための応急策の1つとして,「日商」の「米穀取引」独占から「支那商人ヲシテ買上ニ従事セシムル」ように「現地買上機構ノ変更」が提言されていたが,実際に「米の買付の中心は支那人米行」となっていた⁽²⁶⁾.

「昭和14年〔1939年〕7月迄はこの地帯〈蕪湖〉に於ける買付並搬出は自由であつた.7月に至り特務班により合作社を通じて行はれたが間もなく8月中旬に至り軍衣糧廠による本格的な統制買付が行はれることになつた」が,しかし,「昭和15年〔1940年〕10月1日以来日本軍の買付地を変更し蕪湖は支那側に譲渡した為国民政府糧食管理委員会で行ふことになつた」のである⁽²⁷⁾.

以上のように,日本軍はこの地域の米の強権的収奪をはかろうとしたが,興亜院による調査報告書自らが語るように,「皇軍ハ消費地タル都市及其近郊ヲ占領シ,生産地タル農村ハ猶大部分敵ノ勢力範囲ニ属シ」⁽²⁸⁾ていたという事情から,現実にはその一部しか掌握することができず,その解決のための恒久策として,技術・資金力を駆使した占領地区内の「食糧作物ノ増産」が筆頭に挙げられていたが,一方で,事態の緊急性に鑑み,すでに見たように,応急策の筆頭には「食糧偏在セル敵地集散市場ノ占領」が挙げられ,米の流出阻止と米生産地の占領が目指された.

こうして,興亜院による華中の米に関わる調査は,ほぼ以下の二方面から実施されることになった.すなわち,一方で,米の増産のために,その余地と可能性の高い地域が選定され,その実態の把握の必要からいくつかの調査が実施された.また,他方,江北(江蘇省北部地域及び安徽省北部地域)が米の生産地ないし滞留地となっており,また,浙東(浙江省東部地域)が米の流出先ないし密輸先となっており,日本軍の軍用米確保と占領地民衆の食糧確保の点から,この2つの地域の事情を正確かつ詳細に調査して把握することが求められてい

た.
　米の増産に関わるものとしては，以下のものがある．
　① 興亜院華中連絡部『嘉定・太倉・常熟ニ於ケル主要農作物ノ耕種慣行』(1939年12月)．
　② 興亜院華中連絡部『中支食糧増産緊急対策大綱案』(1942年1月30日)〔支那事務局農林課『昭和十七年度食糧対策ニ関スル綴(其ノ三)』農林水産省農林水産政策研究所所蔵〕．
　③ 「東太湖周辺の農業事情」(大東亜省『調査月報』第2巻第1号，1944年1月，中支調査資料第672号，農業資料第67号)．
　④ 「五湖地区農産資源調査」(大東亜省『調査月報』第2巻第4号，1944年4月，中支調査資料第698号，農業資料第72号)．
　⑤ 「中支那肥料調査中間報告」(興亜院『調査月報』第3巻第10号，1942年10月)．
　⑥ 「中支那農村の施肥状況(中支那肥料調査報告書)」(大東亜省『調査月報』第1巻第8号，1943年8月，中支調査資料第605号，農業資料第51号)．

　このうち，①の調査地域は，嘉定県城，太倉県沙溪鎮，常熟県城の近郊の3つの「部落」で，主にジャポニカ種米を栽培する水田地帯だった[29]．

　③の調査地域は呉県(「西沿岸地区」)と呉江県(「東沿岸地区」)を中心としており，「東沿岸地区は地勢平坦にして山岳丘陵地は全くなく，従つて農業事情は全く水稲作を主体とせる営農を行ひつゝあり．西沿岸地区は……山岳丘陵地存在する関係上養蚕，養魚，園芸作物栽培が農業経営上重要の部分を占め」[30]ていた．そして，「現在農村の実況は物価高により相当好景気の状況にあるも，亦一面生活諸物資の入手難により自給自足経済に向ひつゝあり．農家の収入は増加せるも，貧富の差は甚しく」，「西沿岸地区は食糧が全体として不足するを以て木瀆鎮地方より食糧を移入し」[31]ていた．

　④の調査地域は長興県(浙江省)と宜興県(江蘇省)であり，その調査目的については「五湖作戦地区の農産資源(主として食糧)に関し現地踏査に依り今後施策の参考に資せんとす」としており，主に米穀の生産状況及び出回状況・経路

について調査している．そして，「市場背後地たる農村は敵軍の蠢動するところとし生産米の市場吸収も容易に行はれず県内市場出回遅滞せる状態」であることを受けて，米穀及び農畜産物の獲得のための応急策として，まず「第一に農村市場間の治安の確保並に県内市場と県外搬出先との運送路の確立」が，次いで，「蒐買機構の整備」，「見返物資の配給」，「米価並に農畜産物単独の適正価格制採用」，「割当制の実施」などが挙げられ，また，恒久策としては「農事試験場の設置」，「生産資材の配給」，「低利資金の貸付」，「日用必需品の配給」，「合作社の確立」などが挙げられ，さらに，技術的改善として「品種改良」，「肥料対策」，「役畜普及」，「旱水害対策」などが挙げられている[32]．

⑤と⑥は，同一の調査に基づくもので，その報告内容もほぼ同様であり，⑤によれば，その調査は「農産物の増産並に施肥の改善に資するを目的として」，「松江，嘉興，蘇州，常熟，無錫，丹陽，蕪湖，蚌埠，南通，嘉定方面に於て稲作を主として行」なわれた[33]．

なお，米の増産に間接的ながら関わるものとして，農村合作社や農業金融があり，それに関する調査としては以下のものがある．

① 興亜院政務部『中国に於ける合作運動の今昔』(興亜資料(経済篇)第81号，1941年10月)．

② 興亜院華中連絡部『支那ニ於ケル農村合作社ノ検討』興亜華中資料第40号，中調聯農資料第5号(1939年11月)．後に，「支那に於ける農村合作社の検討」として興亜院政務部『調査月報』(第1巻第3号，1940年3月)に転載されている．

③ 興亜院華中連絡部『中支ニ於ケル信用合作社』(興亜華中資料第115号，中調聯金資料第18号，1940年1月)．後に，「中支の信用合作社」として興亜院政務部『調査月報』(第1巻第3号，1940年3月)に転載されている．

④ 興亜院華中連絡部『中支農業金融ニ就イテ』(興亜華中資料第90号，中調聯農資料第4号，1939年11月)．

このうち，①は，『経済之研究』(第2巻第9期)に掲載されたものの邦訳であり，また，④も，興亜院独自の調査に基づいて作成されたものではなく，主に

土地委員会『全国土地調査報告綱要』(1937年1月)や実業部中央農業実験所農業経済科『農情報告』などの国民政府の諸機関によって調査・報告されたものを参考にして書かれている.

また，江北については，以下のものがある．

① 興亜院華中連絡部『占領地区ト敵遊撃地区トノ物資交流関係――経済遊撃活動ノ状況ト敵地ニ於ケル民衆組織――(皖北ヲ中心トシテ)』(興亜華中資料第107号，中調聯政資料第7号，1939年12月).

② 興亜院江北調査利水班『江北地区踏査報告概要(水利班)』(1942年10月に調査).

③ 興亜院華中連絡部『蘇北共産地区実情調査報告書』(華中調査資料第164号，思想資料第60号，1941年6月).

④ 大東亜省『蘇北地区総合調査報告』(調査資料第18号，中支調査資料第588号，綜合資料第26号，1943年9月).

このうち，①は，主に安徽省北部地域に位置する蚌埠を扱っており，「蚌埠ハ淮河及津浦線ノ要点ニ位置シ安徽省北部一帯ノ淮河流域諸県ノ農産物ノ殆ト大部分ハ此ノ地ヲ以テ出回リ市場トシテキル．」と言われていた．ところが，「蚌埠ハ昭和13年〔1938年〕3月我方ニ占領サレ」たが，「物資ノ出回リハ永ク停滞ヲ続ケテキタ」と言う．そして，「蚌埠ヲ中心トスル物資流動ノ現状ニ於テ特徴的ナ現象ハ敵地ヨリノ農産品ノ搬出ハ戦前ニ比シ激減シテシマツタガ，他方上海方面ヨリノ日用品ノ搬入ハ依然トシテ比較的多量ニ行ハレツツアル一事デアル」としている．なお，「蚌埠ヘノ物資出回ノ激減ト思ヒ比ヘテ注目スヘキ一ツノ現象」は「淮河上流一帯ノ物資ノ比較的多クノモノガ亳県ニ流レ出テツツアル」ことで，日本軍の占領を避けて農産物の出回り経路が一層内陸部へ北上したことがわかる[34]．

④は，その「はしがき」に「本資料は旧興亜院に於ける昭和17年度調査実行計画項目「江北地区総合調査」に関する調査報告なり」とあり，蘇北は「多量の過剰穀物を江南地区に向け移出せる状態にして従来より穀倉地とし重要視さ」れてきたが，「各出回地区に於ける総計を以て戦前戦後の出回量を比較す

れば……非常な減少をきたせる状態なり．是れが減少の原因は主として生産地が殆んど敵地なるため敵の搬出禁止工策[ママ]厳しく通常の方法にては，従来の出回地に搬出不可能となりたり．中国人の資本的背景減少し現地糧行の活動消極化せる赴有るも重要なる因をなせり．」と見なされて，「対策は増産に関する恒久策と獲得に関する応急策に分類さ」れ，その応急策の最初に「中国人買付商社ノ利用」が挙げられ，「現地ニ於テ敵地物資ヲ引出蒐集ヲナスハ日本人商社ニ非ラズ中国人自体ナルヲ以テ中国人商社ノ積極的活動ヲナサシム可下請業者等ニモ加入サス必要アリ」と提言されていた．また，一方，畜産について，「農家に於る畜産の副理的目的は厩肥の採取にあり，蘇北畜産が自給肥料の給源として重要の存在たるは贅言を要せず」，「農産物の増産と密接なる関係を有するもの」であって，「水牛及家禽類は水田地域，高郵，興化，宝応，江都を主産地と」していたが，「大東亜戦争以後」は，飼料不足に加えて，「蘇北の牛類は（主として黄牛）北支方面から移入せられ逐次繁殖したるものなるが事変後統制及治安関係上此が移入円滑を欠きたる」ために，「一般の耕作にも不足の状態」となった[35]．

　さらに，浙東については，以下のものがある．
　① 興亜院華中連絡部『寧波温州貿易ルートニ就テ』(興亜華中資料第105号，中調聯政資料第5号，1939年12月)．
　②「寧波ルートによる物資移動状況」(興亜院『調査月報』第1巻第9号，1940年9月)．
　③「浙東地区総合調査(概要)」(興亜院『調査月報』第3巻第1号，1942年1月)．
　④ 興亜院政務部『寧波地区実態調査書』(調査資料第23号，1941年10月)．
このうち，①〜③は，米穀についてはほとんど言及されていないが，とりわけ，①は，「抗日政権ノ奥地経済再編ト其ノ抗戦能力ノ一部ニ対スル調査報告」であって，「殊ニ揚子江ノ封鎖以後ハ揚子江ト平行セル浙贛鉄道カ之ニ代リ其ノ終端港タル寧波温州両港ガ俄然重要ナル海外連絡ルートヲ形成シ広東陥落以来ハ頓ニ重要性ヲ加ヘルニ至レリ」と見なされていた[36]．

これに対して，④では，「寧波港は正常状態にありては鎮海県，鄞県，奉化県，慈谿県，余姚県，上虞県，嵊県，新昌県の8県を背後地域に擁し専ら上海を中心に転口貿易を主とする上海に従属せる一補助港」であり，1940年に日本軍が占領した鎮海，鄞県，奉化，慈谿，余姚の「浙東5県の糧食は主として米に依り充当」されていたが，「1937年支那事変発生後中支の産米地が皇軍に依り占拠せられ海軍に依り交通が遮断せられしより最も緊要なる供給先を絶たれ亦一方輸入も制限せられ温州台州米，江西米の出回りも不円滑となり食糧問題は俄然重大問題化するに至」ったとしている．そして，「1935年の米作の好調は本年〔1936年〕に入りても引続き好調にて食糧問題を緩和した，従つて米の輸入も減少」し，1937年にも「米の市価は1市石当り8-11元の間を上下し」ていたが，その後，「米の価格は漸次上昇の一途を辿つた．昨年〔1938年〕の12月末には1市石当たり11元で買へたのが本年〔1939年〕の暮には24元に昂騰し」，さらに，1940年に「1市石当りの価格は130元」に達し，「深刻な悩みは米の不足である」とされた[37]．

以上のような調査報告書からだけでも，華中の中でもとりわけ日本軍占領地区においては食糧事情が極度に悪化していたことが読みとれる．

おわりに

興亜院によって刊行されたものの中には，日中戦争前の米事情については中国側の文献を邦訳したものもいくつか含まれており，興亜院が1937年前後の変化にも相当程度の関心を持っていたことがわかる．

興亜院は，中国の各種農産物について「獲得量」を皮算用していたが，その当初の意図に反して，結果的には，華中において決定的に重要な国防資源の一つと見なされていた米を十分には収奪しえなかった．その最も根本的な原因は，日本軍の軍事行動が米の生産そのものを破壊すると同時にその流通面をも破壊し，米の出回りを二重に制限して減少させてしまったことにこそあった．しかも，米を確保するために，応急策として米の生産地を軍事的に占領せざるをえ

なくなったが，そのことは，一時的にではあれ，米の生産をより一層破壊することになり，全体の供給量を引き下げることにもつながってしまうのであり，さらに，食糧の逼迫の度を増すことになり，事態を何ら根本的に解決せず，一層泥沼化させることになったと考えられる．そして，そのことが華中における日本軍による占領・支配を極めて弱体なものにしていた．少なくとも，興亜院の調査報告書からは，このような状況が看取しうる．

なお，興亜院は，その調査報告書自らが「占領地区内農村対策ノ主体ハ」「破壊ト建設トヲ同時ニ軍機関ガ担当スル」[38]と語るように，当初より日本軍の占領・支配政策の持つ自己矛盾を自覚していたようにも思われる．

ところで，興亜院によって作成された調査報告書を丹念に読んでいくことで，日本帝国主義によって収奪された中国占領地区農村という枠組みだけでは捉えきれなかった中国農村の実態を知ることができると思われる．

ただし，本章は，あくまでも，興亜院が日中戦争時期の華中における米事情をいかに認識していたのか，そして，興亜院によって作成された各調査報告書の内容がいかに位置付けられるのかを明らかにしようとしたものであり，華中における米事情の実態を明らかにする作業は課題として残こすことにした．というのは，その真の実態は，興亜院によって作成された調査報告書ばかりでなく，満鉄調査部や東亜経済研究所などによって作成された日本側の資料はもちろんのこと，南京国民政府（汪精衛政権）側及び国民党重慶政府側や中国共産党解放区側の資料をも総合的かつ複合的に勘案してはじめて明らかになると考えられるからである．

(1) 中国史の視点から抗日戦争時期における華中の経済事情を捉えたものとして，古厩忠夫による以下の一連の研究が注目される．古厩忠夫「日中戦争と占領地経済——華中における通貨と物資の支配」（中央大学人文科学研究所編『日中戦争』中央大学出版部，1993年），同「対華新政策と汪精衛政権——軍配組合から商統総会へ」（中村政則・高橋直助・小林英夫編著『戦時華中の物資動員と軍票』多賀出版，1994年），同「日中戦争末期の上海社会と地域エリート」（上海市研究会編『上海——重層するネットワーク』汲古書院，2000年）．

（2） 浅田喬二「日本帝国主義による中国農業資源の収奪過程」(浅田喬二編『日本帝国主義下の中国――中国占領経済の研究』楽游書房，1981年). さらに, 浅田喬二・風間秀人「興亜院の農業関係調査について」(アジア経済研究所『旧中国農村調査資料概観――目録と解題』1985年) では, 農業関係調査報告書を農業資源調査, 実態調査, 農事関係調査, その他の4つに区分して概観している.

（3） 浅田喬二「興亜院・大東亜省『調査月報』解題」(復刻版『興亜院・大東亜省調査月報』龍溪書舎, 1987～88年) 2～11頁.

（4） 「中支那に於ける米の流動経路」(大東亜省『調査月報』第1巻第9号, 1943年9月, 華中調査資料第279号) 2～3頁.

（5） 興亜院華中連絡部『中支ニ於ケル米, 小麦及小麦粉需給状況ニ関スル資料』(1939年11月)〔支那事務局農林課『昭和十四・十五年度食糧対策ニ関スル綴(其ノ一)』農林水産省農林水産政策研究所所蔵〕. なお, 同研究所において資料閲覧などで色々とお世話になったことに謝意を表したい.

（6） 興亜院経済部第五課『昭和十五年度ニ於ケル中支米穀状況ト需給』(1940年12月)〔支那事務局農林課『昭和十四・十五年度食糧対策ニ関スル綴(其ノ一)』農林水産省農林水産政策研究所所蔵〕. ただし, 本資料にはページ数が付されていない.

（7） 興亜院華中連絡部『中支ニ於ケル農業政策ノ動向』興亜華中資料第67号・中調聯農資料第8号(1939年11月) 13～14頁.

（8） 興亜院華中連絡部『中支那重要国防資源食糧作物調査報告書』華中連絡部調査報告シアリーズ第61輯・国防資源資料第17号・農産資源資料第11号(1940年3月) 7～9頁.

（9） 前掲,「中支那に於ける米の流動経路」(『調査月報』第1巻第9号, 1943年9月) 3頁.

（10） 興亜院政務部第三課『支那農産物ノ生産需給ニ関スル資料』(1941年6月). ただし, 本資料にはページ数が付されていない.

（11） 抗日戦争前における中国各地の具体的な産米状況について総括的に知ることができるものとしては, 興亜院華中連絡部『中国米』(1941年1月) があるが, これは,『中行月刊』第4巻～第7巻に連載され, 次いで1937年12月にそれらがまとめられて単行本として刊行された中国銀行経済研究室編『米』商品研究叢書の邦訳である. なお, 抗日戦争前の華中における産米状況及び米市については, 拙稿「災害から見た近代中国の農業構造の特質について――1934年における華中東部の大旱害を例として」(『近代中国研究彙報』第19号, 1997年3月) において言及したので, 参照されたい. また, 行政院農村復興委員会『中国農業之改進』(1934年4月) の邦訳として, 興亜院技術部『中国農業の改進』(興技調査資料第70号, 1942年6月) がある.

（12） 前掲,「中支に於ける物資移動経路及数量に関する調査報告」(興亜院『調査月

報』第2巻第6号, 1941年6月)126～156頁.
(13) 前掲書, 『中支那重要国防資源食糧作物調査報告書』(1940年3月)52～75頁.
(14) 前掲, 「中支那に於ける米の流動経路」(『調査月報』第1巻第9号, 1943年9月)16～98頁.
(15) 興亜院華中連絡部『昭和十七年中支米穀作柄, 収穫高並ニ出回予想』(1941年12月)[支那事務局農林課『昭和十七年度食糧対策ニ関スル綴(其ノ三)』農林水産省農林水産政策研究所所蔵].
(16) 興亜院華中連絡部『中支米ノ獲得状況並ニ配給統制状況』(1942年1月30日)[支那事務局農林課『昭和十七年度食糧対策ニ関スル綴(其ノ三)』農林水産省農林水産政策研究所所蔵]1～2頁.
(17) 前掲, 「中支那に於ける米の流動経路」(『調査月報』第1巻第9号, 1943年9月)117頁・119頁.
(18) 同上, 135頁.
(19) 同上, 22～24頁.
(20) 前掲書, 『中支那重要国防資源食糧作物調査報告書』(1940年3月)97～99頁.
(21) 同上書, 99～103頁.
(22) 同上書, 104～107頁.
(23) 前掲書, 『支那農産物ノ生産需給ニ関スル資料』(1941年6月).
(24) 前掲, 「中支那に於ける米の流動経路」4頁・16頁・30頁・62頁・117頁.
(25) 同上, 35頁.
(26) 同上, 6頁.
(27) 同上, 121頁.
(28) 前掲書, 『中支那重要国防資源食糧作物調査報告書』(1940年3月)97頁.
(29) 興亜院華中連絡部『嘉定・太倉・常熟ニ於ケル主要農作物ノ耕種慣行』(1939年12月)1～3頁.
(30) 「東太湖周辺の農業事情」(大東亜省『調査月報』第2巻第1号, 1944年1月, 中支調査資料第672号, 農業資料第67号)128頁.
(31) 同上, 139～140頁.
(32) 「五湖地区農産資源調査」(大東亜省『調査月報』第2巻第4号, 1944年4月, 中支調査資料第698号, 農業資料第72号)43頁・61～66頁.
(33) 「中支那農村の施肥状況(中支那肥料調査報告書)」(大東亜省『調査月報』第1巻第8号, 1943年8月, 中支調査資料第605号, 農業資料第51号)154頁.
(34) 興亜院華中連絡部『占領地区ト敵遊撃地区トノ物資交流関係——経済遊撃活動ノ状況ト敵地ニ於ケル民衆組織(皖北ヲ中心トシテ)』(興亜華中資料第107号, 中調聯政資料第7号, 1939年12月)1～2頁・16頁・18頁.
(35) 大東亜省『蘇北地区総合調査報告』(調査資料第18号, 中支調査資料第588号,

総合資料第26号,1943年9月)204頁・222頁・260～270頁.なお,この調査報告書に先立って,興亜院華中連絡部『上海近郊ノ畜産ニ就テ』(興亜華中資料第2号,中調聯農資料第2号,1939年11月)が刊行されており,「蘇南で生産された鮮猪は,……江北(蘇北)ほどではなく,品種も到底江北産の比ではない」(51頁)として,蘇北の畜産の質的な高さを強調している.また,『上海近郊ノ畜産ニ就テ』は,上海市社会局編『上海之農業』(中華書局,1933年)第三編「畜産」,及び,「上海之鮮猪行」・「上海之蛋業調査」(『工商半月刊』第6巻第3号・第4号,1934年2月1日・2月15日)の邦訳である.

(36) 興亜院華中連絡部『寧波温州貿易ルートニ就テ』(興亜華中資料第105号,中調聯政資料第5号,1939年12月)例言・1頁.

(37) 興亜院政務部『寧波地区実態調査書』(調査資料第23号,1941年10月)13頁・19頁・34頁・43頁・205頁.なお,抗日戦争前の浙江省における米事情については,拙稿「抗日戦争前における浙江省の稲麦改良事業について」(広島史学研究会『史学研究』214号,1996年10月)が言及したので,参照されたい.

(38) 前掲書,『中支ニ於ケル農業政策ノ動向』15頁.

第7章 社 会 調 査
──日系宗教団体の上海布教──

房　建　昌(胡　斌・富澤芳亜 訳)

　1945年以前の日本の神道，仏教，キリスト教の上海への伝播，および上海の朝鮮人のキリスト教について，我々の知るところは少ない．上海社会科学院宗教研究所により国家重点項目の研究として編集出版された『上海宗教史』(上海人民出版社，1992年第1版，1993年第2版印刷)においても関係する記述はほとんど無い．これは主には資料上の問題によるものである．

　1945年以前の日本の神道，仏教，キリスト教の上海への伝播，および上海の朝鮮人のキリスト教について，筆者は北京図書館所蔵の四冊の文献に比較的詳細な記述のあることを知った．第一冊目は『日本側宗教ニ依ル文化工作状況』(昭和16年10月，謄写版，本文175頁，興亜院華中連絡部，華中調査資料第250号，右上角にマル秘の朱印)であり，本書の目次は以下の通りである．

　　序編一　今次事変前
　　　一　日本宗教ノ中支進出ノ発端
　　　二　華々シカリシ東本願寺ノ活動
　　　三　西本願寺ノ登場
　　　四　仏教各宗ノ進出
　　　五　教派神道ノ進出
　　　六　基督教ノ進出
　　　七　事変前ニ於ケル日本宗教ノ不振
　　序編二　事変勃発直後

一　日本宗教ノ大挙進出
　　　イ　従軍僧ノ活躍
　　　ロ　宣撫員ニ宗教家採用
　　　ハ　従軍僧ノ各地駐留
　　二　当初ノ対支活動
　　　イ　神道関係
　　　ロ　仏教関係
　　　ハ　基督教関係
序編三　中支宗教大同連盟結成前後
　　一　対支宗教活動ノ重視
　　二　現地軍特務部ノ積極的指導
　　　イ　杭州日華仏教会ノ成立
　　　ロ　宗教対策協議会ノ開催
　　三　文部省当局ノ基本方針制定
　　四　日本各宗教団体ノ動向
　　　イ　各宗教団体ノ時局機関
　　　ロ　現地宗教家ノ動向
　　　ハ　基督教関係
　　五　中支宗教大同連盟結成中支宗教大同連盟結成ニ関スル
本編一　中支宗教大同連盟
　　一　連盟ノ業務ニ就イテ
　　二　連盟ノ結構ト其ノ運用
　　三　連盟ノ諸業務
　　　イ　企画ニ関スル業務
　　　ロ　奨励，補導ニ関スル業務
　　　ハ　連絡，統制ニ関スル業務
　　　　附　第三国人関係宗教ニ関スル業務
　　　ホ　其ノ他ノ業務

本編二　現在進出ノ宗教団体
　一　現在進出ノ宗教団体数
　二　各団体ノ対支機構
　三　各団体ノ現地体制
　四　各団体ノ活動概況

本編三　寺院教会ニ就テ
　一　寺院教会ノ文化性
　二　寺院，教会ノ激増
　三　寺院，教会ノ地方別分布状態
　四　寺院，教会主管者ノ学歴
　五　寺院，教会ノ布教対象

本編四　教育事業
　一　日語学校
　二　小学校
　三　中学校
　四　各種学校
　五　総合学校

本編五　社会事業
　一　孤児救済事業
　　附　華童幼稚園
　二　難民救済事業
　三　施療施薬事業
　四　更正事業ソノ他
　五　支那側社会事業ヘノ協力

本編六　諸種ノ文化運動
　一　青少年ノ獲得
　二　留日学生ノ送出
　三　対支出版事業

四　文化交流事業
　　附編　日華提携宗教団体ノ活動
　　　一　東亜同信会ノ活動
　　　二　日華仏教会ノ活動
　　　三　日華基督教共和会ノ活動

興亜院華中連絡部と上記の報告書について,筆者はすでに『檔案與史学』1997年第6期に「1939～1942年駐滬的日本興亜院華中連絡部」を発表しており,参考にされたい.

この報告書は,1940年11月10日に活字印刷され5日後の15日に発行された中支宗教大同連盟(遺址は上海虬江路624号)編纂の『中支宗教大同連盟年鑑』(叙述はこの年の7月まで,非売品,112頁,その前に18枚の日本の上海における宗教活動と施設の写真と2頁の「中支宗教大同連盟趣意書」がある)と,華中連絡部文化局編纂・刊行頒布の『中支ニ於ケル宗教事情(第一巻　中支宗教大同連盟ノ巻)』(1941年3月15日,謄写版,150頁,右上角にマル秘の押印)の二つの報告書を補充するものとなっており,その内容は,日本が本国の仏教,神道,キリスト教を利用して上海を華東地区の宗教活動の中心にしようとした過程を示すものとなっている.

『中支ニ於ケル宗教事情(第一巻　中支宗教大同連盟ノ巻)』の目次は以下の通り.
　　第一章　中支宗教大同連盟結成マデ
　　第二章　草創ノ悩ミ
　　第三章　中支宗教大同連盟ノ改組
　　　第一節　連盟規約ノ改正ト其ノ理由
　　　第二節　興亜仏教班員ニ対スル処置
　　　第三節　連盟事務費ノ自弁
　　　第四節　連盟ニ対スル業務指令
　　第四章　中支宗教大同連盟ノ事業概要
　　　第一節　日本宗教団体ノ中支ニ於ケル活動ノ奨励

イ　中支ニ於ケル日本宗教団体ノ活動現況
　　　ロ　日本宗教団体ノ中支布教伝道費予算
　　　ハ　対支布教者講習会
　　　ニ　宗教戦士ノ新ラシキ進出
　　第二節　中支ニ於テ活動スル日本宗教団体ノ連絡，統制
　　第三節　日華宗教団体ノ提携協力
　　　イ　東亜同心会
　　　　1　滬東児童節学芸大会
　　　　2　日華児童作品展覧会
　　　　3　中国童子軍編成
　　　　4　上海天理図書館創設
　　　ロ　日華仏教会
　　　　1　日華仏教会組織要領
　　　　2　各地日華仏教会ノ概況
　　　　3　日華仏教連合会ノ成立ト其ノ組織
　　　ハ　日華基督共和会
　　　　1　上海基督教連盟難民収容所
　　　　2　浙江東亜基督教会
　　　　3　太倉施療院
　　　　4　各地ニ於ケル日華基督教共和会結成準備
　　　　5　日華基督教共和会組織討旨案
　　第四節　民衆教化ニ関スル事項

　この後の1942年5月10日，中支宗教大同連盟は再び活字版で『中支宗教大同連盟年鑑』(叙述は前年12月までで，非売品，本文102頁，5日後の15日発行)を編纂した．同書の体裁は前の版と同じだが，当然ながら一歩進んだ状況を反映し，内容はさらに豊富になった．しかし，マル秘本の公開すべきではない内容は削除されることになった．

上述した二部の興亜院華中連絡部の謄写版の調査報告は本書の「調査報告所在目録」に見ることができるが，日本での所蔵は確認されてはいない．

『上海宗教史』は上述の日本語資料を使っておらず，その他の関係する日本語資料も上海で使用することは困難なため，関連のある記述が全く無い結果になっている．実際，興亜院の上述の調査報告は，我々にとって日本の宗教が上海において発展した時期を記録した極めて貴重な史料となるとともに，それ以前の日本の宗教の上海における歴史も叙述している．そのため必要となることは，その後の歴史的な状況と結びつけることであり，以下，これに対する分析と叙述を行う．

1. 前　史

19世紀半ばすぎの同治末年には早くも日本人僧侶が上海を訪れ，開教の準備をし，日本の上海における宗教施設は光緒初年には創設され，後には日本居留民の到来とともにさらに多くの宗教施設が建立された．真宗大谷派東本願寺編著の『東本願寺上海開教六十年史』によれば，1873年(同治十二年)，東本願寺派43周年の時，以前，長崎の中国寺院興国寺で漢文を学んだ小栗栖香頂が長崎から上海を訪れて開教し，これが日本の仏教と宗教の上海と華中への最初の足跡となった．同年7月，長崎の埠頭で多くの人々が彼を熱烈に送り出し，同月19日，彼は上海の埠頭に到着した．8月，香頂は心に思うところがあり，海路天津を経て北京に向かい，龍泉寺に寄宿しつつ，北京語の正式な学習を開始した．翌年5月に五台山を参拝した．病気が重くなったために，彼は天津で数日間病臥に伏し，7月に北京から上海に戻り，8月19日には長崎に帰った．1876年(光緒二年)7月3日，東本願寺法主に激励された彼は，再び谷了然ら四人をともなって日本を離れ，同月13日に上海に到着するとともに，すぐに多方面を奔走し，同年8月12日にイギリス租界の一角江西路沿いの北京路499号に「真宗東派本山東本願寺別院」を建立した．これが後の東本願寺上海別院であり，近代になって，日本人が上海および中国において最初に建設した仏教

寺院である．谷了然が輪番に任ぜられ，香頂自らが総督に就いた．この別院の開院式上，香頂は内外の来賓を前にして，流暢な北京語を用いて式辞を述べ，今後の真宗東本願寺派とその他の日本宗教界の上海と中国におけるさらなる発展を示唆した．

この年の10月13日，領事館はこの別院に日本人墓地の管理を委託した．墓守兼墓所清掃は，月給洋銀7元で，品川忠道上海総領事ら日本居留民の義捐金によってまかなわれた．同年11月，品川総領事から外務大輔鮫島尚信へ宛てた手紙の文中では，当時の上海における日本人居留民数を「男女合わせて一百十余名」としていた．同年12月，この別院は女塾を創設した，主に女性のすべき手仕事を教えた．これは婦女教育の起源になったと言われている．翌年，すなわち1877年7月，別院は診療所を付設し，医師早川純暇は同年9月1日の上海領事館への報告書中で，8月に診察に訪れたのは「内国人五十七人，内男四十六人，女十一人，支那人二十四人」としていた．翌年3月に早川が帰国すると，大山雪格が上海を訪れて任を引き継いだ．1877年8月，本願寺育嬰堂を開設し，日本人児童に言葉と算数を教えた．同年9月1日に開校式が挙行された．後に続けて，親愛舎が設置され，育嬰堂の事業を引き継いだが，半年にも及ばず，翌年3月に廃止された．当時この別院責任者は順番に交代しており，1877年11月，新たな輪番として菅原碩城が着任した．彼は高平小五郎領事と協議を重ねた末，ついに1888年1月20日に別院内に小学校を開設した．名称は後に認可されて私立開導小学校となり，これが日本人が上海において開設した小学校の始まりとなった．

1877年8月，香頂は涙をのんで帰国した．原因は彼の突然の中風によるもので，床から起きることもできなくなったためだった．これより以前，彼は別院内に名を江蘇教校という私塾を設立し，中国における開教人材の育成を期した．最初の学生は日野順性，岸辺賢佑と白尾義天ら5名だった．同年末，谷了然も上海から北上し，北京で布教した．1894年に日清戦争が勃発した．

1904年，東本願寺別院は武昌路3号に移転し，1928年までそこに在った．布教監督兼輪番は佐々木慧音(愛知県出身)であり，開教師として佐々木秀雄(秋

田県出身), 鳥毛義秀(愛知県出身)と滝下淳(北海道出身)がいた. 1939年にこの別院の住所は武昌路380号に改められ, 日本の敗戦に至るまで, この住所は変わらなかった. 1939年の開教監督兼輪番は三森実言(山形県出身), 開教師は太田孝輝(大分県出身)であり, 開教員として岡本賢蔵(福井県出身), 星野栄徳(福岡県出身), 幸野哲生(福岡県出身), と渡辺暁学(大分県出身)がいた. 1944年の開教監督兼輪番は木下万渓(和歌山県出身), 補番は藤懿力精(石川県出身), 開教使は雨森一恵(愛知県出身), 監督部主計は居波智道(岐阜県出身), 開教員は綽正明(熊本県出身)と楠了俊(愛知県出身), 中支宗教調査の担当者は黒秋観龍(北海道出身), 開設担当者は瀬辺澍(愛知県出身)だった.

数年前に上海で出版された『上海文化源流辞典』に「本願寺」の項目があるが, 叙述は不正確で, 曖昧であり, 間違いもある.

2. 三　教(神道・仏教・キリスト教)

1941年前後, 日本の上海および周辺地区の宗教施設を表1に示す.

1　神　道

1908年, 白石六三郎と一部の上海日本居留民が, 宝山県天通庵六三花園内に滬上神社の鎮座を行い, これが上海神社創設の始まりとなった. この神社は上海の日本居留民の崇拝を次第に集めるようになり, 日一日と隆盛になった. 1933年6月15日, 江湾路118号において上海神社の建設が開始され, その後ここから移転することはなかったが, 抗日戦争勝利後に破壊された. 1944年当時の宮司は鶴田栄治(長崎県出身), 弥宜は西田文四郎(長崎県出身)であり, 主典として馬場勇吉(長崎県出身), 山本三次(長崎県出身), 入江寮(長崎県出身), 鶴田豊(佐賀県出身), 松本真(三重県出身)と神保竹治(東京都出身)がおり, 出仕に鈴木一正(山口県出身)がいた.

1944年当時, 天理教上海伝道庁は靶子路214号に位置し, 庁長は宇野晴義(奈良県出身), 主事長は山本栄一(長崎県出身), 主事は原沢千加栄(群馬出身)で

表1

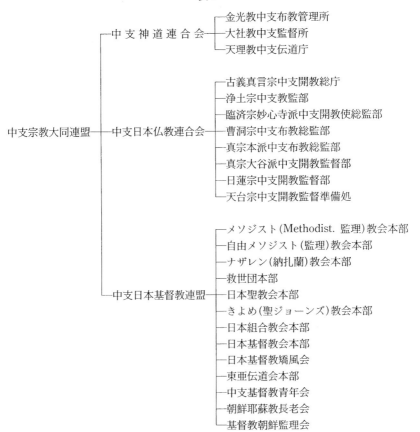

あり,地方委員として清水徳重(長野県出身)と金子政太郎(長崎県出身),庁員として田中勇(奈良県出身),加藤武雄(山形県出身),和久崎義雄(富山県出身)がいた.

2 仏 教

1944年当時,西本願寺は乍浦路471号に位置し,輪番は小笠原彰真(徳島県出身),副輪番は近藤譲(新潟県出身)と市野不羈(島根県出身,一説に熊本県出身),参勤として山崎□然(島根県出身),隅重義(鳥取県出身),渡辺共遵(山梨県出身),

表2 1941年12月時点,日本三教及び朝鮮キリスト教の上海における状況

三教別	宗派別	教会寺院数	事業数	三教別	宗派別	教会寺院数	事業数
神 道	大社教	1	1	仏 教	真言宗本願寺派	1	
神 道	扶桑教	1		仏 教	真言宗大谷派	1	1
神 道	金光教	1	8	仏 教	真言宗仏光寺派	1	
神 道	天理教	13	7	仏 教	日蓮宗	1	2
仏 教	真言宗	1	1	仏 教	法華宗	1	
仏 教	浄土宗	1	1	基督教	日本基督教団	4	3
仏 教	浄土宗西山派	1	1	基督教	その他		2
仏 教	臨済宗	1	1	基督教	朝鮮耶蘇長老会	1	
仏 教	曹洞宗	2		基督教	中国基督教会	2	
仏 教	黄檗宗	1					

堀田乗念(島根県出身),高見至道(長崎県出身),奥了哲(北海道出身)がいた.西本願寺内には更に以下の四つの組織があった.(1)上海仏教青年会,担当小笠原彰真,兼主事と会長.(2)上海仏教女子青年会,担当小笠原彰真,主事小笠原初枝(徳島県出身),副主事堀田乗念.(3)上海仏教婦人会,担当小笠原彰真,会長小笠原初枝,主事市野不羈,副主事渡辺共遵.(4)上海仏教日曜学校,校長小笠原彰真,主事隅重義,副主事奥了哲.

1944年当時,浄土宗西山派光明寺別院は狄思威路414号に位置し,監督は田村歓陽(和歌山県出身),主任は石生隆光(福岡県出身)だった.

1944年当時,浄土宗知恩院別院華頂幼稚園は寶楽安路270号に位置し,住職は欠田文雄(青森県出身),在留員は村田顕承(福岡県出身),在勤は大法正龍(兵庫県出身),幼稚園主任は欠田哲子(青森県出身),保母は小沢富枝(静岡県出身)と青木静江(鹿児島県出身)だった.

3 キリスト教

中日教会(日本キリスト教団)は,1920年1月に創設され,1944年当時は狄思威路445号に位置し,中日幼稚園と中日アパートメントが付設されていた.牧師主管は古屋孫次郎(山梨県出身),伝道主任中山喜多良(茨城県出身),伝道師堀江喜興(東京都出身),長老として佐々木謙三(大阪府出身),古屋助次郎(山梨県

出身),高橋貞一(兵庫県出身),中村高治(長崎県出身),潮崎満彦(和歌山県出身),大田実(兵庫県出身),春野治八(長崎県出身),潮崎千代(和歌山県出身)と中村寿子(長崎県出身)がおり,書記は赤木恭平だった(東京都出身).

上海教会(日本基督教団)は,1944年当時には寳楽安路19号に位置し,付属館は長春路368号に位置しており,牧師は中沢畳兵衛(山梨県出身)と井田俊司(京都府出身),書記長老は原田庚子郎(岡山県出身)と青山又雄(住友洋行)であり,長老として税田隆輔(隆記洋行),大平茂明(高知県出身),内山完造(内山書店),菅原清士(山形県出身),尾崎政明(大阪府出身),高取寿男(高取洋行),川添木浴(東洋綿花),金子伸次郎(益記洋行),荒井晃(千葉県出身),小山まさ子(新潟県出身),佐々木美津代(山形県出身),鈴木子豊(東京都出身)と山中千代子(茨城県出身)がいた.その下には日曜学校が設けられており,校長は井田俊司,教師は高取寿男(福岡県出身),青山又雄(愛知県出身),荒井晃(東京都出身),和田園枝(愛知県出身),相原キヨ(愛媛県出身),尾崎政司(大阪府出身),伊藤弘雄(大阪府出身),有沢馨(高知県出身),清水加世子(高知県出身),高山俊子(三重県出身),矢野恵子(福岡県出身)と相原敦子(愛媛県出身)だった.

1944年当時,付属館として上海盲唖学校治療所があり,主任として越岡ふみ,その下に安倍久子がいた.

1944年当時,上海日本人基督矯風会支部は靶子路同楽里6号に位置し,語学部は寳楽安路19号に位置しており,支部長は塩崎千代(和歌山県出身),総幹事泉源キミ子(福岡県出身),洋裁手芸主任久留米清子(大分県出身)であり,語学部には吉野可矩(千葉県出身),英語科には相原賢(愛媛県出身)と越野松子(東京都出身),ドイツ語科にはマルサシアー,支那語科には関国棟,董恩慈と梁某(3人ともに華人),日本語科には高瀬恒一と平林靖夫がいた.

1944年当時,上海日本人基督教青年会は武進路2066号海能路の角に位置し,外国語学校を営むとともに会員に職業を紹介しており,分館は漢口路210号に位置し,理事長兼外国語学校長は著名な内山書店の主人の内山完造であり,理事には川口憲一(住友本社),尾関誠一.高橋貞一(東亜洋服),金子伸次郎(益記洋行),孫田昌植(朝鮮人,上海精密機械工芸社社長),税田隆輔(隆記洋行),家本助太

郎と川添木浴(東亜綿花)がおり，会計理事は藪田克己(帝国銀行)，記録理事は井村美喜雄(在華日本紡績同業会)であり，評議員には阿部義宗，古屋助次郎(福民医院)，中沢豊兵衛，古屋孫次郎(中日教会)，江藤豊二(中外産業)，佐々木謙三(謙原洋行)，中村高治(中華運動)，与田豊藩(揚子蛋業)，伊藤益二(益記洋行)，総主事島津岬(山形県出身)がおり，主事は池田鮮と村松導男だった．

1944年当時，上海日本基督教女子青年会は円明園路55号3階の中華基督教女青年会の傘下にあって同所に本部を置いており，支部長は税田美代(福岡県出身)，総幹事は内藤幸(京都府出身，兼中華基督教女青年会幹事)，幹事は千葉幽香だった．

中国基督教会(東亜伝道会)は1941年に上海の南市蓬莱路福安坊7号に私立信愛学園を創設し，岡山県出身の藤原忠道が院長となり，その下の小学部主任には馬更新がおり，また陳達三，王建章，卓志英と兪世賢らの人物がいた．その下に設けられた小学校には，補修科と日曜学校があった．

3. 上海朝鮮人キリスト教

上海朝鮮総督府駐在官編『中南支在留朝鮮人概況(昭和14年11月より昭和15年10月)』(上海，1941年1月，謄写版，169頁，附 北中支在留朝鮮人概況〔秘〕)によれば，朝鮮耶蘇教長老会(1941年当時本部は京城〔現在のソウル〕耶蘇教書会内，総会長崔志化)につらなる朝鮮人キリスト教会の建設は1914年であり，1941年末の時点では昆山路景林堂に位置し，主管者(中華民国伝道牧師と称した)は方山孝元(朝鮮名は方孝元，1944年当時は上海鶏林会という朝鮮居留民組織の理事)だった．駐在教師には南宮赫，張徳櫓と鄭成実の3人の朝鮮人がいた．信徒は455人で，附属事業として日曜学校，婦人伝道会と共励会があった．

この他に，1934年4月朝鮮聖ジョーンズキリスト教会本部から伝道士李范祚(もともとは中国東北地方と内蒙古東部で布教)が派遣され，彼の布教の努力もあって，上海東嘉興路188号に上海朝鮮人聖ジョーンズキリスト教会が建設され，信者は同年末で23人(男10人，女13人)だった．この教会は盧溝橋事

件以降に閉鎖された.

4. 中支宗教大同連盟

中支宗教大同連盟とは,その結成準備委員長小笠原彰真(真宗本願寺派)著の『中支宗教大同連盟結成記』(上海,1939年)によれば,日本の在華中・華南の神道,仏教,キリスト教三教の統一行動のために,1938年7月に在上海日本宗教界と特務機関が設立の画策を開始した日本の宗教の連合機構であった.菅野謙吾中佐(山口県出身,1915年5月25日日本陸軍士官学校第27期工兵科卒業,1920年12月7日日本陸軍大学第35期に入学,1923年11月29日に工兵中尉として卒業,参謀本部要塞課に配属され,最終階級と官職は工兵大佐および興亜院調査官)を主とする日本の駐上海陸軍特務機関宣撫対策研究会の賛同と支持を得て,設立に向け多くの会議が開催された.日本の特務機関からは主に西村展蔵(日本浪人,盧溝橋事件以前に上海において活動,後に日本占領下の上海大道市政府顧問,戦後日本で天下一家運動を起こし,ブームとなる)と諏訪部憲人が出席し,9月に規約を作った.当時,日本の宗教各派と連携するためには,菅野中佐の協力が必要だった.10月2日,アスターハウス(Asta House.阿斯塔会堂,日本人居住区の虹口北四川路東側の蘇州河に面したマンション形式の建築)において,中支宗教工作協議会が招集された.議題は,1.対支宗教工作の重要性,2.支那宗教団体およびこれとの連絡運動の可能性,3.日本からの宗教団体の導入の方法と経営の方法,4.中支宗教大同連盟の組織および活動の範囲など,だった.

参加者は前述した菅野(この時には大佐に昇進),西村,諏訪部,小笠原らのほかに,清水董三(駐華日本大使館書記官),秋原大佐,山本光治,結城瑞光,閑林利剣および上海の各宗派の人物19名だった.代表たちは上述した課題に対して活発な討論を行い,中支宗教大同連盟の成立を決定した.日本軍の特務部はこれと同時に「中支宗教工作要領案」も制定した.この日の会議の席上,小笠原からまず準備委員会を成立させることが提案され,以下の8人が互選さ

れた．神道：増田幸則と倉田満弘．仏教：欠田文雄(青森県出身)，小笠原と成田芳髄．キリスト教：島津岬，中沢豊兵衛と前田彦一．引き続いて，小笠原が委員長に当選した．しばらくの間，事務所は乍浦路西本願寺内に設けられた．以後連日会議が持たれ，建物の経費など具体的な事柄が討論された．

日本の宗教各派との連携のために，結城瑞光と小笠原は11月16日に上海を出発し，同月23日に京都で招集された仏教連合会の総会に参加し，半日間の延長を要求し，彼ら二名自身が上海方面の状況を報告した．そして翌日に招集される各宗重役(董事)管長懇談会への参加を要求した．27日には東京に至り，軍務局を訪問し，大谷尊由と安藤正純らの要人との面談を行った．29日には基督教連盟の基督教関係総会に参加し，30日には一橋学士会館で招集された神道十三派代表会に参加し，12月20日に上海に戻った．その後すぐに，小林誠(後に中支宗教大同連盟総長兼基督教部長)，田一(後に中支宗教大同連盟神道部長)と福田闡正(後に中支宗教大同連盟理事長兼仏教部長)が上海を訪れた．

1939年2月27日，アスターハウスにおいて中支宗教大同連盟の創立記念式典が行われ，虹江路624号を住所とし，日本の華中・華南における神道，仏教，基督教三教の各宗派の加盟する団体となった．同年3月10日興亜院華中連絡部が成立すると，この中支宗教大同連盟も華中連絡部に所管されることになった．また『中支宗教大同連盟規約』も制定され，1940年4月1日から実施された．1941年12月，当時の総裁は近衛文麿，副総裁は大谷光瑞，顧問は堀内干城，蘇錫文(台湾人，本職は日本占領下の上海大道市政府市長)，西村展蔵，清水董三，小林誠，田一，福田闡正，佐治正嗣(前中支宗教大同連盟神道部長)，平出慶一(前中支宗教大同連盟基督教部長)と竹津義圓であり，理事長は多菊祖一(日本神道代表，天理教)，常任理事には欠田文雄(日本仏教代表，浄土宗)，中村豊兵衛(上海キリスト教代表，もとは日本基督教会)，有田虎吉(上海神道代表，金光教)と末藤弁孝(上海仏教代表，日蓮宗)がおり，理事には森栄太郎(大社教)，宇野晴義(天理教，もとは中支宗教大同連盟神道部主事)，草系全宜(真言宗)，高田儀光(曹洞宗)，後藤瑞岩(臨済宗)，石生隆光(浄土宗西山派)，小笠原彰真，藤井静宜(真宗大谷派)，古屋孫次郎(もとは日本組合教会)，松村

導男(もとは日本聖教会)，森五郎(もとはきよめ教会)，島津岬(上海日本基督教青年会)，方山孝元(朝鮮人基督教会)，現任職員として，神道部長は多菊祖一(東京都出身)，仏教部長欠田文雄(青森県出身)，基督教部長事務処理中村豊兵衛(山梨県出身)，書記長綱田義雄(福井県出身)，書記として杉田春次(奈良県出身)，藤実正憲(滋賀県出身)と木多釜次郎(新潟出身)がいた．もとの職員には先にあげたもののほかに，小田雪志(仏教部主事)，斉田晃(基督教部主事)，近松三郎(基督教部書記)，河内富栄(総務局主事，神道部主事)，斉藤末松(基督教部主事)，久慈月章(仏教部書記)と生越実造(書記)がいた．1942年10月31日，興亜院華中連絡部は大東亜省に改組され，この中支宗教大同連盟(この時には改名して中支宗教大同盟)は大東亜省の所管となり，日本の降伏までこのままだった．1943年当時の，中支宗教大同盟理事長兼基督教部長は阿部義宗(東京都出身)，神道部長は有田虎吉(大阪府出身)，仏教部長は高田儀光(栃木県出身)であり，主事は藤実正憲と喜多義秀(奈良県出身)，書記は木田春一(東京都出身)だった．1944年当時，中支宗教大同盟理事長兼神道部長は芳野百次郎(福岡県出身)，仏教部長は依然として高田儀光，基督教部長は阿部義宗，主事は吉田格外(福岡県出身)と小薮馨堂(山梨県出身)だった．

おわりに

日本軍の上海に対する軍事活動のほかにも，上海の日本人居留民の活動は多方面にわたっており，日本人居留民とともに仏教，神道，基督教がやってきたのは自然なことだった．日本軍が上海を占領する以前から，日本の僧侶の上海における活動の歴史はかなり長いものになっており，主流となったのは仏教の交流だった．総じて言えば，日本の上海における宗教施設は，最初のものが創設された光緒初年以降，日本居留民の増加とともに次々と建設されており，それらは主に上海在住の日本人に奉仕するためのものだった．日本軍が上海を占領すると，日本の宗教も戦争のレールへとのせられ，太平洋戦争期も含め興亜院に協力することを求められるようになる．この主な一例が華中連絡部の介入

だった．そして当時の日本の宗教の上海における活動は，例えば日華仏教会などの組織の成立などにある程度影響を与えた．また日本の上海を統治する勢力が華人への日本語教育の拡大を求めた際に，日本の宗教界もまた協力したのだった．上述した努力は上海における中国側の絶対的多数の宗教界の自然な抵抗にあうばかりで，効果は全く大きくなかったが，日本側自体の宗教活動の内容は広汎なものであり，日本居留民の増加と日本軍の上海における勢力の増大にともない一度は歴史上の頂点に達したのだった．この一時期の最大の特徴は神社と従軍僧の影響であり，しかも朝鮮人のキリスト教もまたかれらの増大にしたがって上海に流入した．指摘すべきは，これら朝鮮人の多くは日本軍の勢力を頼って来たものであり，独立運動の人々は日本軍が来る前に脱出していた．

このほかに，日本側は朝鮮の上海におけるキリスト教を自らの勢力範囲に組み込もうとしたが，これは実際には一方的な願望に終わった．実際に，日本軍が上海を支配した後，華中連絡部は日本の上海における宗教勢力をその手中に掌握しようと企図し続け，上海を華中・華南の日本宗教勢力の大本営所在地とし，様々な活動を展開するための拠点にした．日本僧の最後の活動一つは上海の軍事法廷において刑死した日本の戦犯の法要をすることであり，これは結局，悲惨さの象徴としての意義を持つだけではなく，日本の上海における宗教勢力の終焉を画期づけることになったのである．

第三部　興亜院調査報告所在目録

凡　　例

1. 本目録は，興亜院が発行・編纂に関わった刊行物（一部文書形態のものも含む）の所在目録である．ただし，所在不明の刊行物に関しても大東亜省編『興亜院調査報告総目録』（大東亜省，1943年）〔復刻; 井村哲郎編・解説『興亜院刊行図書・雑誌目録』（不二出版，1994年）〕に依拠して収録した．

2. ただし，各種「月報」類（『調査月報』，『鉱業月報』，『金融貿易月報』，『興青調査月報』，『青島労働調査月報』，『興青統計月報』，『貿易月報』，『広東金融月報』，『広東工業月報』），中支建設資料整備委員会編纂刊行物（「資料通報」，「編訳彙報」，「編訳簡報」）は，割愛した．

3. なお，興亜院で企画され人東亜省設立後に刊行された刊行物に関しては，調査が不十分であることを付言しておく．

(所蔵調査対象機関)

4. 本目録における所蔵機関データは，次の機関の調査結果を採録した．なお，所蔵数が多い4機関を冒頭においた．

略号　　　機関名
(日本国内機関)
1　　国立国会図書館
2　　財団法人東洋文庫
3　　東京大学東洋文化研究所図書室
4　　農林水産省農林水産政策研究所(旧農総研)
5　　愛知大学名古屋キャンパス図書館
6　　愛知大学豊橋キャンパス図書館
7　　大分県立中央図書館
8　　大分大学経済学部教育研究支援室(旧経済研究所)
9　　大阪市立大学学術情報センター
10　　大阪府立中央図書館
11　　外務省外交史料館
12　　九州大学付属図書館
13　　京都大学経済学部図書室
14　　京都大学経済学部調査資料室
15　　京都大学人文科学研究所本館図書室
16　　京都大学人文科学研究所分館図書室
17　　京都大学建築研究室

18　京都大学東洋史研究室
19　京都大学農学部図書室
20　慶応義塾図書館(三田)
21　神戸大学付属図書館
22　神戸大学経済経営研究所
23　神戸市立中央図書館
24　滋賀大学経済経営研究所
25　電力中央研究所狛江研究所図書室
26　東京大学教育学部図書室
27　東京大学経済学部図書館
28　東京大学工学部中央図書室
29　東京大学社会科学研究所図書室
30　東京大学総合図書館
31　東京大学農学生命科学図書室
32　東京大学文学部図書室
33　東京大学法学部研究室図書室
34　東京都立大学図書館本館
35　東京都立大学法学部図書室
36　東京都立大学図書館松本文庫
37　長崎県立長崎図書館浅野文庫
38　長崎大学東南アジア研究所
39　日本貿易振興会アジア経済研究所図書館
40　一橋大学経済研究所資料室
41　一橋大学付属図書館
42　防衛庁戦史部図書館
43　山口大学東亜経済研究所
44　横浜市立大学学術情報センター
45　横浜市立中央図書館
46　立命館大学修学館人文系文献資料室
47　早稲田大学中央図書館

(海外機関)
48　上海図書館
49　中国社会科学院経済研究所
50　中国社会科学院近代史研究所
51　天津図書館
52　張家口市図書館
53　遼寧省档案館
54　吉林省社会科学院満鉄研究所
55　米国議会図書館

(配列)
5. 配列は，前掲『興亜院調査報告総目録』の分類方法に依拠して内容別に分類した．

(記述様式)
6. 各項は，**通し番号，刊行物タイトル，刊行年月，編纂・刊行部所，シリーズ名および番号，頁数，備考，〔所蔵機関(略号)〕**，の順に記載した．なお，記載のない事項は不明だったことを示す．

7. 漢字は，常用漢字があるものはそれを使用した．

8. 本目録に収録された刊行物の分類に際して使用されている地域区分は，興亜院存立当時における日本軍占領地行政の必要から軍事，政治的に措定されたものであり，現在の地域区分と必ずしも一致していない．特にその政治的含意が大きい「蒙疆」という用語を現在の時点で地域区分名として使用すれば様々な誤解を生じる恐れがあるので，本目録では「蒙疆」の歴史的含意を明示する意味を込め「蒙疆政権地域」という用語を使用した．

　また歴史的含意という意味では，日本軍占領地域に成立した汪精衛政権などに関しても，その傀儡性と相対的自立性の併存という特徴を含意した「対日協力政府」という用語で分類をおこなっていることを付言しておく．

目　次

総　記 —————————— 243
　資料目録

経　済 —————————— 244
　経済一般
　地方経済
　経済建設
　戦時経済問題

農　業 —————————— 247
　一　般
　農業及農村調査
　土地問題
　水利及潅漑
　農事機関
　合作社
　農村金融
　糧食問題
　蔬菜果実
　農作物
　棉　花
　茶
　煙　草

林　業 —————————— 258

畜産業 —————————— 259
　一　般
　馬
　牛・豚
　緬　羊
　豚　毛
　皮　革
　家　禽

漁　業 —————————— 263

塩　業 —————————— 264

鉱　業 —————————— 266
　一　般
　鉱産物
　金・銀
　鉄　鋼
　マンガン・タングステン
　銅・錫・亜鉛
　蛍　石
　コバルト
　雲母・石綿・礬土頁岩
　石　炭
　石　油

工　業 —————————— 272
　一　般
　金属工業
　機械器具工業
　化学工業
　ガス及電気業
　窯業及土石工業
　紡織工業
　食料品工業
　その他工業

商　業 —————————— 280
　一　般
　商業機構
　国内商業
　外国貿易
　度量衡

交　通 —————————— 286
　一　般
　鉄　道
　公　路

港湾・船舶
　　　河　川
　　　通　信
　　金　融——————————294
　　　一　般
　　　各地通貨及金融
　　　金融機関
　　　庶民金融
　　　為　替
　　　物　価
　　企　業——————————298
　　　一　般
　　　投　資
　　財　政——————————299
　　　一　般
　　　中央財政
　　　地方財政
　　　公債及借款
　　　関　税
　　　海関制度
　　　塩　税
　　　統　税
　　　田　賦
　　政　治——————————302
　　　一　般
　　　官吏制度
　　　中央政治
　　　地方政治
　　　重慶国民政府
　　　軍　事
　　　治　安
　　　国際関係
　　　辺疆問題
　　法　制——————————310
　　　対日協力政府

　　　重慶国民政府

　　歴史地理——————————314
　　　歴　史
　　　人物評伝
　　　地　理

　　人　口——————————315
　　　一　般
　　　中国在留邦人人口
　　　白系露人
　　　ユダヤ人
　　　華　僑

　　社　会——————————318
　　　一　般
　　　社会思想
　　　社会運動
　　　中国共産党
　　　新四軍
　　　労働問題
　　　保健及衛生
　　　災害及救済
　　　都市問題

　　文　化——————————330
　　　一　般
　　　外国人ノ文化施設
　　　思　想
　　　新　聞
　　　演　芸
　　　教　育
　　　宗　教

　　気　象——————————336
　　その他——————————337
　　補　遺——————————338

総　記

1　現況総合調査　1941年6月　蒙疆連絡部　53p
2　占領地区ニ於ケル重慶側機関活動状況　1941年6月　華北連絡部　現況総合調査資料4　177p
3　華北調査研究機関調査(其の1)：北京に於ける調査機関　1939年6月　華北連絡部　興華北連政調報告1
4　現況総合調査：時局緊急対策資料　1941年7月　華中連絡部　華中調査資料176　554p
5　上海ニ於ケル日本側調査機関一覧表　1941年9月　華中連絡部　華中調査資料242　8p　[40]
6　江北地区綜合調査報告(概要)　1942年6月　華中連絡部　華中調査資料430　115p　[4]
7　温州地区綜合調査報告書　1942年8月　華中連絡部　華中調査資料501　[50]
8　興亜院華中連絡部資料調査報告　1942年　華中連絡部　華中調査資料473　110p　[40, 48]
9　現況総合調査：政治経済文化関係諸事情　1941年6月　厦門連絡部　124p
10　興亜院執務提要　1940年1月　本院政務部　749p　[2, 39, 50, 52]
11　興亜院の指導精神に就て　1939年12月1日　本院　17p　[2]
12　興亜院希望事項　1940年　本院　4枚　[50]
13　中支調査機関連合会規約　華中連絡部　[6]

資料目録

14　蒙疆調査連合会各機関の有する資料目録　1941年5月　蒙疆連絡部　蒙疆調査資料42　26p　[4]
15　資料調査報告　1941年7月　青島出張所　興青調査資料56　60p　[55]
16　華中調査資料目録(1-3, 5)　1941年11月　華中連絡部　[40, 55]
17　昭和15年度(3月10日現在)中支調査機関連合会提出調査報告書目録　1940年3月　華中連絡部　20p
18　中支調査機関連合会調査資料目録　1941年7月　華中連絡部　19p　[54]
19　中支調査機関連合会調査資料目録(1)(2)　1941・1942年　華中連絡部　48p　[6, 40]
20　興技調査資料発行調書：昭和16年4月2日現在　1941年4月　本院　3丁　[3]
21　支那茶業関係資料目録　1939年12月　本院文化部　[53]
22　支那ノ水利及道路ニ関スル資料目録　1941年　[55]

経　済

経済一般

23　支那の社会経済問題　1942年3月　華北連絡部文化局　5p　[54]
24　香上銀行株主総会ニ於ケルハース総裁演説　1939年6月　本院政務部　興亜資料(経済編)34　14p
25　中華民国ノ財政経済ニ関スル諸論文(訳文)　1939年8月　本院政務部　興亜資料(経済編)57　85p　[2]
26　大東亜戦争勃発後ニ於ケル現地状況　1942年4月　本院政務部　時局対策資料26　288p
27　第1次北支経済建設懇談会会議録　1939年9月　華北連絡部政務局報道室　22p　[50, 53]
28　第2次北支経済建設懇談会会議録　1939年10月　華北連絡部政務局報道室　22p　[53]
29　支那の戦時経済　1940年6月　華中連絡部　興亜華中資料213, 中調聯政資料19　425p　[2, 14, 27, 49]
30　経済封鎖ノ実効並ニ影響調査　1940年11月　華中連絡部政務局　45丁　[2]
31　支那：南方トノ経済関係　1942年4月　本院政務部　時局対策資料27　52p
32　国土資源局調査報告書　本院技術部　29p
33　独逸国土計画ニ関スル資料　1940年2月　本院技術部　48p

地方経済

蒙疆政権地域
34　蒙古ニ於ケル農, 商, 工, 鉱業　1939年12月　蒙疆連絡部　蒙疆調査資料17　7p
35　西北の産出する物資に就て　1940年11月　蒙疆連絡部　蒙古西北叢書5
36　西北地域ニ於ケル資源ノ概況　1941年5月　蒙疆連絡部　蒙古西北叢書15　17p　[4]
37　徳化県錫林郭勒盟方面調査概要報告書　1939年6月　蒙疆連絡部　22p
38　錫林郭勒盟視察報告　1939年8月　蒙疆連絡部　29p
39　察哈爾盟一般状況　1939年8月　蒙疆連絡部　蒙疆調査資料7　23p
40　百霊廟ヲ中心トスル烏蘭察布盟　1939年9月　蒙疆連絡部　蒙疆調査資料8　39p
41　西蘇尼特百霊廟武川地方視察一般概況　1941年6月　蒙疆連絡部　蒙疆調査資料30　245p
42　安北方面一般状況　1939年9月　蒙疆連絡部　蒙疆調査資料9
43　涞源県事情　1939年11月　蒙疆連絡部　蒙疆調査資料14

44　阿掊善前旗の資力及生活の概況　1941年1月　蒙疆連絡部　蒙古西北叢書11
45　外蒙　1941年5月　蒙疆連絡部　207p　[2,3]

華　北
46　河北省県政事情調査報告(巻1)：各県財政状況各県交通及商工業概況　1939年11月　華北連絡部　興華北連政調報告10
47　北支ノ地方事情概況　1940年10月　華北連絡部　華北資料簡報12　24p
48　南運河流域事情調査報告　1939年9月　華北連絡部　興華北連政調報告6　130p
49　民国28年度河北省県政状況調査報告　1940年1月　華北連絡部　調査資料27　638p　[1,4]
50　河北省保定道地区　1940年4月　華北連絡部　調査資料28　[14]
51　河北省冀東道地区　1940年5月　華北連絡部　調査資料36
52　河北省津海道地区及冀南道地区　1940年5月　華北連絡部　調査資料41
53　山東経済ノ特異性概要　1940年1月　青島出張所　興青調査資料16　1冊　[2]
54　東亜新秩序建設ト山東　1940年7月　青島出張所　28p　[1,4,9,22,38,43,47]
55　山東省魯西道泰安，滋陽，済寧，曲阜，鄒県事情調査　1940年7月　華北連絡部　調査資料55　382p
56　山東省魯東道福山県模範地区工作現況調査報告　1940年12月　華北連絡部　調査資料92　30p
57　恵民土木事業概要　1942年1月　華北連絡部　8丁　[2]
58　山西省太原地方事情調査報告　1940年1月　華北連絡部　興華北連政調報告14
59　青島港及其背後地経済事情　1940年3月　本院政務部　調査資料5　377p　[2,3,4,20,46,55]
60　最近に於ける青島経済概況　1939年12月　青島出張所　興青調査資料12
61　水霊山島事情　1941年3月　青島出張所　興青調査資料45　1冊　[2]

華　中
62　中支那ノ経済ト其ノ建設　1938年2月　華中連絡部　68p　[50]
63　共栄圏建設ト中支那経済　1941年5月　華中連絡部　華中調査資料140　112p
64　中支に於ける物価指数の問題　1941年8月　華中連絡部　華中調査資料215　45p　[48,55]
65　中支建設と産学共栄会　1942年　華中連絡部　華中調査資料493・思想資料220　36p　[4,48,55]
66　中支那経済ト南方経済トノ関係調整　1942年　華中連絡部　華中調査資料438　1枚　[55]
67　揚子江封鎖下ニ於ケル漢口経済事情　1939年5月　本院政務部　興亜資料(経済編)41　29p
68　上海都勢調査(中間報告)　1940年11月　華中連絡部　興亜華中資料317,中調聯交資料64
69　浙東地区総合調査報告：概要　1941年7月　華中連絡部　華中調査資料185

130p　[55]
70　寧波地区実態調査書　1941年10月　本院政務部　調査資料23　365p　[2, 3, 4, 53, 55]
71　嵊泗列島視察記　1939年6月　華中連絡部　興亜華中資料5, 中調聯水資料2　20p　[3, 8, 27, 40]

華　南

72　閩南粤東ニ於ケル産業事情　1939年3月　本院政務部　興亜資料(経済編)7　8丁　[27]
73　福州，厦門，汕頭及広東，各市ヲ中心トシテ軍ニ於テ接受管理セラルベキ諸事業諸施設ニ対スル応急復旧並ニ経営ニ関スル方策及其経費概算説明書　1939年6月　本院政務部　興亜資料(経済編)43　124p　[3, 50]
74　福建内地ノ惨況実地見聞録　1939年6月　本院政務部　興亜資料(経済編)39　14p
75　福建沿岸諸島嶼農林，畜，鉱，産資源調査概況書　1941年7月　厦門連絡部　厦興技資料61　32p
76　最近ニ於ケル厦門ノ事情ニ就テ　1939年3月　本院政務部　興亜資料(経済編)24　8丁　[27, 55]
77　鼓浪嶼重要物資蓄積状況調　1941年9月　厦門連絡部　31p
78　福州一般事情並福州ノ産業　1939年9月　本院政務部　興亜資料(経済編)60　66p
79　南支ニ於ケル潮汕地方ノ地位　1939年9月　本院政務部　興亜資料(経済編)59　19p
80　広州市年鑑(民国24年度)摘要　1939年3月　本院政務部　興亜資料(経済編)21　62丁　[27, 55]
81　中山県事情　1940年7月　広東派遣員事務所　広派情20　20p
82　汕頭一斑　1942年　広東派遣員事務所　50p　[48]
83　汕頭ノ背後地, 潮梅地方(1)　1939年7月　本院政務部　興亜資料(経済編)56ノ1　27p　[27]
84　汕頭ノ背後地, 潮梅地方(2)　1939年9月　本院政務部　興亜資料(経済編)56ノ2　12p
85　汕頭の背後地, 潮梅地方(3)　1939年9月　本院政務部　興亜資料(経済編)56ノ3　26p
86　汕頭の背後地, 潮梅地方(4)：交通之部　1939年9月　本院政務部　興亜資料(経済編)56ノ4　11p
87　海南島一般事情　1939年7月　本院政務部　興亜資料(経済編)54　13p
88　海南島ニ関スル資料　1940年8月　本院政務部　興亜資料(経済編)76　120p
89　雲南省ノ新情勢　1939年11月　本院政務部　興亜資料(経済編)号外　5p
90　香港ノ現状ト其ノ発展策　1941年7月　広東派遣員事務所　広派情53　38p
91　香港年鑑：昭和16年版　1941年12月　広東派遣員事務所　広派情65　196p　[55]

92 澳門事情　1940年1月　本院政務部　興亜資料(経済編)65　69p　[2]

経済建設

93 日満支産業建設5ケ年計画：北支　1941年　華北連絡部　[50]
94 奥地支那ノ経済機構　1941年8月　華中連絡部　華中調査資料209　28p
95 日満支経済ブロックの一環としての中南支那の経済的地位　1941年9月　華中連絡部　華中調査資料234　[55]
96 根本方策に依り応急に採るべき具体的方策　1939年6月　厦門連絡部　厦興技資料3

戦時経済問題

97 重慶政府ノ西南経済建設状況　1940年6月　本院政務部　調査資料14　165p　[1, 2, 3, 4, 20, 39, 47, 50, 53, 55]
98 支那に於ける戦時経済運営方策　本院政務部　時局対策資料15

農　業

一　般

99 日満支農業部門ニ於ケル各種機関ノ調査採択要綱一覧　1939年　本院文化部　6丁　[55]
100 中国農業の改進　1942年6月　本院技術部　興技調査資料70　221p　[3, 4, 24, 27, 29]
101 中国ニ於ケル農業労働者雇用習慣及需給状況　1942年1月　華北連絡部　調査資料201・経済66　197p
102 蒙疆に於ける農産資源に関する調査　1940年5月　本院技術部　興技調査資料49　203p　[1, 4, 55]
103 蒙疆に於ける肥料資源に関する調査　1940年11月　本院技術部　興技調査資料61　138p　[1, 3, 4, 50]
104 華北農政経済対策資料(第1～5輯)　1940年4月　本院文化部　264p
105 興亜基本地図集成(北支6号)耕地農家図　1941年1月　本院技術部　[2, 38]
106 華北農具(在来式)ニ就テ　1942年1月　華北連絡部　調査資料205　67丁　[14, 50]
107 北支の農具事情に関する調査　1942年6月　華北連絡部　調査所調査資料230・経済88　181p　[1, 2, 4, 53, 55]
108 中調連農業分科会調査報告　1940年8月　華中連絡部　興亜華中資料216，中調聯農資料12

109 中支ニ於ケル農業政策ノ動向　1939年11月　華中連絡部　興亜華中資料67，中調聯農資料8　19p　[2, 3, 8, 19, 53]
110 中支那肥料調査中間報告　華中連絡部　華中調査資料414　32丁　[55]
111 江蘇省常熟県大義橋・浙江省嘉興県真如郷農業経営改善指導調査中間報告書　1942年　華中連絡部　華中調査資料339　63p　[55]
112 奥地経済編：農業　1940年12月　華中連絡部　興亜華中資料246，中調聯政資料29
113 最近奥地農業問題ノ特質　1941年9月　華中連絡部　華中調査資料211　25p
114 奥地農業問題ノ覚書　1941年12月　華中連絡部　華中調査資料302　35p
115 洞庭湖浜の農村経済　1942年7月　本院　68p　[50]
116 最近ニ於ケル福建ノ農業　1941年8月　厦門連絡部　厦興技資料60　33p
117 農林業関係処理方針　1939年6月8日　厦門連絡部　厦興技資料5
118 厦門島及金門島の農林業　1939年7月　厦門連絡部　厦興技資料6　6丁　[11]
119 厦門島農畜産統計　1939年8月　厦門連絡部　厦興技資料8
120 厦門島農畜産増殖計画　1940年1月　厦門連絡部　厦興技資料18
121 厦門ニ於ケル農作慣行調査　1940年2月　厦門連絡部　厦興技資料21　43p
122 厦門農業生産統計　1941年9月　厦門連絡部　厦興技資料64
123 南澳島ノ農林業　1940年6月　厦門連絡部　厦興技資料27　22p
124 諸外国農業政策事情　1940年6月　本院経済部　対支農業協力資料7　21丁　[2, 4]
125 諸外国農業政策資料：欧州食糧事情，諸国トノ羊毛事情，ソ連養豚事情　1940年9月　本院経済部　30p
126 独逸食糧経済ノ動向ト占領地農業工作　1940年9月　本院経済部　33p

農業及農村調査

127 北支蒙疆農業調査報告書　1940年9月　本院政務部　調査資料13　265p　[1, 2, 3, 4, 19, 20, 27, 33, 50, 53, 55]
128 事変の北支農村経済に及ぼせる影響　1941年3月1日　華北連絡部政務局調査所　調査資料100・経済1　174p　[4]
129 済南市郊一農家の農法実態調査(第1巻)　1941年5月　華北連絡部　調査資料117・経済13　110p　[1, 2, 3, 4, 49]
130 青島を中心とする農業調査　青島出張所　青島都市計画案11
131 青島特別市郷区農村実態調査報告(其1：農業技術篇)　1941年2月　青島出張所　興青調査資料40　137p　[4, 49, 55]
132 中支農村概観　1939年11月　華中連絡部　興亜華中資料1，中調聯農資料1　17p　[2, 3, 8, 24, 48, 50]
133 江蘇省太倉県農村実態調査報告書　1940年1月　華中連絡部　興亜華中資料184，中調聯農資料10　147p
134 江蘇省常熟県農業実態調査報告書　1939年11月　華中連絡部　興亜華中資料183，中調聯農資料9　120p

135　上海特別市嘉定区農村実態調査報告書　1940年8月　華中連絡部　興亜華中資料52，中調聯農資料13
136　江蘇省松江県農村実態調査報告書　1941年3月　華中連絡部　興亜華中資料287，中調聯農資料23
137　昭和14年度農業関係調査計画書　1939年5月　厦門連絡部　厦興技資料1
138　厦門島禾山荒地利用農産増殖計画　1939年10月　厦門連絡部　厦興技資料11
139　粤東潮汕地方の農事管見　1940年6月　厦門連絡部　厦興技資料31
140　厦門農民の台湾農業視察感想　1940年8月　厦門連絡部　厦興技資料35
141　福建省農村経済参考資料彙編　1941年6月　厦門連絡部　厦興技資料54　759p
142　福建省農村に於ける墟市現況　1942年1月　厦門連絡部　厦興技資料67
143　厦門島の農事改良小史　1942年8月　厦門連絡部　78p　[2]
144　昭和16年度農村現況調査実施計画　1941年10月　広東派遣員事務所
145　広東省農村調査報告　1943年2月　広東派遣員事務所　広派調3　596p　在広東日本総領事館刊　[4, 46]
146　支那蚕種ニ関スル技術調査報告　1941年2月　[20, 47]

土 地 問 題

147　中華民国土地利用統計　1940年1月　本院政務部　調査資料1　87p　[2]
148　支那の土地制度　本院技術部　61丁　[4]
149　蒙疆に於ける土地改良に関する調査　1940年9月　本院技術部　興技調査資料53　565p　[1, 2, 3, 4, 47, 53]
150　北支ニ於ケル土地改良ニ就テ　1939年6月　本院技術部　興技調査資料3　16丁　[4, 6, 11]
151　農地開発株式会社設立要綱　華北連絡部経済第二局　1冊　[2]
152　津海道新海県設治局管内ノ荒蕪地ニ就テ　1939年7月　華北連絡部　興華北連政調報告3　20p
153　支那鹻地問題研究(其1)　1940年2月　華北連絡部政務局調査所　興華北政調資料31　116p　[3, 4, 53, 55]
154　支那鹻地問題研究(其2)　1941年4月　華北連絡部　調査所調査資料101・経済2　314p　[4, 48]
155　海州塩墾区土地改良策案　1940年3月　華北連絡部　調査資料35　83p
156　渤海沿岸ニ於ケルアルカリ地帯ノ開発利用計画　1940年　5p　[47]
157　北支那土地改良事業処理要綱　1940年7月　華北連絡部経済第二局　9丁　[4]
158　青島特別市郷区内可耕未墾地及既耕地潅漑排水状況調査書　1940年12月　青島出張所　60p　[2]
159　青島特別市郷区可耕地未墾地及既耕地潅漑排水状況調査報告書　1941年3月　青島出張所　興調査資料43　60p　[4]
160　中支那土壌調査中間報告書　1941年4月　華中連絡部　華中調査資料130　31丁　[40, 47, 53]
161　上海地区ニ於ケル土地制度　1942年7月　華中連絡部　興亜華中資料437　中調

聯交資料87　6p　[1, 3, 4, 40, 48, 50, 55]
162　厦門島及金門島の土地改良ニ就テ　1941年10月　厦門連絡部　厦興技資料66
163　広東省土壌調査報告　1942年12月　広東派遣員事務所　広派調2　820p　[4, 46]

水利及潅漑

164　北支那及蒙疆ニ於ケル鑿井奨励ニ関スル条例　1939年7月　本院技術部　興技調査資料8　19p
165　黄河の利水　1940年2月　本院技術部　242丁　[3, 4]
166　農業用水としての北支の水質に関する調査：主として京漢線, 隴海線, 津浦線, 京山線沿線地帯　1941年7月　華北連絡部　調査所調査資料148・経済34　28p　[2, 4, 55]
167　華北棉作地帯ニ於ケル鑿井状況調査　1941年8月　華北連絡部　調査資料154・経済39　86p　[4]
168　山東省ノ地下水　1940年7月　本院技術部　興技調査資料42　34p　[4]
169　中支那農業水利調査報告書　1941年6月　華中連絡部　華中調査資料149　309p　[1, 4, 9, 48]
170　戦時下浙江省の農業水利調査報告　1940年8月　本院技術部　興技調査資料47　54p　[3, 4, 50]
171　無錫外五県ニ於ケル潅漑用動力揚水機ノ調査概要　1942年1月　華中連絡部　74p
172　江北地区踏査報告概要：水利班　7p　[2]
173　独流入海減河処理方策　1941年9月　本院　7p　[1, 47]

農事機関

174　中国ニ於ケル農業倉庫ノ改良ニ就テ　1941年8月　華北連絡部　調査資料167・経済45　45p　[55]
175　国民政府実業部農本局ノ概観　1939年11月　華中連絡部　興亜華中資料66, 中調聯商資料13　15p　[2, 3, 8, 36, 54]
176　天津鉄路局昌黎園芸試験場作況報告　1939年12月　華北連絡部　興華北連政調資料21
177　山西省太原銘賢農業試験場調査報告書　1939年12月　華北連絡部　興華北連政調資料18
178　厦門特別市農事試験場設立計画：附農事講習所　1940年5月　厦門連絡部　22p
179　梅園農場に就て　1939年8月　厦門連絡部　厦興技資料7

合作社

180　中国に於ける合作運動の今昔　1941年10月　本院政務部　興亜資料(経済編)81

143p　[2, 3, 4, 27, 53, 55]
181　北支合作社調査　1942年1月　華北連絡部　調査資料200・経済65　82p　[50]
182　支那ニ於ケル農村合作社ノ検討　1939年11月　華中連絡部　興亜華中資料40，中調聯農資料5　21p　[3, 8, 14, 43, 48, 50, 53]
183　中支ニ於ケル信用合作社　1940年1月　華中連絡部　興亜華中資料115，中調聯金資料18　25p　[3, 8, 13, 37, 48, 50, 54]
184　蘇州地方合作社調査報告：思想工作上の見地よりする合作社運動調査　1941年5月　華中連絡部　華中調査資料139
185　合作社概要(訳)　1941年9月　華中連絡部　華中調査資料226　29p

農村金融

186　中支農業金融ニ就イテ　1939年11月　華中連絡部　興亜華中資料90，中調聯農資料4　25p　[2, 3, 8, 13, 19, 24, 40, 48, 50]
187　窮乏ノ南支農村ト農業金融　1939年3月　本院政務部　興亜資料(経済編)8　14p　[27, 55]

糧食問題

188　支那ヲ中心トスル日満支食糧問題対策　1941年9月　本院政務部　時局対策資料21　30p
189　北支五省ニ於ケル食糧問題　1940年5月　本院技術部　興技調査資料35　54p　[2, 4, 9, 39]
190　北支ニ於ケル主要食糧問題ニ関スル資料(麦粉，米，雑穀ノ生産及需給数量)　本院文化部第一課　1冊　[2, 4]
191　華北緊急食糧対策要綱ニ関スル件　1942年　華北連絡部　4枚　[50]
192　支那ニ於ケル食品及ビ栄養ニ関スル調査　1942年6月　華中連絡部　華中調査資料408　67p　[4, 48, 53, 55]
193　蘇北行政委員会所属各行政区及県の糧食管理局組織規定　1941年7月　華中連絡部　華中調査資料175
194　広東食糧問題　1942年3月　広東派遣員事務所　広派情73・調査1　666p　[1(附録統計表のみ), 2, 4]
195　広東戦時糧食自給運動ニ就テ　1939年7月　本院政務部　興亜資料(経済編)50　10p

蔬菜果実

196　莱陽梨調査報告　1940年6月　青島出張所　興青調査資料20　23p
197　青島梨ノ貯蔵試験　1940年6月　青島出張所　興青調査資料21　38p
198　肥城桃調査報告　1940年9月　青島出張所　興青調査資料25　36p　[4]
199　中支三角地帯ノ蔬菜園芸概況並ニ中支ニ於ケル果樹栽培視察報告　1941年5月

華中連絡部　華中調査資料143, 国防資源資料34, 農産資源資料20　67p　[3, 53, 55]
200　厦門島ニ於ケル蔬菜栽培ノ適期適品種類　1941年4月　厦門連絡部　厦興技資料48　9p

農 作 物

一 般

201　生産力拡充五ケ年計画農産部門総括表：米，小麦，粟，綿花，麻類　1941年10月　華北連絡部　1冊　[4]
202　嘉定，太倉，常熟ニ於ケル主要農作物ノ耕種慣行　1939年12月　華中連絡部　41p　[3, 4]
203　支那農産物ノ生産需給ニ関スル資料　1941年6月　本院政務部第三課　1冊　[2, 3, 4]
204　支那重要国防農産資源獲得緊急対策意見(未定稿)　1941年6月　本院政務部　98p
205　昭和16年度支那主要農作物作付状況及収穫出廻予想　1941年11月　本院政務部　84p　[4, 55]
206　主要農産物貯蔵高及今後需給見透：昭和17年2月末現在　1942年4月　本院政務部　時局対策資料29　15p
207　昭和15年度ニ於ケル蒙疆主要農作物作況並ニ生産消費数量調査　本院経済部第五課　3丁　[2]
208　北支那主要輸出農産関係品統計　1939年6月　本院技術部　興技調査資料4　18丁　[3]
209　北支農産物収穫高予想調査報告(16年第2次)　1942年　華北連絡部　196p　[11, 29, 49, 55]
210　北支農産物収穫予想調査並附帯農業基本統計調査各県調査要綱　1942年3月　華北連絡部文化局　28p　[53]
211　昭和17年度第一次北支農産物収穫高予想調査報告　1942年6月　華北連絡部　14p　[50, 53, 55]
212　農作物収穫高ニ対スル農家消費及売却可能数量ノ作物別比較統計表　1941年　華北連絡部　[29, 49]
213　興亜基本地図集成(北支9号)葉煙草，落花生附大豆，胡麻図　1941年5月　本院技術部　[2]
214　山東省主要農作物ノ本年度収穫予想高及出廻リ状況　1939年11月　青島出張所　興青調査資料13　19p
215　河北省各県別農産物生産量一覧　1940年6月　本院技術部　63丁　[4]
216　昭和16年度管内主要農作物作付状況及収穫出廻予想　1941年9月　青島出張所　興青調査資料60　13p
217　民国31年度青島特別市主要農作物実収高並ニ収穫予想高　1942年10月　青島出張所　興青調査資料95　1冊　[2]

218 中支那重要国防資源茶，生漆，胡麻，桐油，奥地農産物調査報告　1940年9月　華中連絡部　調査報告シアリーズ 59，国防資源資料 12・14・15・18・21，農産資源資料 6・8・9・12・15　391p　[1, 2, 3, 4, 40, 48, 55]
219 中支那重要国防資源支那特産品調査報告：胡麻及胡麻油　1941年7月　華中連絡部　華中調査資料 228，国防資源資料 47　134p　[4, 50, 55]
220 中支蚕豆事情　1941年4月　華中連絡部　興亜華中資料 320，中調聯商資料 38
221 厦門ニ於ケル農作物ノ開花結実成熟期一覧　1940年2月　厦門連絡部　2p

食料作物

222 事変後ニ於ケル小麦及小麦粉ノ生産並流動図：昭和15年12月末調　1941年6月　本院　支那建設要図　1枚　[40]
223 事変前ニ於ケル中国食糧作物ノ育種及其ノ拡張工作ニ関スル観察　1941年8月　華北連絡部　調査資料 160・経済 43　53p
224 小麦並に小麦粉調査報告　華北連絡部　調査資料 32　[4]
225 北支小麦の品質及需給に関する調査　1940年4月　本院技術部　興技調査資料 48　184p　[1, 2]
226 北支那小麦改良増産計画　1940年7月　華北連絡部経済第二局　18p　[2, 4, 49]
227 北支ニ於ケル小麦需給関係調査　1941年10月　華北連絡部　調査所調査資料 185　74p　[1, 19]
228 北支那小麦調査　1940年7月　華北連絡部経済第二局農政室　1冊　[4]
229 興亜基本地図集成 (北支 7号) 小麦附高粱，粟，玉蜀黍　1940年1月　本院技術部　[2, 38, 55]
230 天津市に於ける小麦需給関係と其の見透し　1940年2月　華北連絡部　調査資料 18
231 北支ニ於ケル落花生，落花生油及落花生粕調査　1940年7月　本院政務部　調査資料 15　184p　[1, 2, 3, 4, 40, 48]
232 北支ニ於ケル落花生，落花生油及落花生粕調査　1940年3月　華北連絡部　調査資料 19　374p
233 北支に於ける雑穀調査　1940年2月　華北連絡部　調査資料 29　141p　[4]
234 北支那粟，高粱，玉蜀黍改良増産計画　1940年7月　華北連絡部経済第二局　26p　[2, 4, 49]
235 山東省に於ける甘蔗の栽培並に需給に関する調査報告　1942年7月　青島出張所　興青調査資料 82　104p　[4, 55]
236 青島特別市ニ於ケル主要食糧作物耕種事情ニ関スル調査　1941年6月　青島出張所　興青調査資料 50　39p　[3, 4, 8, 9, 55]
237 河南省豫東地区雑穀ニ関スル調査　1940年5月　華北連絡部　調査資料 39　24p　[11]
238 山西省に於ける雑穀調査　1941年11月　華北連絡部　調査資料 186　95p　[19, 55]
239 中支那重要国防資源食糧作物調査報告書　1940年3月　華中連絡部　調査報告シアリーズ 61，国防資源資料 17，農産資源資料 11　200, 42p　[1, 2, 4, 19, 27, 48,

53, 55]
240　昭和15年度中支那重要国防資源食糧作物調査報告書　1940年12月　華中連絡部　華中調査資料121，国防資源資料26，農産資源資料18　287p　[1, 4, 27, 50, 55]
241　小麦及小麦粉　1939年11月　華中連絡部　興亜華中資料65　中調聯商資料12　47p　[2, 3, 8, 19, 24, 36]
242　小麦及小麦粉：昭和15年度　1940年11月　華中連絡部　興亜華中資料262，中調聯商資料22　[19]
243　中支那食糧各作物調査報告概況：小麦，大麦，蚕豆，菜種　1941年7月　華中連絡部　華中調査資料240　40p　[50, 55]
244　中支ニ於ケル小麦生産費調査中間報告　1942年　華中連絡部　27丁　[55]
245　中支ニ於ケル甘藷ノ生産需給調査中間報告　1941年11月　華中連絡部　華中調査資料273　34p　[55]
246　廈門地区に於ける甘藷の形質調査　1942年2月　廈門連絡部　廈興技資料68
247　広東三角州の甘蔗栽培　1940年8月　本院技術部　興技調査資料44　104p　[3, 4, 55]

繊維作物

248　支那に於ける麻類増産の具体的方策　1942年　7p　[47]
249　繊維作物「洋麻」　1941年4月　本院技術部　興技調査資料60　96p　[3, 4, 48, 50]
250　満州及北支に於ける麻事情　1941年6月　本院技術部　45p　[3]
251　重要国防資源調査報告，繊維作物（麻）　1939年12月　蒙疆連絡部　10p
252　華北（蒙疆地区ノ一部ヲ含ム）ニ於ケル蓖麻ニ関スル調査　1940年4月　華北連絡部　調査資料23　166p
253　山東省ニ於ケル蓖麻子ニ就テ：重要軍需資源　1941年1月　青島出張所　興青調査資料35　1冊　[2]
254　麻　1939年2月　華中連絡部　興亜華中資料75，中調聯農資料6　98p
255　昭和15年度麻調査報告書　1941年4月　華中連絡部　興亜華中資料322，中調聯農資料24
256　中支調査機関連合会農業分科会蚕桑関係調査報告　1941年5月　華中連絡部　興亜華中資料324，中調聯農資料25
257　中支に於ける麻調査報告　1941年6月　華中連絡部　華中調査資料158
258　中支麻調査報告：昭和16年度　1942年　華中連絡部　華中調査資料415　56p　[55]
259　杭州，蚌埠方面ニ於ケル麻類ノ栽培慣行ト生産費調査　1941年6月　本院技術部　興技調査資料63　65丁　[3]
260　廈門及附近地に於ける黄麻栽培法　1942年2月　廈門連絡部　廈興技資料71

米

261　事変前後ニ於ケル米ノ生産並ニ流動比較図：主トシテ中支：支那東部250万分1図　1941年6月　本院　支那建設要図　1枚　[40]

262 察哈爾懐来県下稲作状況　1940年3月　蒙疆連絡部　蒙疆調査資料26
263 宣化県下に於ける稲作状況　1940年4月　蒙疆連絡部　蒙疆調査資料28
264 水稲栽培状況調査報告書　1940年12月　蒙疆連絡部　蒙疆調査資料33　105p [4]
265 北支那産米増殖計画　1940年7月　華北連絡部経済第二局　7丁 [4]
266 華北に於ける米穀調査　1940年2月　華北連絡部　調査資料25　97p [4, 11]
267 華北ニ於ケル米ノ調査(其1)　1940年10月　華北連絡部　調査資料75　114p [4]
268 華北ニ於ケル米ノ調査(其2)　1941年8月　華北連絡部　調査資料166・経済44　62p
269 華北ニ於ケル米穀需給状況:昭和16年度　1942年1月　華北連絡部　調査資料202・経済67　169p
270 中支水稲増産の基本的諸問題　1940年12月　華中連絡部　興亜華中資料259, 中調聯農資料16
271 食糧問題より見たる日本米と支那米との品質の相違に就て　1940年12月　華中連絡部　興亜華中資料260, 中調聯農資料17
272 中国米　1941年1月　華中連絡部　294p [2, 4, 48, 53, 54, 55]
273 海南島稲作状況調査書　1939年　本院政務部　興亜資料(経済編)3　15丁 [27, 55]

棉　花

一　般

274 満州棉花調査　1940年7月　華北連絡部　調査資料56　178p
275 事変後ニ於ケル棉花ノ生産並ニ流動図:支那東部250万分1図　1941年6月　本院　支那建設要図　1枚 [40]
276 アルカリ性土地植棉法　技術委員会第三部会資料　3枚 [4]
277 朝鮮棉花調査報告　1940年11月　華北連絡部　調査資料84　275p [14]

華　北

278 華北棉花事情　1939年12月　華北連絡部　興華北連政調資料25
279 最近ニ於ケル北支棉花作況　1940年6月　華北連絡部　調査資料45　10p
280 北支棉花事情調査　1940年7月　華北連絡部　調査資料51　170p [4]
281 民国29年度北支棉花収穫予想　1940年11月　華北連絡部　華北資料簡報21　7p
282 民国30年度華北棉花作付情況　1941年8月　華北連絡部　華北資料簡報42・経済13　2p
283 民国30年度華北棉産概況　1941年10月　華北連絡部　華北資料簡報48・経済19　6p [55]
284 北支棉作経営調査　1941年10月　華北連絡部　調査所調査資料136・経済25　149p [2, 14, 26, 50]
285 北支棉作経営調査　1942年4月　華北連絡部　調査資料21・経済73　101p

[14, 18]
286　昭和 16 年度華北棉産概況　1942 年　調査所資料簡報 51・経済 22　[14, 55]
287　華北棉産概況：華北棉産改進会 8 月末調査　1939 年 10 月　華北連絡部　興華北連政調資料 10
288　民国 28 年度華北棉産改進会業務報告　1940 年 5 月　華北連絡部　調査資料 38
289　華北棉産改進会 29 年度一至四月業務進行状況　1940 年 5 月　華北連絡部　調査資料 37
290　山東棉花の沿革　1939 年 12 月　華北連絡部　興華北連政調資料 20　[14]
291　山東省棉花調査報告書　1940 年 9 月　華北連絡部　調査資料 67　191p　[4, 14]
292　山東省棉作事情調査報告　1941 年 6 月　青島出張所　興青調査資料 52　1 冊　[4]
293　河北棉花ノ産出及販運　1940 年 6 月　華北連絡部　調査資料 40　224p　[1, 4, 49, 50]
294　河北省棉花調査報告　1940 年 8 月　華北連絡部　調査資料 60　216p　[4, 40]
295　河南省棉花調査報告　1940 年 7 月　華北連絡部　調査資料 58　75p　[4, 19]
296　山西省棉花調査報告書　1940 年 6 月　華北連絡部　調査資料 46　264p　[4, 14]
297　民国 29 年度山西省棉花事情調査　1941 年 9 月　華北連絡部　調査資料 175・経済 49　44p　[14]

華　中

298　中支那重要国防資源棉花, 麻, 調査報告　1940 年 7 月　華中連絡部　調査報告シアリーズ 46, 国防資源資料 7・19, 農産資源資料 1・13　63p　[2, 3, 48, 50]
299　中支棉花の改良並に増産　1940 年 12 月　華中連絡部　興亜華中資料 235, 中調聯農資料 15　42p　[3, 4, 53, 55]
300　中支棉花の改良並に増産：昭和 15 年度中間報告　1941 年 1 月　華中連絡部　興亜華中資料 268, 中調聯農資料 19
301　華中 6 省に於ける棉田及び棉産額累年統計表　1941 年 1 月　華中連絡部　興亜華中資料 269, 中調聯農資料 20
302　中支に於ける棉実流通に関する調査　1941 年 3 月　華中連絡部　興亜華中資料 285, 中調聯農資料 22
303　中支ニ於ケル棉花調査報告書：昭和 15 年度　1941 年 6 月　華中連絡部　華中調査資料 160, 国防資源資料 37, 農産資源資料 23　127p　[40]
304　中支 6 省に於ける第 1 回棉花作況調査：6 月 20 日現在　1941 年 8 月　華中連絡部　華中調査資料 220
305　中支 6 省ニ於ケル第 2 回棉花作況調査：7 月末現在　1941 年 8 月　華中連絡部　華中調査資料 221　33p
306　華中 6 省県市別棉田面積及繰棉生産予想量：第 2 次調査 9 月末現在　1941 年 9 月　華中連絡部　17p
307　中支 6 省ニ於ケル第 3 回棉花作況調査：9 月末現在　1941 年 10 月　華中連絡部　華中調査資料 266　47p
308　棉花価格トノ比較(民国 26-30 年)　1941 年 11 月　華中連絡部　5p

309　江蘇省蘇北地方棉花調査　1940年7月　華北連絡部　調査資料57　53p
310　上海ヲ中心トスル中支棉花事情　1939年11月　華中連絡部　興亜華中資料74，中調聯商資料14　27p　[2, 3, 8, 24, 43, 48]

茶

311　支那の茶業開発に就て　1939年12月　本院文化部　[54]
312　本邦製茶会社ノ事業状況：日支茶業調整ニ関スル資料　1939年　本院文化部　38p　[55]
313　日支茶業調整ニ関スル資料：支那茶ニ就テ　1939年　本院文化部　31p　[55]
314　日支茶業調整ニ関スル資料調査　1939年　本院文化部　38p　[55]
315　日支茶業生産費比較に関する資料　1940年　対支農学協力資料8　52p　[4]
316　支那茶事情　1941年5月　本院政務部　調査資料22　299p　[2, 4, 27]
317　重要国防資源支那特産品茶調査報告書　1941年4月　華中連絡部　華中調査資料132，国防資源資料42，農産資源資料19　116p
318　中支に於ける茶の流通に関する調査　1941年9月　華中連絡部　興亜華中資料330，中調聯商資料41
319　南支ニ於ケル茶業（訳文）　1939年3月　本院政務部　興亜資料（経済編）9　10丁　[27, 55]

煙　　草

320　事変前ニ於ケル山東葉煙草事情　1942年1月　青島出張所　興青調査資料71　1冊　[2, 4, 34]
321　葉煙草　1939年7月　華中連絡部　興亜華中資料76，中調聯農資料7　118p
322　中支ニ於ケル葉煙草　1939年11月　華中連絡部　興亜華中資料11，中調聯商資料1　24p　[2, 3, 8, 19, 24, 43, 48, 54]
323　中支産葉煙草調査　1940年11月　華中連絡部　興亜華中資料229，中調聯農資料14
324　中支に於ける葉煙草の流通に関する調査　1940年11月　華中連絡部　興亜華中資料263，中調聯商資料23
325　昭和15年度葉煙草に関する調査報告　1941年10月　華中連絡部　興亜華中資料333，中調聯農資料26
326　葉煙草の流通事情：昭和15年度　1941年10月　華中連絡部　興亜華中資料334，中調聯商資料42
327　厦門ニ於ケル煙草耕種要領　1940年3月　厦門連絡部　厦興技資料23　8p
328　昭和16年度煙草試作計画　1940年11月　厦門連絡部　厦興技資料39　4p
329　厦門島，金門島煙草栽培計画調査　1941年3月　厦門連絡部　厦興技資料46　130p
330　南支那ニ於ケル葉煙草生産概況　1940年12月　広東派遣員事務所　広派情36　128p

林　業

一　般

331　支那ニ於ケル建設用主要木材ノ合理的利用方法　1940年11月　本院　66p　[1, 2, 4, 27, 47, 49]
332　興亜基本地図集成(北支11号)林産図　1941年1月　本院技術部　[2, 12]
333　事変前後ニ於ケル木材輸移入量調査　1940年8月　華中連絡部　調査報告シアリーズ57　80p　[54]
334　枕木，電柱，杭木及一般建築材規格調査報告書　1941年9月　華中連絡部　華中調査資料230
335　現地木材調査報告　1942年　華中連絡部　華中調査資料350　15p　[55]

華北及蒙疆政権地域

336　蒙疆に於ける林業調査　1941年4月　本院技術部　興技調査資料62　681p　[1, 2, 3, 4, 31, 49]
337　蒙疆地方に於ける造林適地調査報告　1942年11月　大東亜省　調査資料1，蒙疆調査資料66　222p　[2, 4]
338　西北地域ノ植物　1940年11月　蒙疆連絡部　蒙古西北叢書7　14p
339　華北蒙疆の森林，樹木並に造林に関する基礎的考察　1941年3月　本院政務部　調査資料21　364p　[1, 2, 3, 4, 24, 31, 50, 52, 55]
340　北支及蒙疆に於ける主要なる建設用材備林造成方策　1942年2月　本院　96p　[1, 4, 46, 47]
341　北支那ニ於ケル林業並ニ木材需給ニ関スル調査　1939年6月　本院技術部　興技調査資料5　196p
342　北支那に於ける林産資源調査　1940年9月　本院技術部　興技調査資料51　222p　[2, 4]
343　北支木材事情：第5次調査報告　1940年3月　華北連絡部　61p
344　北支ノ木材事情：第6次調査報告　1940年4月　華北連絡部　82p
345　北支那ノ木材規格及木材需給状況調査　1941年9月　華北連絡部　調査所調査資料146・経済32　210p　[1, 2, 4, 47, 55]
346　山東省ニ於ケル林相ノ変化ト国運ノ消長　1942年9月　青島出張所　興青調査資料89　1冊　[4]
347　華北木材需要概況　1942年9月　華北連絡部　2p　[50]
348　北支砿山備林造成計画に関する調査報告　1942年12月　大東亜省　調査所調査資料275・経済113　434p　[2]
349　山東省西部膠済沿線林業調査　1941年5月　華北連絡部　調査所調査資料112・経済9　220p　[2, 4, 31]

所在目録——259

350 青島港に於ける木材需給調査報告書　1939年7月　青島出張所　青島都市計画案10　2冊　[9, 53]
351 青島特別市域林業基礎調査報告　1941年6月　青島出張所　興青調査資料47

華　　中

352 事変前後ニ於ケル木材流通ニ関スル調査　1939年11月　華中連絡部　興亜華中資料16, 中調聯商資料6　4p　[2, 3, 8, 19, 24, 48, 55]
353 中支ニ於ケル木材流通ニ関スル調査　1939年7月　華中連絡部　興亜華中資料17, 中調聯商資料7
354 中支ノ木材事情　1940年4月　華中連絡部経済第一局　78丁　[4, 47]
355 中支ニ於ケル木材ノ流通ニ関スル調査　1940年10月　華中連絡部　興亜華中資料264, 中調聯商資料24
356 製材工場現況調査　1940年11月　華中連絡部　興亜華中資料230, 中調聯工資料23

華　　南

357 厦門農林試験場設立計画　1939年　厦門連絡部　厦興技資料9　21p
358 厦門特別市政府成立記念造林実行計画　1940年2月　厦門連絡部　厦興技資料22
359 福建林業資源開発計画資料　1940年4月　厦門連絡部　厦興技資料32　18p
360 金門島耕地防風林造成計画　1939年11月　厦門連絡部　厦興技資料12
361 金門島模範耕地防風林造成実施計画　1940年6月　厦門連絡部　厦興技資料26
362 金門島荒廃造林実施計画書　1940年6月　厦門連絡部　厦興技資料28
363 海南島森林調査報告書　1939年3月　本院政務部　興亜資料(経済編)2　21丁　[27]

畜　産　業

一　　般

364 興亜基本地図集成(北支10号)畜産図　1941年6月　本院技術部　[2]
365 奥地畜産　華中連絡部　華中調査資料249
366 支那ニ於ケル家畜防疫対策　1940年9月　本院　11p　[2, 47]
367 「ホルモン」剤原料家畜内臓ニ関スル調査　1940年　14丁　[55]

蒙疆政権地域

368 蒙疆牧業状況調査　1941年11月　本院政務部　調査資料26　277p　[2, 3, 50,

53, 55]
369 蒙疆畜産資源調査報告書　1940年9月　本院技術部　興技調査資料52　267p
　　　[1, 4, 51, 55]
370 内蒙放牧地ニ就テ　1939年9月　蒙疆連絡部　蒙疆調査資料11　14p
371 蒙疆に於ける畜産指導の一考察　1940年1月　蒙疆連絡部　蒙疆調査資料24
　　　203p　[19]
372 西北の牧畜　1940年2月　蒙疆連絡部　蒙古西北叢書4
373 西北地域ノ動物　1940年11月　蒙疆連絡部　蒙古西北叢書6　15p
374 牧業状況調査報告書(前編)　1941年7月　蒙疆連絡部　252p　[47]
375 牧業状況調査報告書(後編)　1941年7月　蒙疆連絡部　310p　[47]
376 牧業状況調査報告写真帳　1941年7月　蒙疆連絡部　46枚

華　　北

377 華北畜産状況調査　1940年11月　華北連絡部　調査資料82　19p
378 北支ニ於ケル家畜飼料資源調査　1941年9月　華北連絡部　調査所調査資料
　　　147・経済33　134p　[1, 3, 4, 52, 55]
379 華北ニ於ケル漢法獣医ニ関スル調査　1942年3月　華北連絡部　調査所調査資
　　　料208・経済72　28丁，9枚　[2]
380 北支那ニ於ケル牧草ノ資源調査報告　1942年4月　華北連絡部　調査資料214・
　　　経済75　31p　[1, 4, 50, 55]
381 北支那ニ於ケル反芻家畜ノ主要寄生虫病調査　1942年　華北連絡部　調査資料
　　　241・経済97　14丁　[55]
382 家畜家禽調査報告　1940年10月　青島出張所　興青調査資料24　1冊　[2, 4]
383 青島市ニ於ケル飼料資源ニ関スル調査報告書　1941年6月　青島出張所　興青
　　　調査資料51　17p　[2]

華　　中

384 中支那重要国防資源鳥卵，豚毛，禽毛，豚腸調査報告　1940年8月　華中連絡
　　　部　調査報告シアリーズ47，国防資源資料8・9・10・13・22，農産資源資料2・
　　　3・4・7・16　283p　[4, 48, 55]
385 中支那畜産資源牲畜ニ関スル調査報告書　1941年5月　華中連絡部　華中調査
　　　資料148　539p　[1, 48, 54]
386 支那占領地区ニ於ケル農畜産資源獲得ノ可能性　1941年9月　本院政務部　時
　　　局対策資料17　34p
387 上海近郊ノ畜産ニ就テ　1939年11月　華中連絡部　興亜華中資料2，中調聯農
　　　資料2　84p　[3, 4, 8, 24, 43, 48, 50]
388 武漢地区重要国防資源畜産物調査報告書　本院技術部　興技調査資料65　[4,
　　　55]
389 江蘇省海洲鉱産資源調査報告　1940年10月　青島出張所　興青調査資料26

390 武漢地区重要国防資源畜産物調査　1941年2月　華中連絡部　華中調査資料191，国防資源資料44，農産資源資料24　279p　[20, 27, 48]
391 武漢地区重要国防資源畜産物調査報告書　1941年11月　本院政務部　調査資料25　382p　[2, 3]
392 中支那重要国防鉱産資源安徽省安慶地方調査報告　1940年8月　華中連絡部　調査報告シアリーズ50
393 中支那重要国防鉱産資源杭州附近調査報告　1940年8月　華中連絡部　調査報告シアリーズ51

馬

394 北支馬資源第1次実態調査　1940年11月　華北連絡部　調査資料85　158p　[2, 4]
395 北支馬資源第2次実態調査(下篇)　1941年10月　華北連絡部　調査所調査資料183・経済55　48p　[2, 3, 4]
396 金門島ノ馬匹調査　1940年9月　厦門連絡部　厦興技資料37　6p
397 金門島産馬改良増殖奨励計画　1940年10月　厦門連絡部　厦興技資料38　5p

牛・豚

398 北支ニ於ケル食肉資源調査　1941年11月　華北連絡部　調査資料187・経済58　234p　[4, 55]
399 昭和16年12月中日本向輸出屠畜月報　1942年1月　青島出張所
400 上海ニ於ケル屠肉ノ消費並屠場概況　1939年11月　華中連絡部　興亜華中資料3, 中調聯農資料3　38p　[3, 8, 19, 48]
401 浙江省に於ける養豚事業附大腿に関する調査　1940年8月　華中連絡部　興亜華中資料214, 中調聯農資料11
402 中支に於ける豚腸の流通に関する調査　1941年1月　華中連絡部　興亜華中資料270, 中調聯商資料27
403 厦門島ニ於ケル養豚(肉豚)経済調査　1941年3月　厦門連絡部　厦興技資料47　10p
404 広東地方ニ於ケル豚ノ需給状況其ノ他　1940年8月　広東派遣員事務所　広派情27　17p

緬羊

405 蒙疆に於ける緬羊改良増殖の技術的可能性　1941年8月　本院技術部　興技調査資料66　681p　[19]
406 蒙疆に於ける緬羊衛生状況調査報告書　1943年5月　大東亜省　蒙疆調査資料73　201p　[2]
407 北支那緬羊調査報告　1939年7月　華北連絡部　229p　[4, 49, 53, 55]

408　山羊調査書　1940年12月　華中連絡部　興亜華中資料261，中調聯農資料18
409　中支那ノ緬羊　1941年6月　本院技術部　40p
410　中支羊毛資源調査報告書　1943年6月　大東亜省総務局調査課　中支調査資料529，農業資料43　164p　在上海日本大使館刊　[2, 50]

豚　　毛

411　事変前後に於ける豚毛の生産並に流動比較図：支那東部250万分1図　1941年6月　本院　支那建設要図　1枚　[40]
412　北支豚毛事情　1940年1月　華北連絡部　興華北連政調資料28
413　北支ニ於ケル豚毛調査　1940年4月　華北連絡部政務局調査所　調査資料24　29丁　[4]
414　天津猪鬃組合第七次総会ニ於ケル議長報告(訳文)　1941年2月　華北連絡部　華北資料簡報27・経済3　10p
415　豚毛に付て　1939年7月　青島出張所　興青調査資料2
416　上海黒豚毛事情　1941年1月　華中連絡部　興亜華中資料277，中調聯商資料33

皮　　革

417　山東省東半地区皮革ニ関スル報告書　1941年10月　青島出張所　興青調査資料64　1冊　[2, 4, 50]
418　中支那重要国防資源皮革　1940年8月　華中連絡部　華中調査資料64　134p　[4]
419　中支ニ於ケル皮革ノ流通ニ関スル調査　1941年6月　華中連絡部　興亜華中資料326，中調聯商資料39　34p
420　昭和16年度中支ニ於ケル皮革ノ流通ニ関スル調査　1942年5月　華中連絡部　興亜華中資料401　88p　[4, 55]

家　　禽

421　北支ニ於ケル卵並卵製品調査　1940年3月　華北連絡部政務局調査所　調査資料20　100丁　[4]
422　北京家鴨飼育法　1941年10月　華北連絡部　華北資料簡報47・経済18　19p　[4]
423　中支ニ於ケル卵及同製品ニ関スル調査　1940年2月　華中連絡部　興亜華中資料132，中調聯商資料17　10, 15p　[3, 8, 9, 27, 48, 50]
424　厦門の養鶩慣行　1941年9月　厦門連絡部　厦興技資料63

漁　業

華　北

425　青島漁港計画上参照諸点　1939 年 8 月　青島出張所　青島都市計画案 8　11p
426　膠州湾ノ海産生物　1940 年 10 月　青島出張所　興青調査資料 28　9 丁, 3 枚　[2, 50]
427　北支那の水産業調査　1941 年 5 月　青島出張所　興青調査資料 41　179p　[4]
428　北支水産概況　1941 年 12 月　青島出張所　青調聯調査資料 2　36p
429　青島漁港計画　青島出張所　青島都市計画案 7

華　中

430　水産関係法規ノ 1：漁業法　1939 年 11 月　華中連絡部　興亜華中資料 9, 中調聯水資料 6　10p　[3, 8, 27, 40]
431　中支ニ於ケル魚獲量並貿易統計表　1939 年 11 月　華中連絡部　興亜華中資料 8, 中調聯水資料 5　19p　[2, 3, 8, 24, 40, 43]
432　中支那沿岸漁業調査報告書　1941 年 9 月　華中連絡部　華中調査資料 232
433　定海県漁業調査報告　1939 年 6 月　華中連絡部　興亜華中資料 4, 中調聯水資料 1　64p　[3, 8, 24, 27, 40, 43, 48, 55]
434　長江魚苗事情　1939 年 11 月　華中連絡部　興亜華中資料 6, 中調聯水資料 3　14p　[3, 8, 27, 40]
435　菱湖水産養殖業ノ調査　1939 年 11 月　華中連絡部　興亜華中資料 7, 中調聯水資料 4　30p　[3, 8, 24, 27, 40, 48]
436　淡水養殖業現地調査報告：菱湖鎮, 湖州, 蘇州, 杭州方面　1940 年 7 月　華中連絡部　興亜華中資料 234, 中調聯水資料 9　101p

華　南

437　南支方面に於ける水産事情　1939 年 11 月　本院　73p　[50]
438　厦門を中心とする水産資源開発の根本方策　1939 年 5 月　厦門連絡部　厦興技資料 2
439　厦門に於ける水産業の発展状況及将来の指導方針　1939 年 9 月　厦門連絡部　厦興技資料 10
440　厦門水産統計　1940 年 6 月　厦門連絡部　58p
441　昭和 14 年度水産統計　1940 年 6 月　厦門連絡部　厦興技資料 33
442　昭和 15 年厦門水産統計(12 号)　1941 年 5 月　厦門連絡部　厦興技資料 50　82p
443　福建省の漁業　1942 年 2 月　厦門連絡部　厦興技資料 69
444　金門島ノ水産業　1940 年 5 月　厦門連絡部　厦興技資料 29　22p

445　金門島水産処理上緊急を要する事項の現状と対策　1940年6月　厦門連絡部　厦興技資料30
446　広東省ニ於ケル水産業建設方針(訳文)・広州瓦斯工場設立意見書(訳文)　1939年　本院政務部　興亜資料(経済編)1　16丁　[4, 27]
447　南澳島ニ於ケル水産調査報告書　1939年11月　厦門連絡部　厦興技資料15　24p
448　南澳島水産組合設立に関する調査報告書　1939年12月　厦門連絡部　厦興技資料16

塩　業

一　般

449　中華民国塩務関係法規集　1940年5月　華中連絡部　調査報告シアリーズ17　32p
450　塩ノ重要性ニ就テ　1940年9月　華北連絡部　華北資料簡報9
451　産塩地帯ニ於ケル民食事情調査　1940年3月　華北連絡部物資対策委員会調査室　20p　[54]

蒙疆政権地域・華北

452　蒙疆地域内塩生産及需給調査　1941年12月　蒙疆連絡部　蒙疆調査報告7
453　華北塩務事情概況　1940年9月　華北連絡部　華北資料簡報5　26p
454　華北塩業立地条件調査報告書　1942年1月　華北連絡部　調査所調査資料153・経済38　421p　[1, 4, 24, 47, 55]
455　北支硝石並に土塩予察概況　1941年4月　華北連絡部　調査資料113
456　山東省塩業立地条件調査報告書　1941年6月　華北連絡部　調査資料133・経済22　74p　[55]
457　山東省ニ於ケル塩業　1940年2月　青島出張所　興青調査資料17　調査月報1ノ6
458　山東金口区塩場調査報告　1941年1月　青島出張所　興青調査資料37　78p　[3]
459　山東省咸寧塩場調査報告　1941年11月　青島出張所　興青調査資料62　76p　[1, 50, 55]
460　長芦塩区水災被害情況報告　1939年10月　華北連絡部　興華北連政調資料9　10p
461　津海道塩山,慶雲両県に於ける私塩及土塩に関する調査報告　1939年12月　華北連絡部　興華北連政調報告11
462　河南省ノ土塩ニ就テ　1940年1月　華北連絡部　興華北連政調報告12　72p
463　河南省塩務状況報告　1940年1月　華北連絡部　興華北連政調資料23

464　私塩事情調査報告　1941年12月　青島出張所　興青調査資料70　66p　[50]
465　塩ノ生産及需給ニ関スル調査報告　1941年12月　青島出張所　興青調査資料69　7p
466　膠州湾塩場調査報告書　1941年1月　青島出張所　興青調査資料38　22p

華　　中

467　中支塩の国内配給関係調査：事変前に於ける配給関係　1939年11月　華中連絡部　興亜華中資料41, 中調聯水資料7　68p　[8, 48, 54]
468　中支塩の国内配給関係調査報告書：上流編　1941年4月　華中連絡部　華中調査資料126
469　中支塩の国内配給関係調査報告書：下流編　1941年4月　華中連絡部　華中調査資料127
470　中支地方ノ塩税ニ関スル調査報告　1943年12月　大東亜省　中支調査資料665, 中調聯財資料28　78p　[50]
471　塩運河調査書　1942年2月　華中連絡部　41p
472　海州塩業調査書　1939年11月　華中連絡部　興亜華中資料42, 中調聯水資料8　73p　[3, 8, 24, 27, 48, 49, 50, 55]
473　海州附近に於ける塩田適地調査報告書　1941年4月　華中連絡部　華中調査資料129
474　湖北省応城県応城膏塩鉱調査報告　1940年1月　華中連絡部　興亜華中資料159, 中調聯鉱資料15
475　浙松江両塩場調査　1940年9月　華中連絡部　華中調査資料67　74p
476　応城塩に関する調査　1941年4月　華中連絡部　華中調査資料128

華　　南

477　金門, 小金門及厦門島ニ於ケル塩業計画　1939年6月　厦門連絡部　厦興技資料17　42p
478　金門島, 南澳島塩業調査　1941年3月　厦門連絡部　厦興技資料45　61p

塩　　政

479　近代塩制ノ変遷　1940年5月　華中連絡部　調査報告シアリーズ16　46p
480　民国塩務改革史略　1940年6月　華中連絡部　調査報告シアリーズ18　43p　[39]
481　民国塩官制　1940年6月　華中連絡部　調査報告シアリーズ19　46p　[39]
482　旧南京政府時代に於ける河北省長芦塩区改良鹸地委員会に就て　1939年12月　華北連絡部　興華北連政資料19
483　日満支産業建設五箇年計画塩業：北支1. 長芦1. 山東　1941年　華北連絡部　[50]

484 華北塩務行政に対する一考察　1941年3月　華北連絡部　華北資料簡報34
485 両淮地方ノ塩墾事業　1941年4月　本院技術部　興技調査資料59　126p　[1, 2, 3, 4, 27, 55]

鉱　　業

一　　般

486 支那鉱業一覧表　1939年6月　本院政務部　興亜資料(経済編)44　86p
487 特ニ不足セル重要鉱産資源　1940年5月　本院技術部　興技調査資料41　13p
488 重要国防資源調査(第1回報告)蒋政権ノ外貨獲得ニ利用セラレアル中南支ノ鉱産資源　1940年5月　本院技術部　興技調査資料40　12丁　[3]
489 重要国防資源調査(第2回報告)特ニ不足セル重要鉱産資源　1940年5月　本院技術部　興技調査資料41　7丁　[3]
490 支那重要国防鉱産資源開発緊急対策意見(未定稿)　1940年12月　本院政務部　103p
491 支那重要国防鉱産資源調査報告　1941年2月　本院政務部　1092p　[1, 3, 50, 54]
492 支那ニ於ケル鉱業開発ノ可能性　1941年9月　本院政務部　時局対策資料16　45p
493 蒙古地域鉱山地　1939年7月　蒙疆連絡部　蒙疆調査資料5
494 中国鉱産誌　1939年10月　蒙疆連絡部　蒙疆調査資料13　86p
495 興亜基本地図集成：北支13号：鉄石炭図　1941年2月　本院技術部　[2]
496 中調連鉱業分科会第1班調査報告　1940年4月　華中連絡部　興亜華中資料203, 中調聯鉱資料20
497 中調連鉱業分科会第7班調査概報　1940年4月　華中連絡部　興亜華中資料207, 中調聯鉱資料21
498 奥地工鉱業　1941年12月　華中連絡部　華中調査資料300　32p
499 奥地工鉱業　華中連絡部　華中調査資料212　34p
500 仏領印度支那鉱業関係資料　1940年9月　本院政務部　興亜資料(経済編)77　324p　[2, 3, 13, 20, 27]

蒙疆政権地域及華北
501 察哈爾盟，錫林郭勒盟，巴彦達拉盟ノ鉱物資源　1939年12月　蒙疆連絡部　蒙疆調査資料20　7p
502 支那西北方面ノ地下資源：附地下資源地図　1941年6月　蒙疆連絡部　興蒙情69　39p
503 河北省ニ於ケル礦産調査概況　1940年8月　華北連絡部　華北資料簡報4　28p
504 山東の地質　1941年2月　青島出張所　興青調査資料42　149p　[4, 48, 55]
505 青島特別市膠区王台鎮附近鉱産資源調査報告　1941年8月　青島出張所　興青

調査資料57　6p　[1, 55]
506　水霊山島地質調査報告　1941年8月　青島出張所　興青調査資料58　11p

華　中

507　中支那重要国防鉱産資源銭塘江以南調査報告　1940年8月　華中連絡部　調査報告シアリーズ52
508　中支那重要国防鉱産資源奥地調査報告　1940年8月　華中連絡部　調査報告シアリーズ53
509　非鉄金属工場現況調査表　1940年9月　華中連絡部　興亜華中資料217, 中調聯工資料21
510　舟山列島地質鉱産予察調査：中間報告　1939年11月　華中連絡部　興亜華中資料46, 中調聯鉱資料4　11p　[3, 14, 50]
511　漢口南昌方面調査報告　1940年9月　華中連絡部　13p
512　鉱産資源江西省星子県盧山附近浙江省呉興県隴山附近浙江省呉興県仁王山附近雲母蛍石調査報告　1940年10月　華中連絡部　華中調査資料74
513　中支に於ける主要金属及主要金属製品の流通に関する調査　1941年1月　華中連絡部　興亜華中資料276, 中調聯商資料32
514　淮南炭搬出施設建設計画　1941年　8p　[47]

華　南

515　厦門島調査報告書　1939年3月　本院政務部　興亜資料（経済編）25　6丁　[27, 55]
516　海南島鉱業概要　1939年9月　本院政務部　興亜資料（経済編）61　58p　[20]
517　南支那鉱産資源調査報告　1941年2月　本院政務部　興亜資料（経済編）80　395p　[2, 3, 4, 27, 29, 40, 50]
518　福建産鉱分布表　1939年5月　厦門連絡部　厦興技資料4　35p
519　南澳島ノ鉱産　1940年3月　厦門連絡部　厦興技資料24　9p
520　広西省鉱物資源概況　1940年6月　広東派遣員事務所　広派情19　24p

鉱　産　物

521　支那重要鉱産資源図　1941年1月　本院　支那建設要図
522　事変後に於ける鉄及石炭の生産並に流動図　1941年1月　本院　支那建設要図
523　蒙疆地区ニ於ケル鉱物資源一覧表　1939年5月　蒙疆連絡部　30p　[4]
524　石井技師鉱物資源踏査中間報告概要　1939年11月　蒙疆連絡部　蒙疆調査資料15　10p
525　蒙疆地区石棉, 雲母, 黒鉛, 資源分布図及説明書　1941年3月　蒙疆連絡部　48p
526　北支ニ於ケル土, 硝塩及硝石ニ関スル考察　1941年1月　華北連絡部　調査資料91　21p
527　鉱物資源調査報告各地区別（自其の1至其の10）　1940年2月　華北連絡部　調

査資料 16
528　青島港背後地ノ鉱産物生産予想並青島港輸移出量想定　1939年10月　青島出張所　青島都市計画案3　39p　[50]
529　坊子附近蛤蟆屯重晶石鉱床調査報告　1941年8月　青島出張所　興青調査資料59　1冊　[4, 50]
530　安徽省当塗県鉄鉱地に於ける磁力探鉱及重力探鉱報告　1940年10月　華中連絡部　華中調査資料75
531　硫硝安の流通　1941年3月　華中連絡部　興亜華中資料316，中調聯工資料33

金・銀

532　支那西北地区ノ金鉱　1939年10月　蒙疆連絡部　蒙疆調査資料12，6p
533　河北省密雲県小孤山大成金山調査概報　1940年2月　華北連絡部　調査資料16，鉱物資源調査報告1　8p
534　河北省懐柔県琴髻山調査概報　1940年2月　華北連絡部　調査資料16，鉱物資源調査報告6　9p
535　河北省密雲県冶仙山四道溝調査概報　1940年2月　華北連絡部　調査資料16，鉱物資源調査報告10　10p
536　河北省遵化県西茅山，鮎魚池，元菓壮調査概報　1940年5月　華北連絡部　18p
537　河北省興隆県宏鑫馬蘭峪金山調査概報　1940年6月　華北連絡部　16p
538　河北省興隆県長城金鉱調査概報　1940年6月　華北連絡部　18p
539　鉱山調査報告：山東省牟平金山調査概報(其ノ1，其ノ2)・山東省沂水砂金鉱調査報告・山東省棲霞県五虎山鉛産地調査報告・山東省棲霞県城附近鉱床調査報告　1941年4月　華北連絡部　調査資料114・経済11　40p

鉄　　鋼

540　山西省五台県八搭村鉄鉱々床調査概報　1940年2月　華北連絡部　調査資料16，鉱物資源調査報告4　9p
541　山西省定襄鉄鉱調査報告　1941年3月　華北連絡部　調査資料102・経済3　24p
542　安徽省当塗県当塗北区鉄鉱床調査報告：中間報告　1939年11月　華中連絡部　興亜華中資料44，中調聯鉱資料2　4p　[3, 14]
543　安徽省当塗県当塗南山鉄山試錐調査中間報告　1939年11月　華中連絡部　興亜華中資料48，中調聯鉱資料6　3p　[3, 14]
544　安徽省繁昌県孤山鉄鉱床調査報告　1939年11月　華中連絡部　興亜華中資料49，中調聯鉱資料7　6p　[3, 14]
545　安徽省銅陵県鶏冠山及金山鉄鉱床調査報告　1939年12月　華中連絡部　興亜華中資料141，中調聯鉱資料9　11p　[50]
546　安徽省銅陵県銅官山鉄鉱床調査報告　1939年12月　華中連絡部　興亜華中資料142，中調聯鉱資料10

547 安徽省銅陵県銅官山鉄鉱山調査報告　1940年2月　華中連絡部　14p　[53]
548 江蘇省江寧県鳳凰山鉄山，江寧県定林鎮銅山，丹徒県高資鎮鉄山調査報告　1939年11月　華中連絡部　興亜華中資料43，中調聯鉱資料1　9p　[3,8,9,14,40,48]
549 浙江省長興県景牛山及土王山洞鉄鉱調査報告：中間報告　1939年12月　華中連絡部　興亜華中資料168，中調聯鉱資料14
550 江西省九江県城門山鉄鉱調査報告：中間報告　1939年12月　華中連絡部　興亜華中資料158，中調聯鉱資料14
551 江西省瑞昌県銅嶺山鉄鉱調査報告　1939年12月　華中連絡部　興亜華中資料167，中調聯鉱資料16
552 安徽省繁昌県桃沖鉄鉱山調査報告　1940年2月　華中連絡部　興亜華中資料143，中調聯鉱資料11　11p
553 中支那湖北省鄂城県鉄鉱地調査報告　1940年8月　華中連絡部　調査報告シアリーズ48

マンガン・タングステン

554 浙江省余杭県鉄鉱満俺鉱調査報告　1939年11月　華中連絡部　興亜華中資料47，中調聯鉱資料5　5p　[3,8,14,48,50]
555 河北省密雲県(火狼峪，康各庄，沙場)重石調査概報　1940年2月　華北連絡部　調査資料16，鉱物資源調査報告7　7p
556 河北省密雲県(九連庄，塘子荘，龍門山)重石調査概報　1940年2月　華北連絡部　調査資料16，鉱物資源調査報告8　1p
557 河北省密雲県(郝各庄，水峪，東白岩)重石調査概報　1940年2月　華北連絡部　調査資料16，鉱物資源調査報告9　9p
558 広東省ノ「タングステン」鉱　1939年3月　本院政務部　興亜資料(経済編)206丁　[27,55]
559 南澳島大巴山タングステン鉱調査報告書　1941年5月　厦門連絡部　厦興技資料53　7p

銅・錫・亜鉛

560 山東省沂水県桃花澗荘ノ銅鉱，王庄ノ鉛鉱及銅井ノ鉄鉱調査概報　1941年2月　華北連絡部　華北資料簡報28・経済　3p
561 錫ニ関スル一般調査　1939年6月　本院政務部　興亜資料(経済編)46　28p
562 華北亜鉛鉄板配給統制機構　1939年12月　華中連絡部　41p　[50]
563 山東省安邱県担山銀鉛鉱山調査概報　1941年3月　華北連絡部　調査資料104・経済5，3p

蛍石

564 山東省並青島特別市蛍石調査　1941年9月　華北連絡部　調査資料170・経済

46 44p
565 青島特別市管内ニ於ケル地下資源調査中間報告　1941年11月　青島出張所　興青調査資料67　28p　[50]
566 山東省ノ蛍石事情　1941年12月　青島出張所　興青調査資料68　43p
567 蛍石ノ需給資料附浙江省作戦地域ノ鉱物資源　1941年5月　本院技術部　16p
568 浙江省蛍石開発計画(改正案)　1942年1月　華中連絡部　9p　[54]
569 浙江省蛍石開発対日調達主要資材計画表　1942年10月　華中連絡部　8p　[54]
570 浙江省武義,義烏地区蛍石鉱山開発年度別所要資金並ニ工事明細表　1942年10月　華中連絡部　13p　[54]
571 浙江省武義,義烏地区蛍石鉱山開発対日期待所要資材総括表　1942年10月　華中連絡部　2p　[54]

コバルト

572 金門島呉須土調査報告書　1940年3月　厦門連絡部　厦興技資料25　28p
573 金門島コバルト鉱調査中間報告　1940年11月　厦門連絡部　厦興技資料40　7p
574 金門島コバルト鉱床調査報告　1940年11月　厦門連絡部　厦興技資料42　40p
575 福建省金門島に於けるコバルト鉱調査諸報告　1942年2月　厦門連絡部　厦興技資料70

雲母・石綿・礬土頁岩

576 大同官村方面雲母採掘状況調査概要報告書　1940年4月　蒙疆連絡部　蒙疆調査資料29　22p
577 青島特別市管内ニ於ケル地下資源調査中間報告続編　1942年2月　青島出張所　興青調査資料73　58p　[50,55]
578 河北省井陘県金柱嶺石綿鉱踏査報告　1940年2月　華北連絡部　調査資料16,鉱物資源調査報告　22p
579 淄川炭田附近礬土頁岩調査概報　1940年6月　華北連絡部　10p

石　炭

蒙疆政権地域及華北

580 察哈爾盟内石炭概況　1939年10月12日　蒙疆連絡部　蒙疆調査資料10
581 阿巴嘎炭田調査報告書　1941年7月　蒙疆連絡部　蒙疆調査資料44　14p
582 蒙疆ニ於ケル華人経営炭砿一覧　1941年　蒙疆連絡部　14p　[55]
583 北支石炭増産懇談会議事録　1940年2月　華北連絡部　295p　執務文書　[20,27]
584 北支石炭増産懇談会議事録附属資料　1940年2月　華北連絡部　186p　[27]
585 北支炭砿動力調査資料　1941年7月　華北連絡部　170p

586　北支炭砿動力調査総括資料　1941年7月　華北連絡部　17p
587　北支炭液化計画　1942年5月　本院　107p　[2, 47]
588　北支(蒙疆ヲ含ム)石炭ノ開発促進方策　1942年　[47]
589　炭砿電力供給計画　1941年7月　華北連絡部　8p
590　日華合辨門頭溝煤鉱公司概要　1942年8月　華北連絡部　[50]
591　河北省宛平県楊家屯炭田(仮称)調査概報　1940年2月　華北連絡部　調査資料16, 鉱物資源調査報告3　7p
592　山東省沂州県炭田調査報告　1941年3月　華北連絡部　調査資料103・経済4　2p
593　青島港背後地トシテノ北支炭砿　1939年7月　青島出張所　青島都市計画案4　91p　[8]
594　山西省大同炭田調査報文　1939年7月　本院技術部　興技調査資料11　80p
595　山西省平定県陽泉炭田調査概報　1940年2月　華北連絡部　調査資料16, 鉱物資源調査報5　7p

華　中

596　中支ニ於ケル石炭流通ニ関スル調査　1939年6月　華中連絡部　興亜華中資料17, 中調聯商資料7　5p　[3, 8, 24]
597　揚子江流域上部古生代の主要炭層に就きて　1940年2月　本院政務部　興亜資料(経済編)67　73p　[20]
598　安徽省繁昌県桃沖炭田調査報告　1939年10月　華中連絡部　興亜華中資料157, 中調聯鉱資料13
599　安徽省宿県烈山及雷家溝炭田視察報告　1939年11月　華中連絡部　興亜華中資料45, 中調聯鉱資料3　3p　[3, 14, 50]
600　安徽省宿県烈山雷家溝炭田作業報告　1940年3月　華中連絡部　興亜華中資料185, 中調聯鉱資料18
601　安徽省懐遠県舜耕山淮南炭田調査報告　1940年9月　華中連絡部　興亜華中資料218, 中調聯鉱資料22
602　江蘇省銅山県柳泉炭田調査概報　1941年3月　華北連絡部　調査資料105　6p
603　江蘇省江寧句容両県石炭石墨鉄鉱産地及安徽省石炭産地調査報告　1940年4月　華中連絡部　興亜華中資料202, 中調聯鉱資料19
604　江蘇省呉県洞庭西山島炭田予察調査報告　1940年2月　華中連絡部　興亜華中資料144, 中調聯鉱資料12　19p　[54, 55]
605　江寧句容両県下石炭調査概要　1938年11月　華中連絡部　興亜華中資料140, 中調聯鉱資料8
606　淮南炭砿及び鉄道事業報告　1942年7月　華中連絡部　[5]
607　湖北省蒲圻炭田調査概報　1941年4月　華中連絡部　鉱分報18　8p
608　中支那主要国防鉱産資源, 南昌方面調査報告　1941年1月　華中連絡部　調査報告シアリーズ49, 国防資源資料2, 鉱産資源資料2　115p

華　南

609　福建省ニ於ケル石炭資源　1939年3月　本院政務部　興亜資料(経済編)14　5丁

[27, 55]

石　油

610　我国に於ける人造石油事業の概況　1939年10月　本院技術部　興技調査資料18　6丁　[3]
611　西北ノ石油　1939年11月　蒙疆連絡部　蒙疆調査資料16　12p
612　航空燃料調査　1941年8月　蒙疆連絡部　蒙疆調査報告4　1p
613　支那西北ノ石油資源ニ就テ　1940年7月　華北連絡部　調査資料50　31p
614　天津に於ける諸油(石油，ガソリン，機械油)外国商社の動向と貯油量及設備概況並に在天津英米人引揚状況　1941年5月　華北連絡部　華北資料簡報37
615　中支石油事情　1941年7月　華中連絡部　興亜華中資料328，中調聯商資料40　164p

工　業

一　般

616　軍管理工場事業所分布図　1940年4月　本院　支那建設要図
617　支那に於ける工業奨励　1941年3月　華中連絡部　興亜華中資料238，中調聯工資料26　78p　[4, 20, 27, 39, 48, 50, 53, 54, 55]
618　華北工場統計(第1巻)　1941年4月　華北連絡部　121p
619　華北工場統計(第2巻)　1941年4月　華北連絡部　291p
620　華北工場統計(第3巻)　1941年4月　華北連絡部　239p
621　華北ニ於ケル第三国側工場ノ生産事情　1942年　華北連絡部　調査資料221　[29, 49]
622　在華北邦人工場(含鉱山)技術者調査報告書　1942年　華北連絡部　華北調査資料224・経済82　30丁　[55]
623　華北に於ける工業動力の需給現況調査　1942年　華北連絡部　[29]
624　華北ニ於ケル工場動力ノ需給現況調査報告書　1942年　華北連絡部　華北調査資料223・経済81　[47, 49, 55]
625　河北省ニ於ケル工場ノ概況並ニ対策　1940年8月　華北連絡部　華北資料簡報2　15p
626　陝西省ノ資源及重工業的発展性ニ就テ　1941年2月　本院政務部　興亜資料(経済編)79　63p　[2, 3, 4, 27, 29]
627　青島工場要覧　1939年7月　青島出張所　興青調査資料1　99p　[27]
628　青島工業の構成並現状　1939年7月　青島出張所　青島都市計画案13　42p　[9, 53]
629　青島華人工廠要覧　1939年10月　青島出張所　興青調査資料10
630　青島工業並現状　1939年　青島出張所　青島都市計画案　[8, 36]
631　中支那工業立地条件調査一般報告：中間報告：中支那工業地帯形成に就て　1940

所在目録——273

年7月　華中連絡部　興亜華中資料175，中調聯工資料15　96p　[8, 9, 43, 55]
632　中支ニ於ケル主要工場調査　1942年　華中連絡部　興亜華中資料321号外，中調聯工資料35号外　260p　[29, 47, 48, 49, 54, 55]
633　社業統計：昭和13年度年報　1940年9月　華中連絡部　興亜華中資料188，中調聯工資料8
634　現在上海工業調査　1940年4月　華中連絡部　興亜華中資料181，中調聯工資料13
635　上海ニ於ケル工業奨励　1941年7月　華中連絡部　241p　[53]
636　上海共同租界内国籍別業種別地域別工場一覧表　1941年10月　本院政務部　時局対策資料25　82丁　[27]
637　呉淞工業地帯造成計画概要　1939年8月　華中連絡部　興亜華中資料10，中調聯工資料1　8p
638　無錫工業実態調査：中間報告　1939年12月　華中連絡部　興亜華中資料50，中調聯工資料2　16p　[3, 8, 40, 48]
639　無錫工業実態調査報告書　1940年5月　本院政務部　調査資料18　877p　[3, 4, 49]
640　奥地経済編：工鉱業　1940年12月　華中連絡部　興亜華中資料247，中調聯政資料30
641　事変過程中ニ於ケル武漢工場概況　1941年6月　華中連絡部　興亜華中資料179，中調聯工資料19　78p　[53, 55]
642　西南工業の動力問題(訳文)　1939年3月　本院政務部　興亜資料(経済編)11　10丁　[27, 55]
643　西南開発ト新興工業　1940年2月　華中連絡部　興亜華中資料139，中調聯政資料11　41丁　[3, 8, 9, 14, 40]
644　福建省ニ於ケル工業ノ現勢　1939年3月　本院政務部　興亜資料(経済編)13　5丁　[27, 55]
645　崩壊過程ニアル広西省ノ手工業　1940年2月　本院政務部　興亜資料(経済編)68　84p　[2, 4]
646　主トシテ工場統計ヨリ観タル本事変前後ノ広東ノ状況　1940年3月　広東派遣員事務所　広派情9　34p

金属工業

647　北支製鉄5ヶ年計画　1941年　本院　[1]
648　華北製鉄業立地条件調査報告　1941年8月　華北連絡部　調査資料151・経済37　65p　[4]
649　華北鋳物製造業立地条件調査報告　1941年9月　華北連絡部　調査資料172・経済48　80p
650　中支鉄鋼業立地条件調査中間報告　1940年4月　華中連絡部　興亜華中資料174，中調聯工資料14
651　支那人鉄工場一覧表　1940年12月　華中連絡部　興亜華中資料236，中調聯工

資料 24
652　日本人鉄工廠一覧表　1940年12月　華中連絡部　興亜華中資料267，中調聯工資料 27
653　鉄鋼需給計画ニ伴フ未入手切符復活要求調書　1942年2月　華北連絡部　25p[54]

機械器具工業

654　華北機械器具製造業立地条件調査報告書　1941年5月　華北連絡部　調査資料150・経済36　153丁　[27]
655　華北ニ於ケル機械器具工業ノ立地ニ就テ　1941年9月　華北連絡部　調査資料171・経済47　34p
656　華北車両(汽車)工業立地条件調査報告書　1941年11月　華北連絡部　調査資料142・経済30　34p　[4]
657　上海ヲ中心トスル支那造船業：中支航運ニ於ケル造船調査　1940年3月　華中連絡部　興亜華中資料164，中調聯交資料46　50p　[2, 3, 8, 9, 40, 43]

化 学 工 業

一　般

658　華北曹達製造業立地条件調査報告　1941年10月　華北連絡部　調査資料176・経済50　186p
659　中支那ニ於ケル曹達並ニ塩利用工業ニ関スル調査　1940年6月　華中連絡部　調査報告シアリーズ21　24p　[55]
660　中支ニ於ケル曹達並ニ塩利用工業ニ関スル調査及ビ其企業計画　1941年3月　華中連絡部　興亜華中資料291，中調聯工資料34
661　華北塗料工業立地条件調査報告書　1941年5月　華北連絡部　調査資料127・経済16　35p　[55]
662　塗料工場現況調査　1941年2月　華中連絡部　興亜華中資料282，中調聯工資料30
663　華北染料工業立地条件調査報告書　1941年6月　華北連絡部　調査資料140・経済28　33p　[4]
664　日満支産業建設5ケ年計画化学肥料生産計画説明書　1941年10月　華北連絡部　1冊　[2]
665　北京，天津，済南，濰県及ビ青島ニ於ケル製薬廠調査　1941年4月　華北連絡部　調査資料116・経済12　22p
666　工業薬品工場現況調査　1941年4月　華中連絡部　興亜華中資料323，中調聯工資料36

桐　油

667　事変前後ニ於ケル桐油ノ生産並ニ流動比較図：支那東部250万分1図　1941年6

月　本院　支那建設要図　1枚　[40]
668　中支ニ於ケル桐油其他植物油ニ関スル調査研究　1939年12月　華中連絡部　興亜華中資料172, 中調聯商資料18　54p　[3,50]
669　桐油及生漆：中支那重要国防資源支那特産品調査報告　1941年7月　華中連絡部　200p　[1,4,48,49]
670　桐油其他特殊林産物調査中間報告書　1942年2月　華中連絡部　14p

油　脂
671　大同ニ於ケル膠工場　1939年6月　本院政務部　興亜資料(経済編)42　8p
672　大同に於ける膠工業　1939年6月　蒙疆連絡部　蒙疆調査資料2
673　青島市ニ於ケル油脂工業立地調査報告　1941年6月　青島出張所　興青調査資料48　83p　[1,55]
674　中支ニ於ケル油脂ノ流通ニ関スル調査　1939年11月　華中連絡部　興亜華中資料15, 中調聯商資料5　15p　[2,3,8,9,19,24,54]
675　油脂工業現況調査　1940年12月　華中連絡部　興亜華中資料237, 中調聯工資料25
676　中支に於ける油脂(同製品)の流通に関する調査　1941年1月　華中連絡部　興亜華中資料274, 中調聯商資料31　[3]

製　紙
677　中支に於ける洋紙類の流通に関する調査　1941年1月　華中連絡部　興亜華中資料272, 中調聯商資料29
678　中支製紙工業調査報告書　1941年1月　華中連絡部　興亜華中資料278, 中調聯工資料28　53p　[1,27,40,48,54]

マッチ
679　華北硝鉱行政ノ研究　1940年7月　華北連絡部　調査資料49　549p　[1]
680　華北燐寸工業立地条件調査報告書　1941年6月　華北連絡部　調査資料138・経済27　69p　[4]
681　山東省の燐寸工業　1942年2月　青島出張所　興青調査資料74
682　昭和16年度中支燐寸業報告書　1941年　華中連絡部　[50]
683　中支燐寸業報告書　1941年3月　華中連絡部　興亜華中資料290, 中調聯工資料31
684　広東ニ於ケル燐寸ノ需給概況　1940年8月　広東派遣員事務所　広派情24　28p

酒　精
685　華北ニ於ケルアルコール製造業立地条件調査報告書　1941年7月　華北連絡部　調査資料149・経済35　16p
686　山東省ニ於ケルアルコール工業ノ将来ニ就テ　1939年9月　青島出張所　興青調査資料7　12p　[2]

687 酒精工業立地調査報告書 1941年2月 青島出張所 興青調査資料39 82p [1, 4, 27, 48, 53, 55]

皮 革
688 華北製革工業立地条件調査報告書 1941年5月 華北連絡部 調査資料126・経済15 24p [55]
689 皮革工業ニ関スル調査 1941年6月 華中連絡部 興亜華中資料325, 中調聯工資料37 3p
690 昭和16年度中支ニ於ケル皮革工業調査 1942年5月 華中連絡部 興亜華中資料402 8丁 [4, 50, 55]

ゴ ム
691 華北ゴム製品製造業立地条件調査報告書 1941年8月 華北連絡部 調査資料157・経済41 38p [55]
692 華北ゴム製品製造立地条件調査報告書：タイヤ, ベルト其ノ他工業用ゴム製品製造業ノ部 1941年10月 華北連絡部 調査資料182・経済54 48p [55]
693 中支に於けるゴム(同製品)の流通に関する調査 1940年11月 華中連絡部 興亜華中資料265, 中調聯商資料25

ガス及電気業

694 電力並製鉄所分布図：昭和15年12月現在：支那東部250万分1図 1941年6月 本院 支那建設要図 1枚 [25, 40]
695 蒙疆臨時産業建設基本五ヶ年計画概略案：電力 1941年10月 蒙疆連絡部 [25]
696 北支発電設備一覧表 1941年9月 華北連絡部 20p
697 物資動員計画説明書電気事業関係 1942年 華北連絡部 9枚 [50]
698 灤河羅家屯水力地点調査報告 1941年7月 華北連絡部 調査資料143・経済31 64p [4]
699 中支に於ける電線製造工場調査書 1941年1月 華中連絡部 興亜華中資料279, 中調聯工資料29
700 江蘇浙江安徽3省の電気事業表 1939年9月 華中連絡部 興亜華中資料190, 中調聯工資料10
701 江蘇, 浙江, 安徽3省ノ水道並電気事業概況 1940年8月 華中連絡部 興亜華中資料187, 中調聯工資料7 33丁 [40, 42, 50, 55]
702 上海ニ於ケル瓦斯事業ノ現況ト其将来 1940年2月 華中連絡部 興亜華中資料133, 中調聯工資料4 22丁 [3, 8, 14, 40]
703 南京無錫蘇州杭州瓦斯企業調査報告書 1940年2月 華中連絡部 興亜華中資料134, 中調聯工資料5 11丁 [3, 8, 24, 27, 40]
704 福建電気事業ノ現勢ト其改進方策 1940年2月 本院政務部 興亜資料(経済編)69 23p [1, 50]

窯業及土石工業

705 華北窯業立地条件調査報告書　1941年6月　華北連絡部　調査資料141・経済29　48p [4]
706 青島市並膠済沿線ニ於ケル窯業工業立地ニ関スル調査報告　1942年1月　青島出張所　興青調査資料72　39p
707 山東省ノ窯業資源　1942年2月　青島出張所　興青調査資料63　30p [1, 50, 55]
708 華北セメント製造業立地条件調査報告書　1941年12月　華北連絡部　調査資料198・経済63　244p [55]
709 膠済沿線ニ於ケル「セメント」工業立地条件調査報告　1941年11月　青島出張所　興青調査資料66　42p [50]
710 中支セメント工業現況　1941年　華中連絡部 [50]
711 華北硝子工業立地条件調査報告書　1941年8月　華北連絡部　調査資料156・経済40　101丁 [4, 27, 55]
712 青島市ニ於ケル煉瓦工業ノ現状　1939年10月　青島出張所　興青調査資料11　20p
713 厦門島及金門島ノ煉瓦製造ニツイテ　1940年2月　厦門連絡部　厦興技資料19　32p

紡織工業

一　般

714 華北亜麻(繊維用)工業立地条件調査報告書　1942年1月　華北連絡部　調査資料204・経済69　8p [55]
715 繊維工場現況調査　1941年2月　華中連絡部　興亜華中資料315, 中調聯工資料32
716 浙東地区に於ける麻及麻ボロ調査報告書　1941年5月　華中連絡部　華中調査資料146
717 交換用綿糸布第二回査定委員会議事録　1940年3月　華北連絡部　18p [54]

紡　績

718 紡績工場分布図　1940年4月　本院　支那建設要図
719 華北綿織物工業立地条件調査報告書　1941年5月　華北連絡部　調査所調査資料129・経済18　24丁 [1, 55]
720 華北綿糸紡績工業立地条件調査報告書　1941年5月　華北連絡部　調査資料130・経済19　52p
721 阜寧県合興鎮方面に於ける棉業調査報告　1939年12月　華北連絡部　興華北連政調資料22 [14]
722 青島港に於ける本邦紡績業の復興状況と第二次復興計画　1939年7月　青島出

張所
723 青島ニ於ケル紡績業ノ現状　1941年11月　青島出張所　青調聯調査資料1　22p
724 中支紡績業立地条件調査中間報告　1940年9月　華中連絡部　興亜華中資料177, 中調聯工資料17　24p　[42, 43, 55]
725 紡績業企業条件調査　1941年3月　華中連絡部　興亜華中資料321, 中調聯工資料35
726 三角地帯に於ける紡績製糸製粉の生産能力　1940年4月　華中連絡部　興亜華中資料176, 中調聯工資料16

生　糸
727 日支蚕糸業ノ調整方策　1941年4月　本院技術部　38p　[2, 47]
728 華北柞蚕製糸工業立地条件調査報告書　1941年5月　華北連絡部　調査資料128・経済17　22p
729 中支ニ於ケル生糸流通ニ関スル調査　1939年11月　華中連絡部　興亜華中資料12, 中調聯商資料2　14p　[2, 3, 8, 19, 40, 54]
730 事変前ノ支那蚕糸業関係法規集　1939年　華中連絡部　1枚　[55]
731 中支那重要国防資源生糸調査報告会資料　1940年3月　華中連絡部　15p　[47, 50]
732 中支那製糸業概況　1940年4月　華中連絡部　興亜華中資料171, 中調聯工資料12　79p　[8, 9, 14, 24, 48]
733 生糸調査報告資料　1940年8月　華中連絡部　調査報告シアリーズ62
734 中支那重要国防資源生糸調査報告　1941年2月　華中連絡部　華中調査資料96, 国防資源資料25, 農産資源資料17　2230p　[1, 2, 3, 4, 15, 27, 29, 34, 39, 40, 47, 55]
735 江浙に於ける生糸工場調査(統計表)　1940年1月　華中連絡部　興亜華中資料135, 中調聯工資料6
736 無錫及太湖南岸地帯製糸業調査報告　1941年　本院　[50]
737 事変前ニ於ケル広東蚕糸業ト今後ノ方策　1939年6月　本院政務部　興亜資料(経済編)35　13p　[27]

人　絹
738 中支ニ於ケル人絹糸流通ニ関スル調査　1939年11月　華中連絡部　興亜華中資料13, 中調聯商資料3　6p　[2, 3, 8, 40, 48]
739 中支ニ於ケル人絹織物類ニ関スル調査　1939年11月　華中連絡部　興亜華中資料39, 中調聯商資料11　13p　[2, 3, 8, 9, 24, 43, 48]
740 中支に於ける輸入人絹糸及人絹織物の流通に関する調査　1940年10月　華中連絡部　興亜華中資料223, 中調聯商資料20

毛織物
741 華北絨毯工業立地条件調査報告書　1941年8月　華北連絡部　調査資料159・経済42　14p　[55]

742　華北(蒙疆地区ヲ含ム)毛織物工業立地条件調査報告書　1941年12月　華北連絡部　調査資料195・経済61　93p　[55]
743　中支に於ける羊毛毛糸並に毛織物流通に関する調査　1941年4月　華中連絡部　興亜華中資料293,中調聯商資料45

食料品工業

744　事変前後ニ於ケル卵及卵製品ノ生産並ニ流動比較図：支那東部250万分1図　1941年6月　本院　支那建設要図　1枚　[40]
745　華北卵粉工業立地条件調査報告書　1941年6月　華北連絡部　調査資料131・経済20　106p　[55]
746　華北卵粉工業立地条件調査報告書　1941年6月　華北連絡部　調査資料137・経済26　64p　[4,55]
747　製粉工場分布図　1941年1月　本院　支那建設要図
748　華北機械製粉業立地条件調査報告書　1942年1月　華北連絡部　調査所調査資料199・経済64　132p　[4,47,55]
749　北支製粉工場調査　1939年9月　華北連絡部　[4]
750　天津磨房業ノ概況　1941年12月　華北連絡部　調査所調査資料196・経済62　199p　[1,4,18,49,55]
751　豊鎮，平地泉，厚和ニ於ケル磨房調査報告　1941年2月　蒙疆連絡部　蒙疆調査資料35　54p
752　北京市に於ける麺粉及雑穀需給状況　1940年1月　華北連絡部　興華北連政調資料30
753　天津市に於ける小麦粉需給状況　1940年1月　華北連絡部　興華北連政調資料29
754　中支製粉業立地条件調査中間報告　1940年5月　華中連絡部　興亜華中資料178,中調聯工資料18
755　厦門島糖業ノ現状　1941年5月　厦門連絡部　厦興技資料49　21p
756　三菱豚腸工場概況　1940年7月　華中連絡部　興亜華中資料211,中調聯工資料20

その他工業

757　華北骨粉工業立地条件調査報告書　1941年5月　華北連絡部　調査資料132・経済21　16p　[55]
758　華北豚毛工業立地条件調査報告書　1941年6月　華北連絡部　調査資料134・経済23　100p　[4,55]
759　華北豚毛工業立地条件調査報告書　1941年6月　華北連絡部　調査資料135・経済24　82p　[4,55]
760　満洲及支那ニ於ケル煙草会社ニ関スル調査　1940年　本院　[16]
761　日満支産業建設五個年計画苦汁工業　1941年　華北連絡部　[50]

762 華北煙草製造業立地条件調査報告書 1942年 華北連絡部 調査所調査資料 219・経済77 17丁 [4,55]
763 中支に於ける紙巻煙草製造業の沿革 1941年3月 華中連絡部 興亜華中資料 295, 中調聯商資料37
764 主要工業現況調査：煙草製造業 1943年3月 華中連絡部 14p [50]

商　　業

一　般

765 支那貿易事変前後の比較図 1940年 本院 支那建設要図
766 物動計画非計画産業各分科需要額調 1940年 華北連絡部 [50]
767 物資需給の現況調査・在支港別船舶調査・物動物資対日供給事情調査・物動物資1年後に於ける対日供給 1941年6月 華北連絡部 現況総合調査資料7　41p
768 現況総合調査報告(第2集)：経済関係 1942年6月 青島出張所 興青調査資料番外　104p
769 戦時経済政策篇(商業, 貿易) 1940年12月 華中連絡部 興亜華中資料243, 中調聯政資料26
770 支那政府ノ国営貿易ニ就テ 1941年9月 華中連絡部 華中調査資料253 116p [54,55]
771 封鎖作戦下の重慶反封鎖問題 1941年12月 華中連絡部 華中調査資料287
772 奥地物資問題の一般的考察：糧食問題を中心として 1941年12月 華中連絡部 華中調査資料288
773 生活必需品流通機構再編の現況 1941年12月 華中連絡部 華中調査資料289
774 生活必需品管理機構の諸問題 1941年12月 華中連絡部 華中調査資料290
775 生活必需物資消費調査 1942年 華中連絡部 興亜華中資料428, 中調聯商資料72　19枚 [47,55]
776 国営輸出機構の諸問題 1941年12月 華中連絡部 華中調査資料291
777 商業の混乱と再建の方向 1942年1月 華中連絡部 華中調査資料314
778 大東亜戦争勃発と重慶 1942年1月 華中連絡部 華中調査資料315

商業機構

779 交易市場設立ニ関スル現地調査報告 1939年9月 本院政務部 興亜資料(経済編)63　47p
780 最近ノ満州国重要特産品ノ統制概況 1940年3月 広東派遣員事務所 広派情8 7p
781 華北ニ於ケル貿易組合調査 1940年 華北連絡部 華北調査所調査 資料簡報5・経済27 1942年 24p [55]
782 華北各地ニ於ケル糧穀取引機構ノ調査 1940年9月 華北連絡部 調査資料65

119p [2, 3, 4]
783 華北主要都市ニ於ケル華人側商工団体ノ現況　1941年11月　華北連絡部　調査資料181・経済53　206p　[50]
784 華北ニ於ケル輸入配給業者調　1942年11月　在北京日本大使館　調査所調査資料244・経済98　466p　[2]
785 北京市商会役員名簿　1939年8月　華北連絡部　興華北連政調資料2
786 青島市に於ける同業組合　1939年9月　青島出張所　興青調査資料9
787 青島生鮮料品卸売市場調査報告　1941年10月　青島出張所　興青調査資料61　31p
788 反封鎖ノ進展ト商業機構ノ再編　1941年5月　華中連絡部　華中調査資料207　126p
789 重要物資別公会規約集　1942年　華中連絡部　688p　[48]
790 在厦門貿易業者商社関係並個人経営業名簿　1942年1月　厦門連絡部　貿易調査資料1　114p
791 広東ニ於ケル満州特産物取引ヲ中心トスル三江幇ニ就テ　1939年3月　本院政務部　興亜資料(経済編)18　10丁　[27]
792 広東質屋業ノ概況　1940年7月　広東派遣員事務所　広派情23　24p

国内商業

793 西北商業状況　1941年1月　蒙疆連絡部　蒙古西北叢書　12
794 重要物資移動調査実態要領　1939年7月　華北連絡部
795 北中支間特定物資交易に関する協定　1941年3月　華北・華中連絡部　30p　執務文書
796 北中支間特定物資対当交易ニ関スル協定案　1940年6月　華中連絡部　[50]
797 中支ニ於ケル物資移動経路及数量ニ関スル調査報告　1940年5月　華中連絡部　興亜華中資料180, 中調聯交資料51　118丁　[2, 8, 43]
798 中支に於ける主要商品概況調査(1)：中支棉花の流通　1940年8月　華中連絡部　興亜華中資料215, 中調聯商資料19　245p
799 中支に於ける麻(同製品)の流通に関する調査　1941年3月　華中連絡部　興亜華中資料294, 中調聯商資料36
800 中支ニ於ケル砂糖流通ニ関スル調査　1939年11月　華中連絡部　興亜華中資料14, 中調聯商資料4　11p　[2, 3, 8, 9, 24, 48]
801 中支に於ける砂糖の流通に関する調査　1941年1月　華中連絡部　興亜華中資料271, 中調聯商資料28
802 中支に於ける胡麻流通に関する調査　1941年3月　華中連絡部　興亜華中資料284, 中調聯農資料21
803 中支に於ける大豆の流通に関する調査　1941年4月　華中連絡部　興亜華中資料292, 中調聯商資料34
804 重要物資(米)流動経路並態型の調査：附(1)中支に於ける米の流動態型図(2)中支に於ける米の流動図　1941年11月　華中連絡部　華中調査資料279

805　中支ニ於ケル米ノ移動経路並態型調査　1942年1月　華中連絡部　317p　[48, 50]
806　占領地区ト敵遊撃地区トノ物資交流関係：経済遊撃活動ノ実情ト敵地ニ於ケル民衆組織：皖北ヲ中心トシテ　1939年12月　華中連絡部　興亜華中資料107, 中調聯政資料7　35p　[3, 8, 13, 20, 48]
807　占拠地区と敵地との物交流(蚌埠)　1940年11月　華中連絡部　興亜華中資料231, 中調聯商資料21
808　敵側必要物資需給推定　1941年12月　華中連絡部　華中調査資料303　7p
809　寧波温州貿易ルートニ就テ　1939年12月　華中連絡部　興亜華中資料105, 中調聯政資料5　7p　[3, 8, 36, 50]

外国貿易

一般

810　中華民国ニ於ケル農産・畜産・蚕糸関係品ノ貿易額：全支及中支三省　1939年10月　本院　141p　[4, 27]
811　中華民国ニ於ケル農産・畜産・蚕糸関係品ノ貿易額・追録(1939年分)　1940年　華中連絡部　23p　[1, 4, 48]
812　貿易統計：第1回中間報告　1939年11月　華中連絡部　興亜華中資料18, 中調聯商資料8　10p　[3, 8, 9, 24, 40, 43]
813　中華民国貿易月報：昭和15年5月中　本院経済部　1940年　8p
814　西北貿易ト回教徒　1941年4月　蒙疆連絡部　蒙古西北叢書14　17p
815　物資需給ノ現況　1941年7月　本院政務部　時局対策資料9　130丁　[27]
816　北支主要資源開発目標：自昭和14年度至昭和21年度物動年度ニ拠ル　1939年7月　華北連絡部文化局　21p　[53]
817　支那ヨリ南方向供給シ得ル物資ノ質及其ノ最大量如何：北支　1942年4月　本院政務部　時局対策資料32　43p
818　支那ヨリ南方向供給シ得ル物資ノ質及其ノ最大量如何：中支・支那ニ於テ第三国ヨリ輸入杜絶ニ依リ期待スル最小限度ノ物資質及其ノ最大量如何：中支　1942年4月　本院政務部　時局対策資料33　5p
819　支那ニ於イテ第三国ヨリ輸入杜絶ニ依リ期待スル最小限度ノ農作物資ノ質及量　1942年4月　本院政務部　時局対策資料34　26p
820　支那の立場より見たる支那物資南方向供給問題南方資源支那向期待問題　1942年6月　本院政務部　時局対策資料41
821　満州ノ立場ヨリ見タル支那物資南方向供給問題南方資源支那向期待問題　1942年6月　本院政務部　時局対策資料42　12p
822　日本ノ立場ヨリ見タル支那物資南方向供給問題, 南方資源支那向期待問題　1942年6月　本院政務部　時局対策資料43　17p
823　南方ノ立場ヨリ見タル支那物資南方向供給問題南方資源支那向期待問題　1942年6月　本院政務部　時局対策資料44　12p
824　戦争ノ満州国対外貿易ニ及ボス影響　1941年8月　本院政務部　時局対策資料

14　16p
825　満州国経済特ニ貿易ノ蒙ルベキ影響トソノ対策　1941年9月　本院政務部　時局対策資料20　46p
826　満州ヨリ南方向供給シ得ル物資ノ質及其ノ最大量如何　1942年4月　本院政務部　時局対策資料31　20p
827　南方ニ於ケル重要資源獲得ノ可能性　1941年9月　本院政務部　時局対策資料18　24p
828　南方ニ於テ第三国ヨリ輸入杜絶ニ因リ期待スル最小限度ノ物資ノ質及量如何・南方ニ於ケル資源開発資材ノ所要量及種類如何　1942年4月　本院政務部　時局対策資料35　43p
829　日本ヨリ満支ヲ除キ南方向供給物資ノ質及量　1942年4月　本院政務部　時局対策資料40　13p
830　支那蚕糸貿易事情及現況調査報告：昭和16年度　1942年7月　本院政務部　調査資料30　556p　[4, 27]
831　支那の軍用飛行機及部分品輸入額調査　1940年12月　華中連絡部　興亜華中資料258，中調聯金資料34
832　メダン駐在英国領事報告：スマトラ東海岸地方ノ貿易状況(訳文)　1939年7月　本院政務部　興亜資料(経済編)48　16p

華　北

833　日支事変ノ在北支第三国権益ニ及ボセル影響(其ノ1)日支事変ノ第三国側対天津貿易ヘノ影響　1939年8月　華北連絡部　興華北連政調報告4　16p
834　北支6港輸入額調　1940年　華北連絡部　103p　[50]
835　北支6港貿易月報(6月分)　1940年8月　華北連絡部　華北資料簡報1
836　北支6港貿易月報(7月分)，沿岸移出額表，附天津海関麺粉進口表：6月下旬　1940年9月　華北連絡部　華北資料簡報6
837　北支6港外国貿易月報(7月号)，北支6港沿岸貿易月報(8月分)，天津入港麺粉状況：9月上中旬　1940年9月　華北連絡部　華北資料簡報10
838　北支6港貿易月報(8月分)，北支6港沿岸貿易月報(9月分)，天津入港麺粉進口状況：9月下旬10月上旬　1940年10月　華北連絡部　華北資料簡報14
839　北支6港沿岸貿易月報(10月分)，北支6港貿易額月報(9月分)，天津入港麺粉報告：10月中旬11月中旬　1940年11月　華北連絡部　華北資料簡報20
840　北支6港沿岸貿易月報(11月分)，北支6港外国貿易月報(10月分)，天津入港麺粉報告：10月中旬12月下旬　1941年1月　華北連絡部　華北資料簡報22
841　北支6港外国貿易月報(11月分)，天津入港麺粉状況：昭和16年1月上旬中旬　1941年2月　華北連絡部　華北資料簡報26
842　北支6港外国貿易月報(12月号)，北支6港沿岸貿易月報(12月分，1月分)，天津入港麺粉報告：1月下旬　1941年2月　華北連絡部　華北資料簡報30
843　昭和11年華北貿易第三国並円域対比統計年報(其ノ1)天津，青島，秦皇島，芝罘，龍口，威海衛　1942年4月　華北連絡部　調査資料179・経済51　163p　[2, 47]

844 昭和13年華北外国貿易第三国並円域対比統計年報(其ノ3)天津，青島，秦皇島，芝罘，龍口，威海衛　1942年7月　華北連絡部　調査所調査資料179・経済51　163p　[2, 47, 55]
845 華北貿易第三国並円域対比統計年報：其の6　華北連絡部　調査資料180
846 青島ニ於ケル主要商品流通事情　1939年7月　青島出張所　青島都市計画案12　122p　[8, 9, 43]
847 青島小港ヲ中心トスル民船貿易　1939年8月　青島出張所　青島都市計画案9　28p　[8, 9, 53, 54]
848 青島港貨物輸出入統計表　1939年9月　青島出張所　興青調査資料7
849 青島港輸出入貨物数量表　1939年12月　青島出張所　青島都市計画案6　14p　[53]
850 青島港主要輸出入貨物噸数　1940年5月　青島出張所　興青調査資料18
851 青島ニ於ケル物資需給ノ現況　1941年7月　青島出張所　興青調査資料番外　39p

華　中

852 輸出入業及商業に於ける列国対中支投資統計資料　1940年10月　華中連絡部　興亜華中資料222, 中調聯金資料30
853 支那(主トシテ中南支)貿易ノ特質：一般的見透ノタメノ覚書　1939年12月　華中連絡部　興亜華中資料106, 中調聯政資料6　35p　[3, 8, 24, 40, 50, 54]
854 中南支主要輸出商品(15種)一覧表　1939年12月　本院政務部　興亜資料(経済編)66　8p
855 上海ノ対外物資需給状況及変遷トソノ調整策　1940年4月　華中連絡部　調査報告シアリーズ14　112p
856 自1936年至1939年中南支対外貿易収支表及要旨説明　1940年11月　華中連絡部　興亜華中資料302, 中調聯商資料43　11p
857 貿易価格ノ修正並其ノ為ノ準備的研究　1940年12月　華中連絡部　興亜華中資料303, 中調聯商資料44　7p
858 中南支対外貿易収支推計調査報告書　1940年12月　華中連絡部　興亜華中資料304, 中調聯商資料45　125p
859 中支に於ける主要輸入品の流通に関する調査：機械，器具，車輪，船舶関係　1941年1月　華中連絡部　興亜華中資料273, 中調聯商資料30
860 中支に於ける主要商品概況調査(2)　1941年8月　華中連絡部　興亜華中資料229, 中調聯農資料14　[27, 48]
861 中支ニ於ケル貿易統制ニ関スル調査研究　華中連絡部　興亜華中資料357　113p　[55]
862 中支ニ於ケル貿易振興ニ関スル調査研究　華中連絡部　興亜華中資料358　23丁　[55]
863 中南支港別転口移出入貿易調　1941年11月　華中連絡部　112p

華　南

864　貿易上カラ観タ福建省　1939年3月　本院政務部　興亜資料(経済編)15　4丁　[27, 55]
865　廈門市商工業繁栄意見書　1939年3月　本院政務部　興亜資料(経済編)23　10丁　[27]
866　昭和15年下半期廈門港重要物資貿易統計　1941年1月　廈門連絡部　118p
867　広州ヲ中心トスル対外貿易事情　1939年3月　本院政務部　興亜資料(経済編)17　14p　[27]
868　最近ノ香港貿易　1939年4月　本院政務部　興亜資料(経済編)26　11p　[27, 55]
869　衰退ヲ辿ル香港ノ将来　1939年7月　本院政務部　興亜資料(経済編)53　5p
870　貿易上ノ観点ヨリ見タル香港ノ援蔣性　1941年11月　華中連絡部　華中調査資料265　377p
871　重慶政府ノ「非常時輸入禁止物品辨法及輸出商品ノ外国為替売却差額受取辨法」　1939年8月　本院政務部　興亜資料(経済編)58　24p
872　南方援蔣ルート遮断ノ影響ト南方物資獲得ノ対策　1941年9月　本院政務部　時局対策資料24　40p
873　重慶商業，貿易メモ　1941年11月　華中連絡部　華中調査資料301　24p

日中貿易

874　支那向重要物資配給要領　1940年10月　本院政務部　151p　[4, 27]
875　支那対円域貿易統計年報：自昭和11年至昭和13年　1940年8月　本院政務部　調査資料17　976p　[1]
876　支那の対円域貿易統計　1940年12月　華中連絡部　興亜華中資料266, 中調聯商資料26
877　円域地区輸出入沿岸移出入額表　1940年8月　華北連絡部　華北資料簡報1
878　重要資源対日供給図　1940年12月　本院　支那建設要図
879　昭和15年度物動物資対日供給事情調査　1941年7月　本院政務部　時局対策資料11　44p
880　物動物資ノ1年後ニ於ケル対日供給最大可能量調査　1941年7月　本院政務部　時局対策資料12　23p
881　満洲支那ニ於ケル重要資源対日供給数量ノ目標ニ関スル件　1941年　本院　3枚　[50]
882　輸入原料杜絶及平和産業ノ後退ノ対支輸出ニ及ボス影響ト之ガ対策　1941年9月　本院政務部　時局対策資料19　23p
883　日本ヨリ支那ニ供給シ得ル物資ノ質及其ノ最大量如何　1942年4月　本院政務部　時局対策資料39　7p
884　日本及満州及び北支に本店を有する対中支関係商社の総資産調査：事変以後　1940年3月　華中連絡部　興亜華中資料199, 中調聯金資料24
885　日満支貿易連絡協議会関係書類　1941年　華北連絡部　9枚　[50]
886　北支那ニ於ケル日本商品ノ取引状況　1940年7月　華北連絡部　調査資料48

207p
887　昭和17年度北支対日輸出計画表(物動物資)　華北連絡部　17p　[54]
888　山東市場ト日支貿易関係　1939年12月　青島出張所　興青調査資料15　96p
889　中支ニ於ケル日本商品ノ販路ニ関スル調査研究　1940年1月　華中連絡部　興亜華中資料114、中調聯商資料15　29p　[3, 8, 9, 13, 24, 43, 48]
890　我ガ対南支貿易ノ将来　1939年7月　本院政務部　興亜資料(経済編)51　8p

密輸問題
891　密貿易調査　1940年12月　華中連絡部　興亜華中資料299，中調聯商資料40　36p
892　冀東貿易事情　1941年9月　華北連絡部　華北資料簡報43・経済14　42p

度 量 衡
893　中国統一度量衡一覧表　1939年6月　本院政務部　興亜資料(経済編)40　4p
894　北支慣行度量衡調査：京漢線主要都市及近郊郷村　1941年1月　華北連絡部経済第二局農政室　30丁　[4, 29, 49]

交 通

一 般
895　極東交通論(エフ・ヴイ・ド・フェルナー)　1942年3月　本院政務部　興亜資料(経済篇)82　317p　[4, 54, 55]
896　支那交通，通信建設図　1941年1月　本院　支那建設要図
897　戦時経済政策編：交通　1940年12月　華中連絡部　興亜華中資料242，中調聯政資料25
898　北支ニ於ケル運輸状況調査　1940年4月　華北連絡部　調査資料34　5枚
899　戦前ニ於ケル小運送運営組織ノ調査　1939年10月　華中連絡部　興亜華中資料95，中調聯交資料24　28p　[3, 8, 48, 50]
900　中支那ニ於ケル陸上小運送業者ノ業態調査　1939年11月　華中連絡部　興亜華中資料84，中調聯交資料14　32p　[3, 8, 24, 27, 48]
901　中支ニ於ケル小運送ニ関スル調査研究　1939年12月　華中連絡部　興亜華中資料111・112，中調聯交資料28・29　25p　[8, 40, 43]
902　中支ニ於ケル小運送体系ニ関スル調査　1941年9月　華中連絡部　華中調査資料231　79p　[55]
903　自動車代用燃料対策　1941年　7p　[47]
904　中支ニ於ケル飛行場調査　1940年7月　華中連絡部　調査報告シアリーズ40　76p
905　奥地物資搬出ニ関スル小運送ノ役割ト実施策：特ニ搬出物資ノ金融化ニ関聯シテ

1939年11月　華中連絡部　興亜華中資料61, 中調聯交資料3　25p　[2, 3, 13, 24, 36, 50]
906　西南支那交通現状図　1939年10月　本院技術部　興技調査資料19　1枚　[3]
907　西南支那公路状況図　1939年11月　本院技術部　興技調査資料28　1枚
908　運搬具ノ調査　1939年11月　華中連絡部　興亜華中資料96, 中調聯交資料25　41p　[3, 8, 24, 48, 50, 54]
909　支那の航空業に於ける外国資本　1939年11月　華中連絡部　興亜華中資料165, 中調聯交資料47
910　大陸ニ於ケル第三国権益ニ属スル航空事業　1942年　華中連絡部　興亜華中資料361　35p　[55]

鉄　道

一　般

911　支那ヨリ印度ニ亙ル鉄道軌間調書　1939年8月　本院技術部　興技調査資料12　2p　[3]
912　支那鉄道橋梁復旧急施ニ関スル調書　1939年9月　本院技術部　興技調査資料17　5丁　[3]
913　中国鉄路問題　1940年9月　本院政務部　興亜資料(経済編)78　178p　[2, 4, 48, 50]
914　鉄道建設及改良5ケ年計画案　1941年2月　蒙疆連絡部　22p
915　国民政府ニ於テ樹立セラレタル建設予定線ノ再検討　1939年11月　華中連絡部　興亜華中資料78, 中調聯交資料8　5p　[2, 3, 8, 24, 36]
916　「支那鉄道建設規格並ニ線路強度ニ関スル件」ノ答申解説　1941年4月　技術委員会　45p
917　満洲の鉄道　1940年4月　本院　147p　[50]
918　馬来聯邦鉄道調書　1939年7月　本院技術部　興技調査資料10　7丁　[3]

蒙疆政権地域及華北

919　蒙疆鉄道(京包線, 同蒲線)防水対策調査報告書　1941年8月　蒙疆連絡部　22p　[53]
920　昭和16年度北支炭運炭線建設計画案　1941年5月　華北連絡部　18p　[54]
921　青島港ヲ中心トスル鉄道網　1939年11月　青島出張所　青島都市計画案14　21p

華　中

922　中支鉄道労働ニ関スル一般的調査　1939年9月　華中連絡部　興亜華中資料79, 中調聯交資料9　29p　[3, 8, 27]
923　中支鉄道労働ニ関スル一般的調査：鉄道現業関係従事労働者数ノ調査　1939年11月　華中連絡部　興亜華中資料109, 中調聯交資料26　29p　[3, 8, 24, 54]
924　中支鉄道労働ニ関スル一般的調査(2)：鉄道関係労働者ノ労働条件：労働賃金

1940年1月　華中連絡部　興亜華中資料110，中調聯交資料27　[3, 8, 24, 53]
925　中支ニ於ケル鉄道輸送客貨数ニ関スル調査研究　1939年11月　華中連絡部　興亜華中資料82，中調聯交資料12　14p　[3, 42]
926　中支ニ於ケル鉄道輸送客貨数ニ関スル調査研究：戦前ニ於ケル客貨輸送数量　1939年12月　華中連絡部　興亜華中資料119，中調聯交資料32　17p　[8, 40, 43]
927　中支鉄道輸送客貨数ニ関スル調査研究：戦前ニ於ケル客貨輸送数量　1940年1月　華中連絡部　7p　[50]
928　中支に於ける運鉱鉄道に関する調査報告書　1941年5月　華中連絡部　華中調査資料134
929　中支鉄道輸送能力拡充方策に関する調査　華中連絡部　興亜華中資料89，中調聯交資料19
930　新線ノ建設ニ関スル調査(第二次報告)　1939年11月　華中連絡部　興亜華中資料87，中調聯交資料17　9丁　[8, 14, 40, 53, 54]
931　中支那ニ於ケル鉄道ノ建設ニ就テ　1939年12月　華中連絡部　興亜華中資料91，中調聯交資料20　50p　[54]
932　中支鉄道橋梁調査報告書　1941年4月　華中連絡部　華中調査資料131
933　中支鉄道の沿革組織並借款　1939年11月　華中連絡部　興亜華中資料173，中調聯交資料50
934　中支ニ於ケル非経済線ノ経済化ニ関スル調査研究　1939年11月　華中連絡部　興亜華中資料81，中調聯交資料11　11p　[3, 8, 14, 24, 50]
935　中支ニ於ケル非経済線ノ経済化ニ関スル調査研究：過去及現在ニ於ケル中支鉄道ノ営業実績　1940年1月　華中連絡部　興亜華中資料118・128，中調聯交資料31・40　5丁　[3, 8, 40, 50]
936　中支鉄道保税輸送ニ関スル調査報告　華中連絡部　興亜華中資料88，中調聯交資料18　89p　[3, 8, 9, 40, 48, 53]
937　中支鉄路愛護村ニ関スル調査研究　1939年9月　華中連絡部　興亜華中資料80，中調聯交資料10　13p　[3, 8, 27]
938　中支鉄道に於ける保安設備　1940年12月　華中連絡部　華中調査資料94ノ1
939　中支鉄道に於ける保安設備　華中連絡部　華中調査資料94ノ2
940　華中ニ於ケル鉄道匪害ニ関スル調査　1941年10月　華中連絡部　華中調査資料251・思想資料110　15p
941　南京都市計画ニ伴フ鉄道施設ニ就テ　1940年4月　華中連絡部　調査報告シアリーズ10　132p　[54]
942　淮南線復旧増強調査　1940年9月　華中連絡部　調査報告シアリーズ45ノ1　241p　[39, 53]
943　南寧線復旧増強調査(第1編)　1940年7月　華中連絡部　調査報告シアリーズ45ノ2　201p　[3, 48, 50, 55]
944　南寧線復旧増強調査(第2編)　1940年12月　華中連絡部　調査報告シアリーズ45ノ2　25p　[50]

華　南

945　支那南方間大陸連絡鉄道ノ敷設運営ノ可能性如何　1942年4月　本院政務部　時局対策資料37　34p

946　蔣政権下ノ交通事業：鉄道建設ヲ中心トシテ　1940年2月　華中連絡部　興亜華中資料146，中調聯交資料44　141p　[1, 3, 8, 48, 50]

947　広九鉄路通車協定　1939年3月　本院政務部　興亜資料(経済編)16　10丁　[27]

948　粤漢線に就て　1940年12月　華中連絡部　興亜華中資料232，中調聯交資料57

949　南潯鉄路に就て　1941年1月　華中連絡部　興亜華中資料275，中調聯交資料59

950　滇越鉄道ノ輸送力　1940年3月　本院政務部　興亜資料(経済編)74　1冊　[4, 27, 50]

公　路

951　貝子廟，東，西ウヂムソン，林西方面自動車道路調査　1939年11月　蒙疆連絡部　蒙疆調査資料19　14p

952　西北交通史　1940年12月　蒙疆連絡部　蒙古西北叢書8　24p

953　河北省各県公路一覧表　1940年4月　華北連絡部　調査資料26　32p

954　河北省全省公路(自動車道路)ノ整理ト復工　1940年8月　華北連絡部　華北資料簡報3　90p

955　公路ノ建設維持並ニ管理統制ニ関スル調査　1939年11月　華中連絡部　興亜華中資料83，中調聯交資料13　29p　[2, 3, 8, 24, 27, 43]

956　現在並戦前ニ於ケル乗合自動車運営ノ状況　1940年1月　華中連絡部　興亜華中資料120・121，中調聯交資料33・34　62p　[3, 8, 9, 40]

957　中支に於ける乗合自動車の拡充計画　1940年1月　華中連絡部　興亜華中資料194，中調聯交資料53

958　戦前に於ける主要公路自動車運輸状況(2)　1940年1月　華中連絡部　興亜華中資料191，中調聯交資料45

959　中支に於ける自動車輸送客貨数量に関する調査　1940年7月　華中連絡部　興亜華中資料192，中調聯交資料48　8丁　[8, 9, 40, 50, 55]

960　蔣政権下の交通事業：公路の建設を中心として　1940年5月　華中連絡部　興亜華中資料162，中調聯交資料56　[1]

961　中支ニ於ケル公路及自動車交通統制並ニ拡充ニ関スル調査研究　1940年7月　華中連絡部　興亜華中資料193，中調聯交資料49　19p　[8, 9]

962　広東市ヲ中心トスル長途バス調査書　1939年3月　本院政務部　興亜資料(経済編)22　14丁　[27, 55]

963　広東省並ニ附近道路図及調書　1939年6月　本院技術部　興技調査資料6　2p

964　江頭社五通間道路改修工事計画　1941年5月　厦門連絡部　厦興技資料55

965　厦門江頭社間道路工事　1941年6月　厦門連絡部　厦興技資料57

966　江頭社高崎間道路工事　1941年6月　厦門連絡部　厦興技資料58

967　福建省の公路　1941年11月　厦門連絡部　厦興技資料65
968　滇緬公路(昆明―ラシオ)現状図　1939年10月　本院技術部　興技調査資料22　1枚

港湾・船舶

969　支那ニ於ケル港頭石炭積込方法ノ吟味　1940年5月　本院技術部　興技調査資料38　20p
970　支那に於ける航行行政　1940年12月　華中連絡部　興亜華中資料253，中調聯政資料36
971　支那主要港湾建設並拡張計画　1940年　本院　16p　技術委答申文書　[4, 27, 47]
972　在支港別船舶調査　1941年7月　本院政務部　時局対策資料10　62p
973　支那ニ於ケル港湾施設調書　1941年11月　本院技術部　興技調査資料68　311p
974　支那及南方占領地区に於ける船舶動員の可能性如何，支那及南方地区に於ける造船能力如何，戎克利用の可能性如何　1942年4月　本院政務部　時局対策資料36
975　亜細亜航業公司ノ現状　1941年5月　華中連絡部　華中調査資料150　10p
976　中華民国登記船舶調査簿　華中連絡部　404p
977　北支那新港計画案　1939年2月　本院技術部　18丁　[4]
978　連雲港拡張計画　1942年　7p　[47]
979　天津並秦皇島両港事情　1940年9月　華北連絡部　華北資料簡報7　28p
980　大沽駁船有限公司の近況に就て　1941年3月　華北連絡部　華北資料簡報33
981　青島港背後地ノ概要　1939年9月　青島出張所　青島都市計画案2　23p　[53]
982　青島港ヲ中心トスル海運ノ大要　1939年10月　青島出張所　青島都市計画案5　18p　[8, 10, 53]
983　青島港ノ弱点ト其ノ対策　1939年10月　青島出張所　青島都市計画案15　8p　[8, 53]
984　青島港ノ海運ト主要貿易品概況　1940年6月　青島出張所　興青調査資料19　23p
985　青島港ノ現在及将来　1941年1月　青島出張所　興青調査資料34　61p
986　青島港内外ニ於ケル航路標識改善強化ニ関スル打合会摘録及調査報告書　青島出張所　30p
987　外国系船会社ノ進出沿革　1939年12月　華中連絡部　興亜華中資料93，中調聯交資料21　21p　[8]
988　事変前ニ於ケル外国船会社ノ分野　1940年1月　華中連絡部　興亜華中資料113，中調聯交資料30　10丁　[3, 8, 9, 14, 36, 40, 43]
989　上海港ノ実態調査　1940年1月　華中連絡部　興亜華中資料123，中調聯交資料36　11丁　[2, 3, 14, 24, 40, 43]
990　揚子江及び中支沿岸に於ける船舶輸送貨客数量の調査　1940年1月　華中連絡部　興亜華中資料125，中調聯交資料38

991 上海在港第三国船舶調 1941年11月 華中連絡部 4p
992 上海碼頭調査 1940年11月 華中連絡部 興亜華中資料319，中調聯交資料65
993 我邦ノ南支経済工作ヨリ見タル黄埔港築港及附帯事業ノ重要性 1939年7月 本院政務部 興亜資料(経済編)49 29p [27]
994 黄埔港計画 1939年6月 本院技術部 興技調査資料1 96丁 [3, 54]
995 濬浦局及其ノ事業 1939年7月 本院技術部 興技調査資料9 24丁 [3]
996 登記船舶表 1941年12月 華中連絡部 華中調査資料280
997 中支航運ニ於ケル造船調査 [9]
998 厦門港調査 1940年12月 厦門連絡部 厦興技資料44 26p
999 厦門港調査意見書 1941年6月 厦門連絡部 厦興技資料59
1000 鼓浪嶼各碼頭状況調 1941年9月 厦門連絡部 3枚
1001 戦時ニ於ケル海上輸送維持増強対策 1941年9月 本院政務部 時局対策資料22 28p
1002 水中に於ける音波による測量に就て 1941年9月 本院技術部 興技調査資料67 38丁 [3]

河　川

一　般

1003 支那水利史 1940年4月 本院技術部 興技調査資料36 126p [1, 3, 4, 44, 48, 50, 52, 53, 55]
1004 旧国民政府の水利法案に就て 1940年8月 本院技術部 興技調査資料43 39p [4]
1005 民船ニヨル輸送費ニ就テ 1940年8月 本院技術部 興技調査資料46 25p

華　北

1006 華北各河川水文総表 1939年3月 本院技術部 興技調査資料33 180p [1, 3, 4]
1007 北支諸河川処理要綱 1940年 29p [4, 47]
1008 黄河の改修に関する調査資料 1939年12月 本院技術部 興技調査資料29 42p [3, 4]
1009 黄河上流部水運並ニ水文調書 1941年2月 本院技術部 興技調査資料55 56p [40]
1010 黄河上流地方ノ概貌：主トシテ河川並ニ水運ヨリ観タル 1941年10月 蒙疆連絡部 蒙疆調査資料47 329p [1, 3, 4, 27, 40, 53]
1011 黄河応急処理対策ニ関スル踏査報告書 1941年11月 本院技術部 61p
1012 黄河応急処理方案 1941年 11p [4, 47]
1013 小清運河並ニ膠萊運河：山東北部運河 1939年7月 本院技術部 興技調査資料7 9丁 [3]
1014 薊運河調書 1939年8月 本院技術部 興技調査資料13 11丁 [3]
1015 北運河, 南運河(支流衛河ヲ含ム)調書 1939年8月 本院技術部 興技調査資

料14　11丁　[3]
1016　灤河水運，水路並ニ水文調査報告書　1942年5月　華北連絡部　調査所調査資料229・経済87　126p　[1, 2, 55]

華　中

1017　港湾並ニ水運状況調査　1940年3月　華中連絡部　調査報告シアリーズ28　358p
1018　水先人に関する調査研究　1940年2月　華中連絡部　興亜華中資料205，中調聯交資料54
1019　事変後に於ける内河水運賃貨客輸送数量の調査　1940年6月　華中連絡部　興亜華中資料212，中調聯交資料55
1020　水先問題に関する研究　1940年12月　華中連絡部　興亜華中資料252，中調聯政資料35
1021　中支調査機関連合会交通通信分科会水運小分科会調査報告(未完)　1939年12月　華中連絡部　興亜華中資料125・126，中調聯交資料38・39　265p　[2, 42]
1022　外国勢力駆逐ノ観点ヨリ見タル揚子江航行問題(未定稿)　1939年10月　華中連絡部　興亜華中資料100，中調聯政資料1　197p
1023　揚子江水運関係調査報告　1939年12月　華中連絡部　興亜華中資料124，中調聯交資料37　54p　[8, 9, 14, 40, 50]
1024　揚子江及び中支沿岸水運の統制並強化に関する調査研究　1940年1月　華中連絡部　興亜華中資料126，中調聯交資料39
1025　揚子江及中支沿岸に於ける水運調査　1940年4月　本院政務部　調査資料7　137p　[2, 3, 39, 50]
1026　揚子江解放問題の経緯　1940年12月　華中連絡部　興亜華中資料254，中調聯政資料37
1027　南京漢口間不開港地ニ於ケル港湾状況調査　1941年8月　華中連絡部　華中調査資料217　408p　[50]
1028　江蘇省ニ於ケル各県別内河水路状況　1939年12月　華中連絡部　興亜華中資料94，中調聯交資料22　35p　[3, 8, 24, 43, 48]
1029　江蘇省ニ於ケル県別各河流ノ起点，終点，経過地点並ニ各河流別重要貨物品名，1ケ月ニ於ケル輪船及民船ノ航行次数ノ調査　1940年1月　華中連絡部　興亜華中資料131，中調聯交資料43　29p
1030　両淮地方の水利と導淮事業　1940年8月　本院技術部　興技調査資料45　64丁　[1, 4]
1031　浙江省ニ於ケル県別各河流ノ起点，終点，経過地点並ニ各河流別重要貨物品名，1ケ月ニ於ケル輪船及民船ノ航行次数ノ調査　1939年11月　華中連絡部　興亜華中資料130，中調聯交資料41　23p
1032　浙江省ニ於ケル各県別内河水路状況　1939年12月　華中連絡部　興亜華中資料108，中調聯交資料23　17p　[3, 8, 9, 48, 54]

華　南

1033　珠江ニ於ケル水運事情調査報告書　1940年2月　本院政務部　興亜資料(経済編)70　11p　[50]

通　信

1034　支那に於ける電気通信用機器の規格　1940年　58p　[47]
1035　満州蒙疆北支及中支に於ける専用電気通信施設に関する調査　1941年8月　華中連絡部　華中調査資料198
1036　電気通信事業に関する調査　1940年7月　華中連絡部　調査報告シアリーズ44　224p　[2]
1037　東亜ニ於ケル電気通信事業概要(第1編，第2編)　1939年6月　本院技術部　興技調査資料2　134p　[4]
1038　現地放送記録　1942年　蒙疆連絡部　[2]
1039　華北電信事業調査書　華北連絡部　25枚　[50]
1040　華北ニ於ケル電気通信事業調査報告書　1942年1月　華北連絡部　調査資料206・経済71　21p
1041　事変後ニ於ケル旧交通部電政機関接収経緯並ニ未接収部分ノ接収方策ニ関スル調査研究　1939年11月　華中連絡部　興亜華中資料62，中調聯交資料4　46p　[3, 8, 40, 50]
1042　中支ニ於ケル対外通信拡充ニ関スル調査研究　1939年12月　華中連絡部　興亜華中資料63，中調聯交資料5　39p　[36, 40, 48]
1043　中支ニ於ケル電波統制ニ関スル調査研究(1)　1939年12月　華中連絡部　興亜華中資料64，中調聯交資料6　18p　[3, 8, 36, 50]
1044　中支に於ける電波統制に関する調査研究(2)　1939年12月　華中連絡部　興亜華中資料182，中調聯通資料52　53p　[50]
1045　中支に於ける船舶無線通信施設に関する調査　1941年1月　華中連絡部　興亜華中資料281，中調聯交資料61
1046　通信施設に関する調査　1942年5月　華中連絡部　華中調査資料198　257p　[1, 2]
1047　重要国防資源開発上必要とする通信施設調査報告書　華中連絡部　華中調査資料222
1048　中支に於ける事変前の通信設備並通信取扱量に関する調査　1941年3月　華中連絡部　興亜華中資料286，中調聯交資料63
1049　大北，大東，商大各電信会社の概況に就て　1941年1月　華中連絡部　興亜華中資料280，中調聯交資料60
1050　中支に於ける通信量に関する調査(1)　1940年11月　華中連絡部　興亜華中資料233，中調聯交資料58
1051　中支に於ける通信量(電報通数)に関する調査(1)　1941年9月　華中連絡部　興亜華中資料331，中調聯交資料68
1052　中支に於ける通信量に関する調査(2)：日華外人別通信利用状況調　1941年9月

華中連絡部　興亜華中資料332，中調聯交資料69
1053　中支ニ於ケル放送無線電話ノ概況　1939年10月　本院技術部　興技調査資料20　37丁　[3]
1054　中支に於ける電報交流状況，電話通話状況調査説明資料　1939年7月　華中連絡部　興亜華中資料37，中調聯交資料1　[8, 50]
1055　中支ニ於ケル電報交流状況，電話通話状況調査説明資料：現在ニ於ケル中支那ノ通信量調査説明資料　1939年11月　華中連絡部　興亜華中資料86，中調聯交資料16　14p　[3, 8, 9, 40, 48]
1056　中支に於ける事変前の電信電話料金制度に関する調査　1941年7月　華中連絡部　興亜華中資料329，中調聯交資料67
1057　中国農村地方に於ける電話制度の概要　1941年3月　華中連絡部　興亜華中資料283，中調聯交資料62
1058　中国に於ける長途電話の概要　1941年7月　華中連絡部　興亜華中資料327，中調聯交資料66
1059　中支に於りる民営電話事業報告書　華中連絡部　華中調査資料223
1060　上海電話会社ノ概況　1939年7月　華中連絡部　興亜華中資料60，中調聯交資料2　22p　[16, 42, 55]
1061　上海電話会社ノ概況　1939年10月　本院技術部　興技調査資料21　16丁　[3]
1062　支那ニ於ケル放送事業発達ノ概況　1940年2月　華中連絡部　興亜華中資料127，中調聯社資料4　28p　[3, 8, 24, 40]

金　融

一　般

1063　天津ニ於ケル資金凍結令ノ影響　1941年9月　華北連絡部　華北資料簡報45・経済16　8p
1064　新匯画制度ニ就テ　1939年11月　華中連絡部　興亜華中資料68，中調聯金資料13　13p　[2, 3, 8, 14, 50, 54]
1065　中支ニ於ケル金融取引上ノ担保設定方法ノ調査　1940年11月　華中連絡部　華中調査資料88　32p　[8, 50]
1066　印度通貨政策（B・P・アダーカー著）　1939年12月　本院政務部　興亜資料（経済編）64　86p　[27]

各地通貨及金融

一　般

1067　通貨金融投資要図　1939年12月　本院　支那建設要図
1068　支那及南方ニ於ケル通貨金融対策　1941年9月　本院政務部　時局対策資料23　46p

1069 法幣崩潰ノ必然性 1941年2月 華北連絡部 調査資料106・経済7 28p
1070 支那封鎖通貨論 1939年11月 青島出張所 興青調査資料14 30p
1071 日本銀行券及軍票ノ流通状況 1939年11月 華中連絡部 興亜華中資料21，中調聯金資料1 10p [2, 3, 14, 24, 40, 48, 54]
1072 支那幣制統一問題 1939年12月 華中連絡部 興亜華中資料54，中調聯金資料11 15p [3, 8, 14, 36, 37, 48, 50, 54]
1073 戦時経済政策編：通貨，金融 1940年12月 華中連絡部 興亜華中資料244，中調聯政資料27
1074 法幣インフレーションノ現段階ト糧食問題 1941年5月 華中連絡部 華中調査資料213 46p
1075 法幣の前途 1941年11月 華中連絡部 7p [50]

華 北
1076 華北ニ於ケル通貨並物価ノ現状及其ノ対策 1941年2月 華北連絡部 調査資料97・経済8 92p [49]

華 中
1077 中支那通貨制度：地方金融対策 1939年11月 華中連絡部 興亜華中資料25，中調聯金資料5 7p [2, 3, 8, 39, 43, 50]
1078 法幣流通状況 1939年11月 華中連絡部 興亜華中資料22，中調聯金資料2 14p [2, 3, 8, 14, 48, 50]
1079 法幣流通状況(3) 1939年9月 華中連絡部 興亜華中資料56，中調聯金資料14 3p [14, 48]
1080 法幣流通状況(4) 1940年2月 華中連絡部 興亜華中資料149，中調聯金資料22 4丁 [3, 8, 14]
1081 法幣流通状況(5) 1940年4月 華中連絡部 興亜華中資料201，中調聯金資料26 4丁 [8, 14, 40]
1082 法幣流通状況(6) 1940年5月 華中連絡部 興亜華中資料204，中調聯金資料27 [14, 42]
1083 法幣流通状況(7) 1940年10月 華中連絡部 興亜華中資料226，中調聯金資料32
1084 華興券流通状況(1) 1939年6月 華中連絡部 興亜華中資料23，中調聯金資料3
1085 華興券流通状況(2) 1939年6月 華中連絡部 興亜華中資料69，中調聯金資料12 11p
1086 華興券流通状況(3) 1939年8月 華中連絡部 興亜華中資料70，中調聯金資料15
1087 華興券流通状況(4) 1939年6月 華中連絡部 興亜華中資料55，中調聯金資料16 4p
1088 華興券流通状況(5) 1939年10月 華中連絡部 興亜華中資料97，中調聯金資料17

1089　華興券流通状況(6)　1939年12月　華中連絡部　興亜華中資料116, 中調聯金資料19　5p　[50]
1090　華興券流通状況(7・8・9)　1940年7月　華中連絡部　興亜華中資料147・148・200, 中調聯金資料20・21・25　8丁　[3, 8, 9, 14, 50(9欠)]
1091　華興券流通状況(10)　1940年10月　華中連絡部　興亜華中資料225, 中調聯金資料31
1092　華興券流通状況(11)　華中連絡部　興亜華中資料296, 中調聯金資料37　3p
1093　華興券流通状況(12)　華中連絡部　3p
1094　漢口地区金融事情調査報告書　1941年9月　華中連絡部　華中調査資料237　[55]
1095　上海ノ軍票流通状況　1941年9月　華中連絡部　興亜華中資料257, 中調聯金資料33　42p
1096　華興券流通状況(1, 2)　1941年11月　華中連絡部
1097　両替高調　1941年11月　華中連絡部　23p

華　南

1098　広東ノ金融　1939年6月　本院政務部　興亜資料(経済編)33　18p
1099　海南島金融経済事情調査報告書　1939年7月　本院政務部　興亜資料(経済編)55　26p
1100　海南島ニ於ケル銀事情　1940年3月　広東派遣員事務所　広派情5　11p

金 融 機 関

一　般

1101　中央信託局ノ概貌　1939年6月　華中連絡部　興亜華中資料20, 中調聯商資料10　14p　[3, 8, 13]
1102　奥地支那ニ於ケル金融機構ノ再編成ト其ノ問題　1941年5月　華中連絡部　華中調査資料208　24p
1103　上海儲金匯業局分局現状調査並ニ上海郵政供応処調査報告　1941年10月　華中連絡部　華中調査資料255　39p　[50]

銀　行

1104　日支事変ノ在北支第三国権益ニ及ボセル影響：日支事変ノ天津第三国側銀行ノ影響　1939年9月　華北連絡部　興華北連政調報告4　18p
1105　天津に於ける銀行及銭荘の状況　1941年1月　華北連絡部　華北資料簡報23
1106　北京市中国側銀行及銀号営業現況調査　1941年9月　華北連絡部　華北資料簡報46・経済17　21p　[55]
1107　華興商業銀行の栞　1939年5月　華中連絡部　興亜華中資料27　中調聯金資料7　[8, 50]
1108　華興の設立　1939年8月　華中連絡部　興亜華中資料26, 中調聯金資料6
1109　支那側銀行ノ営業状態　1939年11月　華中連絡部　興亜華中資料24, 中調聯金

資料4　22p　[2, 3, 8, 13, 24, 37]
1110　最近上海商業銀行　1940年3月　華中連絡部　99p　[50]
1111　在上海8銀行営業報告書(12月分)　華中連絡部　47p

銭　業

1112　支那に於ける買辨制度並に銭荘機構　1940年8月　本院政務部　興亜資料(経済編)75　50p　[2, 4, 36, 50, 54]
1113　北京市内の銀号状況　1939年9月　華北連絡部　興華北連政調報告7
1114　華北主要都市ニ於ケル銀号並当舗業調査　1940年5月　華北連絡部　調査資料52　202p
1115　天津市中国側銀号営業現況調査　1942年1月　華北連絡部　華北資料簡報50・経済21　55p　[50]
1116　上海に於ける銭荘業の動向　1939年12月　華中連絡部　興亜華中資料53, 中調聯金資料10　16p　[3, 8, 24, 37, 48, 50]
1117　南支ニ於ケル銭荘ト典舗　1939年3月　本院政務部　興亜資料(経済編)10　8丁　[27, 55]

庶 民 金 融

1118　北京市内庶民金融機関調査(其ノ1)：北京市内ノ銀号状況　1939年9月　華北連絡部　興華北連政調報告7　124p
1119　北京市内庶民金融機関調査(其ノ2)：北京市内ノ典業情況　1939年10月　華北連絡部　興華北連政調報告9　3p・4枚
1120　北京下層社会ノ金融機関　1941年2月　華北連絡部　華北資料簡報31・経済7　18p
1121　福建省ニ於ケル庶民金融機関ト合作社ノ進境　1939年3月　本院政務部　興亜資料(経済編)12　8丁　[27, 55]

為　替

1122　為替市場ニ於ケル英米ノ協力　1939年11月　華中連絡部　興亜華中資料28, 中調聯金資料8　8p　[3, 24]
1123　為替市場ノ構成要素　1939年11月　華中連絡部　興亜華中資料29, 中調聯金資料9　21p　[2, 3, 8, 14, 24, 48, 49, 50]
1124　上海為替市場ニ於ケル需給要素　1941年3月　華中連絡部　興亜華中資料289, 中調聯金資料36　27p

物　価

1125　物価調整並通貨吸収経過概要　1940年7月　華中連絡部　123p
1126　中支那主要輸出入商品価格構成表　1941年2月　華中連絡部　華中調査資料119

495p [1, 47, 50, 53, 55]
1127 中支物価及賃金調 1941年8月 華中連絡部 華中調査資料333 64p
1128 中支主要都市物価指数 華中連絡部 6枚
1129 戦後上海ノ物価状勢 1939年11月 華中連絡部 興亜華中資料19，中調聯商資料9 8p [2, 3, 8, 24, 40, 43, 48, 50]
1130 昆明方面ニ於ケル最近ノ日用品ノ価格 1941年5月 華北連絡部 華北資料簡報39・経済12 2p [55]

企　業

一　般

1131 事変後進出主要企業図：支那東部250万分1図 1941年6月 本院 支那建設要図 1枚 [40]
1132 支那関係主要会社一覧 1939年11月 本院政務部
1133 支那関係主要会社法令及定款集 1940年2月 本院政務部 調査資料8 917p [2, 3, 4, 27, 33, 36, 48, 49, 50, 53, 54]
1134 華北農地開発株式会社設立ニ関スル件 1940年 本院 [50]
1135 北京天津及青島に於ける外国商社 1941年6月 華北連絡部 現況総合調査資料附録 96p
1136 華北石炭販売股份有限公司ト蒙疆鉱産販売股份有限公司トノ関係ニ関スル件 1941年 華北連絡部 3枚 [50]
1137 邦人企業ノ現況(其1)：特殊会社及準特殊会社ノ現況 1942年2月 華北連絡部 調査資料190・経済59 30p
1138 華北ニ於ケル邦人企業ノ現況(其2)：企業許可状況 1942年2月 華北連絡部 調査資料191・経済60 14p
1139 東洋化学工業株式会社経過報告 1939年12月 華北連絡部 興華北連政調資料24
1140 中日実業株式会社ト其ノ事業一般 1938年8月 華中連絡部 124p [50]
1141 中支新設各国策会社一覧表 1941年11月 華中連絡部 22p
1142 ジャーデンマゼソン有限公司：其ノ沿革・機構並ニ事業 1942年10月 在上海日本大使館事務所 興亜華中資料449，中調聯商資料77 66, 49p [2]
1143 広東省ニ於ケル有望事業(1) 1939年3月 本院政務部 興亜資料(経済編)19ノ1 18丁 [27, 55]
1144 広東省ニ於ケル有望事業(2) 1939年3月 本院政務部 興亜資料(経済編)19ノ2 10丁 [27]
1145 広東省ニ於ケル有望事業(3) 1939年6月 本院政務部 興亜資料(経済編)19ノ3 15p

投　資

1146　列強対支投資状況ノ検討　1939年3月　本院政務部　興亜資料(経済編)5　17p　[27, 55]
1147　天津ニ於ケル外国権益ニ関スル調査(1)　1940年11月　華北連絡部　調査資料83　44p
1148　在天津外国保険会社ノ近況　1941年9月　華北連絡部　華北資料簡報44・経済15　6p
1149　北支土着資本ニ就テ　1942年1月　華北連絡部　調査資料203・経済68　23p

財　政

一　般

1150　支那財政建設要図　1940年　本院　支那建設要図
1151　内閣興亜行政諸費予算追加要求書：適性文化施設ノ利用運営ニ伴フ経費　1942年　華北連絡部　[50]
1152　第1回財政金融統計　1940年12月　華中連絡部経済第三局　[24]
1153　政治経済政策編：財政　1940年12月　華中連絡部　興亜華中資料245, 中調聯政資料28

中央財政

1154　新国民政府の国際収支見透　1940年9月　本院政務部　調査資料12　150p　[3, 5, 54, 55]
1155　審計制度　1940年1月　華中連絡部　興亜華中資料117, 中調聯財資料15　33p　[8, 40, 43, 50]
1156　重慶抗戦財政ニ関スル若干資料　1941年11月　華中連絡部　華中調査資料304　26p
1157　中華民国31年度下半年国家収支総概算書　1942年　華中連絡部　43p　[50]

地方財政

1158　事変後ニ於ケル北支地方財政ノ概況　1940年10月　華北連絡部　華北資料簡報11　16p
1159　民国29年度華北禁煙収入調　1941年　華北連絡部　[50]
1160　民国30年度華北政務委員会庫款収支実績　1942年　華北連絡部　49枚　[50]
1161　河北省地方中華民国28年度(昭和14年度)収支決算書：附決算総表　1940年10月　華北連絡部　調査資料79　85p

1162 河北省地方中華民国29年度(昭和15年)歳入歳出収支予算表　1940年10月　華北連絡部　調査資料80　194p
1163 地方税収ノ研究(1)　1940年3月　華中連絡部　興亜華中資料151，中調聯財資料17　24丁　[3, 8, 14, 54]
1164 中華民国維新政府財政概史　1940年11月　華中連絡部経済第三局　112p　[2]
1165 安徽省地方財政ニ関スル調査報告書，主トシテ経費ニ就テ　1941年7月　華中連絡部　華中調査資料186　89p
1166 安徽省地方財政ニ関スル調査書　1941年8月　華中連絡部　華中調査資料301　125p　[55]
1167 浙江省政府管下各県財政状況　1941年8月　華中連絡部　華中調査資料308　52p
1168 江蘇省地方財政に関する調査書(その2)　1941年9月　華中連絡部　華中調査資料309
1169 広東省政府，広州市政府財政実績　1941年8月　広東派遣員事務所　広派情55　42p

公債及借款

1170 外国借款　1939年11月　華中連絡部　興亜華中資料35，中調聯財資料6　9p　[2, 3, 14, 29, 36, 37, 40, 43, 50]
1171 支那中央政府内債統計資料　1939年11月　華中連絡部　興亜華中資料57，中調聯財資料7　16p　[2, 3, 8, 13, 36, 40, 48]
1172 中華民国内債一覧表(1)：財政部経管　1939年11月　華中連絡部　興亜華中資料59，中調聯財資料9　4p
1173 中華民国内債一覧表(2)　1940年3月　華中連絡部　興亜華中資料150，中調聯財資料16　11p
1174 中支鉄道外国借款概要：中支交通ニ対スル列国勢力調査ノ一資料　1940年2月　華中連絡部　興亜華中資料145，中調聯交資料43　37p
1175 内債市價　1940年10月　華中連絡部　興亜華中資料219　中調聯財資料19
1176 内債の支払方法並に地点の問題　1940年10月　華中連絡部　興亜華中資料220，中調聯財資料20

関　税

1177 転口税ニ就イテ：主トシテ事変後ノ新転口税ニツキ　1939年9月　華中連絡部　興亜華中資料72，中調聯財資料11　23p　[3, 8, 13, 37, 40, 50]
1178 貿易上不便トスル税関法規其他　1939年11月　華中連絡部　興亜華中資料128，中調聯商資料16　33丁　[3]
1179 民国28年北支海関統計表　1940年1月　華北連絡部　興華北連政調資料26　3枚
1180 中国に於ける関税自主権の限界並各国に於ける関税行政に就て　1940年12月

華中連絡部　興亜華中資料 255, 中調聯政資料 38

海 関 制 度

1181　海関事情調査　1941 年 6 月　華北連絡部　現況総合調査資料 2　44p　[55]
1182　海関事情調査資料　1941 年 7 月　本院政務部　時局対策資料 4　97p
1183　海関金単位ニ就テ　1939 年 9 月　青島出張所　興青調査資料 5　7丁　[2]
1184　海関制度：組織，職員国籍　1939 年 11 月　華中連絡部　興亜華中資料 32・77, 中調聯財資料 3・13　24p　[3, 8, 9, 14]
1185　海関金単位制度(1)　1939 年 11 月　華中連絡部　興亜華中資料 31, 中調聯財資料 2　19p　[3, 8, 9, 14, 37, 40, 48, 50]
1186　海関金単位制度(2)　1939 年 6 月　華中連絡部　興亜華中資料 71, 中調聯財資料 10　10p
1187　海関制度：職員国籍(追加)　1939 年 11 月　華中連絡部　興亜華中資料 77, 中調聯財資料 13　5p　[3, 14]
1188　海関ノ予算制度並ビニ予算編成ノ順序　1939 年 11 月　華中連絡部　興亜華中資料 98, 中調聯財資料 14　8p　[2, 3, 8, 13, 54]
1189　海関制度：事変後に於ける経緯:(1)接収(2)日英関税取極　1939 年 12 月　華中連絡部　興亜華中資料 33・34, 中調聯財資料 4・5　7p　[3, 8, 14, 36, 54]
1190　総税務司署ノ沿革ト組織：昭和 14 年 6 月　1939 年 11 月　華中連絡部　興亜華中資料 73, 中調聯財資料 12　12p　[3, 8, 13, 54]
1191　海関制度：国際条約及支那政府ノ権利義務　1940 年 10 月　華中連絡部　興亜華中資料 297, 中調聯金資料 38　8p

塩　　税

1192　支那塩税ノ研究(其ノ1)　1939 年 11 月　華中連絡部　興亜華中資料 30, 中調聯財資料 1　20p　[2, 3, 8, 37, 40, 48]
1193　支那塩税の研究(其ノ2)　1939 年 12 月　華中連絡部　興亜華中資料 58, 中調聯財資料 8　15p　[3, 8, 13, 36, 37, 40, 50]

統　　税

1194　中国統税制度　1941 年 5 月　華北連絡部　調査資料 125・経済 24　54p
1195　統税ノ意義及現状　青島出張所　興青調査資料 3　28p
1196　統税ニ就テ　1939 年 8 月　青島出張所　興青調査資料 3　1 冊　[2]
1197　統税　1940 年 10 月　華中連絡部　興亜華中資料 221, 中調聯財資料 21
1198　広東ノ専売事業　1939 年 5 月　本院政務部　興亜資料(経済編)27　15p　[2]

田　　賦

1199　田租並田畝救国税徴収実施条例　1941年2月　華中連絡部　華中調査資料117

政　　治

一　般

1200　第74回帝国議会興亜院関係問題　1939年8月　本院政務部　242p　[48]
1201　第75回帝国議会支那関係質疑応答集　1940年5月　本院政務部　29,1324p　[2,5,20,29,48]
1202　第76回帝国議会支那関係質疑応答集　1941年5月　本院政務部　25,1095p　[2,3,4,5,29]
1203　第77回第78回第79回帝国議会支那関係質疑応答集　1942年5月　本院政務部　調査資料31　29,938p　[2,4,55]
1204　支那政治状況ニ関スル報告　1940年7月　華中連絡部　興亜華中資料208・209,中調聯政資料17・18　26丁　[8,9,14,40]
1205　支那抗戦力調査の方法論及総結篇　1940年12月　華中連絡部　興亜華中資料239,中調聯政資料22
1206　戦時の支那内政　1940年12月　華中連絡部　興亜華中資料240,中調聯政資料23
1207　抗戦支那の分析：政治,軍事編　1941年1月　華中連絡部　華中調査資料101
1208　第4次北支経済懇談会会議録　1939年11月　華北連絡部　16p
1209　第5次北支経済建設懇談会会議録　1939年11月　華北連絡部　60p
1210　天津ヲ中心トスル政党(結社)分野及現在ノ概況　1940年4月　華北連絡部　調査資料31　43p
1211　北支並中支地方ニ於ケル司法制度　1940年10月　華北連絡部　華北資料簡報16　13p
1212　華北政務委員会管下施政一般状況(第1号)　1941年12月　華北連絡部　調査資料197・政治19　90p
1213　青島市土地制度概要　1940年9月　青島出張所　興青調査資料29　53p　[1,4]

官吏制度

1214　支那官吏制度ノ概要及養成機関ニ関スル調査　1941年3月　華中連絡部　調査報告シアリーズ58　264p　[2,3,4,8,33,48,50,55]
1215　中支ニ於ケル官吏養成機関ニ就テ　1940年10月　華北連絡部　調査資料72　38p
1216　列強官吏制度ノ概要及養成機関ニ関スル調査：フランス　1940年4月　華中連

絡部　調査報告シアリーズ7　47p　[48]
1217　列強官吏制度ノ概要及養成機関ニ関スル調査：英国　1940年4月　華中連絡部　調査報告シアリーズ9　25p　[54]
1218　列強官吏制度の概要及養成機関に関する調査：ナチスドイツ　1940年4月　華中連絡部　調査報告シアリーズ11　84
1219　列強官吏制度ノ概要及養成機関ニ関スル調査：米国　1940年4月　華中連絡部　調査報告シアリーズ12　64p
1220　列強官吏制度ノ概要及養成機関ニ関スル調査：スヰス連邦官吏制度ノ概況　1940年6月　華中連絡部　調査報告シアリーズ25　40p

中央政治

1221　国民政府組織系統職員表：昭和15年5月1日現在　本院政務部第三課　支那政府組織系統及職員表　1枚　[2]
1222　国民政府組織系統職員表：昭和15年9月1日現在　本院政務部第三課　1枚　[2]
1223　国民政府組織系統職員表　1941年11月　本院　支那政府組織系統及職員表　[55]
1224　国民政府組織系統一覧表　1942年　華中連絡部　華中調査資料327　47p
1225　国民政府組織系統表　1940年5月　華中連絡部　調査報告シアリーズ31　29p　[2]
1226　中国ニ於ケル憲法問題概説　1941年1月　華中連絡部　興亜華中資料227，中調聯政資料21　166p　[2, 3, 4, 27, 40, 47, 53]
1227　中華民国公文提要　1941年2月　華中連絡部　華中調査資料109　[53]
1228　中央政治ト憲政問題　1941年8月　華中連絡部　華中調査資料214　21p

地方政治

1229　支那の地方自治問題　1940年6月　本院政務部　興亜資料(政治編)13　57p　[2, 4, 20, 27, 36, 53, 55]
1230　支那に於ける市制度の史的考察　1940年10月　華中連絡部　興亜華中資料224，中調聯政資料20
1231　行政的見地ヨリ見タル「道」制ニ関スル調査　1940年11月　華北連絡部　華北資料簡報19　25p
1232　蒙疆政権組織系統及重要職員表　1939年3月　本院　支那政府組織系統及職員表
1233　蒙古連合自治政府組織系統及職員表　1940年11月　本院　支那政府組織系統及職員表
1234　蒙古連合自治政府組織系統職員表　1941年9月　本院　支那政府組織系統及職員表
1235　蒙古連合自治政府組織系統及職員表　1942年5月　本院政務部第三課　支那政

府組織系統及職員表　1枚　[2, 55]
1236　新政権下ノ政治事情，施政一般状況：4, 5月分　1941年6月　蒙疆連絡部　蒙疆調査報告1　121p
1237　新政権下ノ政治事情：6, 7月分　1941年9月　蒙疆連絡部　蒙疆調査報告5　196p
1238　管下政権組織及重要人事異動，施政一般状況，管下政権公布法令　1941年12月　蒙疆連絡部　蒙疆調査報告6
1239　中華民国臨時政府組織系統及重要職員表　1939年3月　本院　支那政府組織系統及職員表
1240　中華民国臨時政府組織系統及職員表　1939年12月　本院　支那政府組織系統及職員表
1241　臨時政府各機関日系職員表　1939年7月　華北連絡部
1242　臨時政府組織系統表　1939年8月　華北連絡部　興華北連政調資料3　25p
1243　臨時政府幹部職員略歴表　1939年9月　華北連絡部
1244　臨時政府重要人事移動表　1939年9月　華北連絡部
1245　臨時政府幹部職員略歴表(其の1)　1939年10月　華北連絡部　興華北連政調資料8
1246　中華民国臨時政府組織系統表　1939年11月　華北連絡部　興華北連政調資料13
1247　華北各省市職員表　1939年9月　華北連絡部
1248　華北政務委員会組織系統表　1940年8月　華北連絡部　調査資料64　1枚
1249　中華民国華北政務委員会組織系統表　1940年10月　華北連絡部　調査資料77　[39]
1250　華北各級法院華系職員表：昭和15年10月現在　1941年3月　華北連絡部　調査資料94　50p
1251　華北各省市道県並其所属機関華系職員調査表　1941年2月　華北連絡部　調査資料93　126p
1252　華北政務委員会華系幹部職員略歴表　1941年2月　華北連絡部　調査資料95　102p
1253　華北政務委員会並ニ所属各機関各省市日系職員表　1941年2月　華北連絡部　調査資料96・政治1　262p
1254　華北政務委員会華系幹部職員略歴表　1941年3月　華北連絡部　調査資料119・政治3　26p
1255　華北政務委員会組織職員表：昭和17年5月1日現在　本院政務部第三課　支那政府組織系統及職員表　1枚　[2, 55]
1256　職員住所録　1941年　華北連絡部　64枚　[50]
1257　河北省県政事情報告　1939年7月　華北連絡部　興華北連政調報告2　80p　[1, 55]
1258　青島に於ける青幇　1940年1月　華北連絡部　興華北連政調資料27
1259　民国28年度河南省豫東道県政事情調査報告　1939年11月　華北連絡部　調査資料43
1260　京漢沿線県政復活状況調査　1941年8月　華北連絡部　調査資料144・政治4

220p
1261　天津ニ於ケル純正国民党ノ活動状況　1941年8月　華北連絡部　調査資料163・政治7　42p　[55]
1262　青島特別市公署組織系統表　1940年12月　青島出張所　興青調査資料32
1263　青島ニ於ケル第三国人及一般情報調査報告：4月－6月　1941年11月　青島出張所　興青調査資料65　39p
1264　中華民国維新政府組織系統及重要職員表　1939年3月　本院　支那政府組織系統及職員表
1265　維新政府組織系統表　1939年10月　華北連絡部
1266　中華民国維新政府組織系統及重要職員表　1939年12月　本院　支那政府組織系統及職員表
1267　維新政府江蘇省に於ける行政組織　1940年3月　華中連絡部　興亜華中資料161,中調聯政資料14　[14]
1268　江蘇浙江安徽各地施政概況　1940年5月　華中連絡部　調査報告シアリーズ20　15p
1269　浙江省地方制度の総合的観察　1940年12月　華中連絡部　興亜華中資料249,中調聯政資料32
1270　浙江省地方行政組織の諸機能　1940年12月　華中連絡部　興亜華中資料250,中調聯政資料33
1271　浙江省地方行政組織関係法令集　1940年12月　華中連絡部　興亜華中資料251,中調聯政資料34
1272　九江及芦山に於ける現行政機構　1940年3月　華中連絡部　興亜華中資料160,中調聯政資料13
1273　塩城県施政綱要　1941年7月　華中連絡部　華中調査資料172

重慶国民政府

1274　重慶政権戦時組織表　1940年9月　本院　支那政府組織系統及職員表
1275　占領地区に於ける重慶側機関活動調査資料　1941年7月　本院政務部　時局対策資料6　409p
1276　占領地区ニ於ケル重慶側機関ノ現状及動向,敵側游撃戦術ノ動向及其ノ被害状況,占領地区ニ於ケル第三国人ノ動向　1941年7月　蒙彊連絡部　蒙彊調査報告2　33p
1277　重慶政府ノ国民精神総動員ト民族思想工作　1941年3月　華北連絡部　調査資料110・文化5　192p
1278　華北ニ於ケル重慶側機関ノ現況及動向(第1号)　1941年6月　華北連絡部　調査資料165・政治9　276p
1279　華北ニ於ケル重慶側機関ノ現況及動向(第2号)　1941年12月　華北連絡部　調査資料194・政治18　99p
1280　重慶国民党ノ現状並ニ動向　1941年9月　華中連絡部　華中調査資料244・思想資料106　11p

1281　重慶政治ノ腐敗現状　1941年10月　華中連絡部　華中調査資料246・思想資料107　10p　[55]
1282　重慶政治ノ弱点　1941年10月　華中連絡部　華中調査資料261・思想資料118　22p
1283　重慶関係中国国民党第九次中央全体会議宣言　1942年2月　華中連絡部　華中調査資料330
1284　抗戦支那ノ動態(第1号)　1941年5月　本院政務部　44, 32p　[2]
1285　抗戦支那ノ動態(第2号)　1941年6月　本院政務部　84, 8p　[2]
1286　抗戦支那ノ動態(第3号)　1941年7月　本院政務部　122p　[2]
1287　抗戦支那ノ動態(第4号)　1941年8月　本院政務部　134p　[2]
1288　抗戦支那ノ動態(第5号)　1941年9月　本院政務部　116p　[2]
1289　抗戦支那ノ動態(第6号)　1941年10月　本院政務部　106p　[2]
1290　抗戦支那ノ動態(第7号)　1941年11月　本院政務部　111p　[2]
1291　抗戦支那ノ動態(第8号)　1941年12月　本院政務部　104p　[2]
1292　抗戦支那ノ動態(第9号)　1942年1月　本院政務部　74p　[2]
1293　抗戦支那ノ動態(第10号)　1942年2月　本院政務部　96p　[2]
1294　抗戦支那ノ動態(第11号)　1942年3月　本院政務部　71p　[2]
1295　抗戦支那ノ動態(第12号)　1942年4月　本院政務部　60p　[2
1296　抗戦支那ノ動態(第13号)　1942年5月　本院政務部　59p　[2]
1297　抗戦支那ノ動態(第14号)　1942年6月　本院政務部　34p　[2]
1298　雲南政府戦時法令集　1941年12月　華中連絡部　華中調査資料282

軍　事

1299　中国軍隊一覧表：昭和12年6月　本院　1枚　[2]
1300　八路軍及新四軍　1940年12月　華中連絡部　興亜華中資料241, 中調聯政資料24
1301　支那ノ武器弾薬輸入額調査　1940年12月　華中連絡部　興亜華中資料300, 中調聯商資料41　23p
1302　支那ノ軍用飛行機及部品輸入額調査　1940年12月　華中連絡部　興亜華中資料301, 中調聯商資料42　3p
1303　中支に於ける共産党軍情勢　1941年1月　華中連絡部　華中調査資料100
1304　今後軍隊(共産軍)内の党建設　1941年7月　華中連絡部　華中調査資料170
1305　中ソ軍事協定進捗状況　1941年10月　華中連絡部　華中調査資料257・思想資料114　10p
1306　中(重慶側)英米ノ軍事合作接衝経過ト其ノ動向　1942年1月　華中連絡部　華中調査資料305・思想資料139　39p
1307　新四軍ノ游撃戦術講授大綱　1941年12月　華中連絡部　華中調査資料268・思想資料128　127p　[50, 55]
1308　江南抗日義勇軍の沿革と現状　1941年1月　華中連絡部　華中調査資料98
1309　江南人民抗日救国軍を新四軍第三支隊に改編し江南指導部組織に関する宣言

1941年2月　華中連絡部　華中調査資料116
1310　江南人民抗日救国軍政治部蘇南第1,2,3,行政専員及県長任命通会ニ関スル件　1941年2月　華中連絡部　華中調査資料110
1311　蘇州周辺敵情要図　1941年6月　華中連絡部　華中調査資料161・思想資料61　1枚
1312　中米連合間諜網南京区部ニ関スル資料　1941年12月　華中連絡部　華中調査資料285・思想資料130　29p

治　　安

1313　治安状況調査：上海，南京，徐州(江蘇省)，開封(河南省)，太原，楡次(山西省)，保定，満城(河北省)　1940年10月　華北連絡部　華北資料簡報15　27p　[46]
1314　暗殺ヲ論ズ(訳)　1941年9月　華中連絡部　華中調査資料224・思想資料98　20p
1315　第2期定期治安関係調査報告　1941年10月　蒙疆連絡部　22p
1316　山西省同蒲線沿線治安状況調査　1940年9月　華北連絡部　調査資料66　88p
1317　清郷工作ニ就テ(第1報)　1941年8月　華中連絡部　華中調査資料206・思想資料90　25p
1318　清郷工作(第2報)　1941年9月　華中連絡部　華中調査資料233・思想資料100　27p
1319　清郷工作(第3報)　1941年9月　華中連絡部　華中調査資料241・思想資料104　58p
1320　清郷工作(第5報)　1942年2月　華中連絡部　華中調査資料331
1321　上海ニ於ケル重慶テロ　1941年10月　華中連絡部　華中調査資料254・思想資料112　12p
1322　江南に於ける反清郷工作：陳政治委員の反清郷に対する報告　華中連絡部　華中調査資料225
1323　清郷工作より得たる教訓　華中連絡部　華中調査資料306

国際関係

一　般

1324　支那政治国際関係図　1941年1月　本院　支那建設要図
1325　極東平和ノ先決条件　1941年3月　本院政務部　興亜資料(政治編)19　91p　[55]
1326　主要第三国諜報宣伝通信機関調査　1941年6月　華北連絡部　現況総合調査資料3　66p
1327　主要第三国諜報宣伝通信機関調査資料　1941年7月　本院政務部　時局対策資料5　223p
1328　現況総合調査報告(第1集)：政治関係　1942年6月　青島出張所　興青調査資料番外　159p

1329　列国の対支援助　1940年12月　華中連絡部　興亜華中資料248, 中調聯政資料31
1330　日ソ関係と中国の抗戦　1941年1月　華中連絡部　華中調査資料102
1331　第四国際緊急大会宣言　1941年2月　華中連絡部　華中調査資料107
1332　日ソ中立条約締結に関する毛沢東の発表せる意見　1941年5月　華中連絡部　華中調査資料141
1333　国際関係の華北に於ける国共両党に及ぼせる影響　1939年10月　華北連絡部　興華北連政調資料14
1334　天津租界ニ於ケル第三国人ノ活動状況　1941年4月　華北連絡部　調査所調査資料115・政治2　87丁　[27]
1335　華北ニ於ケル第三国人ノ動向調査(第1回)　1941年8月　華北連絡部　調査資料164・政治8　59p
1336　華北ニ於ケル第三国人ノ動向調査(第2篇)：11-12月　1942年2月　華北連絡部　調査資料207・政治20　108p
1337　列国の諜報宣伝機関　1940年3月　華中連絡部　興亜華中資料169, 中調聯政資料16
1338　上海ヲ中心トセル各国宣伝諜報網ノ実情　1940年5月　華中連絡部　調査報告シアリーズ15　58p　[2, 4]
1339　在滬蘇連機関　1941年7月　華中連絡部　華中調査資料184　25p
1340　独ソ開戦ニ伴フ広東方面ノ反響　1941年6月　広東派遣員事務所　28p
1341　香港発行重慶国民党機関紙(国民日報)ノ独ソ戦ニ関連スル論調　1941年8月　華中連絡部　華中調査資料192・思想資料5　16p
1342　独逸人ノ観タ大英帝国(上)　1940年8月　本院政務部　興亜資料(政治編)14　135p　[55]
1343　独逸人ノ観タ大英帝国(下)　1940年1月　本院政務部　興亜資料(政治編)16　199p　[48, 53, 55]
1344　比律賓ノ独立再検討論　1940年3月　本院政務部　興亜資料(経済編)73　19丁　[4, 27]
1345　欧米諸国の亜細亜経営ニ関スル調査：第1部英国ノ印度経営　1940年7月　華中連絡部　調査報告シアリーズ38　145p　[50, 54, 55]

日中関係
1346　近衛内閣辞職, 東条内閣成立ニ関スル広東地方ノ反響　1941年10月　広東派遣員事務所　広派情58　19p

権益問題
1347　事変後に於ける第三国人相互間及第三国と支那側間の財産移転状況　1941年6月　華北連絡部　現況総合調査資料5　20p
1348　華北に於ける第三国人権益現況：経済関係の部　1941年6月　華北連絡部　現況総合調査資料6　196p
1349　事変後第三国人相互間及第三国ト支那側間ノ財産移転調査資料　1941年7月

本院政務部　時局対策資料7　37p
1350　第三国人権益ノ現状調査資料　1941年7月　本院政務部　時局対策資料8　261p
1351　第三国権益ノ現状(租界及海関ヲ除ク)及第三国人ノ動向調査　1942年　華中連絡部　華中調査資料476　34p　[55]
1352　極東ニ於ケル伊太利ノ権益ト政策(タマニヤ著)　1941年10月　本院政務部　興亜資料(政治編)23　98p　[2]
1353　英国海軍ノ在天津英商汽船徴発、天津英商汽船会社ノ概況、天津駐屯米国マリン隊ノ一部引揚ゲ　1941年5月　華北連絡部　華北資料簡報38・政治3　5p
1354　山東省ニ於ケル第三国人関係財産状況　1941年9月　華北連絡部　調査資料174・政治13　3p
1355　揚子江航行権問題　1940年2月　本院政務部　調査資料2　103p　[2,4]
1356　中支ニ於ケル列国ノ政治的権益　1940年9月　華中連絡部　興亜華中資料166，中調聯政資料15　24p　[8,9,55]
1357　上海に於ける列国経済権益　1941年1月　華中連絡部　華中調査資料97
1358　列強ノ南支権益大要　1939年3月　本院政務部　興亜資料(経済編)6　6丁　[27,55]

租界問題

1359　租界状況調査資料　1941年7月　本院政務部　時局対策資料3　157p
1360　天津仏租界財政事情　1941年9月　華北連絡部　調査資料173・政治12　27p
1361　租界ニ関スル諸問題　1940年3月　華中連絡部　興亜華中資料156，中調聯政資料12　206p　[3,8,9,43,48,53,55]
1362　上海租界ノ敵性調査(第1,2部)　1940年7月　華中連絡部　調査報告シアリーズ36ノ1,2　2冊　[1,55]
1363　上海外国租界内に於ける社会事業施設一覧表　1941年11月　華中連絡部　華中調査資料271

辺疆問題

1364　清朝の辺疆諸部族に対する政策及制度　1939年8月　華北連絡部　興華北連政調報告5
1365　蘇連の支那辺疆侵略　1939年12月　本院政務部　興亜資料(政治編)5　107p　[2,3,48]
1366　ソ連の観たる新疆事情：新疆のソヴェート化に就て　1940年9月　本院政務部　興亜資料(政治編)15　109p　[1,2,3,4,48]
1367　寧夏，甘粛省ノ概況　1941年6月　蒙疆連絡部　蒙古西北叢書17　22p
1368　露西亜の外蒙政策　1940年9月5日　蒙疆連絡部　蒙古西北叢書1
1369　外蒙現地概観　1941年2月　蒙疆連絡部　蒙古西北叢書13　29p
1370　今後ノ外蒙問題　1941年5月　蒙疆連絡部　蒙古西北叢書16　32p
1371　赤色蒙古の全貌　1941年9月　蒙疆連絡部　81p　[2,3,50]

法　制

対日協力政府

一　般

1372　支那司法制度概況　1940年5月　本院政務部　121p　[2, 3, 4, 47, 53]
1373　中国に於ける司法制度概況　1940年12月　華中連絡部　興亜華中資料256，中調聯政資料39
1374　中華民国憲法草案初稿意見書摘要彙編　1942年9月　本院政務部　調査資料24　[4, 29]
1375　中華民国大理院最高法院判例要旨(民法第1編：総則)　1941年2月　華中連絡部　華中調査資料106　143p　[1, 3, 40]
1376　中華民国大理院最高法院判例要旨(民法第2編：債権総則)　1941年3月　華中連絡部　華中調査資料123　[1]
1377　蘇州県人民抗日自工会の制定せる各種法令　1941年7月　華中連絡部　華中調査資料174
1378　公報日訳速報(第133～187号)　1941年10～12月　華中連絡部　帝国地方行政学会上海出張所刊　[2(133-170), 55]
1379　中華民国維新政府法令集　1940年12月　華中連絡部　375p　[2, 27, 53]
1380　中華民国国民政府法令集(第1-10輯)　1940年1月　華中連絡部　調査報告シアリーズ1　9冊　[2(2-9輯), 50(1・2輯), 53(8-10輯)]
1381　中華民国国民政府法令集(補編)(第1-8輯)　1940年7月　華中連絡部　調査報告シアリーズ27ノ1　143p　[3(第1・5輯欠), 50(7輯のみ), 53(4・5・6輯のみ)]
1382　中華民国国民政府新法令集：民国29年度　1941年1月　華中連絡部　32, 619p　[2, 27, 47, 48, 53]
1383　中華民国国民政府新法令集：民国30年度追補共　1942年8月　華中連絡部　華中調査資料302　28, 668p　帝国地方行政学会刊　[1, 2, 40, 47, 48]
1384　維新政府公報(邦訳)　1940年3月　華中連絡部　調査報告シアリーズ5　23p　[55]

政府公報

1385　国民政府公報(第1号-26号)法規並に訓令　1940年7月　華中連絡部　調査報告シアリーズ32　85p
1386　国民政府公報抄(邦訳)第55号　1940年10月　華中連絡部　華中調査資料68　[23]
1387　国民政府公報抄(邦訳)第59号　1940年　華中連絡部　華中調査速報56　[55]
1388　中華民国法令索引目録：政府公報索引目録　1941年6月　華中連絡部　華中調査資料156　531p　[2, 3, 4, 9, 33, 35, 48]

1389 中華民国法令索引:国民政府公報ノ部　1942年8月　華中連絡部　華中調査資料156　335p　中国法制調査会蔵版・大同印書館刊　[1, 2, 3, 10, 13, 15, 21, 40, 43, 48, 53]

外交公報
1390 外交公報抄(邦訳)第6期　1940年　華中連絡部　華中調査速報55　6p　[55]

司法行政公報
1391 司法行政公報抄(邦訳)第17号　1940年　華中連絡部　華中調査速報49　2p　[55]

行政院公報
1392 行政院公報抄(邦訳)第2, 3, 4, 5号　1940年10月　華中連絡部　華中調査資料77　[23]
1393 行政院公報抄(邦訳)第7, 8, 9号　1940年10月　華中連絡部　華中調査資料78　[23]
1394 行政院公報抄(邦訳)第14, 16号　1940年10月　華中連絡部　華中調査資料79　[23]

監察院公報
1395 監察院公報抄(邦訳)民国29年6月第1期　1940年10月　華中連絡部　華中調査資料80　10p

内政公報
1396 内政公報抄(邦訳)第1期,第2期　1940年10月　華中連絡部　華中調査資料70　28p　[53]
1397 内政公報抄(邦訳)第4期,第5期　1940年10月　華中連絡部　華中調査資料73　21p　[53]

財政公報
1398 財政公報(第2, 3, 5号)法規　1940年7月　華中連絡部　調査報告シアリーズ33　50p　[54]

農鉱公報
1399 農鉱公報(邦訳)第1, 2, 3, 4, 8号:法規　1940年8月　華中連絡部　調査報告シアリーズ54　[4, 50, 55]
1400 農鉱公報抄(邦訳)第21, 22号　1940年　華中連絡部　華中調査速報48　11p　[55]
1401 農鉱公報抄(邦訳)第23号　1940年　華中連絡部　華中調査速報60　3丁　[55]

軍政公報

1402 軍政公報抄(邦訳)第1号　1940年10月　華中連絡部　華中調査資料72　36p [53]

1403 軍政公報抄(邦訳)民国29年7月16日第2号　1940年10月　華中連絡部　華中調査資料81　28p

1404 軍政公報抄(邦訳)民国29年8月1日第3号　1940年11月　華中連絡部　華中調査資料90　8p [54]

警政公報

1405 警政公報(邦訳)第1,2号：法規　1940年7月　華中連絡部　調査報告シアリーズ41　23p [42]

1406 警政公報抄(邦訳)第6,7号　1940年10月　華中連絡部　華中調査資料82　33p

1407 警政公報抄(邦訳)第9号　1940年10月　華中連絡部　16p [53,55]

1408 警政公報抄(邦訳)第13号　1940年　華中連絡部　華中調査速報59　11p [55]

工商公報

1409 工商公報抄(邦訳)　1940年10月　華中連絡部　華中調査資料76　60p

1410 工商公報抄(邦訳)民国29年7月15日第7号　1940年11月　華中連絡部　華中調査資料85　6p

1411 工商公報抄(邦訳)民国29年9月30日第12号　1940年　華中連絡部　華中調査速報57　9p [55]

1412 工商公報抄(邦訳)民国29年10月15日第13号　1940年　華中連絡部　華中調査速報61　2p [55]

教育公報

1413 教育公報(第1,2,3期)：法規　〔→**1826**を見よ〕

考試院公報

1414 考試院公報抄(邦訳)第2期　1940年　華中連絡部　華中調査速報30　50p [55]

1415 考試院公報抄(邦訳)第3,4期　1940年　華中連絡部　華中調査速報53　4p [55]

鉄道公報

1416 鉄道公報抄(邦訳)第1,2号　1940年8月　華中連絡部　調査報告シアリーズ60　9p [55]

社会部公報

1417 社会部公報抄(邦訳)民国29年7月1日第2号　1940年11月　華中連絡部　華中調査資料84　18p [54]

江蘇省公報

1418　江蘇省公報(邦訳)　1940年3月　華中連絡部　調査報告シアリーズ3　22p
1419　江蘇省公報(邦訳)　1940年3月　華中連絡部　調査報告シアリーズ4　21p
1420　江蘇省政府公報(邦訳)　1940年6月　華中連絡部　調査報告シアリーズ24　20p　[55]
1421　江蘇省政府公報(邦訳)　1940年6月　華中連絡部　調査報告シアリーズ26　19p　[55]
1422　江蘇省公報抄(邦訳)民国29年8月26日第14号　1940年11月　華中連絡部　華中調査資料87　19p　[53]

上海市政公報

1423　上海特別市政府公報(第21号):法規　1940年9月　華中連絡部　華中調査資料66　10p　[51]
1424　上海特別市政府市政公報抄(邦訳)第22期　1940年10月　華中連絡部　華中調査資料71　46p　[53,55]

南京市政公報

1425　南京特別市政府市政公報(邦訳)　1940年10月　華中連絡部　華中調査資料69　[53]
1426　南京特別市政府市政公報抄(邦訳)　1940年11月　華中連絡部　華中調査資料83　6p
1427　南京市政府公報抄(邦訳)第52期　1940年12月　華中連絡部　華中調査資料92　[54]
1428　南京市政府公報抄(邦訳)第53期　1940年12月　華中連絡部　華中調査資料93　[54]
1429　南京市政府公報抄(邦訳)第54期　1941年1月　華中連絡部　華中調査資料99　[54]
1430　南京市政公報抄(邦訳)第59期　華中連絡部　華中調査資料108　[55]

浙江省公報

1431　浙江省公布諸法規　1940年8月　華中連絡部　調査報告シアリーズ56　19p　[51]
1432　浙江省公報:法規(第41,42,43,44期)　1940年8月　華中連絡部　調査報告シアリーズ55　22p　[55]
1433　浙江省公報:法規(第45,46期)　1940年9月　華中連絡部　華中調査資料65　[4,55]

安徽省公報

1434　安徽省公報抄(邦訳)民国29年7月分第19期　1940年11月　華中連絡部　華中調査資料86　28p
1435　安徽省公報抄(邦訳)第20期　1940年11月　華中連絡部　華中調査資料89

華北政務委員会

1436 華北政務委員会管下公布法令翻訳集(第1号)　1941年8月　華北連絡部　調査資料158・政治5　30p
1437 華北政務委員会管下公布法令翻訳集(第2号)　1941年8月　華北連絡部　調査資料161・政治6　59p
1438 華北政務委員会公布法令翻訳集(第3号)　1941年8月　華北連絡部　調査資料168
1439 華北政務委員会管下公布法令翻訳集(第4号)　1941年9月　華北連絡部　調査資料177・政治14　32p
1440 華北政務委員会管下公布法令翻訳集(第5号)　1941年11月　華北連絡部　調査資料189・政治16　36p
1441 華北政務委員会管下公布法令翻訳集(第6号)　1941年11月　華北連絡部　調査資料193・政治17　43p

重慶国民政府

1442 重慶政府戦時法令集(第1-7輯)　1940年7月　華中連絡部　調査報告シアリーズ27ノ2　4冊　[3,48(1-3輯のみ),50(1・5・7輯のみ),53(1・2輯のみ)]
1443 重慶政府戦時法令集　1941年6月　華中連絡部　華中調査資料161　412p　[1,3,4,20,29,40,50]

歴 史 地 理

歴　史

1444 東西対照歴史年表　1939年8月　華北連絡部
1445 河北省山東省ニ於ケル重要古蹟古物　1941年　本院　57枚　[50]
1446 聖武記(魏源)　1943年11月　本院　802p　生活社公刊　[1,2,7,10,21,44,43,45,47,48,55]

人物評伝

1447 支那新政権主要人物調査(第1編)　1940年10月　本院政務部　157p
1448 日本留学中華民国人名調　1940年10月　本院政務部　調査資料9　913p　[2,36,43]
1449 日本留学支那要人録　1942年3月　本院政務部　調査資料27　29,286p　[2,4,50]
1450 華北ニ於ケル日本留学出身者調　1941年4月　華北連絡部　調査資料111・文化

6 244p
1451 西北著名人小伝(上) 1940年10月 蒙疆連絡部 蒙古西北叢書2
1452 西北著名人小伝 1940年12月 蒙疆連絡部 蒙古西北叢書10 16p

地　理

1453 渾善達克沙漠調査報告書 1942年5月 本院政務部 調査資料28 378p [2]
1454 渾善達克沙漠調査報告 1940年8月 蒙疆連絡部 蒙疆調査資料34 154p [4]
1455 興亜基本地図集成(北支1号)地形図 1940年7月 本院技術部 [2]
1456 乾隆京城全図 1940年7月 華北連絡部 調査資料54 [1, 15, 17, 20, 32, 48, 52]
1457 山東省山岳地質 1940年1月 本院政務部 調査資料4 204p [2, 3, 4, 19, 53, 55]
1458 厦門島全図 1939年8月 厦門連絡部 1枚 [2]
1459 広東省経済地理 1939年5月 本院政務部 興亜資料(経済編)28 85p [27, 55]
1460 最近の緬甸事情 1939年5月 本院政務部 興亜資料(経済編)29 9p [2]
1461 産業上ヨリ見タル現在「ビルマ」概況 1940年3月 本院政務部 興亜資料(経済編)72 28p
1462 最近ノタイ国事情 1940年3月 本院政務部 興亜資料(経済編)71 41p [2]

人　口

一　般

1463 在留邦人調査・在留第三国人調査・租界状況調査 1941年6月 華北連絡部 現況総合調査資料1 92p
1464 支那人口ニ関スル資料 1941年8月 本院技術部 興技調査資料64 66p [2, 3, 4, 27, 40, 48]
1465 支那人口疎散及南方資源開発ノ見地ヨリ上海租界及香港ノ支那人ヲ南方ニ送ル可能性如何,南方失業僑工処理方法如何 1942年4月 本院政務部 時局対策資料39 36p
1466 在留第三国人人口調査資料 1941年7月 本院政務部 時局対策資料2 32p
1467 河北省市県戸数人口調査表 1939年11月 華北連絡部 興華北連政調資料16 15p
1468 山東省各市県別戸数人口調査表 1940年9月 華北連絡部 華北資料簡報8 7p
1469 山東省徳県並ニ膠県ヲ中心トスル農村人口問題調査 1940年10月 華北連絡部 調査資料76 34p

1470 在天津外国人人口統計表及伊仏租界人口統計表,在天津「華北明星報」及ビ「恵羅公司」ニ関スル情報　1941年4月　華北連絡部　華北資料簡報35・厚生2　9p
1471 天津ニ於ケル第三国人ノ趨勢,同英仏租界ニ於ケル邦人最近ノ進出状況　1941年12月　華北連絡部　華北資料簡報49・経済20
1472 猶太人及白系露人問題　1940年　華中連絡部　48p　[55]
1473 南支ニ於ケル第三国人口統計　1941年12月　広東派遣員事務所　6p

中国在留邦人人口

1474 在支邦人都市別分布図　1941年1月　本院　支那建設要図　[55]
1475 在留邦人現況調査資料　1941年7月　本院政務部　時局対策資料1　68p
1476 昭和15年北京在留邦人人口移動調査　1941年5月　華北連絡部　調査資料124・厚生2　25p
1477 中支在留邦人及第三国人調査　1942年　華中連絡部　華中調査資料472　46p [55]
1478 昭和16年米穀年度広東在留邦人食糧未消費推算　1940年10月　広東派遣員事務所　広派情33　10p
1479 広東在留邦人人口概算表　1942年1月　広東派遣員事務所　広派情74　9p

白系露人

1480 上海ニ於ケル白露西亜人ノ状況　1939年12月　華中連絡部　興亜華中資料103,中調聯政資料3　30p　[3, 8, 40]
1481 共産党対策ノ観点ヨリ看タル白系露人処遇問題ニ関スル研究　1941年10月　華中連絡部　華中調査資料267　131p

ユダヤ人

1482 上海ニ於ケル猶太人ノ状況:主トシテ欧州避難猶太人　1940年1月　華中連絡部　興亜華中資料102,中調聯政資料2　48p　[3, 8, 24]
1483 猶太人問題ニ関スル調査報告書　1941年6月　華中連絡部　華中調査資料155　103p
1484 日本権益確保の観点より見たる猶太処遇問題の研究　1941年8月　華中連絡部　華中調査資料195
1485 日本権益確保の観点より見たる猶太処遇問題の研究　華中連絡部　華中調査資料324
1486 対米輿論調査の観点より見たる猶太人処遇問題　華中連絡部　華中調査資料325

華　僑

1487 華僑調査中間報告　1941年6月　華中連絡部　華中調査資料154　304p　[1, 3,

20, 48]
1488　華僑送金ニ関スル報告　1940年6月　華中連絡部　興亜華中資料210，中調聯金資料28　18丁　[3, 8, 40]
1489　華僑送金額調査　1940年12月　華中連絡部　興亜華中資料298，中調聯金資料39　110p
1490　出入国登記調　1940年10月　厦門連絡部　4p
1491　南洋華僑ト閩南粤東ノ治安，都市化及交通　1939年5月　本院政務部　興亜資料(経済編)32　42p　[2]
1492　香港有力華僑団体並ニ華僑人名簿　1939年6月　本院政務部　興亜資料(経済編)38　12p
1493　福建華僑経済(鄭林寛著)　1940年12月　厦門連絡部　華僑調査資料1　108p　[1, 2, 3, 40, 41, 47, 49, 53, 54, 55]
1494　厦門島農村華僑ニ関スル調査：中間報告　1941年5月　厦門連絡部　厦興技資料52　10p
1495　各地在住ノ華僑一覧表　1941年3月　華北連絡部　華北資料簡報32・政治2　42p
1496　南洋華僑社会変遷ノ要因　1939年6月　本院政務部　興亜資料(経済編)36ノ1　31p
1497　南洋華僑社会変遷要因及南洋移民影響　1939年8月　本院政務部　興亜資料(経済編)36ノ2　29p
1498　南洋華僑ノ財的勢力　1939年11月　本院政務部　興亜資料(経済編)62　15p
1499　南洋華僑(1)　1939年3月　本院政務部　興亜資料(経済編)4ノ1　35p　[2]
1500　南洋華僑(2)　1939年3月　本院政務部　興亜資料(経済編)4ノ2　65p
1501　南洋華僑(3)　1939年5月　本院政務部　興亜資料(経済編)4ノ3　22p　[2]
1502　南洋華僑(4)　1939年5月　本院政務部　興亜資料(経済編)4ノ4　61p
1503　南洋華僑経済力ノ検討　1939年5月　本院政務部　興亜資料(経済編)30　16p　[2, 55]
1504　南洋華僑ノ家庭ト婚姻　1939年5月　本院政務部　興亜資料(経済編)31　37p　[2, 3]
1505　支那国際収支及民族資本利用ノ見地ヨリ南方華僑送金利用ノ可能性如何　1942年4月　本院政務部　時局対策資料38　24p
1506　一年来の華僑救国団体の活動状況(訳)　1942年2月　華中連絡部　華中調査資料329
1507　暹羅ニ於ケル華僑ノ動向　1939年6月　本院政務部　興亜資料(経済編)37　29p
1508　華僑日本視察感想集　1941年4月　厦門連絡部　54p　[1, 23]

318

社　　会

一　般

1509　中国社会事業の現状　1940年4月　本院政務部　調査資料6　493p　[2, 3, 4, 20, 27, 39]
1510　支那社会事業調査報告　1940年5月　本院政務部　調査資料11　73p　[1, 2, 55]
1511　内蒙ブリヤート部落調査報告　1939年12月　蒙疆連絡部　蒙疆調査資料21　80p
1512　蒙古民族生活実態調査報告　1940年11月　蒙疆連絡部　蒙疆調査資料32　40p
1513　蒙古民族生活実態調査報告書　1941年9月　蒙疆連絡部　蒙疆調査資料46
1514　蒙古民族生活実態調査報告　1941年12月　蒙疆連絡部　蒙疆調査資料32補遺　7p
1515　蒙古包ノ改善策調査報告　1941年4月　蒙疆連絡部　蒙疆調査資料38　42p
1516　蒙疆地方衣食住調査報告書　1942年8月　蒙疆連絡部　蒙疆調査資料53　66p　[4, 50]
1517　上海に於ける公共事業会社調査　1941年8月　華中連絡部　華中調査資料133
1518　上海社会事業調査報告　1940年5月　本院政務部　73p　[53]
1519　上海特別市に於ける社会事業施設一覧　1941年11月　華中連絡部　華中調査資料269
1520　中支に於ける日本側の社会事業施設一覧表　1941年11月　華中連絡部　華中調査資料270
1521　華中に於ける社会事業施設現況調査　1941年11月　華中連絡部　華中調査資料272

社　会　思　想

1522　コミンテルン並ニ蘇連邦ノ対支政策ニ関スル基本資料　1939年10月　本院政務部　興亜資料(政治篇)1　107p　[1, 3, 27, 29, 39]
1523　コミンテルン並に中国共産党の三民主義批判に関する資料(1920-39年)　1939年11月　本院政務部　興亜資料(政治編)3　52p　[1, 2, 3, 26]
1524　コミンテルン及びソ連邦の印度革命に関する資料　1940年3月　本院政務部　興亜資料(政治編)8　79p　[1, 2, 3, 4, 20]
1525　コミンテルンノ現況及動向　1941年11月　華中連絡部　華中調査資料275・思想資料123　9p
1526　興亜委員会の起草になる東亜新秩序確立の基本思想に関する若干の分析と批判　1940年5月　本院政務部第三課　19丁　[2]
1527　東亜新秩序論　1941年9月　華中連絡部　華中調査資料238

1528　東亜新秩序論概要並に其側面的補完作用をなす思想内容概説　1941年9月　華中連絡部　華中調査資料245
1529　支那指導原理の研究　1942年　華北連絡部　180p　[1,48]
1530　日本民間に流布さるゝ支那指導原理の調査　1940年6月　華中連絡部　調査報告シアリーズ8
1531　支那民間に流布さるる支那指導原理：日支合作に関する支那側の主張　1940年7月　華中連絡部　調査報告シアリーズ43　61丁　[50,53,55]
1532　中国青年の当面の任務　1941年2月　華中連絡部　華中調査資料111
1533　三民主義の東亜新秩序への発展　1941年8月　華中連絡部　華中調査資料219
1534　抗戦支那ノ宣伝工作　1941年1月　華中連絡部　華中調査資料95　125p　[53]
1535　中支在住ノ右翼ノ状況　1941年9月　華中連絡部　華中調査資料239・思想資料103　3p
1536　各種秘密団体ノ現況及動向：7月－9月　1941年10月　華中連絡部　華中調査資料264・思想資料13　19p
1537　民国31年1月1日ラジオ放送せる蔣介石の演説　華中連絡部　華中調査資料326
1538　朝鮮台湾ニ於ケル反帝反戦運動　1941年8月　広東派遣員事務所　広派情56　32p
1539　内地ニ於ケル左翼運動ノ概況ト中支ニ於ケル特別要視人ノ動静　1941年9月　華中連絡部　華中調査資料236・思想資料102　6p

社会運動

1540　支那ニ於ケル秘密結社　1941年11月　華北連絡部　調査資料188・政治15　53p
1541　民衆再組織運動(新民会)ノ趨勢　1940年12月　青島出張所　興青調査資料27　191p　[11]

中国共産党

一般

1542　中国共産党最近の活動状況　1939年11月　本院政務部　興亜資料(政治編)2　98p　[2,33]
1543　中国共産党の政策転換に関する資料　1940年2月　本院政務部　興亜資料(政治編)7　39p　[2,3,4,20]
1544　赤色支那の内幕　1941年1月　本院政務部　興亜資料(政治編)18　712p　[1,2,4,27,39]
1545　中国共産党の現状及動向　1941年6月　華中連絡部　華中調査資料165
1546　党の建設講授綱要　1941年7月　華中連絡部　華中調査資料171
1547　中国共産党の透視(国民党中央組織委員会編)　1941年8月　本院政務部　興亜資料(政治編)22　326p　[1,2,3,4,27,55]

1548　中国共産党中央委員会ノ抗戦四周年紀念ニ際シ時局ニ対スル宣言　1941年8月　華中連絡部　華中調査資料199・思想資料91　11p
1549　劉少奇等中共中央革命軍事委員会華中分会委員に任命せらる　1941年8月　華中連絡部　華中調査資料201
1550　中国革命と中国共産党　1941年9月　華中連絡部　華中調査資料235
1551　中共中央ノ太平洋戦争ニ関スル宣言　1942年1月　華中連絡部　華中調査資料298・思想資料136　4p
1552　大東亜戦争開始後に於ける中央の動向を推し得る各種中共文献集　1942年1月　華中連絡部　華中調査資料313
1553　中国共産党ノ現況並ニ動向　1942年1月　華中連絡部　華中調査資料316・思想資料143　22p
1554　中共機関誌社論集(1)　1942年7月　華中連絡部政務院　134p　[50]
1555　最近の中国共産党　1942年10月　本院政務部　43p　[2]
1556　中国共産党ノ現況動向並ニ其ノ対策　1941年10月　華中連絡部　華中調査資料262・思想資料119　31p
1557　中国共産主義同盟ノ第2次全国代表大会関係文献　1941年12月　華中連絡部　華中調査資料294・思想資料132　92p
1558　中共中央の党性増強に関する決定　1942年3月　華中連絡部　華中調査資料332
1559　中国共産主義同盟(トロツキー派)ノ日ソ中立条約ニ関シ中共党員ニ呼掛ケタル檄文　1941年6月　華中連絡部　華中調査資料151・思想資料56　11p

蒙疆政権地域及西北
1560　陝甘寧辺区実録　1941年7月　本院政務部　興亜資料(政治編)21　217p　[2, 3, 39]
1561　陝甘寧辺区に於ける新文化運動の現状　1941年6月　華中連絡部　華中調査資料153
1562　陝甘寧辺区施政綱領　1941年6月　華中連絡部　華中調査資料159・思想資料19　7p
1563　抗戦四年来ノ陝甘寧辺区建設概況　1941年10月　華中連絡部　華中調査資料263・思想資料120　34p
1564　三年来延安ノ建設工作　1941年12月　華中連絡部　華中調査資料274・思想資料122　6p
1565　共産党晋察冀辺区ノ状況　1940年10月　華北連絡部　調査資料78　122p
1566　晋察冀辺区の近状と将来の動向　1941年1月　華中連絡部　華中調査資料104
1567　晋察冀辺区軍司令聶栄臻の執筆せる「我等の堅決なる方針と動かすべからざる政策」　1942年2月　華中連絡部　華中調査資料323

華　北
1568　華北共産党の最高幹部臨時緊急会議決議事項　1939年10月　華北連絡部　興華北連政調資料14
1569　華北に於ける八路軍の郷村への侵入状況及農村の之に対する態度　1941年1月

華北連絡部　華北資料簡報 24
1570　華北ニ於ケル共産軍ノ現勢概況　1941年8月　華北連絡部　調査資料169・政治11　22p

華　中

1571　華中ニ於ケル中共党軍政諸機関ノ発出セル法令，決議，綱領集　1942年4月　華中連絡部　華中調査資料356・思想資料159　632p　[2, 4, 27]
1572　蘇北共産地区実情調査報告書　1941年6月　華中連絡部　華中調査資料164・思想資料60　484p　[2, 3, 6, 17, 42]
1573　蘇北行政委員会司法会議決議　1941年7月　華中連絡部　華中調査資料177・思想資料75　17p
1574　蘇北行政委員会ノ人民ノ夏期収入援助ニ関スル訓令　1941年8月　華中連絡部　華中調査資料204・思想資料95　3p
1575　蘇北文化協会第1次代表大会ニ関スル資料　1941年8月　華中連絡部　華中調査資料203・思想資料94　47p
1576　蘇北地区綜合調査報告　1943年9月　大東亜省　中支調査資料588，綜合資料26　527p　[2, 50]
1577　蘇中軍区ノ成立　1941年6月　華中連絡部　華中調査資料162・思想資料62　6p
1578　蘇中目前ノ形勢ト任務　1941年7月　華中連絡部　華中調査資料168・思想資料66　39p
1579　中国共産党蘇中区党委員会拡大会議各期工作その他に関する決議　1942年2月　華中連絡部　華中調査資料328
1580　蘇南第一区行政専員公署ノ指示セル予算決算表作成手続及実施辦法　1941年8月　華中連絡部　華中調査資料205・思想資料96　7p
1581　蘇南文化協会ノ設立　1941年12月　華中連絡部　華中調査資料284・思想資料129　9p
1582　豫鄂辺区軍政連合辦事処主席許子威ノ第二次軍政代表大会ニ於ケル報告　1941年10月　華中連絡部　華中調査資料252・思想資料111　38p
1583　豫鄂辺区軍政連合第二次代表大会ヲ通過セル決議条例　1941年10月　華中連絡部　華中調査資料259・思想資料116　51p
1584　游撃戦ノ動向　1941年10月　華中連絡部　華中調査資料260・思想資料117　52p
1585　淮北蘇皖辺区行政公署ノ設置　1941年11月　華中連絡部　華中調査資料276・思想資料124　5p
1586　東路　1941年8月　華中連絡部　華中調査資料197・思想資料89　154p
1587　東路教育委員会流動宣伝団関係文献　1942年1月　華中連絡部　華中調査資料307・思想資料137　11p

戦略・戦術

1588　抗日民族統一戦線運動史　1940年2月　華中連絡部　興亜華中資料136，中調聯

政資料 8
1589　農村青年工作の諸問題　1941年2月　華中連絡部　華中調査資料112
1590　反掃蕩，反汪宣伝大綱　1941年2月　華中連絡部　華中調査資料113
1591　反投降反親日派宣伝大綱　1941年2月　華中連絡部　華中調査資料114
1592　農民抗敵協会組織章程　1941年2月　華中連絡部　華中調査資料115
1593　民衆運動工作講授提綱　1941年4月　華中連絡部　華中調査資料125
1594　統一戦線政策把握：陝甘寧四区県長連席会議ニ於ケル四区政府主席林柏渠報告　1941年7月　華中連絡部　華中調査資料179・思想資料77　16p
1595　中共中央ノ反ファシスト統一戦線ニ関スル決定　1941年8月　華中連絡部　華中調査資料190・思想資料84　2p
1596　中共中央宣伝部ノ密発セル反日汪工作ニ関スル指示　1941年12月　華中連絡部　華中調査資料277・思想資料125　8p
1597　民主政治ト三三制政権ノ組織形式：彭徳懐ノ中共北方局党校ニ於ケル報告　1941年10月　華中連絡部　華中調査資料248・思想資料109　29p
1598　抗日根拠地ノ各種政策ヲ論ズ：中共中央機関誌解放社説　1941年6月　華中連絡部　華中調査資料166・思想資料64　12p
1599　中共ノ密発セル戦時経済財政提綱　1941年7月　華中連絡部　華中調査資料181
1600　抗戦四年来ノ中国経済ニ対スル一般的検討　1941年8月　華中連絡部　華中調査資料196・思想資料88　12p
1601　党員ヲ経済ト技術工作ニ参加セシムルコトニ関スル決定：中共中央書記処ノ発出セル指令　1941年12月　華中連絡部　華中調査資料283・思想資料127　2p
1602　漢奸ノ財産没収並ニ分配辦法　1941年7月　華中連絡部　華中調査資料182・思想資料80　4p
1603　救国公糧徴収ニ関スル宣伝文書及徴募便法　1941年7月　華中連絡部　華中調査資料180・思想資料78　8p
1604　中国共産党の発出せる抗日民主地区に於ける国民教育普及に関する指示　1941年5月　華中連絡部　華中調査資料136
1605　国定教科書糾謬ト題スル抗日文献　1941年5月　華中連絡部　華中調査資料147・思想資料55　36p [3, 47, 55]
1606　反反共ヲ論ズ：中共ノ頒布セル小学校補充教材　1941年11月　華中連絡部　華中調査資料278・思想資料126　5p
1607　中共中央書記処ノ発出セル児童保育辦法　1942年2月　華中連絡部　華中調査資料317・思想資料143　3p
1608　人民は如何にして敵軍を瓦解せしむるか　1941年5月　華中連絡部　華中調査資料138
1609　中国共産党各種秘密団体コミンテルン遊撃戦術の現況及動向報告　1941年12月　華中連絡部　華中調査資料286
1610　遊撃幹部訓練班ノ日本研究工程　1942年8月　本院　170p [50]

国共関係

1611　重慶国民政府の共産軍の地盤画定其の他の之に対する中共側意向　1941年2月

華中連絡部　華中調査資料118
1612　国民党ト共産党比較　1941年8月　華中連絡部　華中調査資料194・思想資料89　8p
1613　国共調整状況　1941年10月　華中連絡部　華中調査資料256・思想資料113　19p
1614　蘇北ニ於ケル国共摩擦ノ真相　1941年4月　華中調査資料124・思想資料45　156p

新四軍

一般

1615　新四軍ノ現状　1939年12月　華中連絡部　興亜華中資料104，中調聯政資料4　18p　[2, 3, 8, 42]
1616　第八路軍及新編第四軍に関する資料　1940年2月　華中連絡部　興亜華中資料137，中調聯政資料9
1617　新四軍の「戦士入伍政治読本」　1941年3月　華中連絡部　華中調査資料120
1618　再建新四軍組織系統表　1941年5月　華中連絡部　華中調査資料137・思想資料49　1枚
1619　抗戦四年来ノ新四軍　1941年8月　華中連絡部　華中調査資料200・思想資料91　37p
1620　新四軍　1941年8月　華中連絡部　華中調査資料210　16p
1621　解散迄ノ新四軍　1941年10月　華中連絡部　華中調査資料144・思想資料53　206p　[2, 3, 29, 40, 55]
1622　新四軍の「紀律実施条例」　1942年2月　華中連絡部　華中調査資料322
1623　新四軍ニ関スル実体調査報告書：蘇皖省境津浦線東部地区ノ部　1941年5月　華中連絡部　華中調査資料145・思想資料54　133p　[1, 2, 29, 40]
1624　中国遊撃運動現勢　1940年2月　華中連絡部　興亜華中資料138，中調聯政資料10
1625　游撃区内交通破壊実施法概要：浙江省国民抗敵自衛団総司令部機密文書　1941年1月　華中連絡部　華中調査資料105・思想資料33　24p
1626　中共東南局書記劉少奇ノ新四軍排長以上幹部会議席上ニ於ケル報告　1941年5月　華中連絡部　華中調査資料142・思想資料51　45p
1627　皖南事件後ニ於ケル新四軍ノ一般状況及活動地区ニ関スル報告書　1941年7月　華中連絡部　華中調査資料169・思想資料68　11p

宣伝工作

1628　新四軍ノ密発セル抗戦軍隊中ノ連隊政治工作　1941年6月　華中連絡部　華中調査資料167・思想資料65　15p
1629　新四軍ノ隊員教育用教育材料　1941年7月　華中連絡部　華中調査資料183　13p
1630　新四軍政治工作組織要綱　1941年7月　華中連絡部　華中調査資料173

1631　新四軍ノ作成セル戦士政治教材「鋤奸課本」(訳)　1941年12月　華中連絡部　華中調査資料292・思想資料131　21p
1632　流動訓練班教材　1941年6月　華中連絡部　華中調査資料157・思想資料58　11p
1633　新四軍第一師政治部ノ密発セル現下ノ部隊整訓方針ニ関スル訓令　1942年1月　華中連絡部　華中調査資料299・思想資料138　8p
1634　新四軍第六師長カ隷下部隊機関ニ密令セル会計秘密訓令　1941年10月　華中連絡部　華中調査資料247・思想資料108　27p
1635　我等ハ敵後方ニ於テ何ヲナスベキカ　1941年8月　華中連絡部　華中調査資料202・思想資料93　47p
1636　新四軍第六師政治部ノ発出セル国民政府(南京)軍隊ニ対スル反正展開工作ニ関スル指示　1941年7月　華中連絡部　華中調査資料178・思想資料76　17p
1637　農村工作宣伝教育材料　1941年10月　華中連絡部　華中調査資料258・思想資料115　21p
1638　新四軍ノ民衆組織法及工作綱領　1941年12月　華中連絡部　華中調査資料296・思想資料134　11p
1639　新四軍ノ公布セル中国人民武装抗日自衛軍暫行組織条例　1941年12月　華中連絡部　華中調査資料295・思想資料133　15p
1640　自衛隊ノ教育提綱　1941年12月　華中連絡部　華中調査資料297・思想資料135　10p
1641　赤色自衛隊教材：家庭と革命(訳)　1942年1月　華中連絡部　華中調査資料312・思想資料141　21p
1642　新四軍江北指導部第五支隊政治部の発出せる「路東路西に於ける民衆生活改善に関する実施辦法」　1941年5月　華中連絡部　華中調査資料135
1643　新四軍ノ日本並ニ和平陣営軍隊ニ対スル政治工作綱要　1941年6月　華中連絡部　華中調査資料163・思想資料63　37p
1644　清郷工作実施ニ際シ我カ軍ノ俘虜トナレル赤色太倉県長郭晞晨ノ談話要旨　1941年8月　華中連絡部　華中調査資料189・思想資料83　10p
1645　江南ニ於ケル反清郷工作　華中連絡部　華中調査資料225　15p

労働問題

1646　華北労働問題概説　1940年7月　華北連絡部政務局　402p　[1, 2, 3, 4, 8, 20, 49, 50, 53]
1647　北京市に於ける男女傭工紹介所　1941年1月　華北連絡部　華北資料簡報25
1648　華北ニ於ケル交通運輸労働者調査　1942年　在北京日本大使館　調査所調査資料264・厚生8　338p　[2]
1649　青島に於ける自由労働者対策　1939年8月　青島出張所　興青調査資料4
1650　青島市主要工業就業労働者出身県別素質調査　1939年　青島出張所　興青調査資料22　62p
1651　小港ニ於ケル自由労働者ノ現状　1940年8月　青島出張所　興青調査資料23　9

丁　[4]
1652　青島市工場労働者素質調査　1940年9月　青島出張所　興青調査資料22
1653　山東省各炭坑就業労働者事情調査報告　1941年4月　青島出張所　興青調査資料54
1654　山東省各炭砿労働事情調査　1941年5月　青島出張所　興青調査資料55　31p
1655　青島ニ於ケル邦人技術者ニ関スル調査報告　1941年6月　青島出張所　興青調査資料53　16p
1656　上海ニ於ケル支那労働者ノ生計費ニ就テ　1939年9月　青島出張所　興青調査資料8　8p
1657　小運送ノ作業労力ニ関スル調査：苦力ニ関スル調査　1939年11月　華中連絡部　興亜華中資料85，中調聯交資料14　48p　[3, 8, 14, 40, 48, 50, 54]
1658　碼頭荷役労働者ニ関スル調査　1939年12月　華中連絡部　興亜華中資料122，中調聯交資料35　5p　[8]
1659　紡績工業労働調査：A工場，B工場　1940年4月　華中連絡部　興亜華中資料170，中調聯工資料11　33p
1660　事変後の中支労働賃金　1941年8月　華中連絡部　華中調査資料216
1661　華中ニ於ケル労働運動状況　1941年9月　華中連絡部　華中調査資料243・思想資料105　24p
1662　国民政府ノ労働政策　1939年12月　華中連絡部　興亜華中資料92，中調聯文資料3　11p　[3, 8, 48]
1663　上海三興麺粉廠労働事情調査　1939年11月　華中連絡部　興亜華中資料51，中調聯工資料3　13p　[2, 3, 8, 48]
1664　最近ニ於ケル上海労働事情　1940年5月　華中連絡部　興亜華中資料163，中調聯文資料10　17p　[8, 9, 27, 43, 55]
1665　上海失業者処理案大綱　1941年12月　華中連絡部政務局　7p　[53]

保健及衛生

一　般

1666　支那に於ける急性伝染病の概況　1940年1月　本院技術部　興技調査資料32　71p　[3]
1667　支那側の衛生法規　1940年3月　華中連絡部　興亜華中資料198，中調聯社資料14
1668　事変前に於ける中国医育機関　1940年3月　華中連絡部　興亜華中資料152，中調聯文資料6　110p　[3, 8, 9]
1669　事変前ニ於ケル中国衛生行政機構並ニ衛生教育機関　1940年3月　華中連絡部　興亜華中資料153，中調聯文資料7　119p　[3, 8, 9, 54]
1670　事変前ニ於ケル支那側ノ防疫事業並ニ施設　1940年3月　華中連絡部　興亜華中資料154，中調聯文資料8　116p　[3, 8, 40]
1671　国民政府衛生事業概説　1940年9月　本院技術部　興技調査資料54　12p　[3]
1672　疾病予防に関する基本的資料の調査報告書　1941年12月　華中連絡部　華中調

査資料281　[4]
1673　検疫ニ関スル調査報告書　1942年6月　華中連絡部　華中調査資料405　162p　[47, 50, 53]
1674　大陸生活と健康維持　本院　44p　[2]
1675　蒙疆地区衛生　1939年6月　蒙疆連絡部　蒙疆調査資料1　44p
1676　張家口ニ於ケル医療機関並医療制度　1939年7月　蒙疆連絡部　蒙疆調査資料3　7p
1677　内蒙古に於ける伝染病地方病調査報告　1942年8月　蒙疆連絡部　蒙疆調査資料57　115p　[4]
1678　北支那衛生諸事情：北支蒙疆地方に於ける邦人の衛生状態に就て　1940年3月　本院　48p　[3, 4, 27]
1679　興亜基本地図集成(北支5号)衛生図　1941年1月　本院技術部　[2, 12]
1680　中支に於ける医療防疫調査書　1940年3月　華中連絡部　興亜華中資料195-197, 中調聯社資料11-13　129p　[1]
1681　中支ニ於ケルペスト防疫対策調査　1942年　華中連絡部　華中調査資料353　44p　[48, 53]
1682　上海に於ける伝染病発生表：自昭和8年至12年　1939年6月　本院技術部　興技調査資料27ノ1　22p　[3]
1683　上海に於ける痘瘡流行状況：自昭和13年至14年　1939年8月　本院技術部　興技調査資料27ノ2　18p　[3]
1684　上海ニ於ケル医育ニ関スル諸調査　1939年11月　本院技術部　興技調査資料26　9p
1685　屍体ノ処置　1939年3月　華中連絡部　興亜華中資料155, 中調聯文資料9　18p　[3, 8, 9, 40]
1686　デング熱ニ関スル調査報告　1942年7月　華中連絡部　華中調査資料429　48p　[4, 48]

コレラ
1687　1932年支那に起つたコレラの大流行に就て：特に上海に於ける流行に就て　1939年7月　本院技術部　興技調査資料23　35p　[3]
1688　霍乱の症状及アジヤコレラとの関係に関する研究　1939年9月　本院技術部　興技調査資料15　18丁　[3]
1689　1938年度支那側コレラ報告　1939年11月　本院技術部　興技調査資料24　5p
1690　支那に於けるコレラに関する気象学的要因に就きて第一報及び第二報及び上海に於けるコレラ保菌者に就きて　1940年1月　本院技術部　興技調査資料25　26丁　[3]
1691　支那に於けるコレラ流行の展望　1940年6月　本院技術部　興技調査資料39　112p　[3, 4]
1692　民国27年北京特別市コレラ予防工作報告書　1939年9月　本院技術部　興技調査資料37　27丁　[3]
1693　支那に於けるコレラ防疫方策　1942年　16p　[47]

マラリヤ

1694 マラリア媒介蚊図説　本院技術部　興技調査資料30
1695 マラリア治療薬及予防薬に関する概況　1940年1月　本院技術部　興技調査資料31　24丁　[3]
1696 支那ニ於ケルマラリア予防方策　1940年12月　16p　[4, 47]
1697 マラリヤ防遏調査　1940年12月　厦門連絡部　厦興技資料41　20p

薬　材

1698 北支薬草調査報告書　1940年8月　本院技術部　興技調査資料50　39p　[3]
1699 昭和14年度重要国防資源薬材ニ関スル報告　1941年3月　蒙疆連絡部　蒙疆調査資料37　48p
1700 北支ニ於ケル薬草調査　1940年3月　華北連絡部　調査資料22　133p
1701 華北土薬業公会の現況　1941年5月　華北連絡部　華北資料簡報36　[55]
1702 華北ニ於ケル中国第三国及日本系売薬事情調査　1941年5月　華北連絡部　調査資料121・文化9　162p
1703 漢薬異名調査　1941年6月　華北連絡部　調査資料139・厚生3　42p
1704 洋薬代用漢方処方調査　1941年8月　華北連絡部　調査資料152・厚生4　41p
1705 山東省ノ薬用植物　1941年5月　青島出張所　興青調査資料46　52p　[55]
1706 漢薬並に洋薬に関する調査　1939年10月　華中連絡部　興亜華中資料99，中調聯文資料2　[8, 13, 48]
1707 中支那重要国防資源薬用植物　1940年8月　華中連絡部　調査報告シアリーズ63
1708 中支に於ける漢薬調査報告　1942年3月　華中連絡部　90p　[3]
1709 漢方薬処方及漢薬異名調査　華中連絡部　華中調査資料311
1710 南方支配と生薬事情　1942年2月　本院技術部　興技調査資料69　13p　[3, 55]

飲料水

1711 蒙疆ニ於ケル水ノ現状トソノ対策：蒙疆学術調査研究団報告(其ノ1)　1941年1月　蒙疆連絡部　蒙疆調査資料41　44p
1712 蒙疆ニ於ケル水ノ現状トソノ対策：蒙疆学術調査研究団報告(其ノ2)　1941年9月　蒙疆連絡部　蒙疆調査資料44　70p
1713 張家口ノ井戸水調査報告　1941年1月　蒙疆連絡部　12p
1714 蒙疆地区昭和15年度冬期上水調査研究報告書　1941年5月　蒙疆連絡部　蒙疆調査資料39　32p
1715 蒙疆地方衛生対策昭和15年度冬期上水調査報告書　1941年5月　蒙疆連絡部　蒙疆調査資料40　26p

阿　片

1716 国民政府時代ノ阿片根本政策ト法規ノ変遷　1940年4月　華北連絡部　調査資料30　56p　[4]

1717　華北禁煙関係法規(邦訳)　1940年10月　華北連絡部　華北資料簡報17　39p
1718　阿片「アルカロイド」需給関係調査　1941年5月　華北連絡部　調査資料123・厚生1　26p
1719　天津ニ於ケル阿片密取引状況　1941年7月　華北連絡部　華北資料簡報40・文化1　14p
1720　昭和16年度華北ニ於ケル罌粟栽培等ノ状況ニ就テ　1941年7月　華北連絡部　華北資料簡報41・文化2　20p
1721　戒煙制度　1941年3月　華中連絡部　興亜華中資料288, 中調聯金資料35　10p
1722　阿片吸引に関する衛生的調査　1941年5月　華中連絡部　華中調査資料122　111p　[4, 58]
1723　金門島罌粟試作経過　1940年7月　厦門連絡部　厦興技資料34
1724　支那事変前に於ける金門島の罌粟栽培法　1942年3月　厦門連絡部　厦興技資料73
1725　金門島に於ける昭和15, 6年度期罌粟試作経過　1942年3月　厦門連絡部　厦興技資料72

災害及救済

1726　支那ニ於ケル救荒政策ノ概要：附旱害救済策ノ事例　1939年8月　本院技術部　興技調査資料16　31p　[4]
1727　昭和14年7月ノ水害ノ民衆生活ニ対スル影響　蒙疆連絡部　蒙疆調査資料4　9p
1728　錫林郭勒盟雪害状況調査報告　1941年4月　蒙疆連絡部　蒙疆調査資料36
1729　興亜基本地図集成(北支3号)水旱害図　1940年7月　本院技術部　[2]
1730　華北水害状況(其ノ1)：8月上旬現在　1939年8月　華北連絡部　興華北連政調資料4　12p
1731　華北水害状況(其ノ2)：天津市水害情報　1939年8月　華北連絡部　興華北連政調資料5　13p
1732　華北水害状況(其の3)　1939年8月　華北連絡部　興華北連政調資料6
1733　華北水害状況(其4)：河北省冀東道属各県ノ被害　1939年9月　華北連絡部　興華北連政調資料7　28p
1734　華北ニ於ケル水害状況(其5)：河北省保定道属各県ノ被害　1939年10月　華北連絡部　興華北連政調資料11　44p
1735　華北ニ於ケル水害状況(其ノ6)　1940年2月　華北連絡部　調査資料17　23p
1736　華北救済連合会ノ成立　1939年10月　華北連絡部　興華北連政調資料15　10p
1737　昭和14年度水害による於天津損害額調査表　1939年11月　華北連絡部　興華北連政調資料17
1738　揚子江ノ洪水予報ニ関スル調査報告　1942年　華中連絡部　華中調査資料420　12丁　[55]
1739　上海国際救済会年報　1940年5月　本院政務部　調査資料10　180p　[2, 3, 36, 50, 53, 55]

都市問題

1740 満州国主要都市建設ニ関スル調査　1940年11月　華中連絡部　華中調査資料91　77p　[1, 54]

1741 首都計画　1941年3月　本院技術部　興技調査資料56　139丁　[3, 4]

1742 北京都市計画概要　1941年3月　本院技術部　興技調査資料57　53p　[2, 3]

1743 天津塘沽都市計画概要　1941年3月　本院技術部　興技調査資料58　44p　[1, 3]

1744 北支ノ都市計画事業ニ就テ　1940年3月　華北連絡部　28p

1745 青島都市計画ニ関スル経済調査　1939年11月　青島出張所　22p

1746 青島都市計画経済調査書(第1編)　1939年10月　青島都市計画事務所　青島都市計画案　171p　[4, 27, 29, 53, 54, 55]

1747 青島都市計画経済調査書(第2編)　1939年10月　青島都市計画事務所　青島都市計画案　310p　[4, 29, 53, 54, 55]

1748 青島都市計画経済調査書(第3編)　1939年　青島都市計画事務所　青島都市計画案　180p　[4, 29, 53, 55]

1749 青島都市計画ニ伴フ鉄道,港湾計画案概算内訳　1940年4月　青島出張所　33p　[53]

1750 青島都市計画経済調査書　1940年6月　本院政務部　140p　[2, 13, 47, 48, 50, 55]

1751 青島都市計画水源調査報告　1940年6月　青島都市計画事務所　青島都市計画案　122p　[53]

1752 青島特別市地方計画報告書　1940年12月　本院技術部　200p

1753 中支に於ける水道浄化作業の改善に関する調査　1942年9月　華中連絡部　華中調査資料475　47p　[4, 20, 27, 48]

1754 大上海都市建設計画　1940年2月　本院政務部　調査資料3　80p　[3, 4, 55]

1755 江蘇浙江安徽3省の水道事業表　1940年9月　華中連絡部　興亜華中資料189,中調聯工資料9

1756 上海租界ニ於ケル公共事業会社調査　1941年4月　華中連絡部　華中調査資料133　9p　[50]

1757 上海都市建設計画改訂要綱　1942年　大東亜省　8p　[47]

1758 厦門都市計画　1939年11月　厦門連絡部　厦興技資料13　19p

1759 大厦門建設計画書：都市計画　1939年11月　厦門連絡部　厦興技資料14　21p

1760 厦門島温泉地質調査書　1940年8月　厦門連絡部　厦興技資料36

1761 厦門市下水道調査　1940年10月　厦門連絡部　厦興技資料43　28p

1762 厦門島附近航空写真測量計画(其ノ1)　1941年5月　厦門連絡部　厦興技資料51　26p

1763 厦門島附近航空写真測量計画(其ノ2)　1941年6月　厦門連絡部　厦興技資料56　8p

1764 厦門島風景計画調査書　1941年8月　厦門連絡部　厦興技資料62

1765　汕頭ニ於ケル電灯水道交通事業調査(附)汕頭一般事業　1939年6月　本院政務部　興亜資料(経済編)45　27p
1766　占領前ニ於ケル汕頭諸事業界事情　1939年7月　本院政務部　興亜資料(経済編)47　18p
1767　広東市ニ於ケル諸事業　1939年7月　本院政務部　興亜資料(経済編)52　14p
1768　シンガポール及ペナン都市事情概況　1940年2月　華中連絡部　[50]

文　化

一　般

1769　支那ニ於ケル文献保存ノ情態報告　1939年　本院文化部　64p
1770　対支文化工作基本資料(1)：養正一徳と八紘一宇　1940年5月　本院政務部　122p　執務参考資料　[2,3,55]
1771　思想，教育，宗教，学術に関する調査報告会速記録　1940年8月　本院政務部　調査資料16　295p　[2,3,16,27]
1772　「学術」ニ関スル調査報告書(第1編)：中支ニ於ケル研究所試験所　1941年8月　華中連絡部　興亜華中資料305，中調聯社資料15　82p　[1,2,3,50,55]
1773　「学術」ニ関スル調査報告書(第2編)：中支ニ於ケル学会，協会　1941年8月　華中連絡部　興亜華中資料306，中調聯文資料16　94p　[2,3,50,54,55]
1774　「学術」ニ関スル調査報告書(第3編)：中支ニ於ケル図書館　1941年8月　華中連絡部　興亜華中資料307，中調聯文資料17　45p　[2,3,50]
1775　「学術」ニ関スル調査報告書(第4編)：中支ニ於ケル博物館　1941年8月　華中連絡部　興亜華中資料308，中調聯文資料18　19p　[2,3,50]
1776　「学術」ニ関スル調査報告書(第5編)：学術探検　1941年8月　華中連絡部　興亜華中資料309，中調聯文資料19　57p　[2,3,50]
1777　「学術」ニ関スル調査報告書(第6編)：学術研究補助並ニ奨励　1941年8月　華中連絡部　興亜華中資料310，中調聯文資料20　49p　[2,3,50]
1778　「学術」ニ関スル調査報告書(第7編)：科学名詞ノ統一問題　1941年8月　華中連絡部　興亜華中資料311，中調聯文資料21　22p　[2,3,50]
1779　「学術」ニ関スル調査報告書(第8編)：学術書(主トシテ自然科学)ノ編訳刊行　1941年8月　華中連絡部　興亜華中資料312，中調聯文資料22　64p　[2,3,50]
1780　「学術」ニ関スル調査報告書(第10編)：学術文化方面に於ける欧米諸国の援助　1941年8月　華中連絡部　興亜華中資料305-314，中調聯文資料15-24　240p　[2,3(305-313)]
1781　戦争勃発後ニ於ケル図書接収ノ状況及之ガ利用ニ対スル意見　1942年4月　本院政務部　時局対策資料28　37p
1782　綏遠古文化遺燼図録　1941年7月　蒙疆連絡部　蒙疆調査資料45　452p
1783　興亜基本地図集成(北支4号)人文図(其1,2)　1940年7月　本院技術部　[2,12]
1784　北支各省図書館施設概況　1940年3月　華北連絡部文化局　18枚　[1]

1785　華北京漢沿線各市県ニ於ケル社会団体政治団体及其他文化団体並ニ宗教調査　1940年8月　華北連絡部　調査資料63　149p
1786　中北支ニ於ケル文化機関調査　1940年11月　華北連絡部　調査資料81　98p
1787　重慶側の文化機関並に文化人の動静　1942年4月　華中連絡部　華中興亜資料188　304p　[2, 48]

外国人ノ文化施設

1788　支那に於ける独逸の文化活動　1940年5月　本院政務部　興亜資料(政治編)12　60p　[2, 4, 27, 53, 54, 55]
1789　在支日本重要文化施設現況図　1940年12月　本院　支那建設要図
1790　第三国人文化施設現況調査　1941年6月　華北連絡部　現況総合調査資料8　227p
1791　第三国人文化施設現況調査資料　1941年7月　本院政務部　時局対策資料13　545p
1792　天津に於ける諸外国人の対支文化状況調査　1940年3月　華北連絡部　調査資料21　74p　[13]
1793　青島市ニ於ケル第三国文化事業　1941年1月　青島出張所　興青調査資料36　48丁　[27]
1794　現況総合調査報告(第3集)：文化関係　1942年6月　青島出張所　興青調査資料番外　82p
1795　上海，天津両租界に於ける重慶政府及び列国の文化活動　1940年1月　本院政務部　興亜資料(政治編)6　54p　[2]
1796　上海に於ける外資公益事業概要　1940年5月　華中連絡部　興亜華中資料36, 中調聯金資料29

思　　想

1797　王道思想に纏はる若干の基本問題　1941年2月　本院政務部　興亜資料(政治編)17　77p　[2, 3]
1798　現代支那思想　1939年11月　華中連絡部　興亜華中資料38, 中調聯社資料1　35p　[3, 8, 13, 40, 43, 48]
1799　北京天津思想団体調査　1940年5月　華北連絡部　調査資料33　402p
1800　青年運動宣伝戦並ニ思想的動向ニ対スル調査：河北省保定及山西省太原ヲ中心トスルモノ　1940年10月　華北連絡部　調査資料72　24p
1801　事変下支那民衆思想ニ就テ　1941年1月　青島出張所　興青調査資料30　85p　[11]
1802　中支那思想動向調査報告　本院文化部　62p
1803　華中鉄道関係中国青年層ノ対時局問題等ニ関スル動向　1941年8月　華中連絡部　華中調査資料193・思想資料86　12p

新　　聞

1804　支那ニ於ケル新聞紙一覧表　1941年3月　本院政務部　[2]
1805　華北ニ於ケル新聞雑誌通信社調査　1941年4月　華北連絡部　調査資料118・文化7　218p
1806　青島市ニ於ケル新聞社ノ概況　1940年12月　青島出張所　興青調査資料33　48p
1807　重慶側ニ於ケル新聞雑誌調査　1941年5月　華北連絡部　調査資料120・文化8　110p　[55]

演　　芸

1808　現代支那演劇俳優ノ思想的背景　1940年2月　華中連絡部　興亜華中資料101, 中調聯文資料5　56p　[3, 8, 13, 40, 50, 54]
1809　京劇改良運動の主張と実際　1940年7月　華中連絡部　調査報告シアリーズ35　55p　[1, 4, 50]
1810　現在上海並に奥地に活躍中の新劇界主要人物表　1940年3月　華中連絡部　調査報告シアリーズ2ノ1
1811　奥地話劇運動ノ概況及上海話劇運動ノ回顧　1940年6月　華中連絡部　調査報告シアリーズ2ノ2　45p　[1, 9, 54]
1812　上海劇壇と幇との関係　1940年7月　華中連絡部　調査報告シアリーズ37　79p　[1, 55]
1813　映画人名表　1940年4月　華中連絡部　調査報告シアリーズ6
1814　支那映画ノ製作傾向　1940年6月　華中連絡部　調査報告シアリーズ29　38p　[50, 53, 54, 55]
1815　思想的傾向ヲ有スル支那レコード　1941年6月　華中連絡部　調査報告シアリーズ30ノ1　77p　[50, 55]

教　　育

一　般

1816　支那教育視察報告会　1939年8月　本院文化部　50p
1817　支那教育視察報告　1939年　本院文化部　44p　[16]
1818　中国ニ於ケル教育並ニ思想ニ関スル調査　1939年10月　本院文化部　67p
1819　支那ノ教育制度ニ関スル調査報告書　1939年10月　本院文化部　38p
1820　北支那中支那ニ於ケル邦人教育情況調査　本院文化部　1939年11月　106p
1821　支那ノ教科書ニ関スル調査報告(其ノ1)　本院文化部　56p
1822　支那ノ教科書ニ関スル調査報告(其ノ2)　本院文化部　42p
1823　職業指導ノ見地ニ立ツ大陸視察報告(第1冊)　1939年　本院文化部　97p
1824　中国に於ける地方教育行政　1941年1月　華北連絡部　調査資料98　[20]

1825 別所局長ト張教育総長トノ定例会議要領　1942 年　華北連絡部　18p　[50]
1826 教育公報(第1,2,3期)：法規　1940 年 7 月　華中連絡部　調査報告シアリーズ 34
1827 「学術」ニ関スル調査報告書(第 9 編)：外国留学概況　1941 年 8 月　華中連絡部　興亜華中資料 313, 中調聯文資料 23　68p　[2, 3, 50]
1828 中国に於ける体育に関する調査　1941 年 9 月　華中連絡部　華中調査資料 229
1829 華北(河北，山西，河南省)及南京上海ニ於ケル教育施設概況　1940 年 10 月　華北連絡部　華北資料簡報 18　33p

蒙疆政権地域
1830 蒙疆ニ於ケル教育状況　1939 年 12 月　蒙疆連絡部　蒙疆調査資料 18　35p
1831 学校教育, 社会教育　1940 年 2 月　蒙疆連絡部　蒙疆調査資料 25　27p
1832 蒙疆ニ於ケル教育ノ概況　1940 年 5 月　蒙疆連絡部　140p

華　北
1833 華北ニ於ケル私塾概況　1940 年 8 月　華北連絡部　調査資料 62　10p
1834 華北ニ於ケル教科書編纂ニ関スル調査　1941 年 3 月　華北連絡部　調査資料 109・文化 4　28p
1835 北支ニ於ケル文教ノ現状　1941 年 7 月　華北連絡部　197p　[1, 2, 4, 10, 23, 26, 36, 40, 45, 51, 52, 53, 54]
1836 華北ニ於ケル社会教育状況調査　1941 年 8 月　華北連絡部　調査資料 155・文化 12　141p　[4, 50]
1837 華北農村教育調査報告　1940 年 8 月　華北連絡部文化局　254p　[1, 2, 4, 34, 39]
1838 華北郷村ニ於ケル教育及社会実態調査：河北省通県小街村, 富豪庄　1941 年 11 月　華北連絡部　調査資料 184・文化 15　332p　[35, 41]
1839 華北ニ於ケル第三国系学校調査(其 1)　1940 年 11 月　華北連絡部　調査資料 86　131p
1840 華北ニ於ケル第三国系学校調査　1941 年 4 月　華北連絡部　調査資料 90　392p
1841 河北各県ノ初等教育状況調査　1940 年 10 月　華北連絡部　調査資料 69　58p
1842 河北省保定地方及山西省太原地方ニ於ケル社会教育事情調査　1940 年 10 月　華北連絡部　調査資料 73　47p
1843 河北省保定及山西省太原ニ於ケル中等教育現況　1940 年 10 月　華北連絡部　調査資料 74　22p
1844 河北省献県教育事情調査　1941 年 2 月　華北連絡部　調査資料 99・文化 1　46p
1845 山東省魯西道各県教育事情調査報告　1940 年 2 月　華北連絡部　調査資料 15　276p　[1]
1846 山東省視察報告　1940 年 10 月　華北連絡部　華北資料簡報 13　24p
1847 山西省各県ニ於ケル初等教育状況調査　1940 年 10 月　華北連絡部　調査資料 70　66p
1848 山西ニ於ケル敵側教育状況　1941 年 2 月　華北連絡部　調査資料 89　107p
1849 管内邦人子弟教育状況調査報告　1941 年 3 月　青島出張所　興青調査資料 44　18p

華　中
1850　中支那教育改善私議　1939年12月　本院文化部　8p
1851　維新政府下に於ける学校教育の根本方針に関する欠陥に鑑み，東亜新秩序建設の一分担国として新中国に於ける将来の教育宗旨に対する私見　1939年12月　本院文化部　68,71p　[39]
1852　上海ニ於ケル教育状況　1941年7月　華中連絡部　興亜華中資料318,中調聯文資料25　241p　[1,2,3,4,50]

華　南
1853　重慶政府下ノ教育思潮ノ一端　1939年12月　本院文化部　33p

日語教育
1854　日本語普及ノ一条件トシテノ日本語教員養成ノ問題　1939年12月　本院文化部　19p
1855　蒙疆日語学校一覧表　1941年8月　蒙疆連絡部　5p
1856　華北に於ける日本人学校教員調査　1940年12月　華北連絡部　調査資料87
1857　華北ニ於ケル日本語普及状況(其ノ1)　1940年4月　華北連絡部　調査資料28　122p
1858　華北ニ於ケル日本語普及状況(其ノ2)　1940年5月　華北連絡部　調査資料36　208p
1859　華北ニ於ケル日本語普及状況(其ノ3)　1940年5月　華北連絡部　調査資料41　74p
1860　華北ニ於ケル日本語普及状況(其ノ4)　1940年8月　華北連絡部　調査資料59　118p
1861　華北ニ於ケル日本語普及状況(其ノ5)　1940年8月　華北連絡部　調査資料61　182p
1862　華北に於ける日語教師養成状況並に天津，済南，徐州，開封の各地学校に於ける日本語教育調査　1941年3月　華北連絡部　調査資料108
1863　中支那ニ於ケル日本語教育ニ関スル調査報告書　1941年8月　華中連絡部　華中調査資料218　20p,16枚　[1,4,53,55]

宗　教
一　般
1864　支那に於ける新興宗教　1940年4月　本院政務部　興亜資料(政治編)9　128p　[2,3]
1865　支那ニ於ケル第三国宗教団体ノ文化施設一覧　1939年　本院文化部　16丁　[55]
1866　コミンテルン，蘇連邦及び中国共産党の宗教政策に関する資料　1940年4月　本院政務部　興亜資料(政治編)11　94p　[1,2,50,54]
1867　日本側宗教に依る文化工作状況　1941年10月　華中連絡部　華中調査資料250

1868　支那ノ宗教行政　本院文化部　34p
1869　北中支ニ於ケル宗教現勢調査報告書　本院文化部　29p
1870　西北の宗教　1940年2月　蒙疆連絡部　蒙古西北叢書3
1871　中支那ニ於ケル民間信仰調査報告書　1939年11月　本院文化部　34p
1872　支那ノ回教　1941年7月　本院政務部　興亜資料(政治編)20　63p　[2, 3, 4]
1873　包頭ニ於ケル回民概況　1940年12月　蒙疆連絡部　蒙古西北叢書9　9p
1874　蒙疆ニ於ケル主要喇嘛廟ニ就イテノ調査報告　1940年4月　蒙疆連絡部　蒙疆調査資料27　98p
1875　蒙疆地域内神社調査　1941年8月　蒙疆連絡部　蒙疆調査報告3　10p
1876　北支那ニ於ケル日本宗教団体活動状況　1940年3月　華北連絡部　85p
1877　華北ニ於ケル日本諸宗教ノ進出状況調査(其1)：神道　1940年10月　華北連絡部　調査資料68　138p
1878　華北ニ於ケル日本諸宗教ノ進出状況調査(其2)：仏教，基督教　1941年2月　華北連絡部　調査資料88　484p
1879　華北ニ於ケル類似宗教団体社会事業団体調査(其1)　1941年7月　華北連絡部　調査資料145・文化11　141p
1880　山東省魯西道滋陽，曲阜，鄒，泰安及済寧県ニ於ケル宗教団体概況　1940年1月　華北連絡部　興華北政調報告13　31p
1881　北京市内仏教及道教団体調査　1939年10月　華北連絡部　興華北連政調報告8
1882　北京市に於ける仏教寺廟調査　1941年10月　華北連絡部　調査資料178・文化14　22p　[14]
1883　北京市ニ於ケル道教廟観ノ現況　1941年8月　華北連絡部　調査資料162・文化12　46p
1884　青島ニ於ケル支那側宗教活動状況調査　1941年6月　青島出張所　興青調査資料49　150p
1885　中支方面第三国宗教事業実情調査　1940年5月　華中連絡部　調査報告シアリーズ13　108p
1886　中支ニ於ケル宗教事情：第一部・中支宗教大同連盟ノ巻　1941年3月　華中連絡部　150p
1887　中支に於ける民間信仰の実情　1942年6月　華中連絡部　華中調査資料406　214p　[1, 3, 4, 20, 48, 50, 54]
1888　江蘇省に於ける有力なる民間信仰　華中連絡部　華中調査資料320
1889　南京及蘇州に於ける仏教の実情調査　1940年6月　華中連絡部　調査報告シアリーズ22　111p　[1, 55]
1890　南京及蘇州ニ於ケル儒教道教の実情調査　1940年7月　華中連絡部　調査報告シアリーズ42　114p　[4]
1891　杭州ニ於ケル仏教事情　1941年8月　華中連絡部　華中調査資料187　116p

基　督　教

1892　欧米人ノ対支文化事業トシテノ基督教　1939年10月　本院文化部　94p
1893　基督教徒ノ活動(要訳)　1939年9月　本院政務部　興亜資料(政治編)4　40p

[2, 50]
1894 支那カトリツク教布教史 1940年6月 本院政務部 興亜資料(政治編)10 110, 15p [2, 3, 4, 55]
1895 近代支那に於ける基督教教育の概況 1940年8月 本院政務部 調査資料19 70p [2, 4, 27, 39, 53]
1896 察哈爾盟並ニ西蘇尼特方面ニ於ケル耶蘇教況：附滅共宣伝実施状況 1940年8月 蒙疆連絡部 蒙疆調査資料31 26p
1897 蒙疆ニ於ケル基督教新教勢調査 1941年8月 蒙疆連絡部 蒙疆調査資料43 20p
1898 蒙疆地域天主教ニ関スル調査 1940年1月 蒙疆連絡部 蒙疆調査資料23 8p
1899 華北ニ於ケル基督教調査(其1) 1940年6月 華北連絡部 調査資料44 28p [13]
1900 華北ニ於ケル基督教調査(其2) 1940年6月 華北連絡部 調査資料47 154p [13]
1901 華北ニ於ケル基督教調査(其3) 1940年7月 華北連絡部 調査資料53 52p [13]
1902 華北ニ於ケル基督教調査(其ノ4)：天主教 1941年4月 華北連絡部 調査所調査資料107・文化2 346p [2]
1903 華北ニ於ケル基督教調査(其5) 1941年5月 華北連絡部 調査資料122・文化10 314p
1904 基督教神召会 1940年7月 華北連絡部 調査資料53
1905 倫敦会，救世軍，美以美会，長老会，復臨安息日会，中華基督教会 1941年5月 華北連絡部 調査資料122
1906 北支那ニ於ケル英米基督教会及其附属事業一覧表 1941年11月 華北連絡部 調査資料192・文化16 120p
1907 青島に於ける天主教：青島市を中心とするその歴史と現勢 1940年11月 青島出張所 興青調査資料31 211p [3]
1908 中支に於けるキリスト教 華中連絡部 華中調査資料319
1909 南京及蘇州に於ける基督教の実情調査 1940年6月 華中連絡部 調査報告シアリーズ23 56p [1, 53]
1910 上海に於ける基督教の実情調査 1940年7月 華中連絡部 調査報告シアリーズ39 87p [54]

気　　象

一　　般

1911 中華民国ニ於ケル既往気象事業ノ概要 1939年9月 華北連絡部経済第一局気象班 102p [36, 48, 53, 55]
1912 蒙疆一帯降雨日数及雨量ニ関スル統計 1939年12月 蒙疆連絡部 蒙疆調査資

料22　16枚
1913　華北蒙疆ニ於ケル官民気象機関調査　1942年　華北連絡部　[50]
1914　興亜基本地図集成(北支2号)気象図：其1, 2　1940年7月　本院技術部　[2, 12 (其2欠)]
1915　気象調査報告(第1号)　1941年8月　青島出張所　71p
1916　中支に於ける気象機関の調査　華中連絡部　華中調査資料321
1917　中支水稲地域ノ気象状況　1940年2月　本院技術部　興技調査資料34　54p
1918　厦門に於ける最近三ヶ年の降雨量調査　1940年2月　厦門連絡部　厦興技資料20

その他

1919　興亜技術委員会経過説明書　1941年9月　27p　[1]
1920　興亜院華北連絡部業務規程　1942年　華北連絡部　21枚　[50]
1921　昭和14年度調査事務処理概要　1940年4月　本院政務部　299p　[55]
1922　調査事務処理要領　1940年　華北連絡部　5枚　[50]
1923　昭和15年度調査計画及予算　本院政務部　1枚　[55]
1924　興亜院華中連絡部照会調査回答整理　1940年3月　華中連絡部　興亜華中資料186，中調聯金資料23
1925　中支調査機関連合会役員名簿　華中連絡部　[6]

補 遺

農　業

補 1　天津地区水稲播種農法調査報告　1941 年 5 月　華北連絡部経済第二局農政室 [4]

補 2　北支那産綿花改良増殖計画　1940 年 7 月　華北連絡部経済第二局　15 丁　[4]

補 3　生産立地条件ヨリ見タル北支綿花　華北連絡部経済第二局農政室　生拡農説明資料 1　47p　[4]

畜 産 業

補 4　蒙疆に於ける役畜利用状況調査報告　1943 年 1 月　大東亜省　調査資料 3，蒙疆調査資料 49　116p　[4]

補 5　蒙疆緬羊改良増殖状況調査報告書　1943 年 1 月　大東亜省　調査資料 3，蒙疆調査資料 72　158p　[4]

補 6　山西省羊毛資源調査　1942 年 8 月　華北連絡部　調査所調査資料 228・経済 86　136p　[4]

補 7　山東ノ豚毛ニ就テ　1939 年 8 月　青島出張所　興青調査資料 2　1 冊　[4]

補 8　北支ノ牛皮　1940 年 6 月　本院技術部　124p　[4]

工　業

補 9　支那に於ける電気事業設備の規格　1940 年　32p　[47]

財　政

補 10　支那中央政府内債統計資料(3)　1940 年 10 月　華中連絡部　興亜華中資料 206，中調聯財資料 18

目録索引

* 「興亜院調査報告所在目録」の書名(資料名)を50音順に配列した．末尾の数字は各刊行物の前に付した通し番号を示す．

あ

麻　254
亜細亜航業公司ノ現状　975
阿巴嘎炭田調査報告書　581
阿片「アルカロイド」需給関係調査　1718
阿片吸引に関する衛生的調査　1722
阿接善前旗の資力及生活の概況　44
廈門及附近地に於ける黄麻栽培法　260
廈門港調査　998
廈門港調査意見書　999
廈門江頭社間道路工事　965
廈門市下水道調査　1761
廈門市商工業繁栄意見書　865
廈門水産統計　440
廈門地区に於ける甘藷の形質調査　246
廈門島及金門島の土地改良に就て　162
廈門島及金門島の農林業　118
廈門島及金門島ノ煉瓦製造ニツイテ　713
廈門島温泉地質調査書　1760
廈門島禾山荒地利用農産増殖計画　138
廈門島，金門島煙草栽培計画調査　329
廈門島全図　1458
廈門島調査報告書　515
廈門島糖業ノ現状　755
廈門島ニ於ケル蔬菜栽培ノ適期適品種類　200
廈門島ニ於ケル養豚(肉豚)経済調査　403
廈門島農村華僑ニ関スル調査：中間報告　1494
廈門島農畜産増殖計画　120
廈門島農畜産統計　119

廈門島の農事改良小史　143
廈門島風景計画調査書　1764
廈門島附近航空写真測量計画(其ノ1)　1762
廈門島附近航空写真測量計画(其ノ2)　1763
廈門特別市政府成立記念造林実行計画　358
廈門特別市農事試験場設立計画：附農事講習所　178
廈門都市計画　1758
廈門に於ける最近三ヶ年の降雨量調査　1918
廈門に於ける水産業の発展状況及将来の指導方針　439
廈門ニ於ケル煙草耕種要領　327
廈門ニ於ケル農作慣行調査　121
廈門ニ於ケル農作物ノ開花結実成熟期一覧　221
廈門農業生産統計　122
廈門農民の台湾農業視察感想　140
廈門農林試験場設立計画　357
廈門の養鶩慣行　424
廈門を中心とする水産資源開発の根本方策　438
アルカリ性土地植棉法　276
安徽省懐遠県舜耕山淮南炭田調査報告　601
安徽省公報抄(邦訳)民国29年7月分第19期　1434
安徽省公報抄(邦訳)第20期　1435
安徽省宿県烈山及雷家溝炭田視察報告　599
安徽省宿県烈山雷家溝炭田作業報告　600

安徽省地方財政ニ関スル調査書　1166
安徽省地方財政ニ関スル調査報告書，主トシテ経費ニ就テ　1165
安徽省当塗県鉄鉱地に於ける磁力探鉱及重力探鉱報告　530
安徽省当塗県当塗南山鉄山試錐調査中間報告　543
安徽省当塗県当塗北区鉄鉱床調査報告：中間報告　542
安徽省銅陵県鶏冠山及金山鉄鉱床調査報告　545
安徽省銅陵県銅官山鉄鉱山調査報告　547
安徽省銅陵県銅官山鉄鉱床調査報告　546
安徽省繁昌県孤山鉄鉱床調査報告　544
安徽省繁昌県桃沖炭田調査報告　598
安徽省繁昌県桃沖鉄鉱山調査報告　552
暗殺ヲ論ズ(訳)　1314
安北方面一般状況　42

い

石井技師鉱物資源踏査中間報告概要　524
維新政府下に於ける学校教育の根本方針に関する欠陥に鑑み，東亜新秩序建設の一分担国として新中国に於ける将来の教育宗旨に対する私見　1851
維新政府江蘇省に於ける行政組織　1267
維新政府公報(邦訳)　1384
維新政府組織系統表　1265
一年来の華僑救国団体の活動状況(訳)　1506
印度通貨政策(B・P・アダーカー著)　1066

う

呉淞工業地帯造成計画概要　637
内蒙古に於ける伝染病地方病調査報告　1677
雲南省ノ新情勢　89
雲南政府戦時法令集　1298

運搬具ノ調査　908

え

映画人名表　1813
英国海軍ノ在天津英商汽船徴発，天津英商汽船会社ノ概況，天津駐屯米国マリン隊ノ一部引揚ゲ　1353
粤漢線に就て　948
粤東潮汕地方の農事管見　139
円域地区輸出入沿岸移出入額表　877
塩運河調査書　471
塩城県施政綱要　1273

お

応城塩に関する調査　476
王道思想に纏はる若干の基本問題　1797
欧米諸国の亜細亜経営ニ関スル調査：第1部英国ノ印度経営　1345
欧米人ノ対支文化事業トシテノ基督教　1892
奥地経済編：工鉱業　640
奥地経済編：農業　112
奥地工鉱業　498
奥地工鉱業　499
奥地支那ニ於ケル金融機構ノ再編成ト其ノ問題　1102
奥地支那ノ経済機構　94
奥地畜産　365
奥地農業問題ノ覚書　114
奥地物資搬出ニ関スル小運送ノ役割ト実施策：特ニ搬出物資ノ金融化ニ関聯シテ　905
奥地物資問題の一般的考察：糧食問題を中心として　772
奥地話劇運動ノ概況及上海話劇運動ノ回顧　1811
温州地区綜合調査報告書　7

か

戒煙制度　1721
海関金単位制度(1)　1185

海関金単位制度(2)　　1186
海関金単位ニ就テ　　1183
海関事情調査　　1181
海関事情調査資料　　1182
海関制度：国際条約及支那政府ノ権利義務　　1191
海関制度：事変後に於ける経緯：(1)接収(2)日英関税取極　　1189
海関制度：職員国籍(追加)　　1187
海関制度：組織，職員国籍　　1184
海関ノ予算制度並ビニ予算編成ノ順序　　1188
外交公報抄(邦訳)第6期　　1390
外国系船会社ノ進出沿革　　987
外国借款　　1170
外国勢力駆逐ノ観点ヨリ見タル揚子江航行問題(未定稿)　　1022
解散迄ノ新四軍　　1621
海州塩業調査書　　472
海州塩墾区土地改良策案　　155
海州附近に於ける塩田適地調査報告書　　473
海南島一般事情　　87
海南島稲作状況調査書　　273
海南島金融経済事情調査報告書　　1099
海南島鉱業概要　　516
海南島森林調査報告書　　363
海南島ニ於ケル銀事情　　1100
海南島ニ関スル資料　　88
外蒙　　45
外蒙現地概観　　1369
華僑送金額調査　　1489
華僑送金ニ関スル報告　　1488
華僑調査中間報告　　1487
華僑日本視察感想集　　1508
河北省各県政事情調査報告(巻1)：各県財政状況各県交通及商工業概況　　46
「学術」ニ関スル調査報告書(第1編)：中支ニ於ケル研究所試験所　　1772
「学術」ニ関スル調査報告書(第2編)：中支ニ於ケル学会，協会　　1773

「学術」ニ関スル調査報告書(第3編)：中支ニ於ケル図書館　　1774
「学術」ニ関スル調査報告書(第4編)：中支ニ於ケル博物館　　1775
「学術」ニ関スル調査報告書(第5編)：学術探検　　1776
「学術」ニ関スル調査報告書(第6編)：学術研究補助並ニ奨励　　1777
「学術」ニ関スル調査報告書(第7編)：科学名詞ノ統一問題　　1778
「学術」ニ関スル調査報告書(第8編)：学術書(主トシテ自然科学)ノ編訳刊行　　1779
「学術」ニ関スル調査報告書(第9編)：外国留学概況　　1827
「学術」ニ関スル調査報告書(第10編)：学術文化方面に於ける欧米諸国の援助　　1780
各種秘密団体ノ現況及動向：7月―9月　　1536
各地在住ノ華僑一覧表　　1495
霍乱の症状及アジヤコレラとの関係に関する研究　　1688
華興券流通状況(1)　　1084
華興券流通状況(2)　　1085
華興券流通状況(3)　　1086
華興券流通状況(4)　　1087
華興券流通状況(5)　　1088
華興券流通状況(6)　　1089
華興券流通状況(7・8・9)　　1090
華興券流通状況(10)　　1091
華興券流通状況(11)　　1092
華興券流通状況(12)　　1093
華興券流通状況(1,2)　　1096
華興商業銀行の栞　　1107
華興の設立　　1108
家畜家禽調査報告　　382
華中調査資料目録(1―3,5)　　16
華中鉄道関係中国青年層ノ対時局問題等ニ関スル動向　　1803
華中に於ける社会事業施設現況調査

華中ニ於ケル中共党軍政諸機関ノ発出セル
　法令，決議，綱領集　1571
華中ニ於ケル鉄道匪害ニ関スル調査
　940
華中ニ於ケル労働運動状況　1661
華中6省県市別棉田面積及繰棉生産予想
　量：第2次調査9月末現在　306
華中6省に於ける棉田及び棉産額累年統計
　表　301
学校教育，社会教育　1831
合作社概要(訳)　185
嘉定，太倉，常熟ニ於ケル主要農作物ノ耕
　種慣行　202
河南省塩務状況報告　463
河南省ノ土塩ニ就テ　462
河南省棉花調査報告　295
河南省豫東地区雑穀ニ関スル調査　237
華北亜鉛鉄板配給統制機構　562
華北亜麻(繊維用)工業立地条件調査報告書
　714
華北鋳物製造業立地条件調査報告　649
華北塩業立地条件調査報告書　454
華北塩務行政に対する一考察　484
華北塩務事情概況　453
華北各河川水文総表　1006
華北各級法院華系職員表：昭和15年10月
　現在　1250
河北各県ノ初等教育状況調査　1841
華北各省市職員表　1247
華北各省市道県並其所属機関華系職員調査
　表　1251
華北各地ニ於ケル糧穀取引機構ノ調査
　782
華北(河北，山西，河南省)及南京上海ニ於
　ケル教育施設況　1829
華北硝子工業立地条件調査報告書　711
華北機械器具製造業立地条件調査報告書
　654
華北機械製粉業立地条件調査報告書
　748

華北救済連合会ノ成立　1736
華北共産党の最高幹部臨時緊急会議決議事
　項　1568
華北郷村ニ於ケル教育及社会実態調査：河
　北省通県小街村，富豪庄　1838
華北禁煙関係法規(邦訳)　1717
華北緊急食糧対策要綱ニ関スル件　191
華北京漢沿線各市県ニ於ケル社会団体政治
　団体及其他文化団体並ニ宗教調査
　1785
華北工場統計(第1巻)　618
華北工場統計(第2巻)　619
華北工場統計(第3巻)　620
華北骨粉工業立地条件調査報告書　757
華北ゴム製品製造業立地条件調査報告書
　691
華北ゴム製品製造立地条件調査報告書：タ
　イヤ，ベルト其ノ他工業用ゴム製品製造
　業ノ部　692
華北柞蚕製糸工業立地条件調査報告書
　728
華北車両(汽車)工業立地条件調査報告書
　656
華北絨毯工業立地条件調査報告書　741
華北主要都市ニ於ケル華人側商工団体ノ現
　況　783
華北主要都市ニ於ケル銀号並当舗業調査
　1114
河北省宛平県楊家屯炭田(仮称)調査概報
　591
河北省懐柔県芽髻山調査概報　534
河北省各県公路一覧表　953
河北省各県別農産物生産量一覧　215
河北省冀東道地区　51
河北省献県教育事情調査　1844
河北省県政事情報告　1257
華北硝鉱行政ノ研究　679
河北省興隆県宏鑫馬蘭峪金山調査概報
　537
河北省興隆県長城金鉱調査概報　538
河北省山東省ニ於ケル重要古蹟古物

　　　　　1445
河北省市県戸数人口調査表　1467
河北省遵化県西茅山，鮎魚池，元菓壮調査概報　536
河北省津海道地区及冀南道地区　52
河北省井陘県金柱嶺石綿鉱踏査報告　578
河北省全省公路(自動車道路)ノ整理ト復工　954
河北省地方中華民国28年度(昭和14年度)収支決算書：附決算総表　1161
河北省地方中華民国29年度(昭和15年)歳入歳出収支予算表　1162
河北省ニ於ケル礦産調査概況　503
河北省ニ於ケル工場ノ概況並ニ対策　625
河北省保定地方及山西省太原地方ニ於ケル社会教育事情調査　1842
河北省保定及山西省太原ニ於ケル中等教育現況　1843
河北省保定道地区　50
河北省密雲県(郝各庄，水峪，東白岩)重石調査概報　557
河北省密雲県(火狼峪，康各庄，沙場)重石調査概報　555
河北省密雲県(九連庄，塘子荘，龍門山)重石調査概報　556
河北省密雲県小孤山大成金山調査概報　533
河北省密雲県冶仙山四道溝調査概報　535
河北省棉花調査報告　294
華北水害状況(其ノ1)：8月上旬現在　1730
華北水害状況(其ノ2)：天津市水害情報　1731
華北水害状況(其の3)　1732
華北水害状況(其4)：河北省冀東道属各県ノ被害　1733
華北製革工業立地条件調査報告書　688
華北製鉄業立地条件調査報告　648

華北政務委員会華系幹部職員略歴表　1252
華北政務委員会華系幹部職員略歴表　1254
華北政務委員会管下公布法令翻訳集(第1号)　1436
華北政務委員会管下公布法令翻訳集(第2号)　1437
華北政務委員会管下公布法令翻訳集(第4号)　1439
華北政務委員会管下公布法令翻訳集(第5号)　1440
華北政務委員会管下公布法令翻訳集(第6号)　1441
華北政務委員会管下施政一般状況(第1号)　1212
華北政務委員会公布法令翻訳集(第3号)　1438
華北政務委員会組織系統表　1248
華北政務委員会組織職員表：昭和17年5月1日現在　1255
華北政務委員会並ニ所属各機関各省市日系職員表　1253
華北石炭販売股份有限公司ト蒙疆鉱産販売股份有限公司トノ関係ニ関スル件　1136
華北セメント製造業立地条件調査報告書　708
華北染料工業立地条件調査報告書　663
華北曹達製造業立地条件調査報告　658
華北煙草製造業立地条件調査報告書　762
華北畜産状況調査　377
華北調査研究機関調査(其の1)：北京に於ける調査機関　3
華北電信事業調査書　1039
華北土薬業公会の現況　1701
華北塗料工業立地条件調査報告書　661
華北豚毛工業立地条件調査報告書　758
華北豚毛工業立地条件調査報告書　759
華北ニ於ケルアルコール製造業立地条件調

査報告書　685
華北ニ於ケル漢法獣医ニ関スル調査　379
華北ニ於ケル機械器具工業ノ立地ニ就テ　655
華北ニ於ケル教科書編纂ニ関スル調査　1834
華北ニ於ケル共産軍ノ現勢概況　1570
華北ニ於ケル基督教調査(其1)　1899
華北ニ於ケル基督教調査(其2)　1900
華北ニ於ケル基督教調査(其3)　1901
華北ニ於ケル基督教調査(其ノ4)：天主教　1902
華北ニ於ケル基督教調査(其5)　1903
華北に於ける工業動力の需給現況調査　623
華北ニ於ケル工場動力ノ需給現況調査報告書　624
華北ニ於ケル交通運輸労働者調査　1648
華北ニ於ケル米ノ調査(其1)　267
華北ニ於ケル米ノ調査(其2)　268
華北ニ於ケル私塾概況　1833
華北ニ於ケル社会教育状況調査　1836
華北ニ於ケル重慶側機関ノ現況及動向(第1号)　1278
華北ニ於ケル重慶側機関ノ現況及動向(第2号)　1279
華北ニ於ケル新聞雑誌通信社調査　1805
華北ニ於ケル水害状況(其5)：河北省保定道属各県ノ被害　1734
華北ニ於ケル水害状況(其ノ6)　1735
華北ニ於ケル第三国側工場ノ生産事情　621
華北ニ於ケル第三国系学校調査　1840
華北ニ於ケル第三国系学校調査(其1)　1839
華北に於ける第三国人権益現況：経済関係の部　1348
華北ニ於ケル第三国人ノ動向調査(第1回)　1335
華北ニ於ケル第三国人ノ動向調査(第2篇)

：11-12月　1336
華北ニ於ケル中国第三国及日本系売薬事情調査　1702
華北ニ於ケル通貨並物価ノ現状及其ノ対策　1076
華北ニ於ケル電気通信事業調査報告書　1040
華北に於ける日語教師養成状況並に天津, 済南, 徐州, 開封の各地学校に於ける日本語教育調査　1862
華北ニ於ケル日本普及状況(其ノ1)　1857
華北ニ於ケル日本普及状況(其ノ2)　1858
華北ニ於ケル日本普及状況(其ノ3)　1859
華北ニ於ケル日本普及状況(其ノ4)　1860
華北ニ於ケル日本普及状況(其ノ5)　1861
華北ニ於ケル日本諸宗教ノ進出状況調査(其1)：神道　1877
華北ニ於ケル日本諸宗教ノ進出状況調査(其2)：仏教, 基督教　1878
華北に於ける日本人学校教員調査　1856
華北ニ於ケル日本留学出身者調　1450
華北に於ける八路軍の郷村への侵入状況及農村の之に対する態度　1569
華北ニ於ケル米穀需給状況：昭和16年度　269
華北に於ける米穀調査　266
華北ニ於ケル貿易組合調査　781
華北ニ於ケル邦人企業ノ現況(其2)：企業許可状況　1138
華北ニ於ケル輸入配給業者調　784
華北ニ於ケル類似宗教団体社会事業団体調査(其1)　1879
華北農具(在来式)ニ就テ　106
華北農政経済対策資料(第1～5輯)　104
華北農村教育調査報告　1837
華北農地開発株式会社設立ニ関スル件

1134
華北貿易第三国並円域対比統計年報：其の6　845
華北燐寸工業立地条件調査報告書　680
華北綿織物工業立地条件調査報告書　719
華北棉花事情　278
河北棉花ノ産出及販運　293
華北棉作地帯ニ於ケル鑿井状況調査　167
華北棉産概況：華北棉産改進会8月末調査　287
華北棉産改進会29年度一至四月業務進行状況　289
華北綿糸紡績工業立地条件調査報告書　720
華北(蒙疆地区ノ一部ヲ含ム)ニ於ケル蓖麻ニ関スル調査　252
華北(蒙疆地区ヲ含ム)毛織物工業立地条件調査報告書　742
華北蒙疆ニ於ケル官民気象機関調査　1913
華北蒙疆の森林，樹木並に造林に関する基礎的考察　339
華北木材需要概況　347
華北窯業立地条件調査報告書　705
華北卵粉工業立地条件調査報告書　745
華北卵粉工業立地条件調査報告書　746
華北労働問題概説　1646
為替市場ニ於ケル英米ノ協力　1122
為替市場ノ構成要素　1123
管下政権組織及重要人事異動，施政一般状況，管下政権公布法令　1238
漢奸ノ財産没収並ニ分配辦法　1602
漢口地区金融事情調査報告書　1094
漢口南昌方面調査報告　511
監察院公報抄(邦訳)民国29年6月第1期　1395
広東在留邦人人口概算表　1479
広東三角州の甘蔗栽培　247
広東質屋業ノ概況　792

広東市ニ於ケル諸事業　1767
広東省経済地理　1459
広東省政府，広州市政府財政実績　1169
広東省土壌調査報告　163
広東省並ニ附近道路図及調書　963
広東省ニ於ケル水産業建設方針(訳文)・広州瓦斯工場設立意見書(訳文)　446
広東省ニ於ケル有望事業(1)　1143
広東省ニ於ケル有望事業(2)　1144
広東省ニ於ケル有望事業(3)　1145
広東省農村調査報告　145
広東省ノ「タングステン」鉱　558
広東食糧問題　194
広東市ヲ中心トスル長途バス調査書　962
広東戦時糧食自給運動ニ就テ　195
広東地方ニ於ケル豚ノ需給状況其ノ他　404
広東ニ於ケル燐寸ノ需給概況　684
広東ニ於ケル満州特産物取引ヲ中心トスル三江幇ニ就テ　791
広東ノ金融　1098
広東ノ専売事業　1198
管内邦人子弟教育状況調査報告　1849
皖南事件後ニ於ケル新四軍ノ一般状況及活動地区ニ関スル報告書　1627
漢方薬処方及漢薬異名調査　1709
漢薬異名調査　1703
漢薬並に洋薬に関する調査　1706

き

生糸調査報告資料　733
気象調査報告(第1号)　1915
北運河，南運河(支流衛河ヲ含ム)調書　1015
北支那粟，高粱，玉蜀黍改良増産計画　234
北支那衛生諸事情：北支蒙疆地方に於ける邦人の衛生状態に就て　1678
北支那及蒙疆ニ於ケル鑿井奨励ニ関スル条例　164

北支那小麦改良増産計画　226
北支那小麦調査　228
北支那産米増殖計画　265
北支那産綿花改良増殖計画　補2
北支那主要輸出農産関係品統計　208
北支那新港計画案　977
北支那土地改良事業処理要綱　157
北支那中支那ニ於ケル邦人ノ教育情況調査　1820
北支那ニ於ケル英米基督教会及其附属事業一覧表　1906
北支那ニ於ケル日本宗教団体活動状況　1876
北支那ニ於ケル日本商品ノ取引状況　886
北支那ニ於ケル反芻家畜ノ主要寄生虫病調査　381
北支那ニ於ケル牧草ノ資源調査報告　380
北支那ニ於ケル林業並ニ木材需給ニ関スル調査　341
北支那に於ける林産資源調査　342
北支那の水産業調査　427
北支那ノ木材規格及木材需給状況調査　345
北支那緬羊調査報告　407
冀東貿易事情　892
九江及芦山に於ける現行政機構　1272
救国公糧徴収ニ関スル宣伝文書及徴募便法　1603
旧国民政府の水利法案に就て　1004
旧南京政府時代に於ける河北省長芦塩区改良鹼地委員会に就て　482
窮乏ノ南支農村ト農業金融　187
教育公報（第1, 2, 3期）：法規　1413
共栄圏建設ト中支那経済　63
京劇改良運動の主張と実際　1809
共産党晋察冀辺区ノ状況　1565
共産党対策ノ観点ヨリ看タル白系露人処遇問題ニ関スル研究　1481
行政院公報抄（邦訳）第2, 3, 4, 5号　1392

行政院公報抄（邦訳）第7, 8, 9号　1393
行政院公報抄（邦訳）第14, 16号　1394
行政的見地ヨリ見タル「道」制ニ関スル調査　1231
極東交通論（エフ・ヴイ・ド・フェルナー）　895
極東ニ於ケル伊太利ノ権益ト政策（タマニヤ著）　1352
極東平和ノ先決条件　1325
基督教神召会　1904
基督教徒ノ活動（要訳）　1893
近代塩制ノ変遷　479
近代支那に於ける基督教教育の概況　1895
金門, 小金門及厦門島ニ於ケル塩業計画　477
金門島罌粟試作経過　1723
金門島耕地防風林造成計画　360
金門島荒廃造林実施計画書　362
金門島呉須土調査報告書　572
金門島コバルト鉱床調査報告　574
金門島コバルト鉱調査中間報告　573
金門島産馬改良増殖奨励計画　397
金門島水産処理上緊急を要する事項の現状と対策　445
金門島, 南澳島塩業調査　478
金門島に於ける昭和15, 6年度期罌粟試作経過　1725
金門島ノ水産業　444
金門島ノ馬匹調査　396
金門島模範耕地防風林造成実施計画　361

く

軍管理工場事業所分布図　616
軍政公報抄（邦訳）第1号　1402
軍政公報抄（邦訳）民国29年7月16日第2号　1403
軍政公報抄（邦訳）民国29年8月1日第3号　1404

け

薊運河調書　1014
京漢沿線県政復活状況調査　1260
経済封鎖ノ実効並ニ影響調査　30
警政公報(邦訳)第1,2号：法規　1405
警政公報抄(邦訳)第6,7号　1406
警政公報抄(邦訳)第9号　1407
警政公報抄(邦訳)第13号　1408
恵民土木事業概要　57
検疫ニ関スル調査報告書　1673
現況総合調査　1
現況総合調査：時局緊急対策資料　4
現況総合調査：政治経済文化関係諸事情　9
現況総合調査報告(第1集)：政治関係　1328
現況総合調査報告(第2集)：経済関係　768
現況総合調査報告(第3集)：文化関係　1794
現在上海工業調査　634
現在上海並に奥地に活躍中の新劇界主要人物表　1810
現在並戦前ニ於ケル乗合自動車運営ノ状況　956
現代支那演劇俳優ノ思想的背景　1808
現代支那思想　1798
現地放送記録　1038
現地木材調査報告　335
乾隆京城全図　1456

こ

興亜委員会の起草になる東亜新秩序確立の基本思想に関する若干の分析と批判　1526
興亜院華中連絡部照会調査回答整理　1924
興亜院華中連絡部資料調査報告　8
興亜院華北連絡部業務規程　1920
興亜院希望事項　12
興亜院執務提要　10
興亜院の指導精神に就て　11
興亜技術委員会経過説明書　1919
興亜基本地図集成(北支1号)地形図　1455
興亜基本地図集成(北支2号)気象図：其1,2　1914
興亜基本地図集成(北支3号)水旱害図　1729
興亜基本地図集成(北支4号)人文図(其1,2)　1783
興亜基本地図集成(北支5号)衛生図　1679
興亜基本地図集成(北支6号)耕地農家図　105
興亜基本地図集成(北支7号)小麦附高粱, 粟, 玉蜀黍　229
興亜基本地図集成(北支9号)葉煙草, 落花生附大豆, 胡麻図　213
興亜基本地図集成(北支10号)畜産図　364
興亜基本地図集成(北支11号)林産図　332
興亜基本地図集成：北支13号：鉄石炭図　495
交易市場設立ニ関スル現地調査報告　779
黄河応急処理対策ニ関スル踏査報告書　1011
黄河応急処理方案　1012
黄河上流地方ノ概貌：主トシテ河川並ニ水運ヨリ観タル　1010
黄河上流部水運並ニ水文調書　1009
黄河の改修に関する調査資料　1008
黄河の利水　165
交換用綿糸布第二回査定委員会議事録　717
興技調査資料発行調書：昭和16年4月2日現在　20
広九鉄路通車協定　947
工業薬品工場現況調査　666

航空燃料調査　612
膠済沿線ニ於ケル「セメント」工業立地条件調査報告　709
鉱産資源江西省星子県盧山附近浙江省呉興県隴山附近浙江省呉興県仁王山附近雲母蛍石調査報告　512
鉱山調査報告：山東省牟平金山調査概報(其ノ1, 其ノ2)・山東省沂水砂金鉱調査報告・山東省棲霞県五虎山鉛産地調査報告・山東省棲霞県城附近鉱床調査報告　539
考試院公報抄(邦訳)第2期　1414
考試院公報抄(邦訳)第3, 4期　1415
広州市年鑑(民国24年度)摘要　80
杭州ニ於ケル仏教事情　1891
杭州, 蚌埠方面ニ於ケル麻類ノ栽培慣行ト生産費調査　259
膠州湾塩場調査報告書　466
膠州湾ノ海産生物　426
広州ヲ中心トスル対外貿易事情　867
香上銀行株主総会ニ於ケルハース総裁演説　24
工商公報抄(邦訳)　1409
工商公報抄(邦訳)民国29年7月15日第7号　1410
工商公報抄(邦訳)民国29年9月30日第12号　1411
工商公報抄(邦訳)民国29年10月15日第13号　1412
江西省九江県城門山鉄鉱調査報告：中間報告　550
広西省鉱物資源概況　520
江西省瑞昌県銅嶺山鉄鉱調査報告　551
江浙に於ける生糸工場調査(統計表)　735
抗戦支那ノ宣伝工作　1534
抗戦支那ノ動態(第1号)　1284
抗戦支那ノ動態(第2号)　1285
抗戦支那ノ動態(第3号)　1286
抗戦支那ノ動態(第4号)　1287
抗戦支那ノ動態(第5号)　1288

抗戦支那ノ動態(第6号)　1289
抗戦支那ノ動態(第7号)　1290
抗戦支那ノ動態(第8号)　1291
抗戦支那ノ動態(第9号)　1292
抗戦支那ノ動態(第10号)　1293
抗戦支那ノ動態(第11号)　1294
抗戦支那ノ動態(第12号)　1295
抗戦支那ノ動態(第13号)　1296
抗戦支那ノ動態(第14号)　1297
抗戦支那の分析：政治, 軍事編　1207
抗戦四年来ノ新四軍　1619
抗戦四年来ノ陝甘寧辺区建設概況　1563
抗戦四年来ノ中国経済ニ対スル一般的検討　1600
江蘇省海洲鉱産資源調査報告　389
江蘇省江寧句容両県石炭石墨鉄鉱産地及安徽省石炭産地調査報告　603
江蘇省江寧県鳳凰山鉄山, 江寧県定林鎮銅山, 丹徒県高資鎮鉄山調査報告　548
江蘇省公報(邦訳)　1418
江蘇省公報(邦訳)　1419
江蘇省公報抄(邦訳)民国29年8月26日第14号　1422
江蘇省呉県洞庭西山島炭田予察調査報告　604
江蘇省松江県農村実態調査報告書　136
江蘇省常熟県大義橋・浙江省嘉興県真如郷農業経営改善指導調査中間報告書　111
江蘇省常熟県農業実態調査報告書　134
江蘇省政府公報(邦訳)　1420
江蘇省政府公報(邦訳)　1421
江蘇省蘇北地方棉花調査　309
江蘇省太倉県農村実態調査報告書　133
江蘇省地方財政に関する調査書(その2)　1168
江蘇省銅山県柳泉炭田調査概報　602
江蘇省ニ於ケル各県別内河水路状況　1028
江蘇省ニ於ケル県別各河流ノ起点, 終点, 経過地点並ニ各河流別重要貨物品名, 1

ケ月ニ於ケル輪船及民船ノ航行次数ノ調査　1029
江蘇省に於ける有力なる民間信仰　1888
江蘇浙江安徽各地施政概況　1268
江蘇浙江安徽3省の水道事業表　1755
江蘇，浙江，安徽3省ノ水道並電気事業概況　701
江蘇浙江安徽3省の電気事業表　700
江頭社高崎間道路工事　966
江頭社五通間道路改修工事計画　964
江南抗日義勇軍の沿革と現状　1308
江南人民抗日救国軍政治部蘇南第1, 2, 3, 行政専員及県長任命通会に関する件　1310
江南人民抗日救国軍を新四軍第三支隊に改編し江南指導部組織に関する宣言　1309
江南ニ於ケル反清郷工作　1645
江南に於ける反清郷工作：陳政治委員の反清郷に対する報告　1322
抗日根拠地ノ各種政策ヲ論ズ：中共中央機関誌解放社説　1598
抗日民族統一戦線運動史　1588
江寧句容両県下石炭調査概要　605
鉱物資源調査報告各地区別(自其の1至其の10)　527
公報日訳速報(第133～187号)　1378
江北地区綜合調査報告(概要)　6
江北地区踏査報告概要：水利班　172
黄埔港計画　994
公路ノ建設維持並ニ管理統制ニ関スル調査　955
港湾並ニ水運状況調査　1017
国営輸出機構の諸問題　776
国際関係の華北に於ける国共両党に及ぼせる影響　1333
国定教科書糾謬ト題スル抗日文献　1605
国土資源局調査報告書　32
国民政府衛生事業概説　1671
国民政府公報(第1号-26号)法規並に訓令　1385

国民政府公報抄(邦訳)第55号　1386
国民政府公報抄(邦訳)第59号　1387
国民政府時代ノ阿片根本政策ト法規ノ変遷　1716
国民政府実業部農本局ノ概観　175
国民政府組織系統一覧表　1224
国民政府組織系統職員表　1223
国民政府組織系統職員表：昭和15年5月1日現在　1221
国民政府組織系統職員表：昭和15年9月1日現在　1222
国民政府組織系統表　1225
国民政府ニ於テ樹立セラレタル建設予定線ノ再検討　915
国民政府ノ労働政策　1662
国民党ト共産党比較　1612
国共調整状況　1613
近衛内閣辞職，東条内閣成立ニ関スル広東地方ノ反響　1346
湖北省応城県応城膏塩鉱調査報告　474
湖北省蒲圻炭田調査概報　607
コミンテルン及びソ連邦の印度革命に関する資料　1524
コミンテルン，蘇連邦及び中国共産党の宗教政策に関する資料　1866
コミンテルン並ニ蘇連邦ノ対支政策ニ関スル基本資料　1522
コミンテルン並に中国共産党の三民主義批判に関する資料(1920-39年)　1523
コミンテルンノ現況及動向　1525
小麦及小麦粉　241
小麦及小麦粉：昭和15年度　242
小麦並に小麦粉調査報告　224
鼓浪嶼各碼頭状況調　1000
鼓浪嶼重要物資蓄積状況調　77
今後軍隊(共産軍)内の党建設　1304
今後ノ外蒙問題　1370
渾善達克沙漠調査報告　1454
渾善達克沙漠調査報告書　1453
根本方策に依り応急に採るべき具体的方策　96

昆明方面ニ於ケル最近ノ日用品ノ価格　1130

さ

在厦門貿易業者商社関係並個人経営業名簿　790
在華北邦人工場（含鉱山）技術者調査報告書　622
最近奥地農業問題ノ特質　113
最近上海商業銀行　1110
最近ニ於ケル厦門ノ事情ニ就テ　76
最近ニ於ケル上海労働事情　1664
最近に於ける青島経済概況　60
最近ニ於ケル福建ノ農業　116
最近ニ於ケル北支棉花作況　279
最近ノタイ国事情　1462
最近の中国共産党　1555
最近の緬甸事情　1460
最近ノ香港貿易　868
最近ノ満州国重要特産品ノ統制概況　780
再建新四軍組織系統表　1618
在滬蘇連機関　1339
在支日本重要文化施設現況図　1789
在支邦人都市別分布図　1474
在支港別船舶調査　972
在上海8銀行営業報告書（12月分）　1111
財政公報（第2, 3, 5号）法規　1398
在天津外国人人口統計表及伊仏租界人口統計表，在天津「華北明星報」及ビ「恵羅公司」ニ関スル情報　1470
在天津外国保険会社ノ近況　1148
済南市郊一農家の農法実態調査（第1巻）　129
在留第三国人人口調査資料　1466
在留邦人現況調査資料　1475
在留邦人調査・在留第三国人調査・租界状況調査　1463
産塩地帯ニ於ケル民食事情調査　451
三角地帯に於ける紡績製糸製粉の生産能力

産業上ヨリ見タル現在「ビルマ」概況　1461
山西省各県ニ於ケル初等教育状況調査　1847
山西省河南省青島特別市北京特別市（北支ノ都市計画事業ニ就テ）　1744
山西省五台県八搭村鉄鉱々床調査概報　540
山西省太原地方事情調査報告　58
山西省太原銘賢農業試験場調査報告書　177
山西省大同炭田調査報文　594
山西省定襄鉄鉱調査報告　541
山西省同蒲線沿線治安状況調査　1316
山西省に於ける雑穀調査　238
山西省平定県陽泉炭田調査概報　595
山西省棉花調査報告書　296
山西省羊毛資源調査　補6
山西ニ於ケル敵側教育状況　1848
山東金口区塩場調査報告　458
山東経済ノ特異性概要　53
山東市場ト日支貿易関係　888
山東省安邱県担山銀鉛鉱山調査概報　563
山東省塩業立地条件調査報告書　456
山東省各市県別戸数人口調査表　1468
山東省各炭坑就業労働者事情調査報告　1653
山東省各炭砿労働事情調査　1654
山東省咸寧塩場調査報告　459
山東省沂州県炭田調査報告　592
山東省沂水県桃花澗荘ノ銅鉱，王庄ノ鉛鉱及銅井ノ鉄鉱調査概報　560
山東省山岳地質　1457
山東省視察報告　1846
山東省主要農作物ノ本年度収穫予想高及出廻リ状況　214
山東省西部膠済沿線林業調査　349
山東省東半地区皮革ニ関スル報告書　417

目録索引——351

山東省徳県並ニ膠県ヲ中心トスル農村人口問題調査 1469
山東省並青島特別市蛍石調査 564
山東省ニ於ケルアルコール工業ノ将来ニ就テ 686
山東省ニ於ケル塩業 457
山東省に於ける甘蔗の栽培並に需給に関する調査報告 235
山東省ニ於ケル第三国人関係財産状況 1354
山東省ニ於ケル蓖麻子ニ就テ：重要軍需資源 253
山東省ニ於ケル林相ノ変化ト国運ノ消長 346
山東省ノ地下水 168
山東省ノ蛍石事情 566
山東省の燐寸工業 681
山東省ノ薬用植物 1705
山東省ノ窯業資源 707
山東省棉花調査報告書 291
山東省棉作事情調査報告 292
山東省魯西道各県教育事情調査報告 1845
山東省魯西道滋陽，曲阜，鄒，泰安及済寧県ニ於ケル宗教団体概況 1880
山東省魯西道泰安，滋陽，済寧，曲阜，鄒県事情調査 55
山東省魯東道福山県模範地区工作現況調査報告 56
山東の地質 504
山東ノ豚毛ニ就テ 補7
山東棉花の沿革 290
三年来延安ノ建設工作 1564
三民主義の東亜新秩序への発展 1533

し

自衛隊ノ教育提綱 1640
私塩事情調査報告 464
塩ノ重要性ニ就テ 450
塩ノ生産及需給ニ関スル調査報告 465
淄川炭田附近礬土頁岩調査概報 579
思想，教育，宗教，学術に関する調査報告会速記録 1771
思想的傾向ヲ有スル支那レコード 1815
屍体ノ処置 1685
疾病予防に関する基本的資料の調査報告書 1672
自動車代用燃料対策 903
支那：南方トノ経済関係 31
支那映画ノ製作傾向 1814
支那塩税ノ研究(其ノ1) 1192
支那塩税の研究(其ノ2) 1193
支那及南方占領地区に於ける船舶動員の可能性如何，支那及南方地区に於ける造船能力如何，戎克利用の可能性如何 974
支那及南方ニ於ケル通貨金融対策 1068
支那カトリツク教布教史 1894
支那側銀行ノ営業状態 1109
支那側の衛生法規 1667
支那関係主要会社一覧 1132
支那関係主要会社法令及定款集 1133
支那官吏制度ノ概要及養成機関ニ関スル調査 1214
支那教育視察報告 1817
支那教育視察報告会 1816
支那鹹地問題研究(其1) 153
支那鹹地問題研究(其2) 154
支那鉱業一覧表 486
支那抗戦力調査の方法論及総結篇 1205
支那交通，通信建設図 896
支那国際収支及民族資本利用ノ見地ヨリ南方華僑送金利用ノ可能性如何 1505
支那財政建設要図 1150
支那蚕糸貿易事情及現況調査報告：昭和16年度 830
支那蚕種ニ関スル技術調査報告 146
支那指導原理の研究 1529
支那事変前に於ける金門島の罌粟栽培法 1724
支那司法制度概況 1372
支那社会事業調査報告 1510

支那重要鉱産資源図　521
支那重要国防鉱産資源開発緊急対策意見
　（未定稿）　490
支那重要国防鉱産資源調査報告　491
支那重要国防農産資源獲得緊急対策意見
　（未定稿）　204
支那主要港湾建設並拡張計画　971
支那人口疎散及南方資源開発ノ見地ヨリ上
　海租界及香港ノ支那人ヲ南方ニ送ル可能
　性如何，南方失業僑工処理方法如何
　1465
支那人口ニ関スル資料　1464
支那新政権主要人物調査(第1編)　1447
支那人鉄工場一覧表　651
支那水利史　1003
支那政治国際関係図　1324
支那政治状況ニ関スル報告　1204
支那政府ノ国営貿易ニ就テ　770
支那西北地区ノ金鉱　532
支那西北ノ石油資源ニ就テ　613
支那西北方面ノ地下資源：附地下資源地図
　502
支那占領地区ニ於ケル農畜産資源獲得ノ可
　能性　386
支那対円域貿易統計年報：自昭和11年至
　昭和13年　875
支那茶業関係資料目録　21
支那茶事情　316
支那中央政府内債統計資料　1171
支那中央政府内債統計資料(3)　補10
支那鉄道橋梁復旧急施ニ関スル調書
　912
「支那鉄道建設規格並ニ線路強度ニ関スル
　件」ノ答申解説　916
支那南方間大陸連絡鉄道ノ敷設運営ノ可能
　性如何　945
支那ニ於イテ第三国ヨリ輸入杜絶ニ依リ期
　待スル最小限度ノ農作物資ノ質及量
　819
支那に於ける麻類増産の具体的方策
　248

支那ニ於ケル家畜防疫対策　366
支那ニ於ケル救荒政策ノ概要：附旱害救済
　策ノ事例　1726
支那に於ける急性伝染病の概況　1666
支那ニ於ケル建設用主要木材ノ合理的利用
　方法　331
支那ニ於ケル鉱業開発ノ可能性　492
支那に於ける工業奨励　617
支那に於ける航行行政　970
支那ニ於ケル港頭石炭積込方法ノ吟味
　969
支那ニ於ケル港湾施設調書　973
支那に於けるコレラに関する気象学的要因
　に就きて第一報及び第二報及び上海に於
　けるコレラ保菌者に就きて　1690
支那に於けるコレラ防疫方策　1693
支那に於けるコレラ流行の展望　1691
支那に於ける市制度の史的考察　1230
支那ニ於ケル食品及ビ栄養ニ関スル調査
　192
支那に於ける新興宗教　1864
支那ニ於ケル新聞紙一覧表　1804
支那に於ける戦時経済運営方策　98
支那ニ於ケル第三国宗教団体ノ文化施設一
　覧　1865
支那に於ける電気事業設備の規格　補9
支那に於ける電気通信用機器の規格
　1034
支那に於ける独逸の文化活動　1788
支那ニ於ケル農村合作社ノ検討　182
支那に於ける買辦制度並に銭荘機構
　1112
支那ニ於ケル秘密結社　1540
支那ニ於ケル文献保存ノ情態報告　1769
支那ニ於ケル放送事業発達ノ概況　1062
支那ニ於ケルマラリア予防方策　1696
支那農産物ノ生産需給ニ関スル資料
　203
支那ノ回教　1872
支那ノ教育制度ニ関スル調査報告書
　1819

支那ノ教科書ニ関スル調査報告(其ノ1) 1821
支那ノ教科書ニ関スル調査報告(其ノ2) 1822
支那の軍用飛行機及部分品輸入額調査 831
支那ノ軍用飛行機及部品輸入額調査 1302
支那の航空業に於ける外国資本 909
支那の社会経済問題 23
支那ノ宗教行政 1868
支那ノ水利及道路ニ関スル資料目録 22
支那の戦時経済 29
支那の対円域貿易統計 876
支那の立場より見たる支那物資南方向供給問題南方資源支那向期待問題 820
支那の地方自治問題 1229
支那の茶業開発に就て 311
支那の土地制度 148
支那ノ武器弾薬輸入額調査 1301
支那封鎖通貨論 1070
支那幣制統一問題 1072
支那貿易事変前後の比較図 765
支那(主トシテ中南支)貿易ノ特質：一般的見透ノタメノ覚書 853
支那民間に流布さるる支那指導原理：日支合作に関する支那側の主張 1531
支那向重要物資配給要領 874
支那ヨリ印度ニ亙ル鉄道軌間調書 911
支那ヨリ南方向供給シ得ル物資ノ質及其ノ最大量如何：中支・支那ニ於テ第三国ヨリ輸入杜絶ニ依リ期待スル最小限度ノ物資質及其ノ最大量如何：中支 818
支那ヨリ南方向供給シ得ル物資ノ質及其ノ最大量如何：北支 817
支那ヲ中心トスル日満支食糧問題対策 188
事変下支那民衆思想ニ就テ 1801
事変過程中ニ於ケル武漢工場概況 641
事変後進出主要企業図：支那東部250万分1図 1131

事変後第三国人相互間及第三国ト支那側間ノ財産移転調査資料 1349
事変後ニ於ケル旧交通部電政機関接収経緯並ニ未接収部分ノ接収方策ニ関スル調査研究 1041
事変後ニ於ケル小麦及小麦粉ノ生産並流動図：昭和15年12月末調 222
事変後に於ける第三国人相互間及第三国と支那側間の財産移転状況 1347
事変後に於ける鉄及石炭の生産並に流動図 522
事変後に於ける内河水運賃貨客輸送数量の調査 1019
事変後ニ於ケル北支地方財政ノ概況 1158
事変後ニ於ケル棉花ノ生産並ニ流動図：支那東部250万分1図 275
事変後の中支労働賃金 1660
事変前後ニ於ケル米ノ生産並ニ流動比較図：主トシテ中支：支那東部250万分1図 261
事変前後ニ於ケル卵及卵製品ノ生産並ニ流動比較図：支那東部250万分1図 744
事変前後ニ於ケル桐油ノ生産並ニ流動比較図：支那東部250万分1図 667
事変前後に於ける豚毛の生産並に流動比較図：支那東部250万分1図 411
事変前後ニ於ケル木材輸入量調査 333
事変前後ニ於ケル木材流通ニ関スル調査 352
事変前ニ於ケル外国船会社ノ分野 988
事変前ニ於ケル広東蚕糸業ト今後ノ方策 737
事変前ニ於ケル山東葉煙草事情 320
事変前ニ於ケル支那側ノ防疫事業並ニ施設 1670
事変前に於ける中国医育機関 1668
事変前ニ於ケル中国衛生行政機構並ニ衛生教育機関 1669

事変前ニ於ケル中国食糧作物ノ育種及其ノ拡張工作ニ関スル観察　223
事変前ノ支那蚕糸業関係法規集　730
事変の北支農村経済に及ぼせる影響　128
司法行政公報抄(邦訳)第17号　1391
社会部公報抄(邦訳)民国29年7月1日第2号　1417
社業統計：昭和13年度年報　633
ジャーデンマゼソン有限会社：其ノ沿革・機構並ニ事業　1142
暹羅ニ於ケル華僑ノ動向　1507
上海外国租界内に於ける社会事業施設一覧表　1363
上海為替市場ニ於ケル需給要素　1124
上海共同租界内国籍別業種別地域別工場一覧表　636
上海近郊ノ畜産ニ就テ　387
上海黒豚毛事情　416
上海劇壇と帮との関係　1812
上海港ノ実態調査　989
上海国際救済会年報　1739
上海在港第三国船舶調　991
上海三興麺粉廠労働事情調査　1663
上海失業者処理案大綱　1665
上海社会事業調査報告　1518
上海租界ニ於ケル公共事業会社調査　1756
上海租界ノ敵性調査(第1,2部)　1362
上海地区ニ於ケル土地制度　161
上海儲金匯業局分局現状調査並ニ上海郵政供応処調査報告　1103
上海,天津両租界に於ける重慶政府及び列国の文化活動　1795
上海電話会社ノ概況　1060
上海電話会社ノ概況　1061
上海特別市嘉定区農村実態調査報告書　135
上海特別市政府公報(第21号)：法規　1423
上海特別市政府市政公報抄(邦訳)第22期　1424
上海特別市に於ける社会事業施設一覧　1519
上海都市建設計画改訂要綱　1757
上海都勢調査(中間報告)　68
上海ニ於ケル医育ニ関スル諸調査　1684
上海に於ける外資公益事業概要　1796
上海ニ於ケル瓦斯事業ノ現況ト其将来　702
上海ニ於ケル教育状況　1852
上海に於ける基督教の実情調査　1910
上海に於ける公共事業会社調査　1517
上海ニ於ケル工業奨励　635
上海ニ於ケル支那労働者ノ生計費ニ就テ　1656
上海ニ於ケル重慶テロ　1321
上海に於ける銭荘業の動向　1116
上海に於ける伝染病発生表：自昭和8年至12年　1682
上海に於ける痘瘡流行状況：自昭和13年至14年　1683
上海ニ於ケル屠肉ノ消費並屠場概況　400
上海ニ於ケル日本側調査機関一覧表　5
上海ニ於ケル白露西亜人ノ状況　1480
上海ニ於ケル猶太人ノ状況：主トシテ欧州避難猶太人　1482
上海に於ける列国経済権益　1357
上海ノ軍票流通状況　1095
上海ノ対外物資需給状況及変遷トソノ調整策　855
上海碼頭調査　992
上海ヲ中心トスル支那造船業：中支航運ニ於ケル造船調査　657
上海ヲ中心トスル中支棉花事情　310
上海ヲ中心トセル各国宣伝諜報網ノ実情　1338
重慶側ニ於ケル新聞雑誌調査　1807
重慶側の文化機関並に文化人の動静　1787
重慶関係中国国民党第九次中央全体会議宣

言　1283
重慶抗戦財政ニ関スル若干資料　1156
重慶国民政府の共産軍の地盤画定其の他の之に対する中共側意向　1611
重慶国民党ノ現状並ニ動向　1280
重慶商業,貿易メモ　873
重慶政権戦時組織表　1274
重慶政治ノ弱点　1282
重慶政治ノ腐敗現状　1281
重慶政府下ノ教育思潮ノ一端　1853
重慶政府戦時法令集　1443
重慶政府戦時法令集(第1-7輯)　1442
重慶政府ノ国民精神総動員ト民族思想工作　1277
重慶政府ノ西南経済建設状況　97
重慶政府ノ「非常時輸入禁止物品辨法及輸出商品ノ外国為替売却差額受取辨法」　871
舟山列島地質鉱産予察調査:中間報告　510
重要国防資源開発上必要とする通信施設調査報告書　1047
重要国防資源支那特産品茶調査報告書　317
重要国防資源調査(第1回報告)蒋政権ノ外貨獲得ニ利用セラレアル中南支ノ鉱産資源　488
重要国防資源調査(第2回報告)特ニ不足セル重要鉱産資源　489
重要国防資源調査報告,繊維作物(麻)　251
重要資源対日供給図　878
重要物資移動調査実態要領　794
重要物資(米)流動経路並態型の調査:附(1)中支に於ける米の流動態型図(2)中支に於ける米の流動図　804
重要物資別公会規約集　789
珠江ニ於ケル水運事情調査報告書　1033
酒精工業立地調査報告書　687
出入国登記調　1490
首都計画　1741

主トシテ工場統計ヨリ観タル本事変前後ノ広東ノ状況　646
主要工業現況調査:煙草製造業　764
主要第三国諜報宣伝通信機関調査　1326
主要第三国諜報宣伝通信機関調査資料　1327
主要農産物貯蔵高及今後需給見透:昭和17年2月末現在　206
濬浦局及其ノ事業　995
小運送ノ作業労力ニ関スル調査:苦力ニ関スル調査　1657
商業の混乱と再建の方向　777
小港ニ於ケル自由労働者ノ現状　1651
嵊泗列島視察記　71
小清運河並ニ膠莱運河:山東北部運河　1013
蒋政権下の交通事業:公路の建設を中心として　960
蒋政権下ノ交通事業:鉄道建設ヲ中心トシテ　946
昭和11年華北貿易第三国並円域対比統計年報(其ノ1)天津,青島,秦皇島,芝罘,龍口,威海衛　843
昭和13年華北外国貿易第三国並円域対比統計年報(其ノ3)天津,青島,秦皇島,芝罘,龍口,威海衛　844
昭和14年度重要国防資源薬材ニ関スル報告　1699
昭和14年7月ノ水害ノ民衆生活ニ対スル影響　1727
昭和14年度水害による於天津損害額調査表　1737
昭和14年度水産統計　441
昭和14年度調査事務処理概要　1921
昭和14年度農業関係調査計画書　137
昭和15年厦門水産統計(12号)　442
昭和15年下半期厦門港重要物資貿易統計　866
昭和15年度麻調査報告書　255
昭和15年度(3月10日現在)中支調査機関連合会提出調査報告書目録　17

昭和 15 年度調査計画及予算　1923
昭和 15 年度中支那重要国防資源食糧作物調査報告書　240
昭和 15 年度ニ於ケル蒙疆主要農作物作況並ニ生産消費数量調査　207
昭和 15 年度葉煙草に関する調査報告　325
昭和 15 年度物動物資対日供給事情調査　879
昭和 15 年度北京在留邦人人口移動調査　1476
昭和 16 年 12 月中日本向輸出屠畜月報　399
昭和 16 年度華北ニ於ケル罌粟栽培等ノ状況ニ就テ　1720
昭和 16 年度華北棉産概況　286
昭和 16 年度管内主要農作物作付状況及収穫出廻予想　216
昭和 16 年度支那主要農作物作付状況及収穫出廻予想　205
昭和 16 年度煙草試作計画　328
昭和 16 年度中支ニ於ケル皮革工業調査　690
昭和 16 年度中支ニ於ケル皮革ノ流通ニ関スル調査　420
昭和 16 年度中支燐寸業報告書　682
昭和 16 年度農村現況調査実施計画　144
昭和 16 年度北支炭運炭線建設計画案　920
昭和 16 年米穀年度広東在留邦人食糧未消費推算　1478
昭和 17 年度第一次北支農産物収穫高予想調査報告　211
昭和 17 年度北支対日輸出計画表（物動物資）　887
諸外国農業政策事情　124
諸外国農業政策資料：欧州食糧事情，諸国トノ羊毛事情，ソ連養豚事情　125
職員住所録　1256
職業指導的見地ニ立ツ大陸視察報告（第 1 冊）　1823

食糧問題より見たる日本米と支那米との品質の相違に就て　271
資料調査報告　15
錫林郭勒盟視察報告　38
錫林郭勒盟雪害状況調査報告　1728
新匯画制度ニ就テ　1064
津海道塩山，慶雲両県に於ける私塩及土塩に関する調査報告　461
津海道新海県設治局管内ノ荒蕪地ニ就テ　152
シンガポール及ペナン都市事情概況　1768
審計制度　1155
新国民政府の国際収支見透　1154
晋察冀辺区軍司令聶栄臻の執筆せる「我等の堅決なる方針と動かすべからざる政策」　1567
晋察冀辺区の近状と将来の動向　1566
新四軍　1620
新四軍江北指導部第五支隊政治部の発出せる「路東路西に於ける民衆生活改善に関する実施辦法」　1642
新四軍政治工作組織要綱　1630
新四軍第一師政治部ノ密発セル現下ノ部隊整訓方針ニ関スル訓令　1633
新四軍第六師政治部ノ発出セル国民政府（南京）軍隊ニ対スル反正展開工作ニ関スル指示　1636
新四軍第六師長カ隷下部隊機関ニ密令セル会計秘密訓令　1634
新四軍ニ関スル実体調査報告書：蘇皖省境津浦線東部地区ノ部　1623
新四軍の「紀律実施条例」　1622
新四軍ノ現状　1615
新四軍ノ公布セル中国人民武装抗日自衛軍暫行組織条例　1639
新四軍ノ作成セル戦士政治教材「鋤奸課本」（訳）　1631
新四軍の「戦士入伍政治読本」　1617
新四軍ノ隊員教育用教育材料　1629
新四軍ノ日本並ニ和平陣営軍隊ニ対スル政

治工作綱要 1643
新四軍ノ密発セル抗戦軍隊中ノ連隊政治工作 1628
新四軍ノ民衆組織法及工作綱領 1638
新四軍ノ游撃戦術講授大綱 1307
新政権下ノ政治事情:6,7月分 1237
新政権下ノ政治事情,施政一般状況:4,5月分 1236
新線ノ建設ニ関スル調査(第二次報告) 930
清朝の辺疆諸部族に対する政策及制度 1364
人民は如何にして敵軍を瓦解せしむるか 1608

す

綏遠古文化遺燼図録 1782
水産関係法規ノ1:漁業法 430
衰退ヲ辿ル香港ノ将来 869
水中に於ける音波による測量に就て 1002
水稲栽培状況調査報告書 264
水霊山島事情 61
水霊山島地質調査報告 506
錫ニ関スル一般調査 561
汕頭一斑 82
汕頭ニ於ケル電灯水道交通事業調査(附)汕頭一般事業 1765
汕頭ノ背後地,潮梅地方(1) 83
汕頭ノ背後地,潮梅地方(2) 84
汕頭の背後地,潮梅地方(3) 85
汕頭の背後地,潮梅地方(4):交通之部 86

せ

生活必需品管理機構の諸問題 774
生活必需品流通機構再編の現況 773
生活必需物資消費調査 775
清郷工作(第2報) 1318
清郷工作(第3報) 1319
清郷工作(第5報) 1320

清郷工作実施ニ際シ我カ軍ノ俘虜トナレル赤色太倉県長郭晞晨ノ談話要旨 1644
清郷工作ニ就テ(第1報) 1317
清郷工作より得たる教訓 1323
製材工場現況調査 356
生産立地条件ヨリ見タル北支綿花 補3
生産力拡充五ケ年計画農産部門総括表 201
政治経済政策編:財政 1153
西南開発ト新興工業 643
西南工業の動力問題(訳文) 642
西南支那交通現状図 906
西南支那公路状況図 907
青年運動宣伝戦並ニ思想的動向ニ対スル調査:河北省保定及山西省太原ヲ中心トスルモノ 1800
聖武記(魏源) 1446
製粉工場分布図 747
西北交通史 952
西北商業状況 793
西北地域ニ於ケル資源ノ概況 36
西北地域ノ植物 338
西北地域ノ動物 373
西北著名人小伝(上) 1451
西北著名人小伝 1452
西北の産出する物資に就て 35
西北の宗教 1870
西北ノ石油 611
西北の牧畜 372
西北貿易ト回教徒 814
赤色自衛隊教材:家庭と革命(訳) 1641
赤色支那の内幕 1544
赤色蒙古の全貌 1371
浙江省公布諸法規 1431
浙江省公報:法規(第41,42,43,44期) 1432
浙江省公報:法規(第45,46期) 1433
浙江省政府管下各県財政状況 1167
浙江省地方行政組織関係法令集 1271
浙江省地方行政組織の諸機能 1270
浙江省地方制度の総合的観察 1269

浙江省長興県景牛山及土王山洞鉄鉱調査報告：中間報告　549
浙江省ニ於ケル各県別内河水路状況　1032
浙江省ニ於ケル県別各河流ノ起点，終点，経過地点並ニ各河流別重要貨物品名，1ケ月ニ於ケル輪船及民船ノ航行次数ノ調査　1031
浙江省に於ける養豚事業附大腿に関する調査　401
浙江省武義，義烏地区蛍石鉱山開発対日期待所要資材総括表　571
浙江省武義，義烏地区蛍石鉱山開発年度別所要資金並ニ工事明細表　570
浙江省蛍石開発計画(改正案)　568
浙江省蛍石開発対日調達主要資材計画表　569
浙江省余杭県鉄鉱満俺鉱調査報告　554
浙松江両塩場調査　475
浙東地区総合調査報告：概要　69
浙東地区に於ける麻及麻ボロ調査報告書　716
繊維工場現況調査　715
繊維作物「洋麻」　249
宣化県下に於ける稲作状況　263
陝甘寧辺区施政綱領　1562
陝甘寧辺区実録　1560
陝甘寧辺区に於ける新文化運動の現状　1561
1932年支那に起つたコレラの大流行に就て：特に上海に於ける流行に就て　1687
1938年度支那側コレラ報告　1689
自1936年至1939年中南支対外貿易収支表及要旨説明　856
占拠地区と敵地との物資交流(蚌埠)　807
戦後上海ノ物価状勢　1129
戦時下浙江省の農業水利調査報告　170
戦時経済政策編：交通　897
戦時経済政策編：通貨，金融　1073
戦時経済政策篇(商業，貿易)　769
戦時ニ於ケル海上輸送維持増強対策　1001
戦時の支那内政　1206
陝西省ノ資源及重工業的発展性ニ就テ　626
戦前に於ける主要公路自動車運輸状況(2)　958
戦前ニ於ケル小運送運営組織ノ調査　899
戦争ノ満州国対外貿易ニ及ボス影響　824
戦争勃発後ニ於ケル図書接収ノ状況及之ガ利用ニ対スル意見　1781
占領前ニ於ケル汕頭諸事業界事情　1766
占領地区ト敵遊撃地区トノ物資交流関係：経済遊撃活動ノ実情ト敵地ニ於ケル民衆組織：皖北ヲ中心トシテ　806
占領地区ニ於ケル重慶側機関活動状況　2
占領地区に於ける重慶側機関活動調査資料　1275
占領地区ニ於ケル重慶側機関ノ現状及動向，敵側游撃戦術ノ動向及其ノ被害状況，占領地区ニ於ケル第三国人ノ動向　1276

そ

総税務司署ノ沿革ト組織：昭和14年6月　1190
租界状況調査資料　1359
租界ニ関スル諸問題　1361
蘇州県人民抗日自工会の制定せる各種法令　1377
蘇州周辺敵情要図　1311
蘇州地方合作社調査報告：思想工作上の見地よりする合作社運動調査　184
蘇中軍区ノ成立　1577
蘇中目前ノ形勢ト任務　1578
蘇南第一区行政専員公署ノ指示セル予算決算表作成手続及実施辦法　1580
蘇南文化協会ノ設立　1581

蘇北共産地区実情調査報告書　1572
蘇北行政委員会司法会議決議　1573
蘇北行政委員会所属各行政区及県の糧食管理局組織規定　193
蘇北行政委員会ノ人民ノ夏期収入援助ニ関スル訓令　1574
蘇北地区綜合調査報告　1576
蘇北ニ於ケル国共摩擦ノ真相　1614
蘇北文化協会第1次代表大会ニ関スル資料　1575
蘇連の支那辺疆侵略　1365
ソ連の観たる新疆事情：新疆のソヴェート化に就て　1366

た

大厦門建設計画書：都市計画　1759
第1次北支経済建設懇談会会議録　27
第1回財政金融統計　1152
第5次北支経済建設懇談会会議録　1209
第三国権益ノ現状(租界及海関ヲ除ク)及第三国人ノ動向調査　1351
第三国人権益ノ現状調査資料　1350
第三国人文化施設現況調査　1790
第三国人文化施設現況調査資料　1791
対支文化工作基本資料(1)：養正一徳と八紘一宇　1770
大上海都市建設計画　1754
大東亜戦争開始後に於ける中央の動向を推し得る各種中共文献集　1552
大東亜戦争勃発後ニ於ケル現地状況　26
大東亜戦争勃発と重慶　778
大同官村方面雲母採掘状況調査概要報告書　576
大同ニ於ケル膠工場　671
大同に於ける膠工業　672
第74回帝国議会興亜院関係問題　1200
第75回帝国議会支那関係質疑応答集　1201
第76回帝国議会支那関係質疑応答集　1202
第77回第78回第79回帝国議会支那関係質疑応答集　1203
第2期定期治安関係調査報告　1315
第2次北支経済建設懇談会会議録　28
第八路軍及新編第四軍に関する資料　1616
対米輿論調査の観点より見たる猶太人処遇問題　1486
大北，大東，商大各電信会社の概況に就て　1049
第4次北支経済懇談会会議録　1208
第四国際緊急大会宣言　1331
大陸生活と健康維持　1674
大陸ニ於ケル第三国権益ニ属スル航空事業　910
大沽駁船有限公司の近況に就て　980
炭砿電力供給計画　589
淡水養殖業現地調査報告：菱湖鎮，湖州，蘇州，杭州方面　436

ち

治安状況調査：上海，南京，徐州(江蘇省)，開封(河南省)，太原，楡次(山西省)，保定，満城(河北省)　1313
地方税収ノ研究(1)　1163
察哈爾懐来県下稲作状況　262
察哈爾盟一般状況　39
察哈爾盟，錫林郭勒盟，巴彦達拉盟ノ鉱物資源　501
察哈爾盟内石炭概況　580
察哈爾盟並ニ西蘇尼特方面ニ於ケル耶蘇教状況：附滅共宣伝実施状況　1896
中(重慶側)英米ノ軍事合作接衝経過ト其ノ動向　1306
中央信託局ノ概貌　1101
中央政治ト憲政問題　1228
中華民国維新政府財政史　1164
中華民国維新政府組織系統及重要職員表　1264
中華民国維新政府組織系統及重要職員表　1266
中華民国維新政府法令集　1379

中華民国塩務関係法規集　449
中華民国華北政務委員会組織系統表　1249
中華民国憲法草案初稿意見書摘要彙編　1374
中華民国公文提要　1227
中華民国国民政府新法令集：民国29年度　1382
中華民国国民政府新法令集：民国30年度追補共　1383
中華民国国民政府法令集(第1-10輯)　1380
中華民国国民政府法令集(補編)(第1-8輯)　1381
中華民国31年度下半年国家収支総概算書　1157
中華民国大理院最高法院判例要旨(民法第1編：総則)　1375
中華民国大理院最高法院判例要旨(民法第2編：債権総則)　1376
中華民国登記船舶調査簿　976
中華民国土地利用統計　147
中華民国内債一覧表(1)：財政部経管　1172
中華民国内債一覧表(2)　1173
中華民国ニ於ケル既往気象事業ノ概要　1911
中華民国ニ於ケル農産・畜産・蚕糸関係品ノ貿易額：全支及中支三省　810
中華民国ニ於ケル農産・畜産・蚕糸関係品ノ貿易額・追録(1939年分)　811
中華民国ノ財政経済ニ関スル諸論文(訳文)　25
中華民国貿易月報：昭和15年5月中　813
中華民国法令索引：国民政府公報ノ部　1389
中華民国法令索引目録：政府公報索引目録　1388
中華民国臨時政府組織系統及重要職員表　1239

中華民国臨時政府組織系統及職員表　1240
中華民国臨時政府組織系統表　1246
中共機関誌社論集(1)　1554
中共中央書記処ノ発出セル児童保育辦法　1607
中共中央宣伝部ノ密発セル反日汪工作ニ関スル指示　1596
中共中央ノ太平洋戦争ニ関スル宣言　1551
中共中央の党性増強に関する決定　1558
中共中央ノ反ファシスト統一戦線ニ関スル決定　1595
中共東南局書記劉少奇ノ新四軍排長以上幹部会議席上ニ於ケル報告　1626
中共ノ密発セル戦時経済財政提綱　1599
中国革命と中国共産党　1550
中国共産主義同盟ノ第2次全国代表大会関係文献　1557
中国共産主義同盟(トロツキー派)ノ日ソ中立条約ニ関シ中共党員ニ呼掛ケタル檄文　1559
中国共産党各種秘密団体コミンテルン遊撃戦術の現況及動向報告　1609
中国共産党最近の活動状況　1542
中国共産党蘇中区党委員会拡大会議各期工作その他に関する決議　1579
中国共産党中央委員会ノ抗戦四周年紀念ニ際シ時局ニ対スル宣言　1548
中国共産党ノ現況動向並ニ其ノ対策　1556
中国共産党ノ現況並ニ動向　1553
中国共産党の現状及動向　1545
中国共産党の政策転換に関する資料　1543
中国共産党の透視(国民党中央組織委員会編)　1547
中国共産党の発出せる抗日民主地区に於ける国民教育普及に関する指示　1604
中国軍隊一覧表：昭和12年6月　1299
中国鉱産誌　494

中国社会事業の現状　1509
中国青年の当面の任務　1532
中国鉄路問題　913
中国統一度量衡一覧表　893
中国統税制度　1194
中国に於ける合作運動の今昔　180
中国に於ける関税自主権の限界並各国に於ける関税行政に就て　1180
中国ニ於ケル教育並ニ思想ニ関スル調査　1818
中国ニ於ケル憲法問題概説　1226
中国に於ける司法制度概況　1373
中国に於ける体育に関する調査　1828
中国に於ける地方教育行政　1824
中国に於ける長途電話の概要　1058
中国ニ於ケル農業倉庫ノ改良ニ就テ　174
中国ニ於ケル農業労働者雇用習慣及需給状況　101
中国農業の改進　100
中国農村地方に於ける電話制度の概要　1057
中国米　272
中国遊撃運動現勢　1624
中山県事情　81
中支麻調査報告：昭和16年度　258
中支建設と産学共栄会　65
中支航運ニ於ケル造船調査　997
中支在住ノ右翼ノ状況　1535
中支在留邦人及第三国人調査　1477
中支三角地帯ノ蔬菜園芸概況並ニ中支ニ於ケル果樹栽培視察報告　199
中支蚕豆事情　220
中支産葉煙草調査　323
中支塩の国内配給関係調査：事変前に於ける配給関係　467
中支塩の国内配給関係調査報告書：上流編　468
中支塩の国内配給関係調査報告書：下流編　469
中支主要都市物価指数　1128

中支新設各国策会社一覧表　1141
中支水稲増産の基本的諸問題　270
中支水稲地域ノ気象状況　1917
中支製紙工業調査報告書　678
中支製粉業立地条件調査中間報告　754
中支石油事情　615
中支セメント工業現況　710
中支地方ノ塩税ニ関スル調査報告　470
中支調査機関連合会規約　13
中支調査機関連合会交通通信分科会水運小分科会調査報告(未完)　1021
中支調査機関連合会調査資料目録　18
中支調査機関連合会調査資料目録(1)(2)　19
中支調査機関連合会農業分科会蚕桑関係調査報告　256
中支調査機関連合会役員名簿　1925
中支鉄鋼業立地条件調査中間報告　650
中支鉄道外国借款概要：中支交通ニ対スル列国勢力調査ノ一資料　1174
中支鉄道橋梁調査報告書　932
中支鉄道に於ける保安設備　938
中支鉄道に於ける保安設備　939
中支鉄道の沿革組織並借款　933
中支鉄道保税輸送ニ関スル調査報告　936
中支鉄道輸送客貨数ニ関スル調査研究：戦前ニ於ケル客貨輸送数量　927
中支鉄道輸送能力拡充方策に関する調査　929
中支鉄道労働ニ関スル一般的調査　922
中支鉄道労働ニ関スル一般的調査：鉄道現業関係従事労働者数ノ調査　923
中支鉄道労働ニ関スル一般的調査(2)：鉄道関係労働者ノ労働条件：労働賃金　924
中支鉄路愛護村ニ関スル調査研究　937
中支に於ける麻調査報告　257
中支に於ける麻(同製品)の流通に関する調査　799
中支に於ける医療防疫調査書　1680

中支に於ける運鉱鉄道に関する調査報告書　928
中支に於ける紙巻煙草製造業の沿革　763
中支ニ於ケル甘藷ノ生産需給調査中間報告　245
中支に於ける漢薬調査報告　1708
中支ニ於ケル官吏養成機関ニ就テ　1215
中支ニ於ケル生糸流通ニ関スル調査　729
中支に於ける気象機関の調査　1916
中支に於ける共産党軍情勢　1303
中支ニ於ケル魚獲量並貿易統計表　431
中支に於けるキリスト教　1908
中支ニ於ケル金融取引上ノ担保設定方法ノ調査　1065
中支ニ於ケル公路及自動車交通統制並ニ拡充ニ関スル調査研究　961
中支に於ける胡麻流通に関する調査　802
中支ニ於ケル小麦生産費調査中間報告　244
中支に於けるゴム(同製品)の流通に関する調査　693
中支ニ於ケル米ノ移動経路並態型調査　805
中支に於ける砂糖の流通に関する調査　801
中支ニ於ケル砂糖流通ニ関スル調査　800
中支に於ける自動車輸送客貨数量に関する調査　959
中支に於ける事変前の通信設備並通信取扱量に関する調査　1048
中支に於ける事変前の電信電話料金制度に関する調査　1056
中支ニ於ケル宗教事情：第一部・中支宗教大同連盟ノ巻　1886
中支に於ける主要金属及主要金属製品の流通に関する調査　513
中支ニ於ケル主要工場調査　632

中支に於ける主要商品概況調査(1)：中支棉花の流通　798
中支に於ける主要商品概況調査(2)　860
中支に於ける主要輸入品の流通に関する調査：機械，器具，車輪，船舶関係　859
中支ニ於ケル小運送体系ニ関スル調査　902
中支ニ於ケル小運送ニ関スル調査研究　901
中支ニ於ケル人絹織物類ニ関スル調査　739
中支ニ於ケル人絹糸流通ニ関スル調査　738
中支ニ於ケル信用合作社　183
中支に於ける水道浄化作業の改善に関する調査　1753
中支ニ於ケル石炭流通ニ関スル調査　596
中支に於ける船舶無線通信施設に関する調査　1045
中支ニ於ケル曹達並ニ塩利用工業ニ関スル調査及ビ其企業計画　660
中支ニ於ケル対外通信拡充ニ関スル調査研究　1042
中支に於ける大豆の流通に関する調査　803
中支ニ於ケル卵及同製品ニ関スル調査　423
中支に於ける茶の流通に関する調査　318
中支に於ける通信量(電報通数)に関する調査(1)　1051
中支に於ける通信量に関する調査(1)　1050
中支に於ける通信量に関する調査(2)：日華外人別通信利用状況調　1052
中支ニ於ケル鉄道輸送客貨数ニ関スル調査研究　925
中支ニ於ケル鉄道輸送客貨数ニ関スル調査研究：戦前ニ於ケル客貨輸送数量

目録索引——363

926
中支に於ける電線製造工場調査書　699
中支ニ於ケル電波統制ニ関スル調査研究
　（1）　1043
中支に於ける電波統制に関する調査研究
　（2）　1044
中支に於ける電報交流状況，電話通話状況
　調査説明資料　1054
中支ニ於ケル電報交流状況，電話通話状況
　調査説明資料：現在ニ於ケル中支那ノ通
　信量調査説明資料　1055
中支ニ於ケル桐油其他植物油ニ関スル調査
　研究　668
中支に於ける豚腸の流通に関する調査
　402
中支に於ける日本側の社会事業施設一覧表
　1520
中支ニ於ケル日本商品ノ販路ニ関スル調査
　研究　889
中支ニ於ケル農業政策ノ動向　109
中支に於ける乗合自動車の拡充計画
　957
中支ニ於ケル葉煙草　322
中支に於ける葉煙草の流通に関する調査
　324
中支ニ於ケル皮革ノ流通ニ関スル調査
　419
中支ニ於ケル非経済線ノ経済化ニ関スル調
　査研究　934
中支ニ於ケル非経済線ノ経済化ニ関スル調
　査研究：過去及現在ニ於ケル中支鉄道ノ
　営業実績　935
中支ニ於ケル飛行場調査　904
中支に於ける物価指数の問題　64
中支ニ於ケル物資移動経路及数量ニ関スル
　調査報告　797
中支ニ於ケルペスト防疫対策調査　1681
中支ニ於ケル貿易統制ニ関スル調査研究
　861
中支ニ於ケル貿易振興ニ関スル調査研究
　862

中支ニ於ケル放送無線電話ノ概況　1053
中支に於ける民営電話事業報告書　1059
中支に於ける民間信仰の実情　1887
中支ニ於ケル棉花調査報告書：昭和15年
　度　303
中支に於ける棉実流通に関する調査
　302
中支ニ於ケル木材ノ流通ニ関スル調査
　355
中支ニ於ケル木材流通ニ関スル調査
　353
中支に於ける油脂(同製品)の流通に関する
　調査　676
中支ニ於ケル油脂ノ流通ニ関スル調査
　674
中支に於ける輸入人絹糸及人絹織物の流通
　に関する調査　740
中支に於ける洋紙類の流通に関する調査
　677
中支に於ける羊毛毛糸並に毛織物流通に関
　する調査　743
中支ニ於ケル列国ノ政治的権益　1356
中支農業金融ニ就イテ　186
中支農村概観　132
中支ノ木材事情　354
中支物価及賃金調　1127
中支紡績業立地条件調査中間報告　724
中支方面第三国宗教事業実情調査　1885
中支燐寸業報告書　683
中支棉花の改良並に増産　299
中支棉花の改良並に増産：昭和15年度中
　間報告　300
中支羊毛資源調査報告書　410
中支6省に於ける第1回棉花作況調査：6
　月20日現在　304
中支6省ニ於ケル第2回棉花作況調査：7
　月末現在　305
中支6省ニ於ケル第3回棉花作況調査：9
　月末現在　307
中ソ軍事協定進捗状況　1305
中調連鉱業分科会第1班調査報告　496

中調連鉱業分科会第 7 班調査概報　497
中調連農業分科会調査報告　108
中南支主要輸出商品(15 種)一覧表　854
中南支対外貿易収支推計調査報告書　858
中南支港別転口移出入貿易調　863
中日実業株式会社ト其ノ事業一般　1140
中米連合間諜網南京区部ニ関スル資料　1312
中北支ニ於ケル文化機関調査　1786
張家口ニ於ケル医療機関並医療制度　1676
張家口ノ井戸水調査報告　1713
長江魚苗事情　434
調査事務処理要領　1922
朝鮮台湾ニ於ケル反帝反戦運動　1538
朝鮮棉花調査報告　277
長芦塩区水災被害情況報告　460
青島華人工廠要覧　629
青島漁港計画　429
青島漁港計画上参照諸点　425
青島港及其背後地経済事情　59
青島港貨物輸出入統計表　848
青島工業並現状　630
青島工業の構成並現状　628
青島港主要輸出入貨物噸数　850
青島工場要覧　627
青島港内外ニ於ケル航路標識改善強化ニ関スル打合会摘録及調査報告書　986
青島港に於ける本邦紡績業の復興状況と第二次復興計画　722
青島港に於ける木材需給調査報告書　350
青島港ノ海運ト主要貿易品概況　984
青島港ノ現在及将来　985
青島港ノ弱点ト其ノ対策　983
青島港背後地トシテノ北支炭砿　593
青島港背後地ノ概要　981
青島港背後地ノ鉱産物生産予想並青島港輸移出量想定　528
青島港輸出入貨物数量表　849

青島港ヲ中心トスル海運ノ大要　982
青島港ヲ中心トスル鉄道網　921
青島市工場労働者素質調査　1652
青島市主要工業就業労働者出身県別素質調査　1650
青島市土地制度概要　1213
青島市並膠済沿線ニ於ケル窯業工業立地ニ関スル調査報告　706
青島市ニ於ケル飼料資源ニ関スル調査報告書　383
青島市ニ於ケル新聞社ノ概況　1806
青島市ニ於ケル第三国文化事業　1793
青島市にける同業組合　786
青島市ニ於ケル油脂工業立地調査報告　673
青島市ニ於ケル煉瓦工業ノ現状　712
青島小港ヲ中心トスル民船貿易　847
青島生鮮食料品卸売市場調査報告　787
青島特別市域林業基礎調査報告　351
青島特別市管内ニ於ケル地下資源調査中間報告　565
青島特別市管内ニ於ケル地下資源調査中間報告続編　577
青島特別市郷区可耕地未墾地及既耕地潅漑排水状況調査報告書　159
青島特別市郷区内可耕未墾地及既耕地潅漑排水状況調査書　158
青島特別市郷区農村実態調査報告(其 1 : 農業技術篇)　131
青島特別市膠区王台鎮附近鉱産資源調査報告　505
青島特別市公署組織系統表　1262
青島特別市地方計画報告書　1752
青島特別市ニ於ケル主要食糧作物耕種事情ニ関スル調査　236
青島都市計画経済調査書　1750
青島都市計画経済調査書(第 1 編)　1746
青島都市計画経済調査書(第 2 編)　1747
青島都市計画経済調査書(第 3 編)　1748
青島都市計画水源調査報告　1751
青島都市計画ニ関スル経済調査　1745

青島都市計画ニ伴フ鉄道, 港湾計画案概算
　内訳　1749
青島梨ノ貯蔵試験　197
青島ニ於ケル支那側宗教活動状況調査
　1884
青島に於ける自由労働者対策　1649
青島ニ於ケル主要商品流通事情　846
青島ニ於ケル第三国人及一般情報調査報
　告：4月-6月　1263
青島に於ける青靿　1258
青島に於ける天主教：青島市を中心とする
　その歴史と現勢　1907
青島ニ於ケル物資需給ノ現況　851
青島ニ於ケル邦人技術者ニ関スル調査報告
　1655
青島ニ於ケル紡績業ノ現状　723
青島を中心とする農業調査　130

つ

通貨金融投資要図　1067
通信施設に関する調査　1046

て

定海県漁業調査報告　433
敵側必要物資需給推定　808
鉄鋼需給計画ニ伴フ未入手切符復活要求調
　書　653
鉄道建設及改良5ケ年計画案　914
鉄道公報抄(邦訳)第1, 2号　1416
滇越鉄道ノ輸送力　950
電気通信事業に関する調査　1036
デング熱ニ関スル調査報告　1686
転口税ニ就イテ：主トシテ事変後ノ新転口
　税ニツキ　1177
天津市中国側銀号営業現況調査　1115
天津市に於ける小麦粉需給状況　753
天津市に於ける小麦需給関係と其の見透し
　230
天津租界ニ於ケル第三国人ノ活動状況
　1334
天津地区水稲播種農法調査報告　補1

天津塘沽都市計画概要　1743
天津猪鬃組合第七次総会ニ於ケル議長報告
　(訳文)　414
天津鉄路局昌黎園芸試験場作況報告
　176
天津並秦皇島両港事情　979
天津ニ於ケル阿片密取引状況　1719
天津ニ於ケル外国権益ニ関スル調査(1)
　1147
天津に於ける銀行及銭荘の状況　1105
天津ニ於ケル資金凍結令ノ影響　1063
天津ニ於ケル純正国民党ノ活動状況
　1261
天津に於ける諸外国人の対支文化状況調査
　1792
天津に於ける諸油(石油, ガソリン, 機械
　油)外国商社の動向と貯油量及設備概況
　並に在天津英米人引揚状況　614
天津ニ於ケル第三国人ノ趨勢, 同英仏租界
　ニ於ケル邦人最近ノ進出状況　1471
天津仏租界財政事情　1360
天津磨房業ノ概況　750
天津ヲ中心トスル政党(結社)分野及現在ノ
　概況　1210
田租並田畝救国税徴収実施条例　1199
滇緬公路(昆明-ラシオ)現状図　968
電力並製鉄所分布図：昭和15年12月現
　在：支那東部250万分1図　694

と

独逸国土計画ニ関スル資料　33
独逸食糧経済ノ動向ト占領地農業工作
　126
独逸人ノ観タ大英帝国(上)　1342
独逸人ノ観タ大英帝国(下)　1343
東亜新秩序建設ト山東　54
東亜新秩序論　1527
東亜新秩序論概要並に其側面的補完作用を
　なす思想内容概説　1528
東亜ニ於ケル電気通信事業概要(第1編,
　第2編)　1037

統一戦線政策把握：陝甘寧四区県長連席会
　議ニ於ケル四区政府主席林柏渠報告
　　1594
党員ヲ経済ト技術工作ニ参加セシムルコト
　ニ関スル決定：中共中央書記処ノ発出セ
　ル指令　1601
登記船舶表　996
東西対照歴史年表　1444
統税　1197
統税ニ就テ　1196
統税ノ意義及現状　1195
洞庭湖浜の農村経済　115
党の建設講授綱要　1546
桐油及生漆：中支那重要国防資源支那特産
　品調査報告　669
桐油其他特殊林産物調査中間報告書
　　670
東洋化学工業株式会社経過報告　1139
東路　1586
東路教育委員会流動宣伝団関係文献
　　1587
徳化県錫林郭勒盟方面調査概要報告書
　　37
独ソ開戦ニ伴フ広東方面ノ反響　1340
特ニ不足セル重要鉱産資源　487
独流入海減河処理方策　173
塗料工場現況調査　662
豚毛に付テ　415

な

内閣興亜行政諸費予算追加要求書：適性文
　化施設ノ利用運営ニ伴フ経費　1151
内債市價　1175
内債の支払方法並に地点の問題　1176
内政公報抄(邦訳)第1期，第2期　1396
内政公報抄(邦訳)第4期，第5期　1397
内地ニ於ケル左翼運動ノ概況ト中支ニ於ケ
　ル特別要視人ノ動静　1539
内蒙ブリヤート部落調査報告　1511
内蒙放牧地ニ就テ　370
中支那沿岸漁業調査報告書　432

中支那教育改善私議　1850
中支那経済ト南方経済トノ関係調整　66
中支那工業立地条件調査一般報告：中間報
　告：中支那工業地帯形成に就て　631
中支那湖北省鄂城県鉄鉱地調査報告
　　553
中支那思想動向調査報告　1802
中支那重要国防鉱産資源安徽省安慶地方調
　査報告　392
中支那重要国防鉱産資源奥地調査報告
　　508
中支那重要国防鉱産資源杭州附近調査報告
　　393
中支那重要国防鉱産資源銭塘江以南調査報
　告　507
中支那重要国防資源生糸調査報告　734
中支那重要国防資源生糸調査報告会資料
　　731
中支那重要国防資源支那特産品調査報告：
　胡麻及胡麻油　219
中支那重要国防資源食糧作物調査報告書
　　239
中支那畜産資源牲畜ニ関スル調査報告書
　　385
中支那重要国防資源茶，生漆，胡麻，桐
　油，奥地農産物調査報告　218
中支那重要国防資源鳥卵，豚毛，禽毛，豚
　腸調査報告　384
中支那重要国防資源皮革　418
中支那重要国防資源棉花，麻，調査報告
　　298
中支那重要国防資源薬用植物　1707
中支那主要国防鉱産資源，南昌方面調査報
　告　608
中支那主要輸出入商品価格構成表　1126
中支那食糧各作物調査報告概況：小麦，大
　麦，蚕豆，菜種　243
中支那製糸業概況　732
中支那通貨制度：地方金融対策　1077
中支那土壌調査中間報告書　160
中支那ニ於ケル曹達並ニ塩利用工業ニ関ス

目録索引——367

ル調査　659
中支那ニ於ケル鉄道ノ建設ニ就テ　931
中支那ニ於ケル日本語教育ニ関スル調査報告書　1863
中支那ニ於ケル民間信仰調査報告書　1871
中支那ニ於ケル陸上小運送業者ノ業態調査　900
中支那農業水利調査報告書　169
中支那ノ経済ト其ノ建設　62
中支那ノ緬羊　409
中支那肥料調査中間報告　110
南運河流域事情調査報告　48
南澳島水産組合設立に関する調査報告書　448
南澳島大巴山タングステン鉱調査報告書　559
南澳島ニ於ケル水産調査報告書　447
南澳島ノ鉱産　519
南澳島ノ農林業　123
南京及蘇州に於ける基督教の実情調査　1909
南京及蘇州ニ於ケル儒教道教の実情調査　1890
南京及蘇州に於ける仏教の実情調査　1889
南京漢口間不開港地ニ於ケル港湾状況調査　1027
南京市政公報抄(邦訳)第59期　1430
南京市政府公報抄(邦訳)第52期　1427
南京市政府公報抄(邦訳)第53期　1428
南京市政府公報抄(邦訳)第54期　1429
南京特別市政府市政公報(邦訳)　1425
南京特別市政府市政公報抄(邦訳)　1426
南京都市計画ニ伴フ鉄道施設ニ就テ　941
南京無錫蘇州杭州瓦斯企業調査報告書　703
南支ニ於ケル銭荘ト典舗　1117
南支ニ於ケル第三国人口統計　1473
南支ニ於ケル茶業(訳文)　319

南支ニ於ケル潮汕地方ノ地位　79
南支方面に於ける水産事情　437
南潯鉄路に就て　949
南寧線復旧増強調査(第1編)　943
南寧線復旧増強調査(第2編)　944
南方援蔣ルート遮断ノ影響ト南方物資獲得ノ対策　872
南方支配と生薬事情　1710
南方ニ於テ第三国ヨリ輸入杜絶ニ因リ期待スル最小限度ノ物資ノ質及量如何・南方ニ於ケル資源開発資材ノ所要量及種類如何　828
南方ニ於ケル重要資源獲得ノ可能性　827
南方ノ立場ヨリ見タル支那物資南方向供給問題南方資源支那向期待問題　823
南洋華僑(1)　1499
南洋華僑(2)　1500
南洋華僑(3)　1501
南洋華僑(4)　1502
南洋華僑経済力ノ検討　1503
南洋華僑社会変遷ノ要因　1496
南洋華僑社会変遷要因及南洋移民影響　1497
南洋華僑ト閩南粤東ノ治安，都市化及交通　1491
南洋華僑ノ家庭ト婚姻　1504
南洋華僑ノ財的勢力　1498

に

西蘇尼特百霊廟武川地方視察一般概況　41
日満支経済ブロックの一環としての中南支那の経済的地位　95
日満支産業建設5ヶ年計画：北支　93
日満支産業建設五箇年計画塩業：北支1.長芦1.山東　483
日満支産業建設5ヶ年計画化学肥料生産計画説明書　664
日満支産業建設五個年計画苦汁工業　761

日満支農業部門ニ於ケル各種機関ノ調査採択要綱一覧　99
日満支貿易連絡協議会関係書類　885
日華合辦門頭溝煤鉱公司概要　590
日支蚕糸業ノ調整方策　727
日支事変ノ在北支第三国権益ニ及ボセル影響(其ノ1)日支事変ノ第三国側対天津貿易ヘノ影響　833
日支事変ノ在北支第三国権益ニ及ボセル影響：日支事変ノ天津第三国側銀行ノ影響　1104
日支茶業生産費比較に関する資料　315
日支茶業調整ニ関スル資料：支那茶ニ就テ　313
日支茶業調整ニ関スル資料調査　314
日ソ関係と中国の抗戦　1330
日ソ中立条約締結に関する毛沢東の発表せる意見　1332
日本及満州及び北支に本店を有する対中支関係商社の総資産調査：事変以後　884
日本側宗教に依る文化工作状況　1867
日本銀行券及軍票ノ流通状況　1071
日本権益確保の観点より見たる猶太処遇問題の研究　1484
日本権益確保の観点より見たる猶太処遇問題の研究　1485
日本語普及ノ一条件トシテノ日本語教員養成ノ問題　1854
日本人鉄工廠一覧表　652
日本ノ立場ヨリ見タル支那物資南方向供給問題，南方資源支那向期待問題　822
日本民間に流布さるゝ支那指導原理の調査　1530
日本ヨリ支那ニ供給シ得ル物資ノ質及其ノ最大量如何　883
日本ヨリ満支ヲ除キ南方向供給物資ノ質及量　829
日本留学支那要人録　1449
日本留学中華民国人名調　1448
寧波温州貿易ルートニ就テ　809
寧波地区実態調査書　70

ね
寧夏，甘粛省ノ概況　1367

の
農業用水としての北支の水質に関する調査：主として京漢線，隴海線，津浦線，京山線沿線地帯　166
農鉱公報(邦訳)第1, 2, 3, 4, 8号：法規　1399
農鉱公報抄(邦訳)第21, 22号　1400
農鉱公報抄(邦訳)第23号　1401
農作物収穫高ニ対スル農家消費及売却可能数量ノ作物別比較統計表　212
農村工作宣伝教育材料　1637
農村青年工作の諸問題　1589
農地開発株式会社設立要綱　151
農民抗敵協会組織章程　1592
農林業関係処理方針　117

は
梅園農場に就て　179
貝子廟，東，西ウヂムソン，林西方面自動車道路調査　951
包頭ニ於ケル回民概況　1873
葉煙草　321
葉煙草の流通事情：昭和15年度　326
八路軍及新四軍　1300
反掃蕩，反汪宣伝大綱　1590
反投降反親日派宣伝大綱　1591
反反共ヲ論ズ：中共ノ頒布セル小学校補充教材　1606
反封鎖ノ進展ト商業機構ノ再編　788

ひ
皮革工業ニ関スル調査　689
肥城桃調査報告　198
非鉄金属工場現況調査表　509
百霊廟ヲ中心トスル烏蘭察布盟　40
比律賓ノ独立再検討論　1344

目録索引——369

閩南粤東ニ於ケル産業事情　72

ふ

封鎖作戦下の重慶反封鎖問題　771
武漢地区重要国防資源畜産物調査　390
武漢地区重要国防資源畜産物調査報告書　388
武漢地区重要国防資源畜産物調査報告書　391
福州，厦門，汕頭及広東，各市ヲ中心トシテ軍ニ於テ接受管理セラルベキ諸事業諸施設ニ対スル応急復旧並ニ経営ニ関スル方策及其経費概算説明書　73
福州一般事情並福州ノ産業　78
物価調整並通貨吸収経過概要　1125
福建沿岸諸島嶼農林，畜，鉱，産資源調査概況書　75
福建華僑経済(鄭林寛著)　1493
福建産鉱分布表　518
福建省金門島に於けるコバルト鉱調査諸報告　575
福建省ニ於ケル工業ノ現勢　644
福建省ニ於ケル庶民金融機関ト合作社ノ進境　1121
福建省ニ於ケル石炭資源　609
福建省農村経済参考資料彙編　141
福建省農村に於ける墟市現況　142
福建省の漁業　443
福建省の公路　967
福建電気事業ノ現勢ト其改進方策　704
福建内地ノ惨況実地見聞録　74
福建林業資源開発計画資料　359
物資需給ノ現況　815
物資需給の現況調査・在支港別船舶調査・物動物資対日供給事情調査・物動物資1年後に於ける対日供給　767
物資動員計画説明書電気事業関係　697
物動計画非計画産業各分科需要額調　766
物動物資ノ1年後ニ於ケル対日供給最大可能量調査　880

仏領印度支那鉱業関係資料　500
阜寧県合興鎮方面に於ける棉業調査報告　721

へ

北京家鴨飼育法　422
北京下層社会ノ金融機関　1120
北京市商会役員名簿　785
北京市中国側銀行及銀号営業現況調査　1106
北京市内庶民金融機関調査(其ノ1)：北京市内ノ銀号状況　1118
北京市内庶民金融機関調査(其ノ2)：北京市内ノ典業情況　1119
北京市内の銀号状況　1113
北京市内仏教及道教団体調査　1881
北京市に於ける男女傭工紹介所　1647
北京市ニ於ケル道教廟観ノ現況　1883
北京市に於ける仏教寺廟調査　1882
北京市に於ける麺粉及雑穀需給状況　752
北京天津及青島に於ける外国商社　1135
北京，天津，済南，潍県及ビ青島ニ於ケル製薬廠調査　665
北京天津思想団体調査　1799
北京都市計画概要　1742
別所局長ト張教育総長トノ定例会議要領　1825

ほ

貿易価格ノ修正並其ノ為ノ準備的研究　857
貿易上カラ観タ福建省　864
貿易上ノ観点ヨリ見タル香港ノ援蒋性　870
貿易上不便トスル税関法規其他　1178
貿易統計：第1回中間報告　812
崩壊過程ニアル広西省ノ手工業　645
坊子附近蛤蟆屯重晶石鉱床調査報告　529
邦人企業ノ現況(其1)：特殊会社及準特殊

会社ノ現況　1137
紡績業企業条件調査　725
紡績工業労働調査：Ａ工場，Ｂ工場　1659
紡績工場分布図　718
豊鎮，平地泉，厚和ニ於ケル磨房調査報告　751
法幣インフレーションノ現段階ト糧食問題　1074
法幣崩潰ノ必然性　1069
法幣ノ前途　1075
法幣流通状況　1078
法幣流通状況(3)　1079
法幣流通状況(4)　1080
法幣流通状況(5)　1081
法幣流通状況(6)　1082
法幣流通状況(7)　1083
牧業状況調査報告写真帳　376
牧業状況調査報告書(前編)　374
牧業状況調査報告書(後編)　375
北支馬資源第１次実態調査　394
北支馬資源第２次実態調査(下篇)　395
北方及蒙疆に於ける主要なる建設用材備林造成方策　340
北支各省図書館施設概況　1784
北支合作社調査　181
北支慣行度量衡調査：京漢線主要都市及近郊郷村　894
北支砿山備林造成計画に関する調査報告　348
北支五省ニ於ケル食糧問題　189
北支小麦の品質及需給に関する調査　225
北支主要資源開発目標：自昭和14年度至昭和21年度物動年度ニ拠ル　816
北支硝石並に土塩予察概況　455
北支諸河川処理要綱　1007
北支水産概況　428
北支製鉄５ヶ年計画　647
北支製粉工場調査　749
北支石炭増産懇談会議事録　583

北支石炭増産懇談会議事録附属資料　584
北支炭液化計画　587
北支炭砿動力調査資料　585
北支炭砿動力調査総括資料　586
北支土着資本ニ就テ　1149
北支豚毛事情　412
北支並中支地方ニ於ケル司法制度　1211
北支ニ於ケル運輸状況調査　898
北支ニ於ケル家畜飼料資源調査　378
北支ニ於ケル小麦需給関係調査　227
北支に於ける雑穀調査　233
北支ニ於ケル主要食糧問題ニ関スル資料（麦粉，米，雑穀ノ生産及需給数量）　190
北支ニ於ケル食肉資源調査　398
北支ニ於ケル卵並卵製品調査　421
北支ニ於ケル土，硝塩及硝石ニ関スル考察　526
北支ニ於ケル土地改良ニ就テ　150
北支ニ於ケル豚毛調査　413
北支ニ於ケル文教ノ現状　1835
北支ニ於ケル薬草調査　1700
北支ニ於ケル落花生，落花生油及落花生粕調査　231
北支ニ於ケル落花生，落花生油及落花生粕調査　232
北支農産物収穫高予想調査報告(16年第2次)　209
北支農産物収穫予想調査並附帯農業基本統計調査各県調査要綱　210
北支ノ牛皮　補8
北支ノ地方事情概況　47
北支ノ都市計画事業ニ就テ　1744
北支の農具事情に関する調査　107
北支ノ木材事情：第6次調査報告　344
北支発電設備一覧表　696
北支棉花事情調査　280
北支棉作経営調査　284
北支棉作経営調査　285
北支蒙疆農業調査報告書　127

北支(蒙疆ヲ含ム)石炭ノ開発促進方策 588
北支木材事情：第5次調査報告 343
北支薬草調査報告書 1698
北支6港貿易月報(8月分)，北支6港沿岸貿易月報(9月分)，天津入港麺粉進口状況：9月下旬10月上旬 838
北支6港沿岸貿易月報(10月分)，北支6港貿易額月報(9月分)，天津入港麺粉報告：10月中旬11月中旬 839
北支6港沿岸貿易月報(11月分)，北支6港外国貿易月報(10月分)，天津入港麺粉報告：10月中旬12月下旬 840
北支6港外国貿易月報(7月号)，北支6港沿岸貿易月報(8月分)，天津入港麺粉状況：9月上中旬 837
北支6港外国貿易月報(11月分)，天津入港麺粉状況：昭和16年1月上旬中旬 841
北支6港外国貿易月報(12月号)，北支6港沿岸貿易月報(12月分，1月分)，天津入港麺粉報告：1月下旬 842
北支6港貿易月報(6月分) 835
北支6港貿易月報(7月分)，沿岸移出額表，附天津海関麺粉進口表：6月下旬 836
北支6港輸入額調 834
北中支間特定物資交易に関する協定 795
北中支間特定物資対当交易ニ関スル協定案 796
北中支ニ於ケル宗教現勢調査報告書 1869
蛍石ノ需給資料附浙江省作戦地域ノ鉱物資源 567
渤海沿岸ニ於ケルアルカリ地帯ノ開発利用計画 156
「ホルモン」剤原料家畜内臓ニ関スル調査 367
香港年鑑：昭和16年版 91
香港ノ現状ト其ノ発展策 90

香港発行重慶国民党機関紙(国民日報)ノ独ソ戦ニ関連スル論調 1341
香港有力華僑団体並ニ華僑人名簿 1492
本邦製茶会社ノ事業状況：日支茶業調整ニ関スル資料 312

ま

澳門事情 92
枕木，電柱，杭木及一般建築材規格調査報告書 334
碼頭荷役労働者ニ関スル調査 1658
マラリア治療薬及予防薬に関する概況 1695
マラリア媒介蚊図説 1694
マラリヤ防遏調査 1697
馬来聯邦鉄道調書 918
満洲及支那ニ於ケル煙草会社ニ関スル調査 760
満州及北支に於ける麻事情 250
満州国経済特ニ貿易ノ蒙ルベキ影響トソノ対策 825
満洲国主要都市建設ニ関スル調査 1740
満洲支那ニ於ケル重要資源対日供給数量ノ目標ニ関スル件 881
満洲ノ立場ヨリ見タル支那物資南方向供給問題南方資源支那向期待問題 821
満洲の鉄道 917
満州棉花調査 274
満州蒙疆北支及中支に於ける専用電気通信施設に関する調査 1035
満州ヨリ南方向供給シ得ル物資ノ質及其ノ最大量如何 826

み

水先人に関する調査研究 1018
水先問題に関する研究 1020
三菱豚腸工場概況 756
密貿易調査 891
南支那鉱産資源調査報告 517
南支那ニ於ケル葉煙草生産概況 330
民国27年北京特別市コレラ予防工作報告

書　1692
民国28年度河南省豫東道県政事情調査報告　1259
民国28年度河北省県政状況調査報告　49
民国28年度華北棉産改進会業務報告　288
民国28年北支海関統計表　1179
民国29年度華北禁煙収入調　1159
民国29年度山西省棉花事情調査　297
民国29年度北支棉花収穫予想　281
民国30年度華北政務委員会庫款収支実績　1160
民国30年度華北棉花作付情況　282
民国30年度華北棉産概況　283
民国31年1月1日ラジオ放送せる蔣介石の演説　1537
民国31年度青島特別市主要農作物実収高並ニ収穫予想高　217
民国塩官制　481
民国塩務改革史略　480
民衆運動工作講授提綱　1593
民衆再組織運動(新民会)ノ趨勢　1541
民主政治ト三三制政権ノ組織形式：彭徳懐ノ中共北方局党校ニ於ケル報告　1597
民船ニヨル輸送費ニ就テ　1005

む

無錫及太湖南岸地帯製糸業調査報告　736
無錫工業実態調査：中間報告　638
無錫工業実態調査報告書　639
無錫外五県ニ於ケル潅漑用動力揚水機ノ調査概要　171

め

メダン駐在英国領事報告：スマトラ東海岸地方ノ貿易状況(訳文)　832
棉花価格トノ比較(民国26-30年)　308

も

蒙疆一帯降雨日数及雨量ニ関スル統計　1912
蒙疆政権組織系統及重要職員表　1232
蒙疆地域天主教ニ関スル調査　1898
蒙疆地域内塩生産及需給調査　452
蒙疆地域内神社調査　1875
蒙疆地区衛生　1675
蒙疆畜産資源調査報告書　369
蒙疆地区昭和15年度冬期上水調査研究報告書　1714
蒙疆地区石棉，雲母，黒鉛，資源分布図及説明書　525
蒙疆地区ニ於ケル鉱物資源一覧表　523
蒙疆地方衣食住調査報告書　1516
蒙疆地方衛生対策昭和15年度冬期上水調査報告書　1715
蒙疆地方に於ける造林適地調査報告　337
蒙疆調査連合会各機関の有する資料目録　14
蒙疆鉄道(京包線，同蒲線)防水対策調査報告書　919
蒙疆に於ける役畜利用状況調査報告　補4
蒙疆ニ於ケル華人経営炭砿一覧　582
蒙疆ニ於ケル教育状況　1830
蒙疆ニ於ケル教育ノ概況　1832
蒙疆ニ於ケル基督教新教勢調査　1897
蒙疆ニ於ケル主要喇嘛廟ニ就イテノ調査報告　1874
蒙疆に於ける畜産指導の一考察　371
蒙疆に於ける土地改良に関する調査　149
蒙疆に於ける農産資源に関する調査　102
蒙疆に於ける肥料資源に関する調査　103
蒙疆ニ於ケル水ノ現状トソノ対策：蒙疆学術調査研究団報告(其ノ1)　1711
蒙疆ニ於ケル水ノ現状トソノ対策：蒙疆学

術調査研究団報告(其ノ2)　1712
蒙疆に於ける緬羊衛生状況調査報告書　406
蒙疆に於ける緬羊改良増殖の技術的可能性　405
蒙疆に於ける林業調査　336
蒙疆日語学校一覧表　1855
蒙疆牧業状況調査　368
蒙疆緬羊改良増殖状況調査報告書　補5
蒙疆臨時産業建設基本五ヶ年計画概略案：電力　695
蒙古地域鉱山地　493
蒙古ニ於ケル農, 商, 工, 鉱業　34
蒙古包ノ改善策調査報告　1515
蒙古民族生活実態調査報告　1512
蒙古民族生活実態調査報告　1514
蒙古民族生活実態調査報告書　1513
蒙古連合自治政府組織系及職員表　1233
蒙古連合自治政府組織系及職員表　1235
蒙古連合自治政府組織系統職員表　1234

や

山羊調査書　408

ゆ

游撃幹部訓練班ノ日本研究工程　1610
游撃区内交通破壊実施法概要：浙江省国民抗敵自衛団総司令部機密文書　1625
游撃戦ノ動向　1584
油脂工業現況調査　675
輸出入業及商業に於ける列国対中支投資統計資料　852
猶太人及白系露人問題　1472
猶太人問題ニ関スル調査報告書　1483
輸入原料杜絶及平和産業ノ後退ノ対支輸出ニ及ボス影響ト之ガ対策　882

よ

揚子江及び中支沿岸水運の統制並強化に関する調査研究　1024
揚子江及中支沿岸に於ける水運調査　1025
揚子江及び中支沿岸に於ける船舶輸送貨客数量の調査　990
揚子江解放問題の経緯　1026
揚子江航行権問題　1355
揚子江水運関係調査報告　1023
揚子江ノ洪水予報ニ関スル調査報告　1738
揚子江封鎖下ニ於ケル漢口経済事情　67
揚子江流域上部古生代の主要炭層に就きて　597
洋薬代用漢方処方調査　1704
豫鄂辺区軍政連合第二次代表大会ヲ通過セル決議条例　1583
豫鄂辺区軍政連合辦事処主席許子威ノ第二次軍政代表大会ニ於ケル報告　1582

ら

淶源県事情　43
莱陽梨調査報告　196
灤河水運, 水路並ニ水文調査報告書　1016
灤河羅家屯水力地点調査報告　698

り

硫硝安の流通　531
劉少奇等中共中央革命軍事委員会華中分会委員に任命せらる　1549
流動訓練班教材　1632
両替高調　1097
菱湖水産養殖業ノ調査　435
両淮地方ノ塩墾事業　485
両淮地方の水利と導准事業　1030
臨時政府各機関日系職員表　1241
臨時政府幹部職員略歴表　1243
臨時政府幹部職員略歴表(其の1)　1245
臨時政府重要人事移動表　1244
臨時政府組織系統表　1242

れ

列強官吏制度ノ概要及養成機関ニ関スル調
　査：英国　　1217
列強官吏制度ノ概要及養成機関ニ関スル調
　査：スヰス連邦官吏制度ノ概況　　1220
列強官吏制度の概要及養成機関に関する調
　査：ナチスドイツ　　1218
列強官吏制度ノ概要及養成機関ニ関スル調
　査：フランス　　1216
列強官吏制度ノ概要及養成機関ニ関スル調
　査：米国　　1219
列強対支投資状況ノ検討　　1146
列強ノ南支権益大要　　1358
列国の対支援助　　1329
列国の諜報宣伝機関　　1337
連雲港拡張計画　　978

ろ

露西亜の外蒙政策　　1368
倫敦会，救世軍，美以美会，長老会，復臨
　安息日会，中華基督教会　　1905

わ

淮南線復旧増強調査　　942
淮南炭砿及び鉄道事業報告　　606
淮南炭搬出施設建設計画　　514
淮北蘇皖辺区行政公署ノ設置　　1585
我国に於ける人造石油事業の概況　　610
我ガ対南支貿易ノ将来　　890
我邦ノ南支経済工作ヨリ見タル黄埔港築港
　及附帯事業ノ重要性　　993
我等ハ敵後方ニ於テ何ヲナスベキカ
　　1635

あ と が き

　本書は，10年余にわたり(財)東洋文庫をセンターにして活動を続けてきた戦前戦中期中国実態調査資料研究会が，この3年間興亜院の調査に焦点を絞って行った研究の成果である．この興亜院調査の共同研究に参加したメンバーは，内山雅生，奥村哲，金丸裕一，久保亨，曽田三郎，富澤芳亜，弁納才一，本庄比佐子，松重充浩，三谷孝の10名であった．

　筆者の関係する東洋文庫は興亜院の調査報告書をかなり所蔵している．しかし，この共同研究を進めるなかで，それらが，2,000点近い全報告書類からすれば，10分の1にしかならないことを知った．同時に，かなりの報告書類が現在の日本では見あたらないことも判明した．一方，2001年10月，外務省外交史料館で「茗荷谷研修所旧蔵記録」と呼ばれる文書群が公開され，そこには興亜院の文書も含まれていたのである．直ちに利用させてもらった次第で，私たちの研究にとって誠に幸運なことであった．加えて，各地の機関に散在する利用可能な報告書類を具体的に検討・分析することを通して，本書では，経済調査，特に資源調査に重点をおいた興亜院の調査の主要な特徴は明らかにできたのではないかと思っている．

　本書の特徴として挙げたいのが，第三部の「興亜院調査報告書所在目録」である．所在調査にはメンバーが分担して日本各地に足を運んだ．現在ではインターネットを通してかなりの検索が可能であるとは言え，必要な情報がすべて得られるわけではなく，実際に資料を見ることが肝要であるからである．こうして集めた所在情報の集約作業はメンバーの松重氏が担当した．今後，多くの人々にご利用いただければ幸いである．中国にもかなりの報告書類と文書資料が残されたと推測されるので，それらの公開が進むことを期待したい．

　私たちの研究成果を本書に結実させるにあたっては，多くの方々のご協力を得た．まず，行政機構としての興亜院について精緻な論文を寄せてくださった

柴田善雅氏，中国から日本では見られない報告書類と文書に基づいた研究を届けてくださった陳正卿氏と房建昌氏，そして研究の過程でご教示をいただいた井村哲郎氏と小池聖一氏，これらの方々に対し深く感謝申し上げたい．

　また，房氏のご援助を得て中国社会科学院近代史研究所で調査報告書の所蔵調査をして下さった加島潤氏，目録作成のために松重氏の指導の下にコンピュータへのデータ入力にご協力いただいた県立広島女子大学の学生の方々にも御礼を申しあげる．

　日中友好会館日中歴史研究センターからは本研究と本書の刊行に助成をいただいた．また今日にいたる過程では文部省および三菱財団から助成を与えられた．さらに，メンバー共同の資料調査に際して山口大学東亜経済研究所，京都大学経済学部図書室・農学部図書室，大分大学経済学部教育研究支援室に便宜をはかっていただいた．ここに記して謝意を表するものである．

　最後に，本書の刊行を引き受けていただいた岩波書店に感謝する次第である．

　　2002年10月23日

本　庄　比　佐　子

『興亜院と戦時中国調査』索引

機関名，事項，地名索引

あ　行

厦門　　34, 39, 105, 110-113, 116, 117
厦門特別市　　15, 107, 125
厦門連絡部　→　興亜院厦門連絡部
安徽　　17, 151, 157, 159, 166, 168, 173, 199-204, 211, 214
維新政府　→　中華民国維新政府
大蔵省　　4, 6, 8, 10, 24, 26-28, 30, 31, 34, 36-43, 45, 46, 58, 80
　——専売局　　27, 80
　——駐支財務官(事務所)　　30, 34, 36, 37, 39, 42, 43
大蔵大臣　　9, 13

か　行

海軍　　8, 10, 11, 13, 15, 22, 24, 25, 28, 30, 31, 33, 34, 37-41, 45, 61-63, 66, 69, 80, 81, 105-109, 112, 123, 124, 216
海軍海南島特務部　　40
海軍省　　6, 33, 58, 80, 108
海軍臨時特務部　　34
外務省　　4-8, 10, 12, 18, 19, 22-25, 28, 30, 31, 34, 36, 39, 40-42, 44, 55, 58, 108, 115, 124-126
　——東亜局　　24, 28, 31, 40, 44
外務大臣　　13, 25, 52
華中水電株式会社　　128-130, 133, 134, 137, 140, 142-144, 148-150, 152
華中連絡部　→　興亜院華中連絡部
河南　　178, 179, 181, 182, 183, 193
河北　　178, 179, 180, 181, 186, 188, 189
華北水電株式会社　　137
華北政務委員会　　22, 32
華北電業株式会社　　193

華北棉産改進会　→　棉産改進会
漢口　　34, 39, 62, 75, 108, 155, 158, 164, 165, 168, 231
漢口派遣員事務所　→　興亜院華中連絡部漢口派遣員事務所
関東軍　　22
関東庁　　23
広東　　34, 39, 105, 108, 117-121, 123, 125-127, 158, 160, 201, 215
広東派遣員事務所　→　興亜院華中連絡部広東派遣員事務所
企画院　　6, 7, 23, 24, 26, 31, 40, 41, 44, 45, 65, 80
企画庁　　23
北支那開発株式会社　　1, 10, 26, 76, 80, 90, 93, 94, 97, 130, 136
北支那方面軍　　11, 12, 22, 36
北支那方面軍特務部　　34, 35
九江　　62, 129, 168, 173
金門島　　15, 105-107, 110-115, 126
軍需省　　42
瓊崖政府(対日協力政権)　　40
経済封鎖　　63, 167, 207
現地自活経済　　199
現地自活主義　　17, 198
興亜委員会　　7, 9, 26, 31, 32, 43
興亜院会議　　23, 29, 30, 32, 33, 43, 107, 108
興亜院連絡委員会　　9, 23, 26, 29-33, 41, 43, 108
興亜院関係庁会議　　32, 33
興亜院総裁　　5, 9, 13, 25, 27, 29-31, 34, 42, 43, 58, 78, 83, 84
興亜院副総裁　　9, 13, 25, 27, 29, 43, 58, 83

377

興亜院総裁官房　　9, 14, 25, 27, 28, 41
興亜院総務長官　　9, 11, 13, 25, 27, 29, 30, 31, 32, 40, 53, 56, 58, 78, 83
興亜院(本院)
　──政務部　　8, 9, 11, 12, 14, 15, 25, 27, 28, 30, 33, 41, 42, 75, 76, 101, 102, 109, 110, 117-119, 124-126, 136, 149, 150, 152, 153, 158, 172, 173, 190, 213, 215, 218, 220
　──政務部第一課　　25, 26, 41
　──政務部第二課　　25, 26
　──政務部第三課　　12, 15, 25, 26, 75, 76, 101, 109, 125, 126, 136, 153, 158, 173, 218
　──経済部　　9, 10, 11, 14, 25-31, 37, 40-42, 218
　──経済部第一課　　10, 25, 26
　──経済部第二課　　25-27, 37, 130
　──経済部第三課　　25-27, 41
　──経済部第四課　　25, 26
　──経済部第五課　　25, 27, 41, 218
　──文化部　　9, 10, 11, 14, 25, 27, 42
　──技術部　　7, 9, 14, 25-27, 42, 80, 82, 86, 88, 98, 115, 118, 142, 148, 159, 169, 193, 218
興亜技術委員会　　9, 32, 75, 78-86, 98-100, 102, 146, 152
興亜院華北連絡部　　9-13, 15, 16, 27, 34-39, 42, 75, 76, 88-90, 96-98, 100, 159, 176-179, 182, 183, 186, 188-190, 192-194
　──長官官房　　9, 35
　──政務局　　8, 9, 13, 15, 35, 36, 75, 88-90, 190
　──経済第一局　　9, 10, 35-37
　──経済第二局　　9, 10, 35, 36
　──文化局　　9, 10, 35, 36
　──中央特別資産調整委員会　　37
興亜院華北連絡部青島出張所　　9-11, 13, 27, 34, 35, 37, 42, 76, 159, 179, 180, 183, 190

興亜院蒙疆連絡部　　9, 10, 13, 15, 25, 27, 34, 37, 38, 42, 75, 76, 149, 159
　──政務課　　38
　──経済課　　27, 38
　──文化課　　38
　──調査課　　13, 15, 38, 75
興亜院華中連絡部　　9-13, 15, 17, 23, 25, 27, 34, 35, 37-39, 42, 44, 51, 56, 60, 61, 64, 72, 75, 76, 84, 95, 96, 98-100, 108, 130, 134, 136, 150, 151, 155, 159, 162, 166, 172-174, 190, 212-215, 218-221, 224, 226, 234-236
　──長官官房　　9, 39
　──政務局　　8, 9, 39, 60, 136
　──経済第一局　　9, 10, 13, 15, 39, 75, 130, 136, 155, 173
　──経済第二局　　9, 10, 39, 60, 130, 136
　──経済第三局　　9, 10, 39, 136
　──文化局　　9, 10, 39, 60, 136, 224
　──漢口派遣員事務所　　9
　──広東派遣員事務所　　9, 13, 15, 105, 108, 117-120, 122, 123, 190
　──南京派遣員事務所　　9, 190
興亜院厦門連絡部　　9, 10, 13, 15, 27, 34, 39, 40, 42, 75, 76, 105-118, 123, 124, 127, 159
　──政務部　　9, 106, 109, 116
　──経済部　　9, 13, 15, 75, 106, 109
興亜院各連絡部長官　　9, 11, 31, 34, 35, 37, 42, 83, 134
興亜会　　14, 65-67, 72
興亜報国会　　67, 68
興亜錬成所　　14, 32, 58-61, 63, 65-72
膠県　　179, 185
広州　　108, 117, 119, 120
江蘇　　17, 64, 131, 151, 166, 168, 170, 199-203, 205, 211, 212, 227
工部局(上海、共同租界)　　64, 138, 151
国防資源　　13, 16, 75-77, 98, 100, 109, 110, 112, 119, 153-157, 160-163, 166,

索　引——379

169, 171-176, 178, 183, 184, 190, 194, 200, 203, 208, 216, 218, 219
国民政府　→　中華民国国民政府(重慶政権)
────　→　中華民国国民政府(戦前の南京政権)
────　→　中華民国国民政府(汪精衛対日協力政権)
五相会議　25, 29
湖南　3, 160, 166, 168, 173
湖北　62, 166, 168, 173

さ　行

在中国大使館(在南京)　36, 60-62, 68
在北京大使館事務所　35, 36, 41, 42, 186, 187, 189
在上海大使館事務所　42, 60, 62, 63, 65, 66
在張家口大使館事務所　42, 65
在厦門領事館　42
在青島領事館　42
済南　10, 34, 92, 180, 185
山西　22, 87, 91, 102, 103, 158, 159, 178, 179, 180, 182, 183
山東　3, 97, 147, 158, 178-180, 182-185, 193, 201
支那調査関係機関連合会　76, 127, 136, 137, 138, 150
支那派遣軍　5, 11, 22, 133
上海　7, 8, 10, 14, 17, 34, 36, 38, 39, 61-64, 66-68, 70, 71, 76, 87, 94, 97, 116, 129-133, 136, 138-140, 143-145, 170, 171, 199-207, 210, 214, 216, 217, 220, 221, 224-228, 230-236
上海自然科学研究所　136
上海大道市政府(対日協力政権)　233, 234
上海電力公司　85, 133, 134, 138-141, 144-147, 150-152
重要国防資源　→　国防資源
商工省　26, 27, 41, 42, 80

松江　129, 131, 133, 200, 204, 205, 207, 210, 213
常州　129, 203, 204, 205
常熟　132, 133, 150, 203-207, 210, 212, 213, 219
新敵産委員会　41
晋北自治政府(対日協力政権)　22
浙江　17, 151, 166, 168, 170, 173, 199-203, 205, 211, 212, 220, 225
蘇州　3, 65, 129, 131, 132, 200, 204, 205, 210, 213

た　行

第三委員会　→　内閣第三委員会
大使館　→　在中国大使館
大使館事務所　→　在北京大使館事務所, 在上海大使館事務所, 在張家口大使館事務所
対支局　6, 18, 19
大政翼賛(会)　65, 66, 68
大東亜省　19, 23, 35, 37, 40-44, 60, 65, 74, 90, 101, 125, 126, 177, 180, 181, 186, 189, 196-198, 212, 214, 218, 219, 235
大東亜省総務局　40
大東亜省支那事務局　40-43, 101, 212, 218, 219
──交通課　41
──司政課　41
──商工課　41
──総務課　41
──特殊財産課　41
──農林課　41, 101, 212, 218, 219
──文化課　41
──理財課　41, 42
大東亜省南方事務局　40
大東亜省満洲事務局　40
大東亜省連絡委員会　41
対日協力政権　7, 8, 11, 22, 25, 33, 37, 44, 61
対満事務局　14, 22-24, 28, 29, 31, 40
大連　55, 96

台湾　　2, 15, 18, 107, 112
台湾銀行　　4, 104, 109, 136
台湾総督府　　1, 15, 104-108, 112, 113, 116-118, 124-126
台湾拓殖株式会社　　76, 104, 118, 124, 136
拓務省　　22, 23, 40, 56
察哈爾自治政府(対日協力政権)　　22
中華民国維新政府(対日協力政権)　　10, 22, 38, 129, 143
中華民国国民政府(重慶政権)　　33, 154, 160, 164, 165
中華民国国民政府(戦前の南京政権)　　94, 142, 170, 171, 175, 206, 214
中華民国国民政府(汪精衛対日協力政権)　　22, 30, 38, 60-62, 72, 211, 217
中華民国臨時政府(対日協力政権)　　10, 22, 35
中支建設資料整備委員会　　136, 172
中支電業組合　　129
駐蒙兵団　　22
張家口　　10, 22, 65, 143
張家口特務機関　　34, 37, 46
調査機関連合会　　16, 75, 95, 134, 136, 137, 138, 141, 144, 150, 155
『調査月報』(興亜院・大東亜省)　　16, 95, 110, 115, 118, 151, 162, 177-179, 181, 185, 186, 189, 190, 194-198, 200, 202, 204, 212, 213, 215, 218, 219
鎮江　　129, 167, 202, 204, 206
青島　　3, 7, 10, 34, 37, 92, 116, 158, 180, 185, 190
逓信省　　26, 27, 41, 80, 81, 140
　——海務院　　27
　——航空局　　27, 80
鉄道省　　36, 80, 81, 91
天津　　3, 10, 34, 90-92, 94, 97, 103, 116, 180, 193, 201, 226
東亜局　→　外務省東亜局
東亜研究所　　1, 4, 5, 78, 136, 173, 176
東亜事務局　　6, 8, 45

東亜同文書院　　67, 136
特殊財産処理委員会　　41
特務機関　　8, 10, 11, 22, 35, 38, 42, 46, 64, 106, 193, 233
特務部　　46, 106, 124, 129, 133, 139, 192, 222, 233

な　行

内閣　　6, 8, 24, 27, 32, 41, 45, 46, 58, 70, 78, 105, 119
　——第三委員会　　6, 7, 8, 10, 23, 24, 29, 42, 44, 45
中支那振興株式会社　　1, 10, 26, 59, 61-64, 68, 72, 76, 128-130, 134, 136, 140, 144, 149, 151
中支那方面軍　　12, 22, 129
南澳島　　15, 106, 110, 111, 113, 114, 116, 126
南京　　7, 22, 32, 34, 39, 60-64, 94, 108, 129-132, 150, 152, 158, 200, 202-204, 206, 210, 217
農林省　　27, 36, 42, 80, 166, 170

は　行

武漢　　7, 16, 75, 97-101, 155, 159, 162, 163, 168, 169, 174
福大公司　　15, 104, 107, 109, 117-119, 124
蕪湖　　62, 129, 200-207, 210, 211, 213
福建　　3, 15, 39, 105, 115, 126
北京　　7, 8, 10, 34-37, 91, 92, 116, 130, 180, 181, 187, 193, 226, 227
蚌埠　　202, 203, 213, 214
香港軍政庁　　33
香港経済委員会　　30, 33
香港総督部　　33

ま　行

満洲国　　2, 14, 28, 33, 38, 40, 44, 47, 52-56
満洲生活必需品配給株式会社設立反対運動

53
満洲電業株式会社　　134, 139, 141, 142, 150, 151
満洲日日新聞　　14, 51
満鉄　→　南満州鉄道株式会社
密輸　　17, 207, 208, 211
南満洲鉄道株式会社(満鉄)　　1-5, 14, 16, 18, 48-51, 54-57, 76, 91, 95, 96, 103, 104, 129, 134, 136, 139, 144, 150-152, 155, 166, 174, 176, 181, 183, 192, 217
無錫　　3, 129, 133, 144, 152, 171, 200-205, 210, 213
棉産改進会　　3, 63
――(華北)棉産改進会　　178-180, 182, 183, 186, 188, 189, 197
蒙疆　　35, 44, 85, 89, 112, 180

蒙疆連合委員会(対日協力政権)　　10, 22
蒙疆連絡部　→　興亜院蒙疆連絡部
蒙古連合自治政府(対日協力政権)　　22, 64
蒙古連盟自治政府(対日協力政権)　　22
文部省　　3, 69, 222

ら 行

陸軍　　7, 8, 10, 11, 13, 19, 22-25, 28-32, 35, 37-41, 45, 62, 66, 69, 81, 128, 191, 233
陸軍省　　6, 33, 58, 80, 108, 152
陸軍中支特務部　　34
糧食管理委員会　　211
臨時政府　→　中華民国臨時政府

人名索引

(数字は生没年, 難読名には読みも付し中国人名にはピンインを付した)

あ 行

愛知揆一(1907-73)　　37
青木一男(1889-1982)　　6, 24, 40
安孫子藤吉(1904-92)　　27, 41
安藤明道(1894-1952)　　39
磯野直行　　27
板垣征四郎(1885-1948)　　29
伊藤武雄(1895-1984)　　50, 136, 150
伊東正義(1913-94)　　27
伊東隆治　　39
井上靖　　39
岩崎民男(1894-1978)　　37
宇垣一成(かずしげ 1868-1956)　　7, 52
宇佐美珍彦(うずひこ 1893-1969)　　25, 40
及川源七(1889-1972)　　25, 39, 82, 136
王克敏 Wang Kemin(1873-1945)　　22
汪精衛 Wang Jingwei(1883-1944)　　38, 60, 61, 72, 154
太田泰治(1887-1960)　　38, 39, 124

大平正芳(1910-80)　　27, 38
緒方真紀(?-1944)　　37
落合甚九郎　　39
小原直樹(1896-1943)　　39

か 行

岸幸一　　45
喜多誠一(1886-1947)　　10, 35
楠本実隆　　39
久保文蔵(1898-1954)　　26
洪思翊(こうしよく〔ホン・サイク〕1890-1946)　　39
児玉謙次(1871-1954)　　61, 68
近衛文麿(1891-1945)　　6, 8, 52, 58, 234

さ 行

酒井隆(1887-1946)　　10, 37
坂本龍雄(たつき 1894-1969)　　36
塩沢清宣(1892-1969)　　35
柴田弥一郎(1889-1981)　　10, 37
周仏海 Zhou Fuhai(1897-1948)　　61

蔣介石 Jiang Jieshi(1887-1975)　　3, 54
菅波称事　26, 37
鈴木貞一(1888-1989)　　11, 25, 31, 45, 65, 136
十河信二(1884-1981)　　129

た 行

高瀬武寧(1899-1973)　37
竹内新平(1894-1945)　37, 40
竹下義晴(1891-1979)　37
田尻愛義(あきよし 1896-1975)　63, 65
多田武雄(1890-1953)　37
巽良知　140, 143, 145, 151
谷正之(1889-1962)　65
津田静枝(しずえ 1883-1964)　10, 38, 134
伴野清　39
土井元夫　39

な 行

中村純一　26
根本博(1891-1966)　36
野田卯一(1903-97)　26

は 行

長谷川輝彦　27
原田清一　39
原田熊吉(1888-1947)　129
日高信六郎(しんろくろう 1893-1976)　11, 25
福田良三(1889-1980)　39, 124
本多静雄(1898-)　26, 82, 85, 86, 88, 103

ま 行

松前重義(1901-91)　80, 82, 83
松村慈　25
三浦七郎　26
水戸春造　10, 39, 106
美濃部洋次(1900-53)　45
宮本武之輔(1892-1941)　18, 26, 80, 82, 86, 102, 142, 148, 151, 152
三輪真吉　36
毛里英於菟(ひでおと 1902-47)　10, 25, 26
森喬　39
森岡皐(すすむ 1889-1959)　35, 36

や 行

柳井恒夫(ひさお 1895-1981)　25
柳川平助(1879-1945)　11, 25, 53, 56, 82
山下信庸(のぶつね 1906-)　51, 53, 56
山本熊一(1889-1963)　40, 65
湯河元威(もとたけ 1897-1958)　36

ら 行

梁鴻志 Liang Hongzhi(1882-1946)　22

■岩波オンデマンドブックス■

興亜院と戦時中国調査　付 刊行物所在目録

2002 年 11 月 28 日　第 1 刷発行
2003 年 5 月 26 日　第 3 刷発行
2017 年 5 月 10 日　オンデマンド版発行

編　者　本庄 比佐子　内山 雅生　久保 亨
　　　　（ほんじょう ひさこ）（うちやま まさお）（くぼ とおる）

発行者　岡本　厚

発行所　株式会社 岩波書店
　　　　〒101-8002 東京都千代田区一ツ橋 2-5-5
　　　　電話案内　03-5210-4000
　　　　http://www.iwanami.co.jp/

印刷／製本・法令印刷

© Hisako Honjo, Masao Uchiyama, Toru Kubo
2017
ISBN 978-4-00-730601-3　Printed in Japan